Die Frau in der Literatur

Fanny Lewald

Freiheit des Herzens

Lebensgeschichte – Briefe – Erinnerungen

Herausgegeben von
Günter de Bruyn und Gerhard Wolf

Mit einem Nachwort von
Gerhard Wolf

Ullstein Taschenbücher

Die Frau in der Literatur
Ullstein Buch Nr. 30277
im Verlag Ullstein GmbH,
Frankfurt/M – Berlin

Ungekürzte Ausgabe

Umschlagentwurf: Theodor Bayer-Eynck
unter Verwendung einer Illustration
von Silvia Mieres
Frontispiz: »Fanny Lewald« von Silvia Mieres

Taschenbuchausgabe mit freundlicher
Genehmigung des Buchverlages
Der Morgen, Berlin

Printed in Germany 1992
Druck und Verarbeitung:
Ebner Ulm
ISBN 3 548 30277 7

April 1992

Die Deutsche Bibliothek – CIP-Einheitsaufnahme

Lewald, Fanny:
Freiheit des Herzens: Lebensgeschichte – Briefe – Erinnerungen / Fanny Lewald.
Hrsg. von Günter de Bruyn und Gerhard Wolf. Mit einem Nachw. von Gerhard
Wolf. – Ungekürzte Ausg. – Frankfurt/M; Berlin: Ullstein, 1992
(Ullstein-Buch; Nr. 30277: Die Frau in der Literatur)
ISBN 3-548-30277-7
NE: GT

Inhalt

Briefe aus Königsberg

Den 30. August 1840

Ist es denn wirklich Ihr Ernst, mein lieber Freund, daß ich Ihnen von dem Einzuge des Königs, von dem Leben und Treiben in unserer alten Stadt erzählen soll? [...]

Sie müssen aus Ihrer Jugend sich noch der ewigen Sonntagsstille unseres Ortes erinnern, in dem alle Welt sich kennt und jede fremde Equipage, jedes fremde Gesicht mit Neugier und Teilnahme betrachtet wird. Denken Sie nun, wie uns zumute sein mußte, als allmählich 20 000 Soldaten durch unsere Straßen in das Lager bei Lauth zogen, als diesen endlich 10 bis 12 000 Fremde folgten, die teils durch die Pflicht, sich bei der Huldigung einzufinden, teils durch Schaulust hierhergezogen waren. Wir waren in eine fremde Welt versetzt, und es war, bei der Gastlichkeit, die man Ihrer Vaterstadt zuerkennen muß, ein ganz hübsches Treiben. In jedem Hause war es voll von Gästen aus der Umgebung, die ihre Freunde und Bekannten als ebenso willkommene Gäste mitbrachten, und die Abgeschiedenheit der meisten häuslichen Kreise hatte sich plötzlich in eine Art von rascher Geselligkeit verwandelt, die uns im ganzen fremd ist. – Stattliche, fremde Männer, schwarz gekleidet, gingen durch die Stadt und sahen Häuser und Menschen an, glänzende Equipagen rollten durch die engen Straßen, überall tünchte man die vernachlässigten Häuser, besserte das Straßenpflaster aus – es gingen Wunderdinge vor, und wir waren auf Großes gefaßt. [...] – Lassen Sie mich schweigen von den Blumengewinden, die die Straßen schmückten, von den Blumen und Mädchen, von all den Dingen, die jedes solche Fest mit dem andern gemein hat und die in manchem größern Orte und bei manch geringerem Anlaß viel glänzender zur Schau getragen werden. Das alles war hier den Verhältnissen angemessen und so, wie jeder es gar oft gesehen, wie es hier schon früher gewesen ist – aber von dem Eindruck muß ich Ihnen erzählen, den der Aufzug der Zünfte auf die Menge, auf uns machte. Sie kamen an mit fliegenden Fahnen, mit den Zeichen ihres Gewerkes und mit lautem Spiele. Vorauf ritten die Fleischer, denen der alte Kurfürst für treue Kriegsdienste das Recht verliehen, die Beherrscher des Landes in die Stadt zu führen – ihnen folgten die Maurer, die Zimmerleute, mit mittelalterlich gekleideten Fahnenschwenkern, die ihr lustiges Spiel zum Ergötzen der Menge ausübten – die Schuhmacher mit dem Bilde des *tapfern Schusters, des wackern Hans von Sagan*, in ihrer Fahne – die Tischler mit künstlich gearbeitetem Gerät und Werkzeug auf zierlichen Stangen und so, gar heiter herausgeputzt, auch die übrigen Gewerke nacheinander. – Und wir standen ganz ernst, und manch kräftiges Herz schlug, und manch schönes Auge weinte, denn wir sahen unsere Bürger und Handwerker als eine achtbare Versammlung, als Bürger *vereint*, auftreten, und wir sahen kein Militär, das ihren Weg beschränkte, und keine Gendarmerie, die das Volk zurückstieß. Die Bürger zogen feierlich-froh durch die Straßen, *sie* bildeten des Spalier, das den Einzug des Königs beschützte, und der König zog sicherer ein, als wenn eine große Soldatenmacht die Straßen abgesperrt und sein Volk von ihm getrennt hätte. Drängte sich die neugierige Jugend einmal durch das Spalier, das die Gewerke vom Brandenburger Tore ab gebildet hatten, so wußten die handfesten Männer sie recht handgreiflich zurückzuweisen, und die Umstehenden sahen es ruhig, ja billigend mit an, während gewiß tausendmal Streit entstanden wäre, wenn Polizeibeamte ähnliche Beruhigungsversuche gewagt hätten. Die Leute waren momentan über sich selbst erhoben durch die Anerkennung, die ihren bürgerlichen Verhältnissen an dem Tage ward. [...]

Der König ritt so langsam, daß die Menge sich dicht bis an sein schönes Pferd drängte, und da weder Militär noch Gendarmen voraneilten, um Platz zu machen, bog sich der König selbst vom Pferde, als es zu arg werden mochte, und bat: »Kinder! Laßt mich durch!« – So ist er wie ein Freund angekommen und hat sich selbst den schönsten Einzug bereitet, den wir als gute Vorbedeutung betrachten wollen; es war ein innerer Jubel in der Menge, der sich nicht beschreiben läßt, der aber wie stilles Glück aus allen Augen strahlte. Abends war Cour im Schlosse und eine Erleuchtung in der Stadt, die sich unter den Laubgewinden und den wehenden Fahnen recht heiter, fast südlich, ausnahm. [. . .]

Den 10. September

Wie soll ich Ihnen denn mit Worten schildern, was heute hier vorgegangen ist und noch alle Herzen enthusiastisch bewegt? [. . .]

Sie kennen unser Schloß, das in seiner Mitte einen regelmäßig viereckigen Raum, den Schloßhof, einschließt. Dieser Platz war für die Huldigungsfeierlichkeit bestimmt. Unter den Fenstern des ersten Stockes hatte man an dem neuen Schloßflügel einen Balkon erbaut. Dieser Balkon, in der Mitte hoch, an den Seiten niedriger, trug den Thron und gewährte auf seinen beiden Seitenflügeln Raum für die höchsten Beamten des Zivil und Militär. Ein Sammetdach deckte den Thron, und eine scharlachbeschlagene Treppe führte hinunter in den Hof. An dem Aufgang flatterten auf hohen Bäumen die preußischen Fahnen; während die Fahnen von Ostpreußen und Litauen, von den Westpreußen und Posen die Abteilungen bezeichneten, in denen die Deputierten der verschiedenen Provinzen sich dem Throne gegenüber zu versammeln hatten. Links vom Throne war eine niedere Estrade für die lutherische – rechts eine für die katholische Geistlichkeit errichtet. – Zwei Flügel des Schlosses waren mit einer Tribüne umgeben, die für das Publikum bestimmt, mit Laub geziert und von der schönen Welt unserer Provinz dicht besetzt war. Den vierten Flügel des Schlosses nimmt die Kirche ein. –

Schon um sieben Uhr morgens versammelten sich die Landstände und die Deputierten der Städte, der Magistrat und die Stadtverordneten von Königsberg und eine zahllose Menschenmenge in dem Schloßhofe. – Es war ein schöner Anblick, diese ernsten, kräftigen Männer zu gleichem Zwecke vereint zu sehen, und der Tiers-état in seiner schlichten, schwarzen Kleidung machte noch denselben achtungfordernden Eindruck, den er einst unter glänzenden Uniformen auch hervorbrachte. – Nachdem alles am rechten Platze beisammen war, trat der König auf den Balkon und wurde mit stiller Ehrfurcht empfangen. Er ging allein und zuerst die Freitreppe hinunter; ihm folgten die Prinzen des Hauses, die Minister und Würdenträger, der Magnificus der Universität im roten Sammetmantel und Barett, die Dekane der Fakultäten, die Geistlichkeit beider Konfessionen, die Deputierten und Landstände, von ihren Marschällen geführt; und in dieser Ordnung begab sich der Zug in die Kirche und nach dem Gottesdienste zurück in das Schloß, wo die Fürsten von Thurn und Taxis und von Sulkowski durch Stellvertreter, der Fürst von Radzinski und der Magnificus der Universität im Thronsaal den Huldigungseid schwuren. – Man hatte bei dem langen Wege durch den Schloßhof hinlänglich Gelegenheit, den König und die Prinzen zu sehen: Es sind schöne, kräftige Männer mit ritterlichem Anstande, und selbst der zwölfjährige Sohn des Prinzen Carl hat für sein Alter schon eine feste, sichere Haltung. – Die Königin war an einem Fenster sichtbar, das mit einem Sammetteppich geziert war.

Als nun der König wieder heraustrat und sich auf den Thron gesetzt hatte, hielt der Kanzler von Preußen eine Anrede an die Stände, die die Sprecher der drei Provinzen beantworteten. Darauf verlas ein Regierungsrat den Huldigungseid, der wie aus einer Brust nachgesprochen wurde und von dem man jede Silbe vernahm, obgleich mehr als 12 000 Menschen auf dem beschränkten Raume beisammen waren. Da, als nun mit dem »Amen« das letzte Wort verklungen war, erhob sich der König mit dem Impuls der höchsten Begeisterung, trat mit einer stürmischen Bewegung bis an den äußersten Rand des Balkons und sprach mit einer Stimme, die in jeder Brust wiederklingen mußte, indem er die Hand zum Schwure aufhob: »Und Ich schwöre und gelobe vor dem allmächtigen Gott und vor diesen lieben Zeugen allen, daß Ich ein gerechter Richter, ein treuer, sorgfältiger, barmherziger Fürst, ein christlicher König sein will, wie mein unvergeßlicher Vater es war! Gesegnet sei sein Andenken! Ich will Recht und Gerechtigkeit mit Nachdruck üben, ohne Ansehen der Person, Ich will das Beste, das Gedeihen, die Ehre aller Stände, aller Konfessionen und aller Volksstämme mit gleicher Liebe umfassen, pflegen und fördern – und Ich bitte Gott um den Fürstensegen, der dem Gesegneten die Herzen der Menschen zueignet und aus ihm einen Mann nach dem göttlichen Willen macht – ein Wohlgefallen der Guten, ein Schrecken der Frevler! Gott segne unser teures Vaterland! Sein Zustand ist von alters her oft beneidet, oft vergebens erstrebt! Bei uns ist Einheit an Haupt und Gliedern, an Fürst und Volk, im großen und ganzen herrliche Einheit des Strebens aller Stände nach einem schönen Ziele – nach dem allgemeinen Wohl in heiliger Treue und wahrer Ehre. Aus diesem Geiste entspringt unsere Wehrhaftigkeit, die ohnegleichen ist. – So wolle Gott unser preußisches Vaterland sich selbst, Deutschland und der Welt erhalten. Mannigfach und doch eins! Wie das edle Erz, das, aus vielen Metallen zusammengeschmolzen, nur ein einziges edelstes ist – keinem Roste unterworfen als allein dem verschönernden der Jahrhunderte.« –

Nur wer eine solche Szene erlebt, wer es selbst einmal empfunden hat, wie die Flamme des Enthusiasmus in vielen tausend Herzen zugleich auflodert, kann sich einen Begriff von jenem Augenblicke machen. Der König selbst sank auf den Thron zurück und barg sein Gesicht in dem Buche – und es war kein Auge trocken geblieben. [. . .]

Mittags war in dem großen Moskowiter-Saale im Schlosse ein Diner für tausend Personen, das der König den Männern gab, die persönlich bei der Huldigung zu erscheinen verpflichtet oder berechtigt waren und von denen jeder eine für den Tag geschlagene Denkmünze zur Erinnerung an denselben erhielt. König und Königin gingen mehrmals durch den Saal und sprachen mit vielen der Anwesenden. –

Leider war gleich nach der Huldigung ein heftiger Regen eingetreten, so daß ein Fackelzug, den die Universität dem Könige brachte, sich auf dem kürzesten Wege und ziemlich traurig nach dem Schlosse bewegte und daß auch die glänzende Illumination ohne besondern Genuß vorüberging. Es hatten sich zwar einige Equipagen hinausgewagt, aber kein hübsches Gesichtchen bog sich hinaus, keine frischen Augen waren sichtbar. Die Wagen fuhren rasch und verdrießlich durch die Straßen, und selbst die liebe Straßenjugend blieb zu Hause und freute sich an den Lichtern der nächsten Fenster; ja selbst das Feuerwerk, das vor dem Schießhause abgebrannt wurde, verpuffte einsam und unbewundert. [. . .]

Meine Lebensgeschichte

Im Vaterhause

Ich bin am vierundzwanzigsten März des Jahres achtzehnhundertundelf zu Königsberg in Preußen geboren und stamme von väterlicher und mütterlicher Seite aus jüdischen Familien ab. Auch meine beiden Eltern waren geborene Königsberger.

Meine Mutter gehörte einer reichen Familie an. Sie war das jüngste von zwölf Kindern. Ihr Vater war aus dem Posenschen, ihre Mutter aus Kurland nach Preußen gekommen. Sie hielten fest an dem Glauben und an den Sitten des Judentums, waren ununterrichtete Leute, scheinen aber, nach allen Erzählungen meiner Mutter, viel auf eine wohlanständige äußere Form des Lebens gehalten und bei strenger häuslicher Ökonomie die Benutzung und Schaustellung ihres Reichtums für besondere Fälle geliebt zu haben.

Meine Mutter erzählte uns, als wir erwachsen waren, gern von dem großen Saale in ihrem Vaterhause mit seinen gelben Damastmöbeln und zahlreichen Spiegeln, der an den Feiertagen geöffnet wurde, von der gastfreien Aufnahme aller Fremden, welche sich zum jüdischen Karneval, dem Purimsfeste, maskiert und unmaskiert in ihrem Hause einfanden, von der ernsten Begehung der großen Feiertage, des Passah, des Laubhütten- und des Versöhnungsfestes; und es machte immer einen fremdartig-feierlichen Eindruck auf uns, wenn wir hörten, wie die Großeltern am Vorabende des Versöhnungsfestes alle ihre Kinder zusammengerufen und sie gesegnet hätten. Wie dann die Großmutter in einem weißen, mit kostbaren Kanten besetzten Kleide den Großvater in die Synagoge begleitet habe, wie sie darauf erst spätabends nach Hause gekommen wären, wie man der Großmutter schweigend das modische Entre deux von schwarzem Taffet mit strohgelbem Futter abgenommen, wie man am folgenden Tage gefastet und erst am Abend desselben bei dem Hervortreten der Sterne den ersten Imbiß gehalten habe, wonach das Leben dann wieder in seinen gewöhnlichen Lauf zurückgekehrt sei.

Was mein Großvater in seinen früheren Jahren für ein Handels-Geschäft getrieben haben mag, weiß ich nicht. So weit die Erzählungen meiner Mutter reichten, hatte er sich schon vom Handel zurückgezogen und als ein reicher Mann von seinen Zinsen gelebt. Die Großeltern bewohnten sechsunddreißig Jahre lang das Eckhaus in der Kneiphöfischen Langgasse, welches der Königlichen Bank gegenüber dicht am grünen Tore liegt und die Ecke der Magistergasse bildet; und es wurde von unserer Mutter immer hervorgehoben, wie der Bankdirektor und eine Menge anderer angesehener Leute den Großvater mit besonderer Achtung behandelt hätten und wie selbst der Professor Kant ihn immer freundlich gegrüßt, wenn er im Sommer bei seiner täglichen Promenade den Großvater auf seinem gewohnten Platze am Fenster oder auf der Bank vor der Türe sitzen gesehen habe. Es war damals in Königsberg noch eine Ehrensache für einen Juden, von Christen achtungsvoll behandelt zu werden.

Die geistige Bildung im Hause dieser Großeltern muß im ganzen gering gewesen sein, obschon man den Söhnen, es waren ihrer fünf, eine gute Erziehung geben ließ. Zwei von ihnen haben Medizin studiert. Der ältere war ein in Königsberg geachteter Arzt, Doktor Assur, der Jüngste, David mit Namen, ging später zum Christentum über. Es war der in Hamburg verstorbene und mit Rosa Marie von Varnhagen verheiratete Doktor Assing.

Ganz anders waren die Verhältnisse in meinem großväterlichen Hause väterlicherseits. Die Familie hatte seit vier Generationen von Vater auf Sohn in Königsberg gelebt, und mein Großvater hatte als ein vermögender junger Mann zu seiner Ausbildung einen Teil von Deutschland bereist und später auch eine Berlinerin geheiratet.

Mein väterlicher Großvater war ein schöner und sehr geistvoller Mann. Er und seine Frau besaßen jenen Grad der allgemeinen Bildung, den die Berliner Juden schon früher erlangt hatten, und beide fühlten sich im ganzen in Königsberg nicht glücklich. Namentlich die Großmutter gefiel sich in der Provinz nicht. Sie wurde dort nie recht heimisch, auch der Großvater hätte lieber in Berlin oder in Hamburg leben mögen. Aber er hatte sein ererbtes Vermögen, einige Jahre nach seiner Verheiratung, in unglücklichen Spekulationen eingebüßt, und obschon er auch unter seinen Standesgenossen als ein sehr gescheiter Kopf geachtet wurde, gelang es ihm doch nicht, sich ein neues Vermögen zu erschaffen.

Die Familie meiner väterlichen Großeltern war irgendwie mit den Familien Itzig und Ephraim in Berlin verwandt, welche von Friedrich dem Großen für seine Finanzoperationen benutzt wurden, und es herrschte in dem Hause meiner Großeltern, wenn die Zeiten dort besonders sorgenvoll waren, immer die Hoffnung, von diesen Berliner Verwandten werde ihnen einmal mit einer Beteiligung an irgendeinem großen finanziellen Unternehmen eine dauernde Hilfe kommen. Indes, statt dieser Hilfe erwuchs ihnen, als eine solche Beteiligung ihnen endlich dargeboten wurde, nur ein schweres Unglück daraus.

Friedrich der Große hatte nämlich die jüdischen Bankiers und namentlich auch Ephraim dazu benutzt, die englischen Subsidiengelder in schlechte Münze, in Zweigutegroschen-Stücke, umprägen und verbreiten zu lassen, und bei diesem auf königlichen Befehl ausgeführten Geschäfte war mein Großvater als einer der Agenten der Königsberger Münze, denn die Provinzen hatten damals noch besondere Münzen, tätig gewesen. Er hatte dazu eigens eine Silberschmelze erbauen lassen müssen, die mein Vater noch besaß und in der ich selbst noch vielmals gewesen bin. Als nun unter Friedrich Wilhelm dem Zweiten die Beschwerden über die Münzverfälschung im Lande immer lebhafter wurden, wählte die Regierung den Ausweg, die Juden, welche einst auf ihren Befehl gehandelt hatten, für die Münzverfälschung verantwortlich zu machen. Man sperrte also, um der öffentlichen Meinung ein Genüge zu tun oder ihr doch mindestens ein Zugeständnis zu gewähren, an den verschiedenen Orten einige Juden, und unter diesen auch meinen Großvater, in das Gefängnis. Er für sein Teil wie viele andere seiner Glaubens- und Leidensgenossen verlangten eine Untersuchung. Indes, zu einer solchen konnte die Regierung es nicht kommen lassen, und nachdem man die Beschuldigten längere Zeit gefangengehalten hatte, gab man sie ohne Urteil und Recht, wie man sie eingezogen, auch wieder frei. Man hatte damit den Zweck erreicht, die Rechtlichkeit dieser Männer zu verdächtigen, die Anklagen, welche sich gegen die Regierung erhoben, auf die Schultern der Juden zu wälzen, und dabei ließ man es bewenden.

Mein Vater stand in seinem vierundzwanzigsten Jahre, meine Mutter im einundzwanzigsten, als ich auf die Welt kam, und ich habe es immer als einen Vorzug betrachtet, ihr ältestes Kind gewesen zu sein, denn die Erstgeburt ist ohne alle Frage ein Glück für denjenigen, welchem sie zuteil wird. Ein ebensolches Glück aber war für uns Geschwister alle die frühe Heirat unserer Eltern. Denn wie mich immer der Gedanke gefreut hat, daß ich es war, durch welche die Eltern zuerst die Wonne der Elternliebe kennenlernten, daß ich sie zuerst Vater und Mutter genannt habe, so kam uns allen, je mehr wir heranwuchsen, die Jugendlichkeit unserer Eltern überall zustatten. Sie empfanden die Mühe und Störnis, welche wir ihnen verursachten, minder schwer als Personen vorgerückten Alters; sie hatten ein Verständnis für unsere Wünsche und Fehler, weil ihnen selbst die Erinnerung an die eigene Jugend noch so nahe lag. Und die Hauptsache war: wir selber fühlten uns ihnen, als wir herangereift waren, näher verwandt, als es bei bejahrten Eltern vielleicht der Fall gewesen wäre. Junge Eltern haben ist für Kinder ein ganz unschätzbarer Gewinn.

Ich soll sehr klein gewesen sein, dafür aber den ganzen Kopf voller krauser schwarzer Locken gehabt haben, als man mich meinem Vater brachte. »Ich habe mich sehr mit dir gefreut!« sagte er mir einmal, als ich ein junges Mädchen war und in meiner Gegenwart die Rede auf meine Geburt kam; und noch in viel spätern Jahren pflegte er wohl gelegentlich meinen Kopf in seine Hände zu nehmen und, wenn er mich küßte, dazu sehr zärtlich »Mein ältestes Kind!« zu sagen. Wir haben einander sehr geliebt.

Meine Mutter konnte mich nicht selbst nähren. Man nahm daher eine Amme in das Haus, eine schöne, blonde und sehr fröhliche Person, die mehrere Jahre bei uns blieb und die heute noch gesund und rüstig in meiner Heimat lebt. Meine Eltern waren in den ersten Monaten nach meiner Geburt so glücklich, als ein schönes, junges, sorgenfreies Menschenpaar, das sich zärtlich liebt, es mit seinem ersten Kinde nur sein kann. Indes, schon in der Mitte des Sommers von achtzehnhundertelf veränderte sich das plötzlich.

Mein Vater ging am Mittage, wie gewöhnlich, nach der Börse, meine Mutter hatte mich auf dem Arme und begleitete ihn bis zur Haustüre, von wo aus sie ihm grüßend nachsah, so weit sie konnte. Dann ging sie in das Haus zurück, legte mich zu Bett und saß ruhig an meiner Wiege, als etwa eine halbe Stunde, nachdem er sich entfernt hatte, ein Feuerlärm von der Straße gehört wurde und gleich darauf mein Vater bleich und mit dem Ausruf: Die Speicher brennen! in das Zimmer meiner Mutter trat.

Wer Königsberg kennt, weiß, was dieser Ausruf zu bedeuten hat. Für denjenigen, der es nicht kennt, bedarf es aber einer Erklärung, den Schrecken zu rechtfertigen, welchen eine solche Nachricht in meiner Vaterstadt erzeugt. Königsberg ist nämlich eine alte und aus drei besonderen Ortschaften zusammengewachsene Stadt. Sie besteht aus der Insel Kneiphof, aus der Altstadt und aus dem Löbenicht, welche einst besondere Stadtgerechtsame hatten und von deren Sonderwesen noch jetzt die drei Rathäuser, die drei Junkergarten und ein paar der übriggebliebenen Tore und Türme Zeugnis geben, mit welchen die Städte einst gegeneinander abgesperrt gewesen sind. Der Pregel, welcher den ganz auf Pfählen erbauten Kneiphof umfließt, zieht sich in zwei Armen auch durch die andern Stadtteile hin und ist mit sieben Brücken überbaut, welche jetzt die Verbindung in und zwischen den verschiedenen Stadtteilen unterhalten. Vor alten Zeiten hatte jede der drei Städte ihre Scheunen und Speicher besonders, und jede auf einem besonderen Flecke, massenhaft zusammengebaut. Indes, als die Städte vereinigt worden waren, hatte der Handel sich ganz und gar nach dem Kneiphof gezogen, der als Insel den leichtesten Wasserverkehr zuließ, dessen Wasserumgebung die tiefste war und der, wenn auch noch eine Meile davon entfernt, so doch in grader Linie vor dem Ausfluß des Pregels in das Frische Haff gelegen war, wodurch er den Schiffen, weil sie keine Brücke zu passieren hatten, das leichteste Einlaufen an seine Kais gewährte. Mit der Zeit hatte sich also auch der bei weitem größte Teil der Kaufmannschaft in dem Kneiphof und in seinen beiden Vorstädten angesiedelt, welche nur durch die sogenannte grüne Brücke von ihm getrennt und die vordere und die hintere Vorstadt geheißen wurden. Hart an dieser grünen Brücke lag und liegt, wie der ganze Kneiphof auf Pfählen gebaut, die unschöne und, wie ich glaube, nur aus Fachwerk errichtete Börse, und vor der Börse stehend, hat man zu seiner Rechten das grüne Tor mit seinem hohen Turme, den Eingang in den Kneiphof, zu seiner Linken die grüne Brücke und die Vorstädte und vor sich gen Süden den Ausfluß des Pregels, dessen beide Ufer weit hinaus mit ganzen Stadtvierteln von Speichern besetzt sind. Das rechte Pregelufer heißt die Lastadie. Eine Fähre führt, der Zeitersparnis wegen, vom Kneiphof dicht hinter der Königlichen Bank zur Lastadie hinüber, auf der sich die größte Anzahl der Speicher befindet. Auf dem linken Pregelufer liegt die Vorstadt, und dort reichten und reichen die Speicher bis dicht an die Hintergebäude der Wohnhäuser hinan.

Nun war Königsberg damals noch weit mehr als jetzt die Vermittlerin des Handels zwischen Polen und Rußland mit Deutschland und dem übrigen Norden von Europa, und es lagerten also in seinen Speichern, namentlich während der Schiffahrtszeit, große Massen von Getreide, Hanf, Flachs, Holz, Rinde, Matten, Öl, also lauter Gegenstände, welche ebenso leicht Feuer fingen, als sie gemacht waren, es schnell durch die Reihen der Speicher fortzupflanzen, die obenein zum großen Teile nur Fachwerkbauten waren.

An dem gedachten Tage also – es war am hohen Mittag des vierzehnten Juni und die Jahreszeit schon lange heiß und trocken – befand sich die Kaufmannschaft eben an der Börse, als sich die Nachricht verbreitete, es sei nahe bei der Hanfwaage, auf der Vorstadtseite, im Heringshofe ein Feuer ausgebrochen. Da nun während der Kontinentalsperre der Heringshandel daniederlag, war der Heringshof als Ablagerungsplatz für große Vorräte von Öl, Talg, Teer und Pech eingeräumt worden, und kaum war die Kunde von dem Feuer nach der Börse gelangt, so schossen auch schon die hellen Flammen in die Höhe, flogen bereits aus der benachbarten Hanfwaage die brennenden Hanfbündel durch die Luft, zündend und Feuer erzeugend, wohin sie fielen. In Zeit von einer halben Stunde brannte es an mehreren Stellen. Dazu lag der Pregel dicht voll von Schiffen und von jenen flachen russischen und polnischen floßartigen Fahrzeugen, Wittinnen genannt, die alle ebenfalls mit brennbaren Waren schwer beladen waren und die, weil sie sich bestrebten, aus dem Hafen fort und hinaus in das Freie zu kommen, so ineinandergerieten, daß jedes Entrinnen für sie unmöglich wurde. Schiffe und Wittinnen zu erleichtern, warf man einen Teil ihrer Ladung in das Wasser, auch aus den Speichern rollte man Öl- und Spiritusfässer in den Pregel, und bald standen nicht nur die beiden Seiten des Flusses, sondern der Fluß selbst in hellen Flammen. Die Schiffe und Kähne brannten, der ganze Pregel brannte, das aus den Fässern ausgeflossene Öl brannte zusammen mit den Hanfladungen der Wittinnen auf dem Wasser.

Die ganze Lastadie, die sämtlichen Speicher auf der Vorstadtseite, die ganze dem Kneiphof zunächst gelegene vordere Vorstadt und alle mit ihr zusammenhängenden Straßen bis in die hintere Vorstadt hinaus, die grüne Brücke und die Börse, wurden ein Raub der Flammen, und noch Monate nachher bezeichneten Rauchwolken die Stellen, an denen man hie und da unter den Trümmern Nachgrabungen zu unternehmen versuchte.

Mein Vater hatte gleich beim Ausbruche des Feuers meine Mutter mit mir und meiner Amme durch unsern treuen Hausknecht – man nannte in Königsberg einen solchen einen Faktor – auf einem weiten Umwege zu einer befreundeten Familie in den Kneiphof geschickt, welche in der Brodbänkenstraße unweit vom Domplatz wohnte. Der Faktor, er hieß Hermann Kirschnik und war in meiner und meiner Geschwister Kindheit unser großer Freund, trug in einem Bündel meine Betten. Meine Mutter und meine Amme hatten Wäsche für mich zusammengepackt, und als nach dem Verlauf von mehr als vierundzwanzig Stunden mein armer Vater zum ersten Male wieder zu seiner jungen Frau kam – seine Kleider zerfetzt, seine Schuhe zerrissen und verbrannt, er selbst von Staub, Schweiß und Asche bedeckt, von Hunger und Anstrengungen erschöpft und bleich –, da waren seine Frau, sein Kind und die Betten und Wäsche seines Kindes das einzige, was er aus seinem Hause hatte erretten können, das einzige, was er aus demselben noch besaß. Der Brand – er wird in Königsberg der Vorstädtische Brand genannt – hatte ihn so gut wie ruiniert, denn ein unglücklicher Zufall hatte denselben für ihn noch besonders verderblich gemacht.

Die Feuerversicherung für den größten Teil der Warenbestände des Hauses und für meines Vaters Mobiliar war nämlich grade an dem Tage fällig geworden. Weil mein Vater und sein Bruder aber einige Veränderungen darin zu machen gewünscht hatten, lag die ablaufende Police an jenem Morgen noch auf seinem Pulte im Comptoir, und er hatte die Absicht gehabt, diese Angelegenheit, sobald er von der Börse käme, in Ordnung zu bringen, d. h. die etwas umgeänderte Police prolongieren zu lassen. In diesem entscheidenden Augenblicke aber war das Feuer ausgebrochen, und aus ihrem hübschen Hause, aus sorgenfreien Umständen sahen meine Eltern sich plötzlich in eine sehr schlimme und sehr schwere Lage versetzt.

An eine neue hübsche Wohnung wie die bisherige war für meine Eltern, in ihren veränderten Verhältnissen und bei den um das Dreifache gesteigerten Wohnungspreisen, nicht zu denken. Sie mußten froh sein, als sie am obern Ende der Brodbänkenstraße ein paar Zimmer zur Miete fanden. Die Verwandten meiner Mutter, welche in dem Kneiphof wohnten und also von dem Brandunglück verschont geblieben waren, halfen für den Augenblick mit Wäsche, Hausrat und Möbeln aus, bis das Nötige wieder herbeigeschafft werden konnte, und es bedurfte von seiten meines Vaters und seines Bruders der größten Anstrengungen, um ihr Geschäft aufrechtzuerhalten und die gehabten schweren Verluste nur einigermaßen auszugleichen. Meiner Mutter Vermögen wurde dabei zum Opfer gebracht, und unsere Familie war mit ihrer Existenz von da ab allein auf meines Vaters Tätigkeit gewiesen, welche glücklicherweise in den Ereignissen der nächsten Jahre ein reiches Feld fand, sich mit Nutzen geltend zu machen.

Königsberg hatte nämlich kaum Zeit gehabt, sich von seinem Brandunglücke zu erholen, als mit den beginnenden Durchmärschen der französischen Truppen, welche nach Rußland zogen, eine für den Kaufmannsstand Preußens sehr bedeutende Epoche eintrat. Vom Frühling des Jahres achtzehnhundertundzwölf ab glich die ganze Provinz Ostpreußen einem großen Heerlager, und es gab einen Zeitpunkt, in welchem dort durch mehrere Wochen dreimal hunderttausend Mann Fußvolk und über vierzigtausend Mann Reiter versammelt waren. Das Land wurde von dieser Last völlig ausgezogen und erdrückt, die Not, die Plagen und die Teuerungen in den Städten waren ungemein groß; aber wer irgendwelche Waren zu verkaufen hatte, konnte die höchsten Preise dafür erhalten, und bei dem ungeheuren Menschen- und Geldverkehr, bei den großen Unternehmungen, welche für die Verpflegung dieser Heeresmassen nötig waren, gehörte das Geld selbst zu einem der wichtigsten Handelsgegenstände, so daß die Bankiers und Geldwechsler bedeutende Geschäfte machten und großen Gewinn davon hatten. Obschon man sich durch die zahlreiche Einquartierung in seinen Wohnungen über alle Gebühr beschränkt fand, so waren doch unter diesen unwillkommenen Gästen auch viele sehr gebildete und rücksichtsvolle Männer, mit welchen es sich gut verkehren ließ und die bemüht waren, die Unbequemlichkeiten und Mühen, welche sie verursachten, durch Zuvorkommenheit und Liebenswürdigkeit vergessen zu machen. Mancher Franzose, der mit schwerem Herzen Weib und Kinder in der Heimat zurückgelassen, war obenein sehr glücklich, ein paar Tage in einer fremden Familie sich der Seinen zu erinnern. Es bildete sich also fast überall, auch in dem Hause meiner Eltern, eine Geselligkeit zwischen den Wirten und der Einquartierung aus, und wenn die letztere, wie es hie und da der Fall war, längere Zeit an dem Orte verweilte, schied man bisweilen von den feindlichen Soldaten, wie diese sich von den Wirten trennten, mit dem Bedauern, im Grunde doch Feinde zu sein. Und wenn ich in spätern Jahren in Preußen in den Familien von den Franzosen und den Kriegsjahren erzählen hörte, geschah es immer mit einer Erregung, welche nicht allein von dem Zorn gegen die Feinde des Vaterlandes herrührte. Es schien mir vielmehr, als drücke sich in solchen Mitteilungen eine ungewöhnlich lebhafte Erinnerung aus, als hätten die Menschen ein Bewußtsein, aber doch mindestens eine Empfindung davon, daß sie in jener Zeit, welche recht eigentlich eine Zeit für die Jugend gewesen sein muß, weil überall die Jugend herrschte, ein volleres, ein frischeres Leben geführt hätten, als es ihnen sonst in der Ruhe der entlegenen Provinz jemals zuteil geworden war. Selbst wo man sich über die Franzosen zu beschweren, wo man ihren Anmaßungen entschiedenen Widerstand entgegenzusetzen gehabt hatte, war man sich eben dadurch seiner Persönlichkeit und seiner Kraft bewußt geworden; und so hart die Kriegsjahre auf dem Lande gelastet hatten, boten sie doch in der Erinnerung fast jedem auf die eine oder andere Weise etwas dar, was ihn innerlich erwärmte und erhob, wenn er es mit der stumpfen Ruhe verglich, welche die darauffolgende Epoche kennzeichnete.

In den jüdischen Familien befand man sich obenein gegenüber der französischen Invasion in einem sehr erklärlichen Zwiespalt. Die Französische Revolution hatte die staatliche Gleichberechtigung der verschiedenen Kulte in Frankreich festgestellt, und wenn Napoleon auch seinen Frieden mit der katholischen Kirche gemacht hatte, so hatte er es doch nicht gewagt, die Glaubensfreiheit und die staatliche Gleichberechtigung der verschiedenen Religionsbekenntnisse anzutasten. In Frankreich und wohin die französische Herrschaft sich ausbreitete, waren die Juden emanzipiert; in Preußen lastete Unfreiheit und Verspottung auf ihnen. Es ist also natürlich, daß in jener Zeit sich in vielen Juden die Frage regte: ob Freiheit unter einem fremden Herrscher nicht der Knechtschaft unter einem heimischen Fürstenstamme vorzuziehen sei? Und es ist nach meiner Meinung nie genug gewürdigt worden, wie groß die Selbstverleugnung und die Vaterlandsliebe der Juden gewesen sind, welche sich im Jahre 1813 als Freiwillige den Kämpfern gegen Frankreich angeschlossen haben, um einem Lande seine Freiheit wieder erobern zu helfen, welches ihnen selbst keine Freiheit, wohl aber Kränkungen und Beschränkungen aller Art dafür zum Lohne bot. Das Verhalten der modernen

Staaten, das Verhalten unseres Jahrhunderts gegen die Juden, mag man diese als abweichende Religionspartei oder als eine fremde Nation betrachten, wird einmal ein besonderes Kapitel in der Kulturgeschichte einnehmen: ein Kapitel, welches merkwürdig sein wird durch die begangenen Ungerechtigkeiten und durch den Mangel an Logik in den Tatsachen, von denen es handelt. Daß man die Juden aber in den christlichen Staaten zuließ, daß man sie die Staatslasten mit tragen ließ, daß man ihnen die Bürgerpflichten auferlegte, sie allmählich für alle Leistungen emanzipierte und sie dennoch von dem Genuß der vollen Rechte eines Staatsangehörigen und Bürgers ausschloß, das ist jenes Verhalten, welches die Kulturgeschichte einst mit allen seinen ernsten und lächerlichen Einzelheiten in ihren Büchern zu verzeichnen haben wird.

Meine eigenen und sehr deutlichen Erinnerungen beginnen in der Zeit zwischen meinem vierten und fünften Jahre und sind alle rein sachlich. Seit ich mich zu erinnern weiß, hatte ich zwei Brüder. Der mir im Alter am nächsten stehende war am zweiten Mai achtzehnhundertunddreizehn, am Tage der Schlacht von Lützen, und der jüngere am einunddreißigsten März achtzehnhundertundfünfzehn, am Tage des Einzuges der verbündeten Heere in Paris, geboren. Mein Vater prägte uns solche Data auf diese Weise ein, und damit ich auch eine Erinnerung für meinen Geburtstag hätte, erzählte er mir, daß schon am Abend desselben, am vierundzwanzigsten März, die Nachricht von der am zwanzigsten März erfolgten Geburt des Herzogs von Reichstadt in Königsberg bekannt geworden wäre.

Diese beiden Brüder waren meine eigentlichen Lebensgenossen durch meine ganze Jugend. Mit ihnen habe ich gespielt, mit ihnen gelernt, mit und an ihnen die ersten Erfahrungen des Lebens gemacht. All unsere Leiden und Freuden haben wir geteilt, die Entwicklung des einen von uns ist immer auch eine Entwicklungsstufe des andern geworden, und meine Erinnerungen aufzeichnen heißt ihrer im Geiste fortdauernd gedenken.

Man sollte im Grunde einen Menschen, wenn man sich sein Leben erklären will, gar nicht fragen, an welchem Orte, sondern in was für einem Hause er geboren sei und wie er seine ersten Jahre zugebracht habe; denn daß ein großer Teil unserer Anlagen sich schon in unsern ersten Lebensjahren zu bestimmten Eigenschaften ausprägen, davon bin ich fest überzeugt. Wir hatten es aber in diesem Punkte außerordentlich gut. Meine Eltern waren damals sehr vermögend, ja reich zu nennen. Sie waren glücklich miteinander, hatten keine Sorgen, liebten uns auf das zärtlichste, und wir sahen nur heitere Gesichter um uns. Prachtliebe oder Verschwendung lagen außer dem Wesen meiner Eltern, aber der Zuschnitt der Haushaltung war damals breit und reichlich.

Wir hatten drei weibliche Dienstboten, eine Kinderfrau, die gewiß nicht viel über dreißig Jahre alt war, die uns aber natürlich sehr alt erschien und die wir nur die alte Amme nannten. Meine frühere Amme war als Köchin im Hause geblieben, und daneben hatten wir noch ein Hausmädchen Regine, das nicht ganz jung und immer etwas verdrießlich war, und einen großen dicken Hausknecht mit sehr hübschem Gesichte, der Mankatz hieß und zugleich einen der Comptoirboten abgab. Alle diese Personen waren lange in den Diensten meiner Eltern. Die Kinderfrau durch dreizehn Jahre, Regine sieben Jahre, meine Amme bis zu ihrer Verheiratung und ebenso die beiden Comptoirboten Mankatz und Hermann Kirschnik, und die Kommis meines Vaters.

Das gab unserm Leben einen festen Boden. Wir hatten uns nicht an immer neue Eindrücke zu gewöhnen, wir wurden mit unsern Gedanken nicht von einem zu dem andern fortgezogen. Diese Menschen waren die Unsern, eins mit uns, und wie die Menschen um uns dieselben blieben, so wechselten wir auch unsere äußere Umgebung bis in mein elftes Jahr nur ein einziges Mal, als mein Vater die Mutter und uns auf eine Reise nach Memel mit sich nahm. Alljährlich Sommerwohnungen zu beziehen, sah man in jenen Tagen noch nicht als eine Notwendigkeit an, und meine Mutter oder eines von uns Kindern hätte schon schwer krank sein müssen, ehe die Eltern sich zu einer Trennung voneinander entschlossen haben würden. Denn sie hatten sich aus Liebe verbunden und lebten des guten Glaubens, daß die Menschen sich verheiraten, um möglichst viel beieinander zu sein.

Diese Dauerhaftigkeit der Zustände hatte für uns, oder um hier nur von mir zu sprechen, den großen Vorteil, mich in unserer kleinen Welt recht eigentlich heimisch zu machen, und ich glaube nicht, daß die Kinder in dem jetzt modischen Wanderleben der Familien, bei dem Reisen und dem Wechsel der Sommeraufenthalte, irgend auch nur die geringste Entschädigung für jenes Heimischsein in der Heimat zu finden imstande sind, welches uns damals zuteil wurde. Denn wenn es für die allgemeine Entwicklung des Menschen überhaupt etwas Unerläßliches ist, ein Ding recht zu kennen, eine Sache recht zu verstehen, so ist das für die Entwicklung eines Kindes in noch viel höherem Grade der Fall, da das Kind auch bei dem ruhigsten Lebensgange täglich, ja stündlich eine solche Masse von neuen Begriffen in sich aufzunehmen, so viel neue Erfahrungen zu machen hat und da sein Organismus so viel empfänglicher und so viel reizbarer als der eines ausgewachsenen Menschen ist.

Ruhig, wie unser Leben war, bot es aber doch Abwechslungen dar, welche uns sehr groß erschienen. Meines Vaters Bankiergeschäfte brachten ihn besonders mit russischen und polnischen Häusern in Verbindung. Mein ältester Onkel war viel in Petersburg, unser Vetter August Lewald viel in Warschau, und es kamen, von ihnen empfohlen, viele polnische und russische Kaufleute in unser Haus. Bisweilen hatten sie ihre Frauen mit sich, ein paarmal kamen auch hübsche Kinder mit. Für diese russischen und für andere Gäste wurde dann der Saal aufgemacht, ein fremder Diener deckte die Tafel mit Silbergerät, welches nicht im täglichen Gebrauch war, er legte die Servietten in Fächer und Schiffchen und Sterne zusammen, drückte blätterartige Streifen in die Auflege-Servietten, es wurden Früchte auf den Tisch gestellt, die blauen Vasen mit den Ansichten von der Bastei und vom Königstein mit Blumen gefüllt, und wenn der Saal dann auch noch eiskalt war und der geschäftige Diener uns auch alle Augenblicke auf die Seite schob, »weil wir ihm immer unter den Füßen waren« – so war es doch eine Wonne, sich ein großes Tuch hinten zubinden zu lassen und mit roten frierenden Händen im Saale zu stehen, um abwechselnd die Servante mit ihren Herrlichkeiten zu betrachten oder die Tafel anzustaunen, auf welcher der silberne Kuchenlöffel und die Glasschalen voll Früchte und Eingemachtem die ganze Wollust verkündeten, welche das Dessert uns zu gewähren hatte.

Wenn dann im Saale alles fertig war und die Türen bis zur Mahlzeit geschlossen wurden, so ging es hinunter zu ebner Erde in die Küche. Sie war, wie in allen den alten Königsberger Häusern, klein, kalt und finster; aber das Feuer brannte an solchen Tagen auf dem Herde dreifach heller als gewöhnlich, denn der Braten hing am Spieße. Über und unter den großen kupfernen Tortenpfannen glühten die Kohlen, die »Kochfrau«, neben welcher unsere sonst sehr despotische Köchin dann ganz zum Schatten zusammenschrumpfte, reichte mit ihren Augen und Armen überall zugleich hin, und der Hauptgenuß bei diesen Küchenbesuchen war es eigentlich, daß wir dort noch viel mehr im Wege waren und noch viel öfter beiseite geschoben wurden als in dem Saale, daß also viel größere Beharrlichkeit dazu gehörte, in die Küche einzudringen oder gar sich eine kleine Weile darin zu behaupten.

War nun die Eßzeit da und mit ihr die Fremden gekommen, dann holte die Kinderfrau ihr erfrorenes und verwildertes Kinderhäufchen zusammen, wir wurden aufs neue gewaschen, zogen hübsche Kleider an, mußten oft recht lange artig sitzen bleiben, um uns nichts zu verderben, und wenn wir dann endlich gerufen wurden, wenn man uns in den Saal hineinbrachte, der uns mit seinen Lichtern immer fremd und feierlich erschien, dann war das Vergnügen auch ganz außerordentlich groß. Wir wurden bewundert, geliebkost, gefüttert, sahen die geputzten Leute und wurden dann wieder entfernt, um in der stillen Kinderstube von den Erlebnissen des Tages zu reden und zu träumen.

Es war am ersten April des Jahres achtzehnhundertundsiebenzehn, als ich die Schule zu besuchen begann. Ich hatte zu Hause von meiner Mutter das Abc und einige Gedichte gelernt, und ich erinnere mich nicht, daß der Gedanke, in die Schule zu gehen, mir irgendwelches Vergnügen gemacht hätte.

Man nahm mich früher als gewöhnlich aus dem Bette, man gab mir einen ziemlich großen weißen Korb, der zwei Deckel hatte, packte mir eine Schreibtafel und eine Fibel von Löhr, ein Taschentuch und eine in Papier gewickelte Buttersemmel ein, und mein Vater selber nahm mich an die Hand, um mich in die Schule zu bringen. Die Mutter begleitete mich bis vor die Tür, die Kinderfrau, welche solche Gunst sonst nur meinen Brüdern bewies, die sie von ihrer Geburt an auferzogen hatte, steckte mir ein Stück Kandis in die Hand, und ich hatte ein beklemmendes Gefühl, als ob ich auf Reisen gehen sollte oder als ob mir etwas Unangenehmes geschähe.

Der Weg, den wir zu machen hatten, war nicht lang. Wir gingen über den Rathausplatz, durch die Brodbänkenstraße, über den kleinen Domplatz nach dem großen Domplatz, wo dem Dome gegenüber unser Schulhaus, ein ganz gewöhnliches Bürgerhaus, gelegen war, denn die Ulrichsche Schule, welche ich besuchen sollte, war eine Privatanstalt. Mein Vater war auf dem Wege sehr heiter mit mir, er ließ mich unten an der Treppe meine Stiefel recht rein machen, schärfte mir es ein, verständig und artig zu sein, und sagte, wenn die Schule aus sei, so werde man mich holen kommen.

Unten in einer kleinen Stube empfing mich die Frau unseres Direktors, eine noch junge, sehr anmutige Frau, mit schönen blonden Locken zu beiden Seiten des Gesichts. Sie küßte mich, versprach auf meines Vaters Bitte, daß man Nachsicht mit mir haben werde, dann ging mein Vater davon, und Madame Ulrich, die ich ebenso wie ihren Mann schon ein paar Tage vorher gesehen hatte, als der Vater mich ihnen vorgestellt, nahm mich an die Hand und führte mich in das große Hinterzimmer zu ebener Erde, in welchem das Morgengebet gehalten wurde.

Das Zimmer, groß, finster, kalt wie all diese Königsberger Hinterstuben, war voll von Bänken und für meine Vorstellung voll von einer unermeßlichen Menschenmenge. Hinten nach den Wänden standen, wie mir schien, ganz erwachsene und große Frauenzimmer. Sie mögen fünfzehn, sechzehn Jahre alt gewesen sein. Weiter nach vorn waren die jüngern Mädchen und ganz vorn Kinder meines Alters, zwischen denen Madame Ulrich mir meinen Platz anwies. Die Mädchen standen alle in Reih und Glied, sprachen und lachten laut miteinander, die Kleinen zu meiner Seite fragten mich, wer ich sei, und ich hatte ein dumpfes Gefühl der Benommenheit, in welchem ich die schweren Girlanden von Blumen und Früchten, die in Stuck an der Decke ausgeführt und vor Alter ganz schwarz geworden waren, einfältig betrachtete.

Währenddessen erschien noch eine Lehrerin und ein paar Lehrer in dem Zimmer, welche mit Madame Ulrich neben dem Klavier Platz nahmen. Die Lehrerin, eine Mademoiselle Aune, kam, mir zu sagen, daß ich meinen Schulkorb gerade vor meine Füße stellen und, wenn das Morgenlied gesungen werde, die Hände falten müsse, und dann trat Herr Ulrich selbst herein. Das Sprechen verstummte plötzlich, alle Gesichter wurden ernsthaft, Herr Ulrich sah mit seinen großen, etwas hervortretenden Augen ernst, ja streng durch das Zimmer hin, dann setzte er sich am Klavier nieder, schlug ein Notenbuch auf, nannte das Lied: »Wie schön leuchtet der Morgenstern!«, und nun fing die ganze Schar von jungen Kehlen zu singen an.

Es war der erste Gottesdienst, dem ich beiwohnte, und er

machte mir einen großen Eindruck. Ich verstand die Worte des Gesangs zwar gar nicht, nur die feierliche Melodie empfand ich; aber das Gebet, welches Herr Ulrich nach dem Liede aus dem Stegreif sprach, das begriff ich sehr gut, denn es enthielt ähnliche Gedanken wie das Abendgebet, das ich immer vor dem Schlafengehen hergesagt hatte, und ich war schon auf dem Wege, es recht hübsch in der Schule zu finden, als ein Zwischenfall meine beginnende Zufriedenheit störte.

Herr Ulrich nämlich, der, obgleich noch ein junger und eigentlich ein sehr hübscher Mann, doch eine harte Physiognomie hatte, kam gleich nach dem Gebet auf mich zu, mich zu begrüßen und zu ermutigen. Er sagte, er habe neulich gesehen, daß ich ein ganz kluges Mädchen wäre, ich möchte daher recht fleißig und aufmerksam sein, dann würden sie mich alle sehr lieb haben. »Wenn du aber nicht fleißig bist«, fügte er lachend hinzu, indem er in die Höhe nach dem Plafond hinaufsah, von dem ein leerer Kronenhaken in das Zimmer herunterhing, »wenn du nicht fleißig bist, Fanny, so packen wir dich in deinen großen Bücherkorb und hängen dich hier an der Decke auf!« – Er lachte noch einmal, die andern kleinen Mädchen lachten auch, und ich – ich glaubte ihm seine Drohung buchstäblich und fing zu weinen an. Es war mir, als wäre ich in die Höhle des Ogers geraten.

Madame Ulrich und Mademoiselle Aune kamen augenblicklich herein, um mich zu trösten, ein kleines Mädchen, sie hieß Molly Zornow, sagte gutmütig: »Sei doch nicht so dumm, es ist ja Spaß!« Ein paar der Erwachsenen hoben mich im Vorbeigehen auf und küßten mich, und ich wurde still. Aber die Schule war mir verdächtig geworden, und die große Hinterstube konnte ich nun ein für alle Male nicht mehr leiden.

Mit den jetzigen Schulanstalten hatte unsere Schule nicht allzuviel gemein, und sie wäre jetzt in Preußen wohl eine Unmöglichkeit, weil die Regierung ein solches Institut nicht dulden und sich auch nicht leicht Eltern finden würden, ihre

Kinder demselben anzuvertrauen. Herr Ulrich hatte nie ein Examen irgendeiner Art gemacht, sondern schon frühe zu unterrichten und zu erziehen angefangen, sich dann mit der Tochter eines in Königsberg sehr geachteten Advokaten verheiratet und seine Schule eröffnet, die bald von den Töchtern der angesehensten Familien besucht wurde. Als ich in die Schule eintrat, war erst eine Generation von Schülerinnen darin unterrichtet worden, und sie mochte also seit dem Jahre zehn oder elf bestanden haben. Etwa ein Jahr, nachdem ich mich in derselben befand, kam auch eine Anzahl von Knaben hinzu, die vorher besondere Lektionen gehabt hatten. Sie gehörten ebenfalls den begüterten Familien an, und wir hatten mit ihnen alle Unterrichtsstunden gemeinsam, nur daß wir an getrennten Tischen saßen und daß sie ihren Unterricht in den alten Sprachen erhielten, wenn man uns am Nachmittage in Handarbeiten unterwies.

Aber nicht allein diese Einrichtung war eine willkürliche, sondern auch die Höhe des Schulgeldes hing in jedem besonderen Falle von der Bestimmung des Herrn Ulrich ab, der sich dasselbe je nach Schätzung der Vermögensverhältnisse seiner Schüler zahlen ließ. Es waren Knaben in der Schule, von welchen er sich für den bloßen Unterricht und zwei tägliche Arbeitsstunden, die ein Hilfslehrer überwachte, zehn und zwölf Taler monatlich entrichten ließ. Andere Knaben und Mädchen zahlten drei, vier, sechs Taler den Monat, und als wir in einer späteren Zeit, in welcher mein Vater sich in schlechten Vermögensverhältnissen befand, vier Geschwister zugleich, die Schule besuchten, erklärte Herr Ulrich sich aus freiem Antriebe dazu bereit, uns für ein Monatsgeld von zehn Talern alle viere in der Schule unterrichten zu wollen. Er hatte dabei den Grundsatz, daß solch ein gemeinnütziges Institut, wenn in demselben keine kleinliche Sparsamkeit in bezug auf die Wahl der Lehrer herrschen solle, von den Eltern je nach ihren Kräften unterstützt werden müsse; und da er sich für berechtigt hielt, so viel für den Unterricht zu verlangen, als er erhalten konnte, so nahm er dafür auch gelegentlich für einen oder ein paar begabte Schüler einen ganz besonderen Lehrer an, der ihnen in der Schule selbst einen Privatunterricht erteilte, wenn sie dem gemeinsamen Unterricht entwachsen waren. Ich selbst und eine noch in Berlin lebende Dame haben auf solche Weise von einem vortrefflichen Lehrer lange Zeit hindurch einen besonderen Unterricht in Französisch erhalten.

Wir hatten nur fünf Klassen, und sie waren, mit Ausnahme der Handarbeitsstunden, sehr klein. Die Versetzungen waren also selten, da der ganze Kursus auf etwa neun Jahre, vom sechsten bis zum fünfzehnten Jahre, angelegt war. Indes befanden sich, als ich die Schule besuchte, nur zwei Schülerinnen in derselben, welche gleich von Anfang an in der Anstalt unterrichtet worden waren. Die eine war ich selbst, und die andere war ein schönes liebenswürdiges Mädchen, Angelika Michalski, einige Jahre älter als ich, die Tochter eines reichen Eisenhändlers, die ich liebte, eben weil sie so schön und freundlich war.

Herr Ulrich hatte eine Vorliebe für uns beide. Er hob es gern hervor, daß wir recht eigentlich seine Schülerinnen wären, und wir haben auch immer zu denen gehört, welche von den üblen Seiten seines Charakters nicht viel gelitten haben.

Wie das möglich war, das ist nicht schwer zu sagen. Auch der Einfältigste von uns mußte es nämlich erkennen, mit welcher Leidenschaft Herr Ulrich bemüht war, uns vorwärtszubringen, wie warm unser Wohl ihm am Herzen lag, wie glücklich, ich brauche dies Wort mit Absicht und Bewußtsein, jeder unserer Fortschritte ihn machte. Er litt tatsächlich von unseren Fehlern, und ich erinnere mich noch, wie er einmal, als er ein sehr träges, schlaffes und schon halb erwachsenes Mädchen mit Heftigkeit von seiner Bank emporgerissen hatte, plötzlich in den Ausruf ausbrach: »Ich bin kein Lehrer für Dumme! Ich kann nur gescheite Kinder unterrichten!« – Er ließ das Mädchen wieder auf seine Bank zurücksinken und entfernte es bald darauf aus der Schule, weil es wirklich für seine Art des Unterrichts nicht paßte. Aber auf mich machte er an jenem Tage einen unvergeßlichen Eindruck. Obschon ich höchstens neun oder zehn Jahre alt gewesen sein kann, verstand ich an dem Tage den ganzen Zustand, ja den Charakter unseres Lehrers, und ich hing von da ab mit einer Art von scheuem Mitgefühl an ihm.

Dazu war seine Art zu unterrichten die angenehmste und geistreichste, welche mir jemals vorgekommen ist. Er stellte die Tatsachen hin und machte es uns durch seine sehr kurzen, sehr bestimmten und eng aufeinanderfolgenden Fragen möglich, die Ursachen derjenigen Dinge zu finden, die uns zu Anfang der Stunde noch fremd und überraschend dagestanden hatten. Damit hing es zusammen, daß er verhältnismäßig wenig vortrug, daß wir es aber lernten, leicht und bestimmt zu sprechen, und daß wir, geistig fortdauernd tätig, immerfort eine Art von Siegesbewußtsein genossen. »Seht ihr wohl, das habt ihr nun ganz von selbst gefunden, das ist ganz einfach!« pflegte er zu sagen, wenn er uns den Weg zu neuen Erkenntnissen so vorbereitet hatte, daß wir ihn unmöglich verfehlen konnten. Er schleuderte, wie man es mit einem Kinde tut, das man zum Gehen gewöhnen will, die Kugel weit vor uns hinaus und hielt uns immer auf dem Wege fest, auf welchem wir ihr nachkommen und sie finden mußten.

Strenge Gewöhnung zur Ordnung und Selbstbeherrschung, feste Unterwerfung unter eine bestimmte Disziplin und möglichste Heranbildung zu innerer Freiheit waren die Aufgaben, welche Herr Ulrich sich gestellt hatte, und in einer wirklich genialen Weise wußte er diese Ziele zu verfolgen. Während in der dritten und zweiten Klasse das Rechnen und namentlich auch das Kopfrechnen fast als das Wesentlichste betrachtet wurde, weil es am meisten zwingt, die Gedanken zu konzentrieren, wurden in der ersten Klasse die Geschichte und die deutsche Sprache und in dieser der klare Ausdruck der Gedanken zur Hauptsache gemacht. Das war sehr folgerichtig, denn das Rechnen lehrt denken, die

Geschichte gibt Gedanken, und mit dem Unterricht in der Handhabung unserer Muttersprache wird uns die Möglichkeit gegeben, unsere gewonnenen Gedanken auszudrücken.

Wir hatten deshalb wöchentlich zwei größere deutsche Aufsätze zu liefern, wobei wir mitunter auch Briefe schreiben mußten, die dann wirklich in Briefform und gehörig couvertiert abgegeben werden mußten. Wir lernten für diesen Zweck einmal in ein paar besondern Stunden die Kunst, ein Couvert zu machen und die verschiedenen Arten Briefe und Billette, je nach den Veranlassungen, passend zusammenzufalten. Und damit bei unseren zweimaligen Stilübungen in der Woche dem Lehrer die Zeit zu korrigieren nicht zu kurz würde, hatten wir doppelte Aufsatzbücher, so daß die Korrekturen mit der größten Sorgfalt ausgeführt werden konnten.

Ich selbst machte die drei untern Klassen schneller durch, als es sonst gewöhnlich war, und befand mich denn mit dem Anfang meines neunten Jahres in der zweiten Klasse, in einem Kreise von Mädchen, die, alle zwei, drei Jahre älter als ich, teils mit Geringschätzung auf mich herabsahen, teils geneigt waren, ein Spielzeug aus mir zu machen. Mir dies letztere gefallen zu lassen, war ich aber zu ernsthaft, und von der Geringschätzung zu leiden, hinderte mich mein Hochmut. Ich hatte eine außerordentlich große Meinung von meinen Anlagen und von meinem Wissen, und diese zu unterdrücken, hatte Herr Ulrich nur ein Mittel: Er hielt mir beständig das Beispiel eines Knaben vor, der kurz vor mir die Schule besucht hatte und viel schneller vorwärtsgekommen war, viel mehr geleistet hatte als ich. Dieser Knabe hieß Eduard Simson und ist der in unserm politischen Leben rühmlich bekannt gewordene Präsident und Professor Eduard Simson.

Was ich auch tun mochte, was ich auch begann, selbst wenn er mich lobte, immer setzte Herr Ulrich hinzu: »Eduard Simson war in deinem Alter viel weiter! Eduard Simson rechnete in deinem Alter schon Gleichungen! Eduard Simson konnte dies und das!« – Kurz, Eduard Simson, der mir außer der Schule von Kindesbeinen an ein lieber Spielkamerad gewesen war, wurde bis in mein zehntes, elftes Jahr in der Schule mir ein Schreckbild und ein Vorbild zu gleicher Zeit.

Neben meinem Interesse an der Weltgeschichte oder noch früher als dieses war aber meine Leidenschaft für das Märchen und überhaupt für die Poesie erwacht, und man leistete zu Hause dieser Neigung Vorschub, indem man mir bereitwillig so viel Bücher zuführte, als ich nur verlangen konnte. Die Auswahl wurde jedoch von meinem Vater sorgfältig getroffen, und ich bekam niemals ein neues Buch, ehe ich das alte nicht mehrfach durchgelesen hatte.

Verwandte und Freunde des Hauses gaben es den Eltern manchmal zu bedenken, daß so viel Lernen und Lesen mir physisch schaden könne, indes die Eltern hatten den praktischen Nutzen erfahren, den eine geistige Beschäftigung, welche mir von außen Bilder zuführte, für mich hatte und ließen sich zu meinem Glücke nicht beirren. Denn seit ich in die Schule ging, seit ich lesen konnte und mir also auf jede Weise Beschäftigung geboten wurde, war ich ein gesundes Kind geworden. Alle die törichten unverstandenen Vorstellungen, welche mir Ruhe und Schlaf geraubt hatten, die Angst vor Erdbeben, Pest und Todesfällen, die wüsten Bilder, die mich gepeinigt, waren wie mit einem Schlage verschwunden. Ich hatte jetzt tausend Dinge, an die ich denken konnte, und wollte meine Phantasie doch ihr Recht haben, so waren Schneewittchen und der Däumling, so waren das Rößlein Fallada und die Tarnkappe da, um mich zu beschwichtigen, bis die Märchen der Tausendundeinen Nacht alle anderen Märchen bei uns verdrängten.

Ich glaube nicht, daß mein Vater, außer der Jean Paulschen Levana, von der ich weiß, daß er sie früh gelesen hat, sich mit Büchern über die Erziehung beschäftigt oder sich sonst dem Gedanken besonders hingegeben hätte: Was mußt du tun, um deine Kinder gut zu erziehen? Die Kinder müssen sehen, hören und gehorchen lernen! Das stand bei ihm fest; aber daß wir dieses lernten, machte sich ganz von selbst.

Da meine Eltern beide sehr ordentlich, meine Mutter von der größten Genauigkeit in all ihrem Tun und Treiben war, so herrschte in unserm Hause eine glänzende Reinlichkeit, und die geringste Sache, die nicht an ihrem Orte stand, die geringste Kleinigkeit, die auf einem falschen Flecke lag, mußte auffallen und aufgeräumt werden.

»Hast du das Tuch nicht liegen sehen?« – »Gehört das Band hierher?« Das waren ganz natürliche Fragen, und wurde dann einmal die Entschuldigung vorgebracht, man habe es nicht gesehen, so folgte unabweislich die Entgegnung: »Man muß aber sehen! Warum sehe ich denn alles?«

Befanden wir uns auf der Straße und es fuhr ein Wagen an uns vorüber, auf dem Fässer oder Kisten geladen waren, so fragte mein Vater ganz kurz. »Was ist in den Fässern, Kisten, Ballen verpackt?« Wußten wir es nicht, so hieß es: »Du hast solche Kisten aber schon bei dem Gewürzkrämer gesehen. Das sind Rosinenkisten! Du hast solche Ballen schon im Vorbeigehen an der Waage gesehen, das sind Baumwollballen! Du hast solche verkalkte Fässer schon oft gesehen, das sind Ölfässer; und wenn du es nicht weißt, warum fragst du nicht? Man muß die Augen offen haben und nichts ansehen, ohne zu denken und zu fragen, was es ist!«

Ebenso wurden wir gewöhnt, keinen uns fremden Ausdruck an unserm Ohr vorübergehen zu lassen, ohne nach seiner Bedeutung zu fragen, und weil wir auf diese Weise eben zur Achtsamkeit angehalten wurden, lernten wir von frühe auf eine Masse von Dingen, erwarben wir eine Menge von Begriffen, welche andere Kinder mühsam erlernen mußten, ohne daß wir wußten, wie wir dazu gekommen waren. Wie übel es aber ist, wenn man die Kinder nicht zeitig daran gewöhnt, nichts Unverstandenes ohne Frage an sich vorübergehen zu lassen, das habe ich an einer den gebildeten Ständen angehörenden Familie erfahren, in welcher man genötigt war, den ganz erwachsenen Kindern die unter uns eingebürgerten Fremdworte mühsam und ausdrücklich zu erklären, die sie teils gar nicht zu benutzen verstanden, teils völlig widersinnig gebrauchten.

Das Gehorchen lernen verstand sich für uns ebenso von selbst wie die Übung unserer Sinne und unserer Achtsamkeit. Wir sahen und hörten im Vaterhause keinen Ungehorsam und überhaupt nicht leicht einen Unfrieden oder einen Streit. In den einunddreißig Jahren, welche die Ehe meiner Eltern dauerte, hat keines von uns Geschwistern je ein unfreundliches oder gar heftiges Wort von unserm Vater gegen unsere Mutter, keines je andere Worte als die verehrendster Liebe von der Mutter zu unserm Vater gehört. Sie war voll unermüdlicher Sorgfalt für ihn, er von der rücksichtsvollsten Zärtlichkeit für sie. Wir lebten in einer Atmosphäre der Liebe und der Eintracht, es geschah uns nur Gutes, wir mußten also wohl die Unterordnung unter die Eltern und die Eintracht untereinander als etwas Natürliches empfinden und üben.

Mit dieser Liebe aber gingen ein strenger Ernst und eine feste Beharrlichkeit Hand in Hand. Wir wußten, wie gern die Eltern uns Freude machten, wir wußten es aber auch, daß gegen meines Vaters Befehl kein Widerspruch gestattet war, ja, ich möchte sagen, wir hatten die Vorstellung nicht, daß wir nicht unbedingt und ohne alle Frage gehorchen mußten. Gehorchte doch alles im Hause dem Vater aufs Wort: unsere Mutter, seine Mitarbeiter im Geschäfte, seine Untergebenen und die Dienstboten. Die Mutter nannte den Vater, wenn sie von ihm zu der Dienstbotschaft sprach, immer nur »Der Herr!« – Und »Der Herr will es!« – »Der Vater hat es gesagt!« Das waren Aussprüche, welche für das ganze Haus die Unumstößlichkeit eines Gottesurteils hatten.

Meines Vaters Redeweise war im ganzen knapp und sehr bestimmt, sein Verkehr mit den Handlungsgehilfen, die ganz in unserm Hause lebten, nur auf das Sachliche gestellt; und obschon das in Preußen nicht mehr die allgemeine Sitte war, redete er unsere männlichen und weiblichen Dienstboten mit Er und Sie an, wenn er zu ihnen sprach. Aber gerade die kurze Bestimmtheit seines Ausdrucks machte es, daß er nicht leicht mißverstanden werden konnte, daß er also meist gut bedient war und daß er für sein Teil äußerst selten in die Lage geriet, Verweise zu geben oder zu heftigen Äußerungen zu kommen. Heftig gegen Frau und Kinder habe ich ihn nie gesehen, und allen denen, welche ihm dienten, galt er für einen strengen, aber gerechten und guten Herrn. Es sind übrigens meist die Unkultur und die Würdelosigkeit der Befehlenden, welche die schlechten Diener hervorbringen.

Ich war sehr glücklich in der Schule, lernte leicht, kam schnell vorwärts, wurde bei den öffentlichen Schulprüfungen sehr gelobt und gehörte zu den Kindern, welche wir – denn auch die Mädchenschulen erzeugen sich einen Jargon – die Paradepferde nannten. Bei den Prüfungen vor den Eltern, welche etwa alle anderthalb Jahre einmal stattfanden, konnte dem Ehrgeiz des einzelnen aber viel weniger ein Genüge getan werden als bei den Besuchen, welche der in der preußischen Schulgeschichte berühmte Konsistorialrat Dinter ab und zu unserer Anstalt machte.

Der Konsistorialrat Dinter kannte von Ansehen jedes Kind der Stadt. Jedes hatte ihn gesehen, den mittelgroßen, breitschultrigen Mann mit dem runden offenen Gesicht, das, obschon Dinter das Haupt etwas gebückt trug, mit seinen hellen Augen so freundlich aus dem langen grauen Haar hervorsah.

Seine Art zu fragen kam der unseres Lehrers nahe, aber sie war immer mit Heiterkeit gepaart, und wenn Dinter zu loben oder zu tadeln hatte, geschah es stets mit einer gewissen guten Laune, mit einem Humor, der uns um so besser gefiel, je weniger wir ihn beim Unterrichte sonst gewohnt waren. Als er das erstemal in unsere Anstalt kam, mag ich etwa drei Jahre in derselben gewesen sein. Ich mußte ihm meine Rechenkünste vormachen, die vortrefflich gelangen, wurde viel in der Geographie befragt, in der ich grade meinen ganz dummen Tag hatte und mir eigensinnig auch von Herrn Ulrich nicht einhelfen ließ, so daß ich schlecht bestand und dann mich erst wieder durch Französisch und Geschichte einigermaßen vor den Augen Dinters zurechtzusetzen hatte. Herr Ulrich war nicht zufrieden mit mir, Dinter aber klopfte mir auf den Kopf und sagte: »Nu! Dein Kopf hätt' auch besser auf 'nem Jungen gesessen!« – Dann aber fügte er freundlich hinzu: »Wenn du aber nur einmal eine brave Frau wirst, so ist's auch gut!« –

Mit heißen Wangen und höchst aufgeregt kam ich an dem Tage aus der Schule zurück. Ich erzählte alles, was geschehen war, ich klagte mich an, daß ich nichts gewußt hätte, aber ich verweilte doch noch länger auf dem Lobe, das mir erteilt worden war, denn ohne zu wissen, was er getan, hatte der treffliche Mann einen meiner geheimen Schmerzen berührt – ich neidete es schon lange allen Knaben, daß sie Knaben waren und studieren konnten, und ich hatte eine Art von Geringschätzung gegen die Frauen. So töricht das an einem Kinde von neun Jahren erscheinen mag und so unberechtigt es in meinem besondern Falle war, lag doch der Ursprung zu diesen Gedanken nicht in mir selbst. Von jeher hatten Fremde, wenn sie meine Fähigkeiten lobten, mit einer Art von Bedauern hinzugefügt: »Wie schade, daß das kein Junge ist!« – Ich hatte also die Idee gefaßt, daß die Knaben etwas Besseres wären als die Mädchen und daß ich selbst mehr und besser sein müsse als die andern Mädchen. Als Vorbild war mir immer auch ein Knabe, jener Eduard Simson, hingestellt worden, und meine Mutter, welche von dieser falschen Richtung meines Wesens später gelitten hat, hatte selbst in der besten Absicht den Gedanken, daß Wissen die Hauptsache und alles andere dagegen gering sei, in mir genährt und gepflegt.

Lieb hatte ich dabei die Mutter von ganzem Herzen, aber ich hatte den Vater noch lieber, bei dem ich immer Rat und Hilfe, wenn auch viel häufigern und strengern Tadel als bei der Mutter fand. Der Vater las mit mir, der Vater spielte mit uns, und obschon die Mutter ihr Leben für uns hingegeben hätte, hatte sie nicht jene sich nach außen kundgebende Zärtlichkeit, welche mein Vater besaß und die, obschon sie immer gemessen blieb und er sich ihr nicht oft überließ, für mich etwas Bezauberndes hatte, weil sie mir als Entgegnung meiner eigenen Zärtlichkeit ein Bedürfnis war.

Lobte meine Mutter meine Fortschritte, so dachte ich, sie verstehe es doch im Grunde gar nicht. Tadelte sie mich über einen Hang zur Unordnung, der sich bei mir einstellte, oder über meine Heftigkeit, so meinte ich, sie tue mir unrecht, und das sei auch alles ganz gleichgültig, wenn man nur recht viel lerne und wisse. Und da die Mehrzahl der Frauen, welche ich damals kannte, auch nicht viel unterrichteter waren als meine Mutter, so setzte sich eben die Vorstellung in mir fest, die Frauen seien geringer als die Männer, und für sie sei es ganz gut, daß sie auf Ordnung sähen und haushielten. Ich aber wolle lernen wie ein Mann, und ordentlich zu sein hätte ich gar nicht nötig. Eine unklare Erinnerung an eine Frau, die, wie ich hatte erzählen hören, damals Professor in Bologna gewesen war, schwebte mir dabei vor und trug noch dazu bei, mich vollends zu verwirren.

Durch die nächsten Jahre ging mein Leben ruhig hin. Die beiden andern Erinnerungen sind allgemeinerer Art. Sie beziehen sich auf die im Jahre achtzehnhundertneunzehn erfolgte Ermordung Kotzebues und auf die in dem gleichen Jahre durch ganz Deutschland gehende Judenverfolgung.

Stärker noch wirkte die Judenverfolgung auf mich. Je älter ich geworden war, je mehr hatte ich es gemerkt, wie sorgfältig die Meinen, die Eltern und alle ihre Verwandten, es vermieden, davon zu sprechen, daß wir Juden wären. Einzelne, fremdklingende Worte, von denen ich wußte, daß es jüdische waren, wurden zwischen ihnen hie und da einmal als Verständigung gebraucht, wenn man uns Kinder einer Mitwisserschaft entziehen wollte, aber man sah es nicht gern, wenn wir diese Worte gehört hatten; in Gegenwart der Dienstboten oder fremder Personen bediente man sich ihrer nie, und allen den darauf bezüglichen Fragen wich man jetzt wie früher aus. In der Schule hingegen wurde es mir immer fühlbarer gemacht, daß ich nicht der Allgemeinheit angehörte.

Der Religionslehrer der oberen Klassen, der später so unglücklich bekannt gewordene Prediger Ebel, hatte mir, als ich etwa sieben Jahre alt war und man mich bei einer Prüfung belobt hatte, einmal in Gegenwart der andern Kinder die Hände auf den Kopf gelegt und mich dabei »du fromme Tochter Israels!« genannt, was mich und meine Mitschülerinnen lachen machte, weil es von uns in direkte Verbindung mit dem Erzvater gebracht wurde und uns also höchst komisch erschien. Aber Kinder, und namentlich kleine Mädchen, sind neugierig wie junge Katzen. Einmal auf eine Fährte gebracht, bringt man sie nicht wieder davon ab. Ein paar Tage neckten sie mich und amüsierten sie sich mit der Ebelschen Bezeichnung, dann aber wollten sie ergründen, was sie eigentlich wußten, daß ich keine Christin sei. Ich sollte sagen, bei wem ich getauft sei und bei wem meine Eltern in die Kirche gingen und bei wem ich den Konfirmanden-Unterricht erhalten würde. – Ich antwortete der Wahrheit nach, und da es lauter gute und wohlgeartete Kinder waren und wir einander liebhatten, kamen sie auch bald von ihrer Neugier ab, weil sie sehen mochten, daß sie mich quälten. Mir aber blieb ein Stachel davon in der Seele zurück, und dieser verschärfte sich daran, daß ich zu einigen Mädchen der Klasse, die ich am liebsten hatte und die mich am liebsten hatten, nicht eingeladen wurde, wenn man ihnen Kindergesellschaften einlud.

Wo sich in jener Zeit einzelne Juden oder jüdische Familien sehen ließen, rief man ihnen spottend in den Straßen nach. Gerüchte von Feindseligkeiten, welche in Süddeutschland gegen die Juden verübt worden waren, zirkulierten, wohin ich in der Familie kam, und wenn die Eltern sich auch hüteten, uns zu Hause etwas davon hören zu lassen, so sprach man bei den Tanten und Onkeln um so mehr und um so besorgter davon. Ich vernahm es, wie man in Frankfurt am Main und in Würzburg den Juden die Fenster eingeworfen und ihre Häuser geplündert haben sollte, wie angesehene Männer auf der Straße beschimpft und mißhandelt worden wären, und man war in großer Angst um die in Hamburg lebenden Geschwister meiner Mutter, weil dort der Judenhaß auch sehr groß und der Pöbel sehr roh sein sollte. Da solche Epochen der Verwirrung in den Geistern der Völker aber epidemisch sind und sich mitteilen, man weiß nicht wie, so waren auch unsere Dienstboten von der Kunde erreicht worden, und der Glaube, daß an irgendeinem Tage in Königsberg etwas Unerhörtes gegen die Juden unternommen werden würde, war aus der Kinderstube in mich gekommen. Mein Vater, meine Mutter versicherten, das sei Torheit, es wäre nichts von alledem wahr, was man fable, aber ich erfuhr doch, daß man in der Langgasse eines Abends einem reichen Kaufmann die Fenster eingeworfen habe, und daß dies wahr sein müsse, merkte ich daran, daß man uns Kinder abends nicht mehr wie sonst auf den Fenstertritten sitzen ließ, wenn wir bei meinen Tanten waren, die in der Langgasse wohnten und deren Wohnzimmer nach der Straße gelegen waren.

Von da ab hatte ich den vollständigen Begriff von der Unterdrückung der Juden, von der Ungerechtigkeit, welche man gegen sie beging. Auch das Bewußtsein der gebildeten Juden, aufgeklärter und besser zu sein als ihre Verfolger, hatte bereits angefangen, sich auf mich zu übertragen, und die Juden hatten damals ihr stolzes Selbstgefühl, das man ihnen so oft als Anmaßung und Arroganz vorgeworfen hat, sehr nötig, wenn sie selbst sich aufrechterhalten und ihre Kinder tüchtig machen wollten, an der allmählichen Emanzipation des Volkes mitzuarbeiten. Viele, welche später in diesem Kampfe am meisten gewirkt, sind in jener Zeit der Judenverfolgung nicht viel älter gewesen als ich und werden sich ihrer wohl auch erinnert haben. Dem Unterdrückten ist aber sein Selbstgefühl der beste Schild und die sicherste

Waffe. Eine Nation und Menschen überhaupt, welche ungerechte Unterdrückung ohne stolze Empörung annehmen und ertragen, sprechen sich selbst ihr Urteil und gehen an der feigen Demut vor ihren Verächtern in Ehrlosigkeit unter.

In Königsberg aber ging die Epidemie der Judenverfolgung ziemlich gelind vorüber. Es blieb bei den spottenden Nachrufen, und als man sich damit genug getan hatte, fand man sich von beiden Seiten äußerlich wieder zurecht. Es kehrte alles in das alte Gleis zurück, und auch wir lebten bis in das Jahr achtzehnhundertzwanzig ganz in der alten Weise fort.

Ich war in den zwei Jahren ein wahrer Lesewolf geworden, und was meine Mutter auch tat, mich von der überwiegenden Neigung zum Lernen und von der Unlust an jeder häuslichen Arbeit, ja von jeder Arbeit, die nicht geistig war, zu heilen, es schlug alles fehl. Meine Mutter war darüber sehr betrübt; sie fühlte sich persönlich davon gekränkt. Zu allem, was sie trieb, was ich mit ihr treiben sollte, mußte ich mit Strenge angehalten werden; zu allem, was der Vater in seinen wenigen freien Stunden mit mir vornahm, war ich aufgelegt und fröhlich.

Mit allem, was ich in der Schule trieb, war ich ohnehin auf ihn gewiesen, und es war mir dort mit dem Eintritt in die erste Klasse in doppeltem Sinne ein neues Leben aufgegangen.

Endlich an einem Dienstage um elf Uhr, zur Zeit der Deklamationsstunde, öffnete sich die Türe, Herr Ulrich trat herein, hinter ihm ein kleiner Mann von etwa sechsundzwanzig Jahren, in einem grünen Rock, er selbst von einem unscheinbaren Äußern. Das war Friedrich von Tippelskirch, ein Kandidat der Theologie. Und der wollte uns Herrn Neumann ersetzen!

Ein Blick empörten Einverständnisses flog von einem Auge zu dem andern. Wir fanden ihn häßlich, unserer unwürdig, das Gemeingefühl erklärte sich gegen ihn, und es war uns höchst gleichgültig, als Herr Ulrich uns ermahnte, in unserm bisherigen Fleiße auch bei dem neuen Lehrer fortzufahren, und Herr von Tippelskirch uns mit einer Stimme, die lange nicht so wohlklingend war als die seines Vorgängers, versicherte, daß er von unserm guten Willen ebenso überzeugt sei, als wir es von dem seinigen sein dürften.

Als Herr Ulrich die Klasse verlassen hatte, sollte die erste Schülerin Rechenschaft geben über das, was wir bisher getrieben hätten. Es kam aber alles verkehrt heraus. Herr von Tippelskirch ließ das also auf sich beruhen, nahm ein Buch hervor und sagte, daß er uns etwas vorlesen werde. Es waren Goethes Gedichte. Er wählte Johanna Sebus. Kaum aber hatte er mit seiner dumpfen Stimme und einem uns ungewöhnlichen Pathos die ersten Worte: »Der Damm zerreißt, das Meer erbraust, die Fluten schäumen, der Sturmwind saust!« – ausgesprochen, als die ganze Klasse in ein lautes Lachen ausbrach und übermütig und spöttisch, wie solche Mädchenschar es ist, dies Lachen geflissentlich steigerte. Ohne eine Miene zu verziehen, legte Herr von Tippelskirch das Buch aus der Hand, sah uns ruhig an und sagte: »Ich werde warten, bis Sie fertig sind!« –

Das kam uns überraschend, das war etwas andres als die Heftigkeit und der Zorn des Direktors, etwas andres, als die zutrauensvolle Freundlichkeit des abgegangenen Lehrers. Wir waren erschrocken, alles wurde augenblicklich still, Herr von Tippelskirch las dieselben Verse ganz in derselben Weise noch einmal, es lachte niemand mehr, und er hatte seine Herrschaft festgestellt, wenn die Mehrzahl sie auch noch mit Widerstreben trug.

Als er fortging, war alles in Aufruhr. Die einen fanden ihn grundhäßlich, die andern lächerlich, die dritten so unhöflich, daß man es sich nicht gefallen lassen dürfe und ihm durch Trotz bessere Sitte beibringen müsse. Es waren aber auch einige Mädchen da, auf welche er einen großen Eindruck durch seine ruhige Entschlossenheit gemacht hatte, und zu diesen gehörte ich.

Er hatte in der Stunde das Gedicht durchgenommen und erklärt, wie ich bis dahin noch nichts erklären gehört hatte. Das Gedicht, welches ich lange vorher auswendig gelernt, schien mir ein ganz andres geworden zu sein. Verwunderung, Neugier und ein unbewußtes Gefühl von Verehrung machten mich auf den Fortgang dieses Unterrichts begierig, und dieser hielt weit mehr, als ich zu erwarten verstanden hätte.

Es kam mit Herrn von Tippelskirch ein anderer, ein höherer Sinn in unsern Unterricht. Bisher hatten wir gelernt, um »tüchtig zu werden und unsern Verstand auszubilden«, wie Herr Ulrich es nannte, oder wir hatten auch ohne allen Nebengedanken gelernt, weil wir eben in die Schule gingen und unsere Aufgaben machen mußten. Der neue Lehrer wies uns ein höheres Ziel, und ich werde es nie vergessen, wie zum ersten Male die Worte an mein Ohr klangen: daß es die Aufgabe des Menschen sei, beständig ein sittliches Ideal vor Augen zu haben und diesem nachzustreben mit allem Tun und Denken. – Es fiel wie eine Offenbarung in mein Leben.

Was Herr von Tippelskirch für meine Mitschülerinnen gewesen ist, weiß ich nicht zu sagen. Über mich gewann er in kürzester Zeit eine unbedingte Herrschaft, und ich hatte in seine Worte und in sein Wesen ein felsenfestes Vertrauen, weil ich tagtäglich den guten Einfluß fühlte, den er auf mich übte. Ihm, seiner ruhigen Milde, seinem sanft aufklärenden Worte, seinem Eingehen in unsere Eigenheiten, verdanke ich persönlich mehr als allen meinen andern Lehrern zusammen. Er brachte mich zu der Einsicht, daß das bloße Wissen unfruchtbar sei, daß alles Lernen nichts nütze, wenn es nur dem Kopfe zugute käme, und daß es der Güte und der Liebe bedürfe, um für sich und andere ersprießlich zu machen, was man geistig erwerbe.

Es war überhaupt mit unserer Schule eine Wandlung vorgegangen. Noch als ich in der zweiten Klasse saß, waren die Knabenschule und die Mädchenschule getrennt und in verschiedene Gebäude verlegt worden. Mit der Knabenschule verband sich jetzt ein Pensionat, Madame Ulrich war also häuslich mehr beschäftigt, hatte den Unterricht in den Mädchenklassen fast ganz aufgeben müssen, und da auch Mademoiselle Aune ausgetreten war, so hatten einige neue Lehrerinnen ihre Stellen ersetzt. Es waren ein Fräulein von Derschau und eine Mademoiselle Kohlhoff, beide, ebenso wie Herr von Tippelskirch, Anhänger des Predigers Ebel, der schon seit langen Jahren den Religionsunterricht in der Schule erteilte.

Schon damals war man auf das Wesen der Ebelianer, auf ihre große Kirchlichkeit, auf die fast herrenhutsche Einfachheit, mit welcher die Frauen sich kleideten, auf ihr stetes Zusammenhalten, auf ihre Betstunden, auf ihre weitreichende Armenpflege aufmerksam geworden. Man nannte sie Pietisten, man nannte sie auch damals schon Mucker, und ich erinnere mich, daß es auffiel, wie unsere Schule mehr und mehr mit Lehrern besetzt wurde, welche Ebelianer waren. Man hatte aber zu Ulrichs gesunder Vernunft großes Zutrauen, die Eltern der Schüler kannten auch Ebels Wirksamkeit an der Schule als eine durchaus vortreffliche, und wir alle konnten keine bessern Lehrer und Lehrerinnen wünschen, als er und seine Anhänger es waren.

Ich selbst hatte etwa von meinem achten Jahre ab den Religionsunterricht bei Ebel gehabt und liebte ihn persönlich von ganzem Herzen. Eben als ich in seine Klasse kam, hatte er eine mir gleichaltrige Tochter verloren und, wie die andern mir sagten, mich darum deshalb noch herzlicher als gewöhnlich aufgenommen. Er war ein ziemlich großer, schlanker Mann mit einem sehr edeln und ernsten Gesichte. Seine großen, dunklen Augen, seine bleiche Farbe und sein glänzendschwarzes Haar, das er gescheitelt und etwas länger als sonst üblich trug, gaben ihm einen besondern Ausdruck. Er hatte feine Hände, und wenn er diese gefaltet hatte und seine Augen zum Gebet erhob, sah er wirklich wie ein Apostel aus. Seine Stimme war ergreifend, sein Vortrag von großer Kraft! Man hatte immer den Glauben, daß er aus tiefstem

Herzen spreche, und ich bin auch jetzt noch überzeugt, daß dieses sein Fall war.

Mein Vater hatte die Absicht, mich bis zum Ende meines vierzehnten Jahres in der Schule und damit volle drei Jahre in der ersten Klasse zu lassen, was sonst nicht üblich war. Man wußte aber nicht recht, wie man mich, wenn ich früher die Schule verließe, angemessen beschäftigen sollte, und da Herr Ulrich mir und einer meiner Mitschülerinnen bei dem früher erwähnten vortrefflichen Sprachlehrer Herrn Motherby innerhalb der Schulstunden noch einen besonderen Unterricht im Französischen, namentlich in der Konversation, erteilen ließ und ich inzwischen auch eine große Lust zu feinen Handarbeiten bekommen hatte, die wir in der Schule erlernten, so war es gewiß das beste, mich ruhig an den Repetitionen der Klasse meinen Teil nehmen zu lassen, während ich dabei noch Handarbeit und Französisch lernte und die allgemeine Förderung genoß, welche der Unterricht des Herrn von Tippelskirch uns gewährte.

Aber schon nach Ablauf des zweiten Jahres verbreitete sich das Gerücht, Herr Ulrich werde die Schule aufgeben.

Ich war wie aus den Wolken gefallen bei dieser Nachricht. Der Untergang der preußischen Monarchie hätte mir lange nicht den erschreckenden Eindruck hervorgebracht als der Untergang unserer, meiner Schule. Mein ganzes Denken und Sein war mit ihr verknüpft, ich konnte mir kaum eine Vorstellung von dem Zustande machen, der für mich mit dem Austritt aus der Schule anheben mußte, und es war mir, als tue sich eine Wüste, als tue sich die unendliche Ferne vor mir auf, wenn ich mir die Tage und Monate und Jahre ohne mein gewohntes Streben, ohne meine gewohnte Beschäftigung auszumalen versuchte.

Sonst, wenn meine älteren Mitschülerinnen von der Klasse aus den Konfirmandenunterricht besuchten und dann die Schule verließen, um als erwachsene Mädchen zu Hause in ihren Familien zu bleiben, hatte ich mir wohl auch gewünscht, erwachsen zu sein, und gemeint, auf Ostern nächsten Jahres, nach meinem vierzehnten Geburtstag, da würde es sich mit dem Erwachsensein für mich schon finden, wenngleich die andern Mädchen erst ein paar Jahre später dazu gelangt waren. Aber nun mitten im Schuljahr, so viele Monate vor meinem vierzehnten Geburtstag, konnte das alles gar nicht gehen; und es waren vielleicht nur wenige Kinder in der Anstalt, welche den Entschluß des Direktors so wie ich als ein wirkliches Unglück für sich betrachteten.

Mit einem nicht zu beschreibenden Gefühl der Verlassenheit und der Vereinsamung packte ich meine Hefte und Bücher in mein Schränkchen ein. Ich nahm Abschied von jedem Blatte, das ich aus der Hand legte, und eine Stimme in meinem Innern, die mir immer wieder die Tränen in die Augen lockte, sagte mir fortdauernd: Jetzt ist deine glückliche Kindheit vorbei! – Ich kam mir ununterrichtet, unfertig vor wie nie zuvor, ich las die Unterschriften unter meinen ältesten Arbeiten, als stecke die größte Weisheit darin, ich holte alle paar Stunden mein Stammbuch hervor, um mich an den Zeilen zu erfreuen, welche meine Lehrer mir eingeschrieben, und mit einem Male, am zweiten, dritten Tage, nachdem ich die Schule verlassen, kam mir aus dem Erinnerungsblatte, welches Herr Motherby mir gegeben hatte, ein Gedanke und damit auch ein Trost. Es lautete: Tâcher de défaire notre esprit de l'erreur, notre cœur de l'égoisme, voilà la grande tâche de notre vie, voilà le but de toute éducation; de cette éducation de nous même, qui commence quand nos instituteurs nous quittent, quand la main de ceux qui ont veillé sur notre enfance ne nous guide plus!

Ich wollte das befolgen, ich wollte an mir selber arbeiten, und vor allem: ich wollte den Egoismus ablegen, mit welchem ich die beiden Tage hindurch mich immer nur gefragt hatte, was ich denn jetzt beginnen solle – statt mich an das Nächste zu halten und im Hause nachzuhören, wo ich helfen und der Mutter nützlich werden könne. Je weniger diese Art der Dienstleistung mir selbst genehm sei, um so besser! Das sollte der erste Akt der Selbstüberwindung werden, von welcher Herr Motherby gesprochen hatte, und da die Jugend opferfreudig ist, fand ich eine Beruhigung in meinem gefaßten Vorsatze.

Die Eltern hatten übrigens meinen Austritt aus der Schule, grade so wie ich, als einen Lebensabschnitt angesehen. Sie hatten mir gesagt, ich sei jetzt kein Kind mehr, und da ich bisher alle meine Zeit ausschließlich für mich verwendet, so sei es nun doppelt meine Pflicht, sie für andere zu verwerten. Ich war auch sehr bereit dazu, nur daß niemand recht wußte, was ich eigentlich tun solle. Die paar kleinen Geschäfte, welche meine Mutter mir übertrug, füllten den Tag nicht aus. In den häuslichen Handarbeiten besaß ich noch nicht jene Gewandtheit, welche sie für den Haushalt ersprießlich macht, denn ich arbeitete noch ängstlich und langsam; das, was also zuerst in Angriff genommen werden sollte, war natürlich wieder die Musik.

Die ersten paar Wochen nach dem Verlassen der Schule gingen mit allerlei Versuchungsbeschäftigungen hin. Die Mutter wußte mich nicht recht zu verwenden, ich trieb mich also ziemlich planlos in den Stuben umher, bis ich irgendein Buch erwischte und mich in einen Winkel hinsetzte, um zu lesen. Das lag jedoch gar nicht in meines Vaters Absichten, und eines schönen Morgens, kurz vor dem ersten Oktober, überraschte er mich mit folgendem, von ihm selbst aufgesetzten Stundenplan, den ich seitdem oft mit lächelnder Rührung betrachtet habe und den ich der Originalität wegen hersetze.

Stundenzettel für
Fanny Marcus,
entworfen Ende September, gültig bis zur veränderten Jahreszeit und bis andere Lehrstunden eintreten.

Allgemeine Bestimmung:
Des Morgens wird spätestens um 7 Uhr aufgestanden, damit um 7½ Uhr das Ankleiden völlig beendet sei.

Montag

von	8–9	Uhr	Klavierstunde. Übung neuer Stücke.
»	9–12	»	Handarbeit, gewöhnliches Nähen und Stricken.
»	12–1	»	Nachlesen der alten Lehrbücher, also: Französisch, Geographie, Geschichte, Deutsch, Grammatik u. s. w.
»	1–2½	»	Erholung und Mittagessen.
»	2½–5	»	Handarbeit gleich oben.
»	5–6	»	Klavierstunde bei Herrn Thomas.
»	6–7	»	Schreibeübung.

Dienstag

»	8–9	»	Übung neuer Klavierstücke.
»	9–10	»	Häusliche Handarbeit.
»	10–12	»	Unterricht im Generalbaß.
»	12–1	»	gleich Montag.
»	1–2½	»	dito.
»	2½–5	»	dito.
»	5–6	»	Übung alter Klavierstücke.
»	6–7	»	Schreibeübung wie Montag.

Mittwoch gleich Montag; von 5–6 Uhr Übung der alten Musikstücke am Klavier.

Donnerstag, Freitag und Sonnabend gleich den drei ersten Wochentagen.

Sonntag wird völlig der Bestimmung von Fanny anheimgestellt, mit Ausnahme der Klavierübung von 8–9 Uhr; jedoch müssen die wöchentlich unnötig versäumten Lektionen nachgeholt und die Stunden, welche am Klavier durch Ausgehen oder durch Besuche versäumt worden, genau ersetzt werden.

Fanny wird durch pünktliche Erfüllung dieses Stundenzettels und durch sonstiges gutes Betragen sich bemühen, ihren Eltern den Beweis zu geben, daß sie würdig sei, noch anderweitigen Unterricht zu erhalten und von ihrem Vater für ihre Erholungsstunden gute Lesebücher zu bekommen.

Besuch außer dem Hause wird wöchentlich einmal und nur ausnahmsweise zweimal stattfinden.

Diese Anordnung mit ihrer befehlenden Kürze erschien mir weder auffallend noch hart. Ich war von Kindheit auf an eine sehr bestimmte Zeiteinteilung und Zucht gewöhnt, und ich bin gewiß, daß der Stundenzettel meiner Mutter damals ebenso wie mir eine Erleichterung gewährte. Er nahm ihr die Sorge, was sie mich tun lassen solle, und enthob mich dem Unbehagen, das in mir durch ihre wechselnden Versuche, mich zu beschäftigen, erzeugt worden war. Aber langweilig wurde dieser Winter mir im höchsten Grade.

Fünf Stunden an jedem Tag saß ich in der Wohnstube an einem bestimmten Platz am Fenster und erlernte Strümpfe zu stopfen, Wäsche auszubessern und beim Schneidern und andern Arbeiten Hand anzulegen. Zwei Stunden brachte ich am Klavier zu, eine Stunde langweilte ich mich mit dem Inhalt meiner alten Schulbücher, den ich damals von A–Z auswendig konnte, eine andere Stunde schrieb ich Gedichte zur Übung meiner Handschrift ab. Dazwischen ging ich Gänge aus der Küche in die Speisekammer und aus der Wohnstube in die Kinderstube, beaufsichtigte ab und zu die drei jüngsten Geschwister und hatte am Abende das niederschlagende Gefühl, den Tag über nichts Rechtes getan zu haben, und einen brennenden Neid auf meine Brüder, welche ruhig in ihr Gymnasium gingen, ruhig ihre Lektionen machten und an denen also lange nicht so viel herumerzogen werden konnte als an mir. Ihr ganzes Dasein erschien mir vornehmer als das meine, und mit der Sehnsucht nach der Schule regte sich in mir das Verlangen, womöglich Lehrerin zu werden und so zu einem Lebensberuf zu kommen, bei dem mich nicht immer der Gedanke plagte, daß ich meine Zeit unnütz hinbringen müsse. Einige Wochen nach meinem vierzehnten Geburtstage wurde meinen Eltern ihr letztes Kind geboren, und dieses Ereignis machte zugleich den Markstein für meinen Eintritt in das praktische Leben.

Bei den frühern Entbindungen meiner Mutter hatte man eine Haushälterin angenommen, diesmal sollte ich das Amt einer solchen verrichten, und ich übernahm es mit Zagen. Meine Mutter hatte mich in der vorgehenden Zeit zu dem Notwendigen angewiesen, aber sie hatte immer gefürchtet, daß ich nicht mit meinen Obliegenheiten zurechtkommen würde, und es war mir daher im doppelten Sinne sehr bange, als sie sich eines Morgens niederlegen ging und ich nun dastand mit der Angst um sie, mitten in einer großen Familie, mitten in einem Hause, in welchem jeder an die Sicherheit und Erfahrung einer reifen Frau gewöhnt war und in dem jetzt alle plötzlich auf mich allein angewiesen sein sollten.

Mein Vater brachte mir aus der Schlafstube der Eltern den Schlüsselkorb meiner Mutter heraus, und während ihm selbst gewiß nicht leicht ums Herz war, sagte er freundlich ermutigend: »Habe nur Courage! Wem Gott ein Amt gibt, dem gibt er auch Verstand. Vor allem halte die Kinder ruhig!« – Er küßte mich dabei auf die Stirne, und mir kam damit die Zuversicht, daß es gehen werde, weil es gehen müsse. Und es ging auch, obschon die Leitung eines solchen Hauswesens keine leichte Aufgabe für mich war.

Unser Hausstand umschloß in jenem Augenblicke siebzehn Menschen: die Eltern, acht Kinder, von denen die vier jüngsten einander fast Jahr auf Jahr gefolgt und also noch alle völlig hilfsbedürftig waren, drei Kommis, einen Lehrling, eine Köchin, die alte Kinderfrau, welche zur Wartung der kleinen Schwestern wieder zu uns zurückgekehrt war, und endlich eine Amme. Das war ein Personal, welches eine Menge von Bedürfnissen hatte und das um so schwerer zu versorgen war, als man damals in den bürgerlichen Haushaltungen, die sich wie wir einzuschränken und genau über ihre Ausgaben zu wachen hatten, noch eine Art von Wirtschaft führte, die in großen Städten nicht anwendbar ist und auch in Königsberg vielleicht jetzt nicht mehr üblich sein mag. Sie war insofern sehr vernünftig, als sie den Grundsatz festhielt, daß es vorteilhaft sei, im großen und ganzen zu kaufen, wo die Billigkeit des Raumes Aufspeicherung gestattet; aber man hegte daneben das unzweckmäßige Verlangen, alles, was irgend möglich war, im Hause selbst zu fabrizieren. Man richtete sich ein, als lebte man auf dem Lande, und nahm alle Mühen über sich, welche die Entfernung von der Stadt der Landwirtin auferlegt, während man die Dienstboten und Lebensmittel mit städtischen Preisen bezahlen mußte.

Eine ordentliche Königsberger Familie legte sich also im Herbst ihre zehn, zwanzig Scheffel Kartoffel in den Keller. Einige Scheffel Obst wurden im Sommer geschält und aufgereiht und bei dem Bäcker getrocknet, Pflaumen- und Kirschmus im Hause gekocht. Von allen Gemüsearten wurde der nötige Vorrat im Herbste für das ganze Jahr angeschafft und in Beeten von grobem Sand, je nach ihrer Art, in den Kellern untergebracht, was man Einkellern nannte. In gleicher Weise wurden ganze Fässer voll Sauerkohl und Gurken, Töpfe voll roter Rüben und marinierter Heringe eingemacht, der feineren Früchte und der für Krankheitsfälle nötigen Gelees und Fruchtsäfte nicht erst zu gedenken. Selbst Kamillen, Holunder und Kalmus wurden für vorkommende Fälle im Sommer von den Kräuterleserinnen gekauft und als Vorrat für den Winter aufbewahrt.

Aber das genügte noch nicht. Allwöchentlich wurde das Roggenbrot zu Hause angeteigt, mußte zu Hause säuern und besonders bei dem Bäcker gebacken werden. Gab es einen Geburtstag oder ein Fest, so wurde der Kuchen im Hause gebacken. Die Milch kaufte man, wie sie von der Kuh kam, um selbst die Sahne abzuschöpfen, das Bier ließ man in Fässern kommen und füllte es selbst auf Flaschen. Wurst wurde, wenn man es haben konnte, wenigstens einmal im Jahre im Hause gemacht, Schinken und alle Pökel- und Rauchfleischwaren galten für besser, wenn sie nicht vom Schlächter besorgt waren. Um sich vorteilhafter einzurichten, kaufte man je nach der Jahreszeit halbe Hämmel, halbe Kälber und halbe Schweine. Daß bei solchen Ansichten alles Federvieh im Hause gemästet, im Hause gerupft wurde, daß man die Federn sammelte und sie schleißen ließ und daß also natürlich auch alles, was irgend möglich war, im Hause gestrickt, genäht und geschneidert wurde, braucht nicht erst erwähnt zu werden. Die Grille der Selbstfabrikation ging so weit, daß man die Töchter nicht nur im Schneidern und Putzmachen unterrichten ließ, was insofern sehr vernünftig war, als es uns geschickt und unabhängig machte, sondern man ließ eine Zeit hindurch auch Schuhmacher in die Familien kommen, um das Schuhmachen zu lernen, um die Damen- und Kinderschuhe im Hause verfertigen zu können.

Die Männer bezahlten in vielen Fällen diese Art der Wirtschaft nur mit mehr Geld als nötig, die Frauen mit einem Aufwande von Kraft, der oft weit über ihr Vermögen ging, und zu irgendeinem nicht auf den Haushalt und die Familie bezüglichen Gedanken blieb denjenigen, die wie wir bei allem selbst Hand anlegen mußten, wenn ihr Sinn nicht entschieden auf Höheres gerichtet war, kaum noch Zeit übrig. –

Daß nach diesen Angaben eine Königsberger Familie viel Raum haben mußte, daß Keller, Boden, Kammern und ein Hof unerläßlich, daß mehr Dienstboten dafür nötig waren, versteht sich von selbst. Rechnet man nun noch die fanatische Reinlichkeit meiner Landsmänninnen dazu, für die es damals ein Dogma war, alle Zimmer wöchentlich einmal scheuern zu lassen, eine Gunst, welche den Fluren und Treppen zweimal in der Woche widerfuhr; rechnet man dazu, daß die Spiegel und sogar die Fenster, solange die Kälte dies bei den letztern nicht unmöglich machte, wöchentlich geputzt, die Stuben jeden Morgen feucht aufgewischt und nach dem Mittagessen, wo es tunlich war, noch einmal gekehrt und abgestäubt wurden, so entstanden mit dem notwendigen Reinhalten der Küche, der Kammern und des vielen für alle diese Vorräte nötigen Geschirres eine nicht endende Arbeit und Unruhe und eine Atmosphäre feuchter Reinlichkeit, in welcher Orchideen und Wasservögel, je nach der Jahreszeit, eigentlich besser an ihrem Platze gewesen wären als wir armen Menschenkinder.

Es gibt aber freilich auf der Welt nichts Beschränkteres und also auch nichts Eigensinnigeres als die Frauen, wenn sie, statt sich ihrer Vernunft zu bedienen, sich hinter die Schranken der geheiligten Gewohnheit zurückziehen. Sie machen dann die Gewohnheit zur Sache der Empfindung und des Herzens, ihre Vorurteile zum Symbol ihres Familienglückes, ja zum Paladium der ganzen sozialen Lebensordnung; und so lieb mir auch heute hausfrauliches Walten und Sorgen im eigenen Hause und am eigenen Herde ist, weil unsere Vermögenslage mir gestattet, einen Teil meiner Zeit dafür zu verwenden, so bin ich doch froh darüber, daß der häusliche Herd mir nicht mehr ein wesentlicher Bestandteil des Familienglückes und der Kochlöffel in der Hand der Hausfrau nicht mehr als das Symbol ihrer Würde oder gar als das Szepter erscheint, mit welchem bewaffnet das Weib allein seine Stelle als Gattin, Mutter und Hausfrau behaupten und seine Pflichten erfüllen kann. Es ist aber keine Frage, daß die Frauen ihren Pflichten auch genügen können werden, wenn wir einmal zu guten und allein vernunftgemäßen allgemeinen Kochanstalten kommen sollten, wie wir ja zu den Bäckern, Brauern, Konditoren, u.s.w. schon gelangt sind.

Ich war mit Bangen und Zagen an mein Amt gegangen, nach den ersten acht Tagen aber fühlte ich mich bei der Arbeit frischer und glücklicher als je zuvor, obschon sie mir sowohl körperlich als geistig schwerfiel. Das hat aber seinen guten Grund: Ich genoß in demselben und zum ersten Male die Freuden einer werktätigen Liebe, zum ersten Male die Kräftigung, welche selbständiges Handeln uns mit seiner Verantwortlichkeit auferlegt.

Dadurch fühlte ich mich aber auch als ein erwachsenes Frauenzimmer, und als nähmen mit diesem Bewußtsein meine körperlichen Kräfte ebenmäßig zu, so fing ich an, schnell zu wachsen, wurde stärker, bekam Farbe und sah, wie man das bei uns mit dem Volksausdruck bezeichnet, bald so vollständig aus, daß es nicht mehr möglich war, mir die Rolle eines halberwachsenen Mädchens aufzudringen, die mir, wie alle Halbheit, immer unbequem gewesen war.

Auch der Sommer, welcher diesem Frühjahr folgte, ist mir in der Erinnerung lieb geblieben. Die mir zusagende Tätigkeit im Hause hörte zwar mit der Genesung meiner Mutter fast gänzlich auf, obschon mein Vater sie mir zu belassen wünschte und obschon dies für die Mutter, die ihre Kräfte sehr zu schonen, und für mich, welche die ihren zu entwikkeln und zu verarbeiten nötig hatte, gleich vorteilhaft gewesen wäre. Indes, die Mutter, welche in der Bewältigung des Haushaltes ihre eigentliche Stärke und ihr eigentliches Element besaß, konnte den Gedanken nicht ertragen, daß sie, wenn sie mich die Wirtschaft weiter selbständig fortführen ließ, ihre Überlegenheit über mich auch in diesem Punkte allmählich verlieren könnte. Sobald sie daher imstande war, nahm sie mir das Regiment wieder ab, und da sie obenein die Gewohnheit hatte, alles, was andere in ihrem Auftrage gemacht hatten, der Sicherheit halber noch einmal nachzusehen, so verdarb sie mir die Lust, irgend etwas zu tun, weil ich mich des Gedankens nicht erwehren konnte, daß sie es auf diese Weise ebensogut hätte selbst machen können.

Im ganzen aber hatte ich, seitdem ich einmal den Haushalt geführt, doch mehr Freiheit für die Wahl meiner Beschäftigung gewonnen, wenn ich meine Näh- und Strickarbeit für das Haus und meine Musikübungen erst abgetan hatte. Ich brauchte nicht mehr in bestimmten Stunden »die alten Schulbücher« durchzustudieren, ich konnte von historischen und ähnlichen Werken in meinen Mußestunden lesen, was ich mir verschaffen konnte, und ich hatte ebenso freie Wahl unter den Romanen von Scott, die mein Vater gleichzeitig mit mir und mit ebensolcher Spannung las als ich.

Nun wir wieder im Kneiphof wohnten und ich auch eher allein ausging, kam ich öfter zu meiner jüngsten Tante, der Schwester meines Vaters, hin, die, gegen ihre Neigung mit einem vermögenden, aber ungebildeten Kaufmann verheiratet und sehr unglücklich in ihrer Ehe war. Sie hatte ebensoviel Verstand als Bravheit und Herz und viel Empfindung für Poesie; und da sie daneben eine hübsche Bibliothek besaß, aus der ich, wenn ich sie besuchte, selbst wählen konnte, was ich ihr vorlesen wollte, so ging ich gern zu ihr, und ihr Andenken knüpft sich für mich an manchen poetischen Eindruck aus jener Zeit.

Mein Vater hatte unter den Goetheschen Dramen eine besondere Vorliebe für »Die natürliche Tochter«. Es war daher auch eines der ersten, welche ich gelesen, und zwar ihm selbst zum großen Teile vorgelesen hatte. Er hatte mich die hohe und einfache Schönheit der Sprache bewundern lassen, die ich selbst empfand, aber er hatte meine Aufmerksamkeit auch bei dem Stoffe und bei dem Ausgang der Dichtung festgehalten und mir den Charakter Eugeniens als einen solchen gerühmt, der sich zu entscheiden und zu bescheiden wisse, was für Frauen doppelt unerläßliche Eigenschaften und recht eigentlich Tugenden wären.

Mich ließ das Drama gänzlich kalt. Die langen Gespräche, bei denen nach meiner Meinung alles nur darauf hinauslief, daß ein unglückliches Mädchen sich ohne seine Neigung verheiratete, zogen mich nicht an, und da die Jugend und das reife Alter sehr verschiedene Ideale haben und die Jugend sich glücklicherweise noch nicht auf sittliches Transigieren versteht, so flößte mir meines Vaters Ideal von Weiblichkeit, so flößte mir Eugenie mit ihrer Resignation eigentlich nur Widerwillen ein. Ich hätte es viel natürlicher gefunden, daß sie ihr Vaterland verließ, als daß sie sich ohne Liebe verheiratete, und zwar auf die ungewisse Möglichkeit hin, einmal im Vaterlande den Verwandten nützen zu können, welche sie verstoßen hatten.

Als ich das gegen den Vater aussprach, tadelte er mich, indem er mir sagte, er bedaure es, daß er mich das Drama habe lesen lassen, ich verstünde es offenbar noch nicht. Aber die Einsicht in den hohen Wert desselben werde mir mit den

Jahren kommen, und er könne sich deshalb vorläufig die Erklärung sparen. Er hatte offenbar damit die Absicht gehabt, meine Wißbegier anzuregen und mich zu wiederholtem Lesen der Dichtung zu veranlassen. Indes, sie mißfiel mir so gründlich, daß seine Absicht fehlschlug. Und der heimliche Gedanke, meines Vaters Vorliebe für Eugenie rühre hauptsächlich von seiner Ansicht her, daß jede Frau sich verheiraten müsse und daß eine Frau, je gebildeter sie sei, sich auch um so würdiger in eine ihr nicht angemessene, ja unerwünschte Ehe schicken könne, machte mir die Resignation der natürlichen Tochter noch viel widerwärtiger.

Eines Tages, als ich bei meiner Tante war, brachte ich das Gespräch auf Eugenie und darauf, daß der Vater sie und ihren Entschluß so erhaben fände. Die Tante hörte mir mit ihrem freundlichen und traurigen Gesichte zu und sagte dann ganz kurz: »Laß dir doch nichts einreden! Das sagen sie so, weil es ihnen bequem ist!«

Das hatte ich eigentlich zu hören erwartet, aber die Tante brach plötzlich ab, als ihr Mann hereintrat, der, in Erscheinung, Sprache und Manier gleich unangenehm, irgend etwas von ihr begehrte. Als er fortgegangen war, sagte sie: »Es ist Unsinn, zu behaupten, daß eine Frau sich an etwas gewöhnen könne, was ihr abstoßend ist. Habe ich mich denn an mein Los gewöhnt? Ich wußte, daß ich mein Todesurteil unterzeichnete, als ich mich verheiratete, und ich habe es ihnen gesagt. Aber sie haben mir alle zugeredet, alle – nun bedauern sie mich alle!«

Sie hatte das mit einer ihr ganz fremden Bitterkeit gesprochen, und die Anklage, welche sie mit ihren Worten gegen ihre von ihr sehr geliebten Brüder, gegen den verstorbenen Onkel und gegen meinen Vater, aussprach, von denen sie, wie ich wußte, mit dringenden Überredungen zu ihrer Heirat genötigt worden war, fiel mir schwer auf das Herz. Mehr noch erschreckte mich der plötzliche deutliche Blick auf das Unglück meiner Tante, das übrigens kein Geheimnis war, so geduldig sie es auch trug; und der Gedanke, daß man mir einst Ähnliches zumuten könne, bestürzte mich vollends.

An jenem Tage aber, in meinem fünfzehnten Jahre, faßte ich den festen Entschluß, mich nie zu einer Heirat überreden zu lassen und mich nie anders als aus voller Überzeugung und Liebe zu verheiraten. An jenem Tage entwickelte sich mir zum ersten Male ganz vollständig die Vorstellung, daß das Kind auch seinen Eltern gegenüber Rechte habe, es entwickelte sich in mir der Begriff meiner angebornen Selbständigkeit auch meinem Vater gegenüber, den ich vorher nie zu denken gewagt haben würde, und meine Ideen richteten sich damit wie mit einem Zauberschlage über die Schranke des Hauses und der Familie, weit hinaus in eine enge Zukunft und in eine weite Welt.

Auch die Überzeugung, welche das Motiv zu mancher meiner Dichtungen geliefert hat, erwuchs in jener Stunde; wie denn überhaupt die Kindheit und die Jugend darum der Betrachtung so wert sind, weil in ihnen alle jene Keime verschlossen liegen, aus denen später die Überzeugungen und der Charakter eines Menschen sich entwickeln und zusammensetzen. Denn Welt und Menschenverkehr und Leben erzeugen in uns nicht sowohl ein Neues, als sie vielmehr nur entwickeln und festigen, was in uns beim Austritt aus der Kindheit schon erschaffen und vorhanden war.

Im Sommer dieses Jahres ließ sich in Königsberg ein Schnelläufer sehen. Meine Eltern erzählten uns, wie in früheren Jahren alle vornehmen Herrschaften vor ihren Karossen Läufer gehabt hätten, die ihnen vorangeeilt wären; und während mein Vater diesen alle Menschlichkeit verspottenden Luxus tadelte, wurde doch beschlossen, daß wir den Schnellauf mit ansehen sollten, um einen Begriff von der dem Menschen möglichen Schnelligkeit zu bekommen.

Es währte denn auch nicht lange, bis von der Stadtseite her einige Offiziere herangesprengt kamen, welche den Läufer zu Pferde begleiteten, und zwischen ihnen wurde ein mittelgroßer, magerer junger Mann sichtbar, der in einem flatternden Pagenanzug von verblichenem blaßblauem und weißem Atlas pfeilschnell vorüberrannte, während der Wind die hohen Federn auf seinem Barett hin und her jagte. Ich hatte mit den andern und mit Mathilde, die bei solchen Anlässen immer mit uns war, unten vor der Türe des Gasthofes gestanden und war, als der Ruf der Menge die Ankunft des Läufers verkündete, auf den etwa zwei Fuß hohen Sockel einer der hölzernen Säulen gestiegen, welche den Balkon vor dem oberen Stockwerk stützten. Kaum aber befand ich mich auf der geringen Erhöhung, als aus dem Kreise der dabeistehenden Studenten sich einer umwendete und, nach mir hinsehend, zu seinem Gefährten sagte: »Hat das Mädchen schöne Augen! Wird die hübsch werden!«

Ich rutschte von meinem Piedestal herunter, denn mir flammte das Gesicht, aber nicht vor Scham, sondern aus unaussprechlichem Vergnügen. Die Gewißheit, daß jemand mich hübsch fand, die Möglichkeit, daß ich noch hübscher werden könnte, machten mich gar zu glücklich. Als Kind hatte man mich in der Schule wegen meiner Blässe und Magerkeit geneckt, und neben Mathilde war ich selbst mir immer so unschön erschienen, daß ich mich allmählich, wenn auch mit schwerem Herzen, dazu beschieden, durch geistige Eigenschaften gefallen zu müssen, während ich in diesem Zeitpunkte gar kein lebhafteres Verlangen kannte, als groß, schlank und schön zu sein, wie ich mir die Heldinnen aller Dichtungen vorstellte, wie ich es je zu werden auch nicht die geringste Aussicht hatte.

Die Stimmung blieb nun auch die vorherrschende in mir und machte mich sehr heiter. Zum Lernen hatte ich keinen so ausschließlichen Trieb mehr, ich wollte nur gefallen, und statt des wissenschaftlichen Ehrgeizes, den ich als Kind gehegt, statt der Sehnsucht nach einem Doktortitel und einem Lehrstuhl in Bologna hatte ich jetzt nur den einen Wunsch, baldmöglichst in die Welt zu kommen, das hieß, auf einen Ball zu gehen, oder eigentlich, recht bald Befriedigung für diese neu erwachte Eitelkeit zu finden. An einen Ball aber war für mich noch nicht zu denken, denn mein Vater hatte es festgesetzt, daß ich in diesem Jahre noch keinen Ball besuchen sollte, und das um so weniger, als sich mir allmählich ein Umgangskreis eröffnet hatte, der mir Vergnügungen mancher Art bereitete und mir genugsam Gelegenheit bot, mit Mädchen und mit jungen Männern zusammenzukommen, deren Besuche auch in unserem Hause nicht fehlten.

Dazu war mir noch ein neuer Zuwachs an häuslicher Geselligkeit geworden, als eine uns verschwägerte Familie unser Vorderhaus bezog. Es waren das die Eltern des schon früher von mir erwähnten Eduard Simson, der mir von da ab ein täglicher Umgang wurde. Schon unsere Mütter und Väter waren Jugendfreunde gewesen. Eduard hatte, als seine Eltern unsere Mieter wurden, eben mit fünfzehn Jahren sein Studenten-Examen gemacht, und geistvoll und strebsam, wie er es war, fand er ebensoviel Freude daran, mir von seinen Collegien und Arbeiten zu sprechen, als mir die Bücher mitzuteilen, die ihn beschäftigten. Er lernte mit Leidenschaft, er lehrte ebenso gern, so daß unser Umgang uns beiden gleich erfreulich und angenehm war, und wie er meiner Lust am Aufnehmen gewiß manche eigene Aufklärung verdankt, so danke ich ihm eine Menge von Anregungen und von vereinzelten Kenntnissen und Belehrungen, die den großen Vorteil für mich hatten, mir, eben weil sie vereinzelt waren, immer neuen Stoff zum Denken zu geben. Auf diese Weise kamen, als Simson die philosophischen Collegia von Herbart besuchte, die ersten philosophischen Begriffe und in derselben Zeit, ebenfalls durch ihn, einzelne Schriften von Friedrich Jacobs an mich heran, die mir neue Vorstellungen und Bilder aus dem klassischen Altertume zuführten.

Während ich so mich geistig auszubreiten und meinen bestimmten Platz in dem Kreise meiner Jugendgenossen einzunehmen begann, blieb die strenge häusliche Zucht und des Vaters eiserner Wille immer über mir schweben. Ich konnte denken und empfinden, was und soviel ich wollte, aber ich mußte tun, was mir oblag; und je freier ich mich innerlich zu entwickeln geneigt schien, um so unerbittlicher und strenger wurden die Forderungen, welche mein Vater an meinen Gehorsam und an meine Pflichterfüllung stellte.

Nicht die kleinste Lässigkeit wurde mir jemals nachgesehen, nichts, was ich mir einmal vorgenommen hatte, durfte ich unausgeführt lassen, und ich erinnere mich dabei an ein paar Vorfälle, welche meines Vaters Weise, mich zu behandeln, charakterisieren.

Um dieselbe Zeit hatte ich mir angewöhnt, die Stubentüre schlecht zuzumachen oder sie, wenn ich eilig war, auch aufzulassen, und mehrfache Ermahnungen waren vergeblich dagegen gewesen. Da befand ich mich eines Abends sehr heiter in einer Gesellschaft bei einer meiner Tanten, man tanzte, und ich fühlte mich sehr als Dame, als plötzlich das Dienstmädchen mit der Meldung hereintrat, unser Hausknecht sei unten, und der Vater lasse mir sagen, gleich nach Hause zu kommen. Sehr erschrocken und überzeugt, daß meiner Mutter, die damals schon viel kränkelte, etwas zugestoßen sein müsse, eilte ich fort. Der Hausknecht wußte mir nicht zu sagen, was geschehen sei, und in der größten Sorge kam ich die beiden Treppen hinauf und in das Wohnzimmer. Da saß mein Vater ruhig lesend auf dem Sofa, die Mutter mit dem Strickzeug neben ihm, die Geschwister mit ihren Schularbeiten an dem Tische; und ohne mir Zeit zu einer Frage zu lassen, sagte mein Vater mit völliger Gelassenheit: »Du hast, als du fortgegangen bist, wieder die Türe aufgelassen; mache die Türe zu!« – Ich stand wie angenagelt, die Tränen kamen mir in die Augen, und ich wollte still Mantel und Hut ablegen, um zu Hause zu bleiben; aber auch das gab mein Vater nicht zu. Ich mußte mich wieder zurechtmachen, der Hausknecht begleitete mich abermals, und mit einer nicht zu beschreibenden Empfindung kehrte ich in die Gesellschaft zurück, wo dann freilich nach einer Stunde die Lust an Spiel und Tanz die Oberhand über meine innere Demütigung gewann.

Alle solche Gewaltmaßregeln entsprangen aber bei meinem Vater nicht aus Launen, sondern aus dem Grundsatz, mich verläßlich, fest und selbständig zu machen. Hatte ich gegen irgend etwas eine Abneigung, so mußte ich grade das tun; war im Hause etwas zu leisten, wogegen weibliche Empfindlichkeit sich sträubt, so mußte ich es übernehmen, und ich erinnere mich noch, wie schwer es mir wurde, als ich meinen jüngern Schwestern die Ohrlöcher einstechen mußte, nachdem eine alte Frau es mir an ein paar armen Kindern vorgemacht hatte. Wagte ich es einmal, irgend etwas Derartiges von mir ablehnen zu wollen, so hieß es: »Ich habe in dir das Vorbild für sieben Geschwister zu erziehen. Gebe ich dir nach, so habe ich mit jedem einzelnen von vorn anzufangen, und da du das Glück hast, die Älteste zu sein, hast du auch die Pflicht, uns Eltern in dir die Erziehung für die andern erleichtern zu helfen.«

Hundertmal habe ich in solchen Momenten das Glück meiner Erstgeburt verwünscht. Wollte ich keine Fische essen, die mir damals wirklich widrig waren, so mußte ich sie des Beispiels wegen genießen; wehrte ich mich, einen Frosch, eine Spinne zu berühren, so bekamen die Brüder die Anweisung, sie mir in die Hand zu drücken; sah mein Vater, daß gewisse Töne, wie das Quietschen von Messern auf Porzellan, mich unangenehm berührten, so erhielten die Brüder die Erlaubnis, mir solch ein Tellerkonzert vorzumachen. Und wie mit diesen äußern Dingen verfuhr der Vater unerbittlich, sobald ich eine Gemütsschwäche, einen Schreck, ein Zeichen von Überlegenheit oder von Fassungslosigkeit verriet. Seine eigenen Schwestern tadelten ihn deshalb, und ich hörte einmal, wie die älteste ihm sagte, man müsse mit weiblichen Schwächen Nachsicht haben, und er werde mich mit seinen Abhärtungs-Experimenten für mein ganzes Leben nervenschwach machen. –

»Sei so gut und überlaß das mir!« antwortete er ganz kurz; und heute noch, so schwer mir damals häufig seine Strenge wurde, segne ich es, daß er kein unnützes Mitleid mit mir, daß er kein Erbarmen mit jenen Weiblichkeiten hatte, welche die Frauen als weibliche Zartheiten kultivieren, und daß er nicht daran dachte, mir die Tage der Jugend leicht, als mich für das Leben zu meinen und zu anderer Menschen Nutzen brauchbar zu machen. –

Neben dem ernsten Verkehr, den er mit uns allen hatte, gab er mir sehr früh auch ernste Bücher in die Hand. Ich war im sechzehnten Jahre, als ich zum ersten Male und mit der größten Erbauung die Kantsche Anthropologie las. Mein ganzes Leben, meine ganze Erziehung hatten mich darauf vorbereitet, mir die einfachen Begriffsbestimmungen einleuchtend und wert zu machen, und mehr noch, als mein Vater es vielleicht erwarten und wissen mochte, wirkten Kapitel wie die vom Begehrungsvermögen, vom Charakter der Person, vom Charakter des Geschlechtes auf mich ein. Sich frei zu machen von üblen Eigenschaften, um in ihnen den andern keine Handhaben für ihre Herrschaft über uns zu bieten; sich zu überwachen und zu veredeln, um frei und selbstherrlich zu werden, das waren Lehren, die meinem innersten Wesen begegneten. Die bestimmte Definition der Charaktereigenschaften und der Charakterfehler brachten mich zu einem Nachdenken über mich selbst, das mir förderlich war, und zu dem festen Vorsatz, nach allen Seiten Herrschaft über mich selbst zu erlangen, damit andere sie nicht über mich gewinnen könnten.

Einzelne Auseinandersetzungen, wie die über das Wesen der Frauen, machten mich am meisten betroffen. Es hieß z. B., die Weiblichkeiten hießen Schwächen; man spaßt darüber; Toren treiben damit ihren Spott, Vernünftige aber sehen sehr gut, daß sie grade die Hebezeuge sind, die Männlichkeit zu lenken und sie zu jener ihrer Absicht zu gebrauchen. Der Mann ist leicht zu erforschen, die Frau verrät ihr Geheimnis nicht, obgleich anderer ihres (wegen ihrer Redseligkeit) schlecht bei ihr verwahrt ist. Er liebt den Hausfrieden und unterwirft sich gern ihrem Regiment, um sich in seinen Geschäften nicht behindert zu sehen. Sie scheut den

Hauskrieg nicht, den sie mit der Zunge führt und zu welchem Behuf die Natur ihr Redseligkeit und affektvolle Beredtheit gab, die den Mann entwaffnet. Er fußt sich auf das Recht des Stärkern, im Hause zu befehlen, weil er es gegen äußere Feinde schützen soll; sie auf das Recht des Schwächern: vom männlichen Teile gegen Männer geschützt zu werden, und macht durch Tränen der Erbitterung den Mann wehrlos, indem sie ihm seine Ungroßmütigkeit vorrückt.

Das gab mir eine große Abneigung gegen die sogenannte schwache Weiblichkeit. Ich wollte einmal, das nahm ich mir fest vor, bei den Männern weder durch meine Schwäche Mitleid erregen noch über sie durch Schwächen herrschen, welche ihnen lästig fielen; und statt des Verlangens meiner Kindheit, so viel zu lernen wie die Knaben, ward nun das Streben in mir wach, in meinem Kreise so tüchtig zu werden wie die Männer in dem ihren und nicht ihren Schutz und ihre Galanterie, sondern ihre Anerkennung und ihre Achtung zu gewinnen. Da aber in einem jungen Kopfe vernünftige Ansichten meist einige kleine unvernünftige Schößlinge erzeugen, so bekam ich einen Widerwillen gegen gewisse Arten der gewöhnlichen männlichen Höflichkeit. Ich mochte es nicht leiden, wenn man mir anbot, meinen Schirm oder meinen Shawl zu tragen oder mir einen ähnlichen Dienst zu leisten. Es kam mir das wie eine den Männern nicht geziemende Dienstbarkeit vor, zu der sie sich nur verständen, weil sie uns wie hilflose Kinder betrachten; und je mehr meine ganze Seele voll war von einem Ideal von männlicher Würdigkeit, das ich mir aus den Eigenschaften meines Vaters erbaut und mit der jugendlichen Liebenswürdigkeit verschiedener Romanhelden geschmückt hatte, um so mehr wollte ich wert werden, die Liebe eines solchen Mannes zu verdienen und eine ihm zupassende Frau zu werden.

Mein Vater nährte diese Ideen, soweit sie ihm im Leben zufällig sichtbar wurden, auf das entschiedenste. Er fand die Stellung der Frauen traurig, und kam man bei uns darauf einmal zu sprechen, so pflegte er zu sagen, die Juden wüßten wohl, weshalb sie ihrem Gotte täglich dafür dankten, als Männer geboren zu sein. Er wies uns dann wohl auf die Goetheschen Verse hin:

> Der Frauen Zustand ist beklagenswert.
> Zu Haus' und in dem Kriege herrscht der Mann.
> Und in der Fremde weiß er sich zu helfen.
> Ihn freuet der Besitz; ihn krönt der Sieg!
> Ein ehrenvoller Tod ist ihm bereitet.
>
> Wie eng-gebunden ist des Weibes Glück!
> Schon einem rauhen Gatten zu gehorchen,
> Ist Pflicht und Trost; wie elend, wenn sie gar
> Ein feindlich Schicksal in die Ferne treibt!

Aber er tat das nur, um uns damit Fügsamkeit in das Unvermeidliche zu predigen, um danach seinen Grundsatz auszusprechen, daß jede Frau sich verheiraten müsse, daß die verheiratete Frau, auch wenn ihr ein beschränktes Los und ein ihr nicht zupassender Mann zuteil geworden sei, immer noch ein beneidenswertes Schicksal neben der unverheirateten habe, weil sie sich in dem ihr naturgemäßen Berufe bewege, und daß eine Frau, die in sich selbst gefestigt sei und neben ihrem naturgemäßen Berufe ein eignes inneres Leben habe, immer glücklich sein könne, wenn sie ihre Pflicht gegen ihren Mann erfülle und ihre Kinder gut erziehe. Sie besitze dann alle Elemente der Zufriedenheit, sei vollkommen, was sie sein solle, und außerdem stehe es fest, daß *die* Frau die beste sei, von der man außerhalb ihres Hauses gar nichts wisse und nichts spreche.

Er sagte das immer mit rühmendem Bezug auf unsere Mutter, aber er bedachte nicht, daß alle Anleitung, welche ich von ihm erhielt, darauf hinauslief, mich in vielem Betrachte zu dem Gegensatz von ihr zu machen. Während er mir unablässig vorhielt, daß ich bestimmt sei, eine fügsame, häusliche, von ihrem Manne abhängige Frau zu werden wie sie, hatte er mir längst eine Selbständigkeit und Charakterfestigkeit eingeflößt, die er unterschätzte, weil meine Liebe und Verehrung vor ihm mich ihm in blindem Gehorsam unterwarfen. Seine Ansichten nicht zu teilen, fühlte ich mich bereits durchaus berechtigt; und ich teilte sie z. B. in bezug auf die Pläne, welche er für meine einstige Verheiratung hatte, ganz und gar nicht. Aber wenn ich mir auch immer vorhielt, daß ich mich nie zu einer mir nicht zusagenden Heirat zwingen lassen würde, so kam mir doch nicht der Gedanke, daß ich es wagen könnte, jemals eine Heirat oder sonst irgendeinen Schritt ohne meines Vaters Zustimmung zu tun. Ich fühlte mich in dieser Beziehung durchaus als sein Eigentum – nur mich an einen andern fortzugeben, wenn ich es nicht wollte, das Recht gestand ich ihm nicht zu.

In dieser Zeit war es, daß ich die Bekanntschaft eines jungen Mannes machte, der auf meine nächsten Jahre und auf meine Entwicklung überhaupt einen großen Einfluß gewann.

Er war sehr groß und schlank und hatte jene bräunliche, frische Gesichtsfarbe, welche man, trotz ihrer blauen Augen, bei den dunkelhaarigen Harzbewohnern häufig findet. Sein Organ war äußerst wohlklingend, sein Wesen über seine Jahre ernsthaft. Auch überraschte mich in der Befangenheit, die über mich gekommen war, am meisten der Ernst, mit welchem er zu mir sprach, ja, er erschreckte mich eigentlich, weil er mir die Freiheit und die Zuversicht benahm, welche ich sonst allen andern gegenüber empfand. Von der Zuvorkommenheit, von der Galanterie, welche sonst junge Männer einem Mädchen beweisen, dem sie zu gefallen wünschen, war in seinem Betragen keine Spur. Ich wußte ihn mir nicht zu deuten. Als wir dann, weil wir die Kinder mit uns hatten, früh aufbrachen und durch den schönen Abend in die Stadt zurückkehrten, begleitete er uns, indem er abwechselnd mit mir und mit meinem Vater ging. Und als er vor unserer Türe um die Erlaubnis nachsuchte, einen Besuch zu machen, wurde ihm dies ohne weiteres gewährt, weil er in dem Hause eines Mannes Hauslehrer war, den mein Vater schätzte und der seine Kinder nur einem tüchtigen und verläßlichen Menschen anvertraut haben konnte.

Leopold mußte an dem Abende den ganzen Weg, den er mit uns gemacht hatte, wieder zurück und noch eine Strecke weiter hinaus in das Land gehen, weil die Familie, in welcher er lebte, im Sommer einen ziemlich entlegenen Landsitz bewohnte, und diese seine Entfernung von der Stadt machte es, daß ich ihn bis zum Herbste nicht häufig sah. Ich hörte aber von den Bekannten um so öfter von ihm sprechen, und traf ich ihn selbst, kam er einmal zu uns, so befragte er mich über alles, was ich getan hatte, und über das, was ich trieb und beabsichtigte, als habe er ein Recht dazu. Die weibliche Natur hat aber so sehr den Instinkt ihrer Abhängigkeit von dem Manne, daß sie sich namentlich in der ersten Jugend unwillkürlich demjenigen zum Eigentum fühlt, der den Willen hat, sie als sein Eigentum anzusprechen. Ich wenigstens war von Leopold beherrscht, lange ehe ich es wußte, und wenn ich hie und da mich gegen diese Herrschaft aufzulehnen suchte, so geschah das ebenfalls nur aus dem instinktiven Bedürfnis, meinen Willen nicht völlig zu verlieren, mir selbst nicht ganz und gar verlorenzugehen.

Mein Nähtisch stand am Fenster, und alle Mittage, wenn Leopold mit seinen Eleven die lange Brodbänkengasse hinunterkam, um sie spazierenzuführen, sahen und grüßten wir einander. Das war nun für mich der eigentliche Mittelpunkt des Tages.

Er selbst war damals sehr fleißig, seine Freunde sagten, er wolle eilen, sein zweites theologisches Examen zu machen. Er selbst sagte nichts davon. Er kam aber ein paar Male in der Woche zu uns und war durch seinen reinen Sinn, durch seine Begeisterung für alles Große, durch die kindliche Einfachheit, welche den Ernst und die Strenge seines Charakters milderte, den Eltern und den Geschwistern allen bald ebenso wert geworden als mir. An ihm konnte man es erkennen, welches die Frucht jener Studentenverbindung war, die unter dem Namen der deutschen Burschenschaft so schwere Verfolgungen erlitt und der doch grade die tüchtigsten Charaktere sich angeschlossen hatten. Eine tiefe Liebe für das Vaterland, eine ebenso tiefe Hingebung an die im Christentume enthaltene Menschheitsidee, die strengste Sittenreinheit, eine wahre Heilighaltung des Weibes, ein Gefühl der Brüderlichkeit für die Mitmenschen waren so fest in sein Herz geprägt, daß Geringes, Leichtfertiges oder gar Unwürdiges ihn nicht berühren konnte. Gut und sanft, wo er vertraute und verehrte, konnte er in die größte Heftigkeit oder in den kältesten Zorn geraten, wenn Unedles oder Frivolität ihm entgegentraten.

Was ihn auf mich aufmerksam gemacht, was ihn so plötzlich an mich gekettet hatte, ist mir in spätern Jahren oft selbst ein Rätsel gewesen. Ich vermute, daß es ganz allein mein Äußeres war; denn von den Eigenschaften, welche er in dem Weibe suchte, besaß ich an dem Tage, an welchem ich ihn kennenlernte, wirklich so gut wie nichts. Ich war in hohem Grade auf äußerlichen Erfolg gestellt, hatte ein großes Verlangen nach einem geräuschvollen Leben in der Welt, und ein Ball mit recht brillanten Tänzern spielte damals in meinen Phantasien eine ganz andere Rolle als das zurückgezogene Leben in einer einsamen Landpfarre. Ich verstand seine Liebe, wie sie mir zuteil wurde, kaum zu schätzen, und ich habe sie anfangs nicht verdient.

Indes, ebendiese Liebe, ebendieser Glaube an mich erhoben mich allmählich; und was die Jahre hindurch fortgesetzte Bemühung meines Vaters doch nicht in dem nötigen Maße erreicht hatte, mir – abgesehen von der Entwicklung des Verstandes – einen wahrhaft sittlichen innern Halt und meinem Gemütsleben die rechte Entfaltung zu geben, das vollbrachte die vertrauende Liebe eines reinen Männerherzens in sehr kurzer Zeit.

Wir sahen einander niemals allein. Wir hatten einander auch nichts zu sagen, was nicht alle übrigen hätten hören können. Leopold tadelte mich, wenn ich Freude an Heines kecken und leichtfertigen Schriften oder an französischen Romanen zeigte, die seinem reiferen und edlern Sinne widerstanden, ebenso tadelte er meine leidenschaftliche Lust am Tanze, weil er selbst den Tanz nicht liebte. Er erzählte von dem Pfarrhause seines Vaters im Harz, er schilderte mir mit großer Wärme das Leben in schöner Natur, er sprach von seinen Eltern, die er verehrte, von seinen Brüdern, die alle älter waren als er, von dem Wunsche seines Vaters, ihn zum Nachfolger zu haben, von der ganzen häuslichen Einrichtung seines Vaterhauses, ja selbst von den beiden weißen Spitzhunden, welche seines Vaters Haus bewachten; und wenn ich dann sagte, daß ich Hunde nicht möge und Spitze vollends nicht, weil sie so schrecklich kläffen und gleich die Zähne wiesen, so tröstete er mich damit, daß sie klug wären und sehr freundlich zu allen, die zum Hause gehörten, und das beruhigte mich nicht nur, sondern es machte mich glücklich – weil er mich damit als zu seines Vaters Hause gehörend betrachtete.

Allmählich gewann Leopold die ganze Leitung meiner Lektüre, und das war ein großer Vorteil für mich. Sie wurde nicht ernsthafter dadurch, denn ernste Sachen hatte mein Vater mir selbst gegeben, aber sie wurde einem jungen Mädchen angemessener. Ich hatte immer eine große Vorliebe für Körners »Leier und Schwert« und für sein Heldendrama »Zriny« gehabt, die man mir auch früh geschenkt hatte. Nun lernte ich Körner in seinen Liebesgedichten kennen, und die Ideen der Liebe und des deutschen Vaterlandes begannen sich in mir zusammenzuschmelzen, wie sie in Körner verschmolzen gewesen waren, wie sie in Leopolds Herzen als eines lebten. Bis dahin hatte ich gewußt, daß Tugend, daß Sittlichkeit recht und notwendig wären. Jetzt fing ich an zu empfinden, daß sie schön und heilig seien, und die Erinnerung an die Freiheitskämpfe des Vaterlandes, die mir sonst nur als große, heldenhafte, historische Momente vorgeschwebt und in denen die Gestalt Napoleons immer, gleichviel ob siegreich oder besiegt, den Mittelpunkt für meine Teilnahme gebildet hatte, gewannen für mich eine neue Bedeutung, eine versittlichende und erhebende Kraft, weil ich sie als die Erhebung eines ganzen Volkes gegen eine entsittlichende Tyrannei zu erkennen begann. Mein Gemeingefühl für ein einiges deutsches Vaterland danke ich jenen Tagen der ersten Jugendliebe.

Dazwischen träumte und dachte ich mich immer tiefer in mein einstiges Leben als Frau eines Landgeistlichen, als Leopolds Frau hinein. Was ich tat und trieb, bezog sich auf ihn. Ich selbst war außerordentlich heftig, leicht aufgeregt und hatte, weil ich den Eltern gegenüber dies beherrschen mußte, mich oft um so rückhaltloser gegen Untergebene gehen lassen. Aber auch Leopold war heftig, und um seinetwillen, um ihn nicht in der Zukunft durch meine Erregbarkeit und Maßlosigkeit unglücklich zu machen, begann ich nun nach jener Fassung zu ringen, die mir später oft so sehr zustatten gekommen ist. Ich habe einmal irgendwo die Worte gelesen: »Der Mann ist das Unterschicksal des Weibes!« – Ob das eine Wahrheit, für alle Frauen eine Wahrheit sei, das möchte ich nicht behaupten; aber die Erziehung der Frauen wird zum großen Teil wenn nicht durch die Männer selbst, so durch unsere Liebe für sie bewirkt; und es ist mir oft vorgekommen, als brauchte man die Mädchen nur dahin anzuleiten, daß ihre Neigung sich keinem unedeln oder geringen Manne zuwenden könne, um ihrer befriedigenden Entwicklung gewiß zu sein.

Wir lebten fast ohne Abwechslung auf unserm Dorfe. Sonnabends kamen mein Vater und eines der Kinder mit einem der heimkehrenden Milchpächter auf dessen Wagen zu uns heraus, und sie blieben dann bis Montag in der Frühe bei uns. Hie und da gingen wir durch den schönen Wald nach einem nahe gelegenen Luftorte, an dem sich sonntags viele Städter einfanden; einmal kam Mathilde auf acht Tage zu uns heraus, und in dieser Woche befand ich mich eines Abends grade in der Speisekammer, um das Abendbrot herzurichten, als Mathilde mit dem Ausruf bei mir eintrat: »Leopold ist da, zu Pferde mit einem Freunde!«

Ich wußte mich vor Überraschung, vor Freude kaum zu fassen. Alles Blut stieg mir nach dem Kopfe, und wäre ich meiner Aufwallung gefolgt, so würde ich, wie ich dastand, mit der Küchenschürze hinausgelaufen sein, ohne mich um das zu bereitende Abendbrot weiter zu bekümmern. Unglücklicherweise kam mir aber der Gedanke, daß ich mich ja beherrschen lernen, daß ich gefaßt und ruhig werden wolle, und so sagte ich, Mathilde möge nur zur Mutter und zu den Gästen gehen, ich würde gleich nach dem Abendbrote nachkommen. Mit fliegender Hast putzte ich die Radieschen, setzte noch einmal schnell mehr Eier zum Kochen auf, schnitt Schinken, strich Butterbrote und hatte eben alles fertig, hatte mir eben, höchst zufrieden mit meiner Selbstbeherrschung und froh, ihrer nun ledig zu sein, die Schürze abgebunden und die Hände gewaschen, als ich Pferdegetrappel auf den Steinen hörte und, zur Türe eilend, die beiden Reiter davontraben sah.

Benommen, verwirrt, traurig blickte ich ihnen nach. Ich zürnte auf mich und meinen unglückseligen Versuch der Selbsterziehung, ich zürnte auf meine Freundin, weil sie mich nicht noch einmal rufen gekommen war, ich zürnte auf Leopold, weil er nicht auf mich gewartet hatte, die ihm doch nur ein gutes Abendbrot bereiten wollte. Daß mein Ausbleiben ihn ungeduldig gemacht, daß er es als eine Kälte, als eine Koketterie von mir betrachtet hatte und daß er, im Zorne gegen mich, schnell aufgebrochen und davongeritten war, das zu denken, war ich nicht gescheit genug. Man ist aber nie unglücklicher, als wenn man die Folgen einer Dummheit erträgt, die man mit dem bestimmten Bewußtsein begangen hat, etwas ganz besonders Gutes und Vernünftiges zu tun.

Es war im November, an meines Vaters Geburtstag, der wie alle solche Tage gefeiert und besonders hochgehalten wurde. Da die Eltern fast gar keinen Familienumgang hatten, so wurde die geladene Gesellschaft fast immer nur für uns versammelt, und da wir auch an jenem Abende sechs oder acht von unsern Bekannten bei uns hatten, beschlossen wir zu tanzen. Leopold aber tanzte nicht, und kaum hatte ich aufgehört, zum Tanze zu spielen, um selbst in die Reihe zu treten, als er an mich herankam und mir sagte: »Tanzen Sie nicht!« – Ich sah ihn an und fragte: »Weshalb nicht?« – »Weil ich nicht tanze!« antwortete er. – »Als ob das ein Grund wäre!« rief ich und wollte eben die Hand meines Vetters ergreifen, als Leopold mich mit den Worten zurückhielt: »Wir sehen uns nicht wieder, wenn Sie tanzen!« –

Das bannte mich, aber es empörte mich auch. Zu tanzen wagte ich nicht, und doch mußte ich vor den andern eine Ursache haben, es nicht zu tun; und um fortzukommen und mir fortzuhelfen, eilte ich mit dem Vorgeben auf mein Zimmer, daß mir nicht wohl sei. Oben in der dunklen Stube fing ich zu weinen an, aber ich wußte eigentlich nicht, worüber. Ich war glücklich, daß Leopold mich so völlig als sein Eigentum betrachtete, daß er mit mir schaltete und waltete nach seinem Belieben; aber ich empfand einen Zorn gegen ihn, wie ich ihn nie gegen einen andern Menschen gefühlt hatte. Ich hasse ihn! sagte ich einmal zu mir selbst, und hatte nie sicherer gewußt, daß ich ihn liebte, als eben jetzt. – Ich nahm mir vor, gar nicht mehr hinunterzugehen, um ihn recht zu quälen und zu ängstigen, um ihm zu zeigen, daß ich mir nicht befehlen lasse und daß er kein Recht habe, mir zu befehlen, und doch war ich untröstlich darüber, daß ich hier oben in der finstern Stube saß und weinte, statt unten bei den andern und bei ihm zu sein.

Mitten in meinen Tränen kam Mathilde zu mir. Freundlich und heiter wie immer forderte sie mich auf, hinunterzukommen und vernünftig zu sein. Aber ich war froh, nun jemand gefunden zu haben, gegen den ich alles Zornige, das mir das Herz bewegte, in heftigen Worten aussprechen konnte. Ich schalt auf Leopold, ich nannte ihn egoistisch, rechthaberisch und herrschsüchtig; ich versicherte, daß ich nun eine Lehre empfangen hätte, die mir – ich war siebzehn Jahre! – für mein ganzes Leben nützen sollte; und alles, was die gute Mathilde tun mochte, mich zu beruhigen, reizte mich nur noch mehr. Endlich, als sie alle ihre Gründe vergebens an mir erschöpft hatte, sagte sie: »Gib mir dein Wort zu schweigen, so will ich dir etwas vertrauen, das mir deine Mutter unter dem Siegel des Geheimnisses erzählt hat. Aber gib mir dein Wort, daß du schweigst, daß du dir nichts, gar nichts merken lässest.«

Ich leistete das Versprechen, und Mathilde erzählte: »Gleich nachdem Leopold in die Stadt gekommen ist, hat er deinen Vater aufgesucht und bei ihm um deine Hand gebeten. Er hat ihm gesagt, daß er dich liebe und daß er nicht länger ohne dich sein könne. Er wolle deshalb eine Lehrerstelle, die ihm angeboten werde, annehmen, um dich heiraten zu können. Dein Vater hat aber erklärt, davon könne die Rede nicht sein, Leopold müsse erst sein zweites theologisches Examen machen, und wenn er dann eine Pfarre haben würde, so würde er dem Vater willkommen sein. Und dann hat er sich von Leopold das Ehrenwort geben lassen, daß er dir von seiner Bewerbung nichts sagen und sich in keiner Weise gegen dich erklären würde, weil du noch zu jung wärest und weil du ruhig bleiben solltest und so weiter fort!«

Äußerlich änderte sich mit dem neuen Jahre in unserem Leben nichts. Leopold kam anfangs wie bisher, sooft er wollte, aber ich empfand, daß man uns beobachtete, daß der Vater ihn nicht so freundlich als sonst willkommen hieß, daß er überall kleine und oft komische Hindernisse zwischen uns aufrichtete. So erinnere ich mich, daß wir einmal übereingekommen waren, bei uns »Das Bild« von Houwald mit einigen Bekannten personenweise zu lesen, und der Vater hatte dagegen keine Einwendungen gemacht. Wir hatten die Rollen so verteilt, daß ich natürlich die Camilla, Leopold den Maler lesen sollte, und die übrigen hatten sich dieser Anordnung gefügt, während ich mir schon tagelang alle die schönen gefühlvollen Dinge vorgelesen hatte, die gegen

Leopold auszusprechen ich ebensoviel Verlangen als Scheu trug. Ich hatte mir alles vorgestellt, wie es kommen müsse, ich konnte den Abend gar nicht erwarten, hatte mich schön geputzt, um mich so weit als möglich den Worten des Dramas anzupassen, und voll Hoffnung und Spannung setzte ich mich, als die kleine Gesellschaft beisammen war, in dem großen Wohnzimmer an dem Tische vor dem Sofa nieder, auf dem meine Eltern bereits Platz genommen hatten. Kaum aber ergriffen wir unsere Exemplare, als mein Vater dem ihm zunächst Sitzenden das Buch aus der Hand nahm und, auf das Personenverzeichnis blickend, mit freundlichster Ruhe die Worte aussprach: »Wartet, Kinder! Ich werde mitlesen, ich werde den Maler lesen!«

Ein Habicht, der auf eine Flucht von Tauben stößt, bringt keine solche Verwirrung, keinen solchen Schreck hervor, als ich sie fühlte. Der ganze Turmbau meiner Hoffnungen stürzte zusammen. Ich sah Leopold an, er war blaß geworden und biß die Lippen zusammen, was er nur im Zorne tat. Die ganze kleine Gesellschaft geriet in Aufruhr, alles fiel nun auseinander. Der Vater entwarf eine neue, höchst unglückliche Rollenverteilung, und statt der Freude, die ich mir erwartet, hatte ich das komische Vergnügen, meinen Vater mit all den Zärtlichkeiten anzulesen, die ich für Leopold so sehnlich anzusprechen gewünscht hatte.

Der aber war nicht der Mann, sich zu verstellen. Sein sichtbarer Verdruß, seine Gereiztheit steigerten sich durch das nicht verborgene Lachen der andern, er blieb mißmutig, mein Vater verwies ihm das, und der Abend wurde ein verstörter und unlustiger für alle Teile.

Solche kleinen Mißhelligkeiten gab es von da immer wieder. Ich fragte Mathilde, ich fragte meinen Bruder, der sich mit Liebe an Leopold angeschlossen hatte und von diesem und von meiner Mutter in das Vertrauen gezogen worden war, was denn geschehen sei? Sie wußten beide nichts. Leopold hatte ich nie allein gesehen, er hatte, seinen Worten treu, nie von seiner Liebe zu mir gesprochen, ihn konnte ich nichts fragen, und mit meiner Mutter davon zu reden wäre mir ebenso unmöglich gewesen, als meinen Vater um die Gründe seiner Handlungsweise anzugehen. Ich hatte zur Mutter nicht das Zutrauen, daß sie mir raten oder helfen könne, sie hatte mich auch einmal mit einer taktlosen Äußerung über mein Verhältnis zu Leopold verletzt, und von meinem Vater hielt die Gewohnheit des blinden Gehorsams, zu dem er uns erzogen hatte, mich fern. Zwischen den zärtlichsten Eltern, die ich beide liebte, war ich ganz allein.

Einige Wochen später hörte ich aus meinem Zimmer um die siebente Abendstunde die Hausklingel erschallen. Ich hörte die Türe öffnen, ich kannte den Schritt auf den Fliesen des Hausflurs, und ich packte mein Nähzeug zusammen, um in die Wohnstube zu gehen, die sich jetzt nach meiner Meinung öffnen mußte. Aber dieser Ton ließ sich nicht vernehmen, die Haustüre klingelte abermals, die Küchentüre wurde zugeworfen, und es blieb alles still. Ich begriff das nicht! – So schnell ich konnte, eilte ich hinunter. Ich fragte in der Küche, wer da gekommen sei? Man nannte mir Leopold, und auf die zweite Frage, ob er bei der Mutter sei, versetzte das Mädchen: Nein! Der Herr sei schon zu Hause und habe befohlen, wenn Herr Leopold käme, zu sagen, daß die Herrschaft ausgebeten sei.

Das hatte ich nicht erwartet! Das hatte auch Leopold nicht glauben können, denn die Eltern waren mit Ausnahme von zwei Abenden im Jahre, an denen ein paar Feste in den Familien meiner Tanten gefeiert wurden, niemals in Gesellschaft, und zudem fiel das Licht aus dem Wohnzimmer durch die Glastüren desselben hell auf den Flur hinaus. – Ich war völlig ratlos und sehr traurig. Ich hatte das dringendste Verlangen, mir selbst zu helfen. Etwas zu tun, an Leopold zu schreiben. Dann dachte ich wieder, das sei seine und nicht meine Sache, und ich hatte auch gar keinen Mut, weder ihm noch dem Vater gegenüber.

Die Tage gingen mir hin, ich wußte nicht wie. Leopold kam mittags wie immer sonst die Straße herab und grüßte mich, das war alles. Am Ende der Woche trat eines Abends mein Vater in mein Zimmer, stellte sich an den Ofen, fragte, was ich treibe, und sah dann die Bücher durch, die auf der Kommode lagen. Mehrere davon waren Leopolds Eigentum, sein Name stand darin. Mir klopfte das Herz, daß ich fast erstickte. Mein Vater legte die Bücher wieder fort und sprach von etwas anderem, aber ich hörte es kaum; er kam in solcher Weise, abends und allein, sonst nie zu mir herauf, und ich erwartete daher irgendeinen Tadel, eine Erklärung, einen Aufschluß. Ich erwartete ihn vergebens.

Nachdem der Vater eine Weile bei mir gewesen war, schickte er sich an, mich zu verlassen, und erst im Hinausgehen sagte er: »Du hast da, wie ich sehe, ein paar Bücher von Leopold, schicke die ab!« – »Lieber Vater, ich lese sie noch!« sagte ich, weil ich doch ein Lebenszeichen von mir geben wollte. – »Schicke sie nur ab, du kannst sie ein andermal zu Ende lesen!« – »Aber weshalb, lieber Vater?« fragte ich mit großer Überwindung. – »Soll ich dir Gründe angeben?« versetzte mein Vater. Das war sonst nicht nötig zwischen uns. – Seine Stimme klang weich und bewegt, er ging hinaus, und am andern Morgen schickte ich ohne ein Wort, ohne eine Zeile die Bücher zurück; nur ein Blättchen Papier ließ ich als Zeichen und Andenken bei einem der Körnerschen Gedichte liegen, das wir oftmals miteinander gelesen hatten und das wir beide liebten.

Damit endet eigentlich die Geschichte dieser Jugendliebe, deren Ausgang mir ein ungelöstes Rätsel geblieben ist. Im Frühjahr, als Leopold sein Kandidaten-Examen gemacht, gab er seine Stelle in Königsberg auf, um sich von einem Fieber, das ihn befallen hatte, im Hause seines Bruders herzustellen, der eine Superintendentur in unserer Provinz bekleidete. Ebenjene gemeinsame Freundin, die mir zuerst von Leopolds Liebe gesprochen, sich in dieser Zeit verheiratet hatte und Leopold häufig bei sich sah, beschwor mich, einmal zu ihr zu kommen, um ihn dort zu treffen: Er sei krank und wolle mich sprechen, ehe er Königsberg verlasse.

Ich schlug das ab, weil ich die Erlaubnis nicht zu erbitten und gegen meines Vaters Befehle nicht zu handeln wagte. Aber ich hatte keine Freude an diesem Gehorsam, sondern nur Schmerz über meine Unfreiheit und Mutlosigkeit. Ich hätte besser von mir selbst gedacht, wäre ich des Ungehorsams fähig gewesen.

Niemand hat mir je darüber Aufschluß gegeben, was die Handlungsweise meines Vaters oder Leopolds bestimmte. Seine nächsten Freunde, die ich in viel späteren Jahren, als jene Erlebnisse mir schon so wie jetzt in völliger Losgelöstheit von mir selbst erschienen, darum befragte, wußten nichts davon. Sie vermuteten wie ich, daß man ihm in seiner Familie Einwendungen gegen seine Heirat mit einer Jüdin gemacht, daß mein Vater dies erfahren, daß er uns deshalb getrennt haben mochte und daß mein blinder Gehorsam gegen den Vater Leopold hatte irre werden lassen an der Liebe, die ich für ihn fühlte.

Das Jahr achtzehnhundertunddreißig steigerte seine Teilnahme an der Politik. Die Namen der großen englischen und französischen Staatsmänner waren uns durch den Vater von jeher geläufig gewesen, und von früh auf hatten wir die Vorzüge der konstitutionellen Regierung rühmen hören. Als sich nun in Frankreich die Bewegung gegen die Reaktion der Bourbonischen Herrschaft kundzugeben anfing, lebte und webte der Vater in der Teilnahme für die französischen Liberalen, und die Unterhaltung richtete sich mehr und mehr auf politische Gegenstände hin. Während man in den kaufmännischen Kreisen mit Besorgnis der Möglichkeit entgegensah, daß in Frankreich infolge der Ordonnanzen eine neue Revolution zum Ausbruch kommen könne, hoffte der Vater entschieden auf diese Umwälzung, und ich erinnere mich noch sehr deutlich, mit welch leuchtenden Augen er uns die Nachricht von der Julirevolution verkündete.

Wir saßen mit der Mutter und ihrem ältesten Bruder, dem Doktor, unter dem Schatten der Markise auf dem Wolme, als der Vater die Stufen zu demselben schnell heraufkam. Er hielt ein Zeitungsblatt in der Hand und sagte: »Die Revolution ist ausgebrochen, Karl der Zehnte ist geflohen, die Liberalen haben gesiegt, der Herzog von Orléans ist zum General-Lieutenant von Frankreich proklamiert, Lafayette, Casimir Perrier, Lafitte haben das Ruder in Händen! Das wird Luft und Bewegung nach allen Seiten schaffen!«

Der Vater war freudig erregt und schwungvoll, der Onkel, bedeutend älter als er, schüttelte abwehrend den Kopf. Die frühere Knechtschaft der Juden hatte ihn ängstlich gemacht, er war ein Bürger, wie despotische Regierungen sich ihn wünschen müssen. Er war vollkommen zufrieden, wenn man ihn seine Steuern zahlen, in seinem Berufe arbeiten und in seinem Hause nach Belieben schalten ließ.

»Sprechen Sie nicht so laut davon!« sagte er zum Vater, »was soll Ihnen das? Sie sind ein Mann, der Frau und Kinder hat! Und was geht es uns an? Still sein und die Ohren ankneifen ist immer das beste.«

Diese letztere Wendung war ein Lieblingsausdruck des Doktors, und dieser Ausdruck war dem Vater womöglich noch fataler als die Gesinnung, aus welcher er hervorging. Er antwortete entschieden ablehnend, der Onkel entfernte sich, und der Vater ließ sich nun von uns die Zeitungsberichte noch einmal vorlesen, gleichsam um sie doppelt zu genießen, wobei er der ersten französischen Revolution und ihrer Vorkämpfer gedachte und mit Wärme die Entwicklung einer freien Verfassung auch für Preußen erhoffte. Die Julirevolution war recht eigentlich eine Revolution nach seinem Sinne, denn sie brachte den gebildeten Bürgerstand an das Regiment, sie legte die Gewalt und den Schwerpunkt in die Hände des Standes, zu dem er selbst gehörte, in die Hände der intelligenten Gewerbetreibenden, und darüber hinaus gingen weder die Wünsche noch die Ansichten des Vaters. Hätte er die Zeit von achtzehnhundertachtundvierzig erlebt, hätte er sich in einer solchen Zeit in der Fülle seiner Kraft befunden, so würde er sich ohne Frage den Bestrebungen der Demokratie auf das entschiedenste abgeneigt bewiesen haben. Er war allen seinen Untergebenen ein gerechter und vorsorglicher Herr, sie blieben lange in seinen Diensten, sie hingen alle an ihm und verehrten ihn, wie auch die Handwerker es taten, die er beschäftigte. Aber den Gedanken, daß seine Kommis, sein Herr Jürgens, sein Herr Ehlers, daß seine Arbeiter, sein Wilhelm und sein Friedrich, mit ihm gleich stimmberechtigt sein sollten, daß seine Faßbinder, seine Weinschröter mit ihm zusammen wählen, daß sie neben ihm etwas zu sagen haben sollten, würde er als eine Torheit, ja als eine Beleidigung seiner Würde von sich gewiesen haben. Er war eine durchaus auf das Befehlen und auf die Ausübung der Oberherrlichkeit gestellte Natur. Selbst in den Beziehungen zu seiner Familie war etwas von dem alten Stammesoberhaupt in ihm zu fühlen, und als Edelmann geboren, würde er ein starrer Aristokrat gewesen sein. Er galt mir in diesem Betrachte immer als ein Beweis dafür, wie schwer selbst Menschen von hellem Geist und edlem Herzen die Schranken der Zeit überschreiten, in welcher sie die Jahre ihrer Kraft verlebten.

Auf mich aber machte die Französische Revolution einen tiefen Eindruck, denn sie war nächst dem griechischen Freiheitskampfe, dessen Helden und Taten mich in der Kindheit doch nur wie märchenhafte Erscheinungen berührt hatten, das erste große Ereignis, das ich mit deutlichem Bewußtsein und mit meinem Verständnis darauf vorbereitet erlebte. Ich kannte die Heldentaten, welche durch die Jahrtausende für Erlangung einer unterdrückten Freiheit unter den verschiedenen Völkern verrichtet worden waren, ich hatte eine große Begeisterung für die deutschen Freiheitskämpfe gegen die Napoleonische Herrschaft gewonnen, aber mich erfaßte von jeher selbst das Geringere, was in meinem Bereiche, was mir gewissermaßen sinnlich nahe und erreichbar war, viel lebhafter als das Größere, das mir fernab lag. Da mir nun ohnehin die französische Sprache lieb und geläufig, die französische Literatur teilweise bekannt war, so bildete sich in mir in jener Zeit durch die Teilnahme an der Julirevolution die

Teilnahme an den öffentlichen Dingen überhaupt aus, die mich seitdem nicht mehr verlassen hat. Teilnahme an einem Allgemeinen aber haben wir nötig, um es zu empfinden, wie gering einerseits die Bedeutung des einzelnen in der Gesamtheit ist, und um uns doch andrerseits auch wieder daran zu erinnern, daß die Masse der Einzelbestrebungen allein das Gelingen und den Fortschritt der Gesamtheit möglich machen.

Damals war es nun, daß die Börneschen Schriften ein großes Aufsehen zu machen begannen. Seine Auffassungsweise hatte etwas typisch Nationales, das uns alle mächtig ergriff, seine Ideen hatten etwas Erweckendes, das die erzeugte Erregung nicht mehr zum Einschlafen kommen ließ. Man mußte sich rückerinnern, man mußte vorwärtsdenken! Jede einzelne dieser Börneschen Skizzen war ein zündender Funke, in jeder seiner Arbeiten fühlte man, mit welcher Kraft der feste Verstand das heiße Herz zu bemeistern strebte und wie das heiße Herz den Verstand zu seinen Schlüssen und Vergleichen vorwärtstrieb. Auch die kleinste von Börnes Arbeiten war ein Aufruf zur Befreiung von irgendwelchen Vorurteilen, ein Aufruf zur Freiheit überhaupt, und wie die Gedanken darin stark und frisch und mutig waren, so war auch der Stil freier, die Sprache, in welcher er redete, flüssiger und energischer geworden, als man es seit den Zeiten Lessings erlebt hatte. Mich überraschte nicht nur der Geist der Börneschen Schriften, sondern seine Sprache machte einen solchen Eindruck auf mich, daß ich nicht müde wurde, sie mir, rein um des Klanges und der Lebendigkeit willen, immer und immer wieder laut vorzulesen, so daß ich später einzelne Skizzen, wie den »Roman« und den »Janustempel«, wörtlich auswendig wußte. Was Börne und Heine für die deutsche Sprache getan haben und daß sie es hauptsächlich gewesen sind, die ihr die Schnellkraft und Schlagfertigkeit wiedergegeben haben, welche allein sie für die Behandlung der politischen und sozialen Debatte geeignet machten, das hat man, dünkt mich, nicht nach Gebühr gewürdigt. Sie prägten die Goldbarren des Sprachschatzes, den Schiller und Goethe aufgehäuft hatten, in Münze um und machten zum beweglichen und fördernden Gemeingut, was bis dahin schwer benutzbar, sich im ausschließlichen Besitze einiger wenigen befunden hatte.

Der Französischen Revolution folgte die belgische auf dem Fuße, die Welt war in Bewegung gekommen, man hörte unablässig neue, aufregende Nachrichten und wollte deren immer noch mehr haben. Die Frage: Was bringst du Neues mit, lieber Vater? war allen, wenn der Vater am Mittag um ein Uhr von der Börse zurückkehrte, sehr geläufig geworden. Wir waren dann meist alle mit der Mutter in der kleinen Vorstube, die an der Straße lag, beisammen, um gleich in das große Wohnzimmer und zu Tisch gehen zu können, wenn der Vater heimkehrte; und so saßen wir auch im September einmal alle, mit unsern Arbeiten ihn erwartend, da. Die Mutter an dem gewohnten Platz auf dem Fenstertritt, ich ihr wie immer gegenüber an demselben Fenster, die Schwester an dem andern Fenster, die Kinder und die Brüder in der Stube, als der Vater um die rechte Zeit nach Hause kam und die Frage: Bringst du etwas Neues, lieber Vater? ihn wie sonst auch empfing.

»Ja!« sagte der Vater, »ich bringe etwas Neues, aber nichts Gutes, vielmehr etwas recht Trauriges!«

Erschreckt, weil solche Anmeldungsweise gar nicht des Vaters Art war, sahen wir zu ihm empor, seine Mienen verkündeten, daß er selbst sehr betroffen war, und mit bewegter Stimme sagte er: »Ich habe eben erfahren, daß Leopold in Braunsberg gestorben ist.«

Alle schwiegen, alle sahen nach mir, und ich saß so ruhig da wie kaum einer der andern. Gehört hatte ich ganz deutlich, was der Vater gesagt hatte, verstanden hatte ich es auch, ich hatte auch seit längerer Zeit davon sprechen hören, daß Leopolds Fieber immer wiedergekehrt sei und daß man für seine Brust zu fürchten anfange; aber kräftig und lebensvoll, wie ich ihn gekannt, hatte ich ihn mir eigentlich kaum krank, geschweige denn in irgendeiner Gefahr zu denken vermocht, und daß er tot sein könne – das faßte ich nicht. Ich war wie betäubt, ich empfand nichts als eine Art innerlicher Lähmung.

Die Mutter fragte um die nähern Umstände, mein Bruder, der Leopold sehr lieb gehabt hatte, war erschüttert, die Schwestern alle sprachen freundlich und bedauernd von ihm, ich saß immerfort. Endlich sollte man zu Tische gehen, und die Eltern fragten mich, ob ich vielleicht in meiner Stube essen wolle? Ich lehnte das ab und ging mit den andern ruhig zu Tisch. Und so sonderbar ist unser Wesen organisiert, daß ich mich heute noch der Speisen erinnere, welche ich damals genoß, daß ich mich erinnere, wie der Vater während der Mahlzeit den Handlungsgehilfen die Nachricht von Leopolds Tode mitteilte, während ich noch die ganze Zeit wie empfindungs- und gedankenlos dabei war.

Nach der Mahlzeit ging ich gewöhnlich in meine Stube. Ich tat das auch an dem Tage. Die Schwestern und die Brüder waren in ihre Schule und in ihr Gymnasium gegangen, ich saß an dem Fenster, an dem ich immer gesessen, wenn Leopold früher mittags mit seinen Schülern hinabgekommen war, mich zu sehen und zu grüßen. Heute kam er nicht – und er konnte nun auch nie wieder kommen!

Das sagte ich mir immer, weil ich gern hätte weinen mögen, weil ich gern hätte aus der Leblosigkeit herauskommen mögen, die mich befallen hatte; aber es half mir nichts. Ich konnte nicht weinen, und mitten aus der Erstarrung rang sich in mir eine verzweiflungsvolle Reue darüber empor, daß ich blind und willenlos wie eine Maschine den Befehlen meines Vaters Folge geleistet, daß ich nicht den Vorstellungen meiner Freundin gefolgt war und ihn nicht wiedergesehen hatte, als er mich wiederzusehen verlangt. Ein nicht zu bannendes Schuldbewußtsein, ein Zorn gegen meinen Vater kamen als neue quälende Gefühle hinzu und dabei immer das Gefühl der Erstarrtheit. Es waren ein paar Stunden, deren ich noch mit Entsetzen gedenke.

Der Besuch einer Freundin, die Leopolds Tod ebenfalls erfahren hatte, riß mich aus der Lähmung meines ganzen Wesens heraus. Ihr bleiches Gesicht, die Zärtlichkeit, mit welcher sie mir um den Hals fiel, ihre Tränen riefen die meinen hervor, ich weinte, ich fing an zu sprechen, ich konnte fühlen, was ich verloren hatte – und ich war noch so jung, daß ich glaubte, mit allen Wünschen und Hoffnungen für das Leben fertig zu sein. Das Unglück, das die Jugend trifft, wirkt darum so stark, weil sie die herstellende Kraft des Lebens noch nicht kennengelernt hat und also jeden Verlust wie einen unersetzlichen empfindet, jede zerstörte Hoffnung als die einzige und letzte anzusehen geneigt ist. Es ist deshalb in diesem Sinne sehr falsch, die Jugend als die Zeit des Mutes und der Hoffnung zu bezeichnen, welche beide weit mehr eine Frucht der Erfahrung und die Erwerbnis der reifen Jahre sind.

Weder mein Vater noch meine Mutter sprachen nach jenem Tage je wieder eine Silbe über Leopold zu mir noch ich zu ihnen. Meine herangewachsenen Geschwister und ein paar von meinen Freundinnen trösteten mich, so gut sie konnten, und boten mir die Möglichkeit, von ihm zu reden. Wie er die letzten Zeiten seines Daseins zugebracht, wie er gestorben war, darüber habe ich nichts erfahren. Es blieb mir dunkel und geheimnisvoll. Nur mein Verlust war mir klar. Ich hatte ein ganzes Liebesleben durchlebt und durchlitten, ohne den Gegenstand desselben je anders als im Beisein meiner ganzen Familie gesprochen zu haben; ich hatte eine Zukunft sich vor mir aufbauen sehen, ohne andere Basis als die des Glaubens an den Geliebten, und sie war zusammengestürzt, ohne daß ich begreifen konnte, woher der vernichtende Stoß gekommen. Ich stand an einem Grabe und durfte kaum zeigen, daß ich trauerte. – Eines aber hatte ich gewonnen – die Kraft, innerlich zu erleben, ohne nach außen viel zu verraten, die Kraft, mich auf mich selbst zu stellen und mich in mich selbst zusammenzufassen. –

Personen meines damaligen Umgangskreises haben, als

ich später dichterisch zu schaffen angefangen hatte, in meinem zweiten Roman »Jenny« eine Geschichte dieser Jugendliebe zu finden geglaubt; indes, wer meine jetzige Erzählung und jene Dichtung vergleicht, wird es herausfühlen, daß in »Jenny« weit mehr meine religiösen Erlebnisse und die Erfahrungen, welche ich über die soziale Stellung der Juden zu machen Gelegenheit hatte, ihre poetische Abspiegelung und Verklärung gefunden haben als meine Herzenserlebnisse. Ich war nicht reich wie Jenny, ich hätte dem Geliebten gar keine Opfer zu bringen gehabt, und nicht nur würden meine Eltern zufrieden gewesen sein, mich einem jungen Theologen zu verheiraten, sondern ich selber würde es, ganz abgesehen von meiner Neigung für Leopold, damals als ein großes Glück betrachtet haben, die Frau eines Landpredigers zu werden; und von des Kandidaten Reinhold eigensüchtigen Wunderlichkeiten war in dem schönen und einfachen Charakter Leopolds nicht eine Spur zu finden. Ich habe überhaupt niemals in meiner ganzen dichterischen Tätigkeit ein reines Portrait von irgend jemand dargestellt und niemals ein wirklich erlebtes Faktum in seiner Nacktheit wiedergegeben, wenngleich ich hie und da eine einzelne Szene, einen Moment, einen episodischen Vorgang nach meinen Erlebnissen oder nach Erfahrungen an Fremden hingestellt habe. Ich meine, so wird es auch den meisten ergangen sein, die eine selbständig schöpferische Kraft in sich empfinden.

Der Dichter arbeitet in gewissem Sinne genauso, wie es der Maler und der Bildhauer tun, nur daß er nicht wie diese seine Studien im Momente auf dem Papiere festhält. Ich sah einmal in dem Atelier von August Schenk von Holstein in Paris, in der großartigen Skizze zu einer Cimbernschlacht, einen jungen Helden, der sich auf seinen Schild stützte und dessen Haltung etwas ungemein Majestätisches und Edles hatte. »Wissen Sie, wo ich den Burschen herhabe?« fragte der Künstler; »das ist ein Fischer, den ich einmal, einer Poissarde gegenüber, sich genauso auf seinen geleerten

Fischkorb stützen sah.« Ähnliche Bemerkungen über das, was sie anregte und zeugend in ihnen wirkte, habe ich vielfach von Künstlern gehört und gleiche Erfahrungen an mir selbst gemacht.

Wer zum Beobachten geneigt ist, nimmt unwillkürlich und fortwährend in sich auf. Wie sich uns Physiognomien einprägen, denen wir vielleicht nur einmal im Leben flüchtig auf einer Eisenbahn begegnet sind, daß ihr Bild uns im Gedächtnis bleibt, ohne daß wir wissen, wer sie trägt, ohne daß wir je eine Silbe mit ihren Trägern gewechselt haben, so prägen sich uns eine Masse von Tatsachen, von Charakterzügen, von Bemerkungen ein, aus denen sich jener geläuterte Vorrat von Erkenntnis und Einsicht bildet, den wir Erfahrung nennen. Aus der Fülle der beruhigten Erfahrung allein läßt sich aber ein reines Kunstwerk erschaffen.

Müssen doch der Maler und der Bildhauer bis zu einem gewissen Grade selbst von dem Portrait das ganz Zufällige in der Erscheinung fernhalten, um das geistige Bild der Person rein darzustellen. Wollen sie aber eine selbständige Gestalt erschaffen, so darf ihnen die trockene Naturstudie vollends nicht maßgebend sein. Ganz dasselbe gilt in noch höherem Grade von dem Dichter. Was er dem Leben ohne Läuterung und Idealisierung nachschreibt, wird kleinlich und entstellt wie das Bild des Daguerrotyps. Was er selbsttätig aus dem angesammelten Schatze seiner Erkenntnis erzeugt, das wird, je nach seiner eigenen Begabung, lebensfähig und wahrhaftig sein, und wenn es dies beides in seinen ursprünglichen Elementen ist, so gewinnt es zwingende Kraft und Gewalt selbst dem Dichter gegenüber, daß er nur weiterschaffen kann innerhalb der Grenzen jenes ersten Erzeugens und daß ihm als unwahr widersteht, was der innern Wahrhaftigkeit jenes hingestellten Charakters nicht entspricht. Es ist mir dabei oft das Bild des Goetheschen Zauberlehrlings eingefallen. Sie heraufzubeschwören, die Geister, haben wir die Macht; aber sind sie einmal da, so hat man sich zu wehren, daß sie nicht über uns Herr werden, und nur die Vernunft und die Gerechtigkeit des Dichters bannen sie in ihre Grenzen.

Noch waren im Herbste dieses Jahres die Menschen mit den Ereignissen und Folgen der Französischen und belgischen Revolution beschäftigt, als Gerüchte über eine große Aufregung der Gemüter in Polen sich bei uns in Preußen zu verbreiten begannen und das Fortschreiten der Cholera gegen die Grenzen des europäischen Rußlands hin schwere Besorgnisse einzuflößen anfing.

Von den Zuständen in Polen, von dem Drucke, mit welchem das russische Gouvernement auf dem Lande lastete, von den einzelnen schreienden Ungerechtigkeiten, von der launenhaften und bizarren Tyrannei, in welcher der Großfürst Konstantin sich gefiel, wußte man, sosehr der Verkehr zwischen Preußen und Polen auch erschwert war, in unserer Heimat doch mehr als genug, um den Widerwillen der Polen gegen die russische Herrschaft begreiflich zu finden.

Mein Vater selbst hatte seiner Geschäfte wegen mehrmals einen längern Aufenthalt in Warschau gemacht, und die Stadt und das gesellige Leben in ihr und der schwungvolle Charakter ihrer Männer und Frauen hatten ihm zugesagt. Wir alle hatten seit unserer Kindheit viele Polen kennenlernen, da ihrer alljährlich eine Anzahl mit meinem Vater in Geschäftsverbindung standen, und es hatten sich unter diesen Gutsbesitzern, welche in den Wittinnen ihre Landesprodukte zum Verkaufe brachten, häufig schöne und angenehme Männer befunden. Die Mehrzahl von ihnen verstand das Deutsche gar nicht, einige radebrechten es notdürftig, aber alle sprachen mehr oder weniger geläufig französisch; und da von diesen Gutsbesitzern und Kaufleuten uns häufig die Frauen ihrer Familien empfohlen wurden, wenn dieselben auf ihren Reisen nach Deutschland Königsberg berührten oder wenn sie in eines der preußischen Ostseebäder gingen, so hatten wir oftmals polnische Gäste im Hause, deren Unterhaltung dem Vater und mir zufiel, weil niemand im Hause des Französischen mächtig war als wir beide.

Ich hatte auf solche Weise eine gute Übung in dieser Sprache gehabt und eine Vorliebe für die Polen gewonnen. Die Männer sowohl als die Frauen hatten leichtere Umgangsformen, als ich sie bis dahin hatte kennenlernen, und eine Wärme des Ausdrucks, eine Begeisterungsfähigkeit, die für mich etwas Hinreißendes besaßen. Sie hatten mich auch gern, weil mein Anteil für sie und meine Lebhaftigkeit ihnen zusagten, und eine ältere polnische Dame, die ihres kranken jüngsten Töchterchens wegen einen langen Aufenthalt in Preußen machte, gewann auf mich dadurch einen Einfluß, das sie mich bemerken machte, wie vorurteilsvoll und hart ich in meinen Urteilen über andere Frauen und Mädchen und wie prüde ich selbst sei. Sie war eine ernste Frau, eine treffliche Mutter und, wie ihre Landsleute sagten, die mir später von ihr sprachen, von einem tadellosen Ruf. Es fiel mir daher auf, als sie sich einmal in einer Gesellschaft im Seebade Kranz, wo ich während einer Woche ihr Gast war, sehr freundlich der Frau eines Königsberger Professors näherte und mit ihr sprach, welche von den übrigen Damen mit großer Geflissenheit gemieden wurde, weil man sie als eine der frühern Mätressen des Prinzen August bezeichnete. Ich fragte sie am Abende, ob sie das nicht wisse? – »O ja!« versetzte sie, »man ist sehr beeifert gewesen, es mir zu erzählen. Aber die Frau ist hier, um sich zu erholen, sie gibt keinen Anstoß irgendeiner Art, sie war neulich am Strande freundlich gegen meine Tochter, und es ist unbarmherzig, sie so ohne Not an eine Vergangenheit zu erinnern, die sie vielleicht selbst gern vergessen möchte. Die Tugend der deutschen Frauen muß sehr zerbrechlich sein, daß sie fürchten, sie könnte durch die bloße Begegnung mit einer armen, verirrten Person gleich Schaden leiden!« –

Ein andermal, als wir wieder auf dies Gespäch zurückkamen und ich ihr erklärte, wie strenge man in meinem Vaterhause darauf sehe, mich auch den Schein einer Unvorsichtigkeit vermeiden zu lassen, warf sie flüchtig die Bemerkung hin: »Man wird dahin kommen, Sie zu einer völligen Prüden zu machen, und das wäre nicht gut. Man täte besser, Ihnen zu sagen, daß es Lagen gibt, in denen auch Frauen es nicht scheuen dürfen, den Anschein des Unrechts auf sich zu nehmen, wenn es einer großen Überzeugung oder einem großen Zwecke gilt. Der Ruf einer Frau ist etwas sehr Wichtiges und Beachtenswertes, aber er ist nicht das letzte Kriterium für ihren Wert! Und bedenken Sie es, wie leicht Sie es haben, zwischen Vater und Mutter auf der ebenen Straße fortzugehen. Was wissen Sie, was wissen die andern Frauen, welche sich hier von der armen Professorin so richterlich abwenden, von den Wegen ihrer Vergangenheit. Aber es ist der Protestantismus, der die deutschen Frauen so unbarmherzig macht. Der Protestantismus kennt die Vergebung der Sünde (die Absolution) nicht und hat kein Mitleid mit dem Sünder. Nur im Katholizismus liegt die Liebe, liegt die vergebende Barmherzigkeit.«

Daß eine Frau wie diese Marschallin von Raës ihr Vaterland liebte, daß sie die Unterdrückung desselben beklagte, verstand sich von selbst. Aber sie hatte natürlich mit mir nie ein Wort von der Möglichkeit seiner nahen Befreiung gesprochen, während ich doch wußte, welchen Anteil sie an den Revolutionen im Westen nahm. Nur als sie Königsberg verließ und davon sprach, im nächsten Jahre wiederzukehren – was nicht geschah –, äußerte sie die Ansicht, daß es dann hoffentlich leichter sein werde, Pässe in das Ausland zu erhalten. Auf unsere Frage, worauf sich diese Erwartung gründe, versetzte sie: »Auf alle die Umwälzungen, welche dies Jahr gebracht hat. Man ist sehr unglücklich bei uns, und das Unglück gibt Entschlossenheit und Mut.«

Weiterhin gegen den Herbst brachten die polnischen Juden, die Hauptvermittler des Handels zwischen Polen und Preußen, sooft sie über die Grenze kamen, die Nachricht, daß es »unruhig« in Polen sei. Endlich, im Anfang des Dezember, kamen die ersten Nachrichten von der Revolution in Warschau nach Königsberg.

Das berührte uns nun freilich näher als die Revolutionen

im Westen, und an ungewöhnliche Ereignisse nicht eben gewöhnt, ging man im Fürchten und im Hoffen weiter, als die Wahrscheinlichkeit, es zu tun, berechtigte. Für den Kaufmannsstand, sofern ihn kein höheres Interesse beschäftigte, stand die Frage, welchen Einfluß die Revolution auf die Grenz- und Zollverhältnisse haben werde, in erstem Gliede, und das Bedürfnis so der kriegführenden Polen wie der Russen machte es bald notwendig, die Einfuhr nicht wie bisher zu kontrollieren. Ich erinnere mich nicht, ob von polnischer Seite die Grenze förmlich geöffnet wurde oder ob man dort wie auf den russischen Stationen nur durch die Finger sah, aber der Handel in Königsberg wurde plötzlich so lebhaft, daß die Stadt im Winter so voll von polnischen Juden war, als es sonst nur im Sommer der Fall zu sein pflegte, und es war bei uns damals mit allem und an allem Geld zu verdienen.

Je weiter die Revolution in Polen um sich griff, um so lebhafter wurden Handel und Gewerbe in Königsberg, und ebender vorhin erwähnte Mangel an Transportmitteln gab bei uns im Haushalt oft zu komischen Dingen Veranlassung. War der Vater um Fuhrwerk in Verlegenheit, so sendete oder ging er auf den Markt, um nachzuhören, ob Bauern von der preußischen Grenze da wären, und diesen wurde dann, gleichviel ob ihre Produkte für uns brauchbar waren oder nicht, ihre ganze Ladung in Bausch und Bogen abgekauft und sie selbst noch an demselben Tage mit einer Rückfracht von Weinen und andern Dingen nach den Grenzstädten geschickt, in denen die Spediteure die Waren zur Weiterbeförderung in Empfang nahmen. Dadurch befanden wir uns je nach der Jahreszeit bald im Besitz von soviel Zwiebeln, als wir in Jahr und Tag nicht verbrauchen, von weit mehr Eiern, als wir irgend benutzen konnten, und einmal wurde unser Hühnerstall ganz plötzlich mit nahezu achtzig Hühnern bevölkert, die dann in aller Eile aufgegessen werden mußten, weil der Stall so viel nicht halten konnte.

Zu dem, was man sonst ein gleichmäßiges ruhiges Leben

nannte, kamen wir in dem Jahre nicht. Es gab immer neue Arbeiten, immer neue Störungen. Aber wir sahen den Vater sehr heiter, weil seine Tätigkeit Gewinn brachte, und das machte auch die Mutter froh, die sich dabei gern der »Kriegszeiten von achtzehnhundertzwölf und -dreizehn« erinnerte, in denen das Treiben noch ein ganz andres gewesen war. Dazwischen kamen dann ab und zu mit der Aussicht auf größere Sorgenfreiheit auch einzelne Annehmlichkeiten, die man lange entbehrt hatte und die man nun um so mehr genoß.

An dem Kriege und an dem Schicksale der Polen nahm man in Preußen großen Anteil, obschon die sogenannte preußische Neutralität vielfach Vorschub leistete. Das hielt uns jedoch gar nicht ab, Charpie für die Polen zu zupfen und ihrem Sieg mit Begeisterung zu folgen, ihre späteren Niederlagen zu betrauern. Die Bilder von Chlopicki, Lelewel, Dwernicki, Skrzynecki und vor allen das Bild der heldenhaften Gräfin Cäcilie Plater waren in aller Hände, überall hörte man die polnischen Lieder und Märsche singen und spielen, und wie sehr auch später ein Teil unserer preußischen Landsleute sich mit ihrem Anteil von dem Schicksal, d. h. von der Befreiung Polens abwendete: damals wünschte die bei weitem größte Mehrzahl ihnen ganz entschieden den Sieg. Man freute sich an dem Gedanken, die russische Tyrannei nicht mehr zum Grenznachbar zu haben, man erzählte es sich mit Vergnügen, wie der verhaßte und gefürchtete Großfürst Konstantin inmitten seiner russischen Soldaten eigentlich dem unbesonnenen Wagnis einiger Patrioten erlegen sei; und obschon die älteren und erfahrenen Personen unserer Bekanntschaft bald auf die Uneinigkeit blickten, die sich in den Unternehmungen der Polen zeigte, und das Wort von der Zerfahrenheit der polnischen Reichtstage als böses Omen bald zu hören war, so erregten doch die Heldentaten der einzelnen und der Mut der Truppen im allgemeinen eine große Bewunderung selbst bei denen, die an dem Gelingen des Unternehmens zweifelten.

In der Mitte des Sommers, als der Stern der Polen schon tief im Sinken war, mich dünkte, es muß Ende Juni oder Anfang Juli gewesen sein, brach in Königsberg zum ersten Male die Cholera aus, und zwar in einem der Häuser am Deyschen Garten, der einst der Tummelplatz unserer Kinderspiele gewesen war.

Es war am hellen Mittag, als sich die Nachricht verbreitete, daß ein Volkshaufe sich vor der Wohnung des Polizeipräsidenten Schmidt auf dem Altstädtischen Markte versammelt habe und dort nicht zu bewilligende Forderungen stelle. Die einen erzählten, das Volk wolle die Kranken nicht in die Choleraspitäler schaffen lassen, andere sagten, man wolle gegen die Ärzte etwas unternehmen. Dann wieder hieß es: Man verlange von den Reichen bessere Nahrungsmittel für die Armen, und nachdem der Vater selbst nach dem Markte hingegangen war, sich zu überzeugen, was dort geschehe und was man dort begehre, kam er mit der Ansicht zurück, daß von einer bestimmten Forderung gar keine Rede sei, sondern daß Angst und Schrecken die Menschen in eine Aufregung versetzt hätten, die sich eben in dem Tumulte Luft mache und durch einzelne Personen unter den Arbeitern, die von den Revolutionen des letzten Jahres wußten, zu einem schwachen Seitenstück derselben gesteigert werde.

Dennoch blieb es, eben weil weder die Ruhigen noch die Aufgeregten in der Stadt an solche Vorfälle gewöhnt waren, ganz unberechenbar, wie weit die Sache gehen, wie weit die Unruhe sich ausdehnen könne, denn je grundloser eine Aufregung ist, um so mehr ist sie durch jeden Zufall der Steigerung in das Maßlose ausgesetzt. Man hatte im Polizeigebäude die Fenster eingeschlagen, Möbel und Geschirre auf die Straße geworfen, Betten zerrissen und die Federn zerstreut, und als man damit fertig, war die aufgeregte Masse nach dem Kneiphof aufgebrochen, um ihr Heil vor dem Rathause zu versuchen, in welchem der Magistrat seine Versammlung hatte.

Mein Vater war, als er nach Hause kam, schnell entschieden, was er zu tun habe. Er ließ seine Weinkeller und Lager schließen und schickte sein ganzes Personal, die Kommis und die Arbeiter, zu uns nach Haus. »Die laufen und spektakeln wenigstens nicht mit!« sagte er zu uns, während er ihnen ernst und wichtig den Auftrag erteilte, über seine Frau und seine Töchter und über das Haus zu wachen. Von dem Balkon vor der Türe wurden die eisenbeschlagenen Stangen abgenommen, welche die Markisen trugen, da sie füglich als Waffen dienen konnten, die Laden zu ebener Erde wurden zugemacht, die Dienstboten erhielten die Weisung, mit den Kindern die Hinterstuben nicht zu verlassen. Und nachdem der Vater also die Männer, über die er zu bestimmen hatte, für den Moment unschädlich gemacht, ging er mit den beiden Brüdern, die damals noch Primaner des Gymnasiums waren, nach dem Magistrate, wo eine Anzahl von Bürgern sich versammelt hatte, um zu versuchen, wie man die Menschen beruhigen könne.

Kaum war er fort, so hörten wir die Avantgarde jedes Straßenereignisses in Königsberg, die Schusterjungen, lärmend durch die Straßen laufen. Hie und da klirrten zerbrochene Scheiben, und von einer Galerie im Innern des Hauses, die allerdings von einem Steinwurf getroffen werden konnte, sahen wir, wie ein Haufe von Arbeitern, Sackträgern und Weibern an unserm Hause vorüber in die Brodbänkengasse einbog und vor dem Magistrate Posto faßte. Aus den Fenstern meiner Stube konnten wir, als der Haufe davongezogen war, die Bewegung vor dem Rathause sehen und hören, aber es währte etwa nur eine halbe Stunde, als es dort lichter und ruhiger wurde. Einzelne Gruppen, unter ihnen manch einer mit Blut bedeckt, fingen an zurückzukommen, man sah sie lebhaft gestikulieren und die Fäuste drohend erheben, indes, das eigentliche Gewitter war trotz diesem Grollen des Donners vorüber. Die Polizeibeamten und die sogenannten Stadtsoldaten, ein kleines Invalidenkorps, wurden vor dem Rathause wieder sichtbar, die Bürger, die sich auf das Rathaus begeben hatten, fingen an, mit weißen Taschentüchern, als Erkennungszeichen um den Arm gebunden, durch die Straßen zu gehen, und es währte nicht lange, bis der Vater mit den Brüdern nach Hause kam, uns zu sagen, daß wir ruhig sein könnten und daß anscheinend keine Gefahr mehr vorhanden sei. Dennoch organisierte sich eine Art von Bürgerwehr, in die der Vater und die Brüder eintraten und die ein paar Tage hindurch Tag und Nacht in den Straßen patrouillierte, wobei höchst originelle Physiognomien und Gestalten zum Vorschein kamen, deren Komik dadurch noch gesteigert wurde, daß man die Leute kannte und also wußte, wie weit diese Art der Tagesarbeit und der nächtlichen Heerschau von ihren Neigungen und von ihren Gewohnheiten entfernt lag.

So endete dieser erste Krawall, dem ich zugesehen habe, und er hatte, da er keinen Zweck gehabt, auch nichts ausrichten können, als daß die Geister nach einer andern Seite hin beschäftigt worden waren und daß man sich inzwischen darin gefunden hatte, die Cholera in den Mauern zu haben und die Menschen plötzlich als ihre Opfer hinsterben zu sehen.

Um so überraschender war es also für mich, als wenige Tage nach meinem einundzwanzigsten Geburtstage mein Vater mich in das Zimmer rief, in dem er sich mit der Mutter befand, und mir die Frage vorlegte: »Was würdest du sagen, wenn ich dich heute über vierzehn Tage mit mir nähme?«

Es war nämlich schon seit dem Winter eine Reise meines Vaters behuf seiner Weineinkäufe am Rhein und am Neckar im Werke gewesen, und diese war in den letzten Wochen auf die Mitte des Aprilmonats festgesetzt worden.

Es war die erste so weite Reise, welche mein Vater unternahm, und damals waren die westlichen Grenzen Deutschlands von Königsberg für die Vorstellung weit entfernter als jetzt. Ich selbst hatte nie eine andere Stadt als Königsberg gesehen und ihren Umkreis nur überschritten, um hie und da einen Besuch bei Bekannten im Seebade Kranz, fünf Meilen von der Stadt, zu machen. Denn als die Eltern mit den Brüdern und der mir nächsten Schwester etwa ein Jahr vorher einmal einen Ausflug gemacht, um Frauenburg und seinen Dom, um Elbing und Marienburg mit seinem unvergleichlichen Schlosse zu sehen, war ich als die Älteste zu Hause geblieben, um den Haushalt und die kleinen Geschwister zu versorgen. Aber schon damals hatte der Vater auf das Bedauern der Mutter, mich zurücklassen zu müssen, tröstend gesagt: »Sei ruhig, liebe Mutter! Fanny soll einmal noch mehr von der Welt zu sehen bekommen als ihr jetzt!«

Indes, das Wort war keine Zusage gewesen, und sooft ich auch, am Fenster sitzend, mir bei winterlichen Sonnenuntergängen den rötlich schimmernden Schnee der Dächer betrachtet und mir das Alpenglühen auf den Gletschern vorgestellt, sooft mir Mignons »Dahin, dahin!« vordeklamiert und so begeistert ich oftmals für mich in der Stille beim Nähen die Worte der Jungfrau von Orléans von »der prächtig strömenden Loire« wiederholt hatte: auf eine Reise für mich zu hoffen, eine Reise mir so nahe zu glauben war mir niemals eingefallen; es lag weit hinaus über alles, was ich selbst von der Güte meiner Eltern erwarten konnte; es lag auch weit hinaus über die Ansprüche, welche man damals sogar in den Kreisen meiner wohlhabenderen Verwandten für die Töchter als berechtigt annahm, und ich wußte auf meines Vaters Frage auch nichts zu sagen, als ihn und die Mutter strahlend vor Freude anzusehen.

Und freudestrahlend waren wir alle drei. Der Vater in dem Bewußtsein, mir ein so unverhofftes Glück zu bereiten; die Mutter, deren ganze Liebesfülle und Anmut in solchen Augenblicken hell hervortrat, in der Freude über mein glückliches Gesicht, und ich selbst – ja, mir war eigentlich zumute, als solle ich nicht nur ein Stück von der Welt sehen, sondern als schenke der Vater mir die ganze Welt!

Und ein schön Stück Welt und Leben hat jene erste Reise mir erschlossen, den Weg gebahnt hat sie mir für alle Zukunft – wenn schon einen Weg, den weder mein Vater noch ich damals für mich im Auge haben konnten!

Im Jahre achtzehnhundertzweiunddreißig war das Reisen noch nicht so leicht als in unsern Tagen, und doch sah man es schon als einen ungemeinen Fortschritt an, daß man den Weg von Königsberg nach Berlin, der auf der Chaussee etwa achtzig Meilen lang war, in zweiundsiebenzig Stunden zurücklegen konnte.

Damals aber, als ich im Jahre achtzehnhundertzweiunddreißig meine erste Reise unter dem Schutze meines Vaters machte, fiel es mir sicherlich nicht ein, daß es nicht bequem sei, zweiundsiebenzig Stunden zu fahren. Ich saß an seiner Seite in dem Coupé des Wagens, der gute Kondukteur, ein großer dicker ehemaliger Kürassier-Unteroffizier, als Dritter neben uns, und ich empfand nichts als ein fortdauerndes Vergnügen über das Glück zu reisen und über all das Neue, das ich sah. Was aber war mir, die ich meine Vaterstadt niemals verlassen, die ich die Welt nicht weiter gesehen hatte als in einem Umkreise von sechs Meilen, was war mir nicht neu!

Glücklicherweise ließ sich damals noch mit den Kondukteuren reden, wie man das nannte. Sie hatten es nicht gar so eilig auf den Stationen, und mit einem Trinkgeld für sie und den Postillon ließ sich etwas Versäumnis leicht wieder einbringen. Tat der Kondukteur dann auch sehr ergrimmt, wenn die Passagiere selbst nach dem dritten Blasen nicht gleich kommen wollten, so fuhr er, und das war die Hauptsache, doch nicht eher ab, als bis er seine auf dem Stunden- und Courszettel wohlgebuchte Personenzahl beisammen hatte, und es war eigentlich ein höchst gemütliches Gefühl, beständig solch einen verantwortlichen, ehrlichen Beamten, solch einen gutmütig polternden Aufseher neben sich zu haben. Es war beinahe unmöglich, etwas zu versäumen, zu vergessen, zu verlieren; der Kondukteur gewährte fast alle Annehmlichkeiten eines Reise-Couriers.

In aller Gemächlichkeit besahen wir den Frauenburger

Dom, die kopernikanische Wasserleitung, die, soviel ich mich erinnere, halb verfallen war, besuchten in Marienburg das in seiner Art einzige Ritterschloß, die Marienburg, das der deutsche Orden gegründet, und gingen gemächlich in dem freundlichen Elbing spazieren.

Die lange Tuchler Heide, die ganze Reihe häßlicher kleiner Judenstädte, durch die wir in Westpreußen zu fahren hatten, boten doch immer etwas dar, was mich beschäftigte, und als ich einmal nachts in Friedberg vor dem Posthause durch das Stillstehen des Wagens erwachte, war es mir so undenkbar, daß ich nicht zu Hause, daß ich im Postwagen und unterwegs wäre, daß ich mich förmlich und lange besinnen mußte, wie ich denn eigentlich hierhergeraten und was mit mir vorgegangen sei.

Am Morgen des neunzehnten April kamen wir in aller Frühe in Berlin an. Schon die Vorstädte hatten mir einen großstädtischen Eindruck gemacht, und die Frankfurter Linden, der Alexanderplatz, die Königstraße, die Kurfürstenbrücke setzten mich mehr und mehr in Erstaunen. Ich dachte nicht daran, daß ich drei Nächte nicht im Bette gewesen, ich fühlte nicht die leiseste Müdigkeit und war äußerst betrübt darüber, als mein Vater mir befahl, mich schlafen zu legen, nachdem wir unsere Zimmer im Hotel de Portugal in der Burgstraße eingenommen hatten. Ich versicherte, daß ich kein Auge schließen würde, denn die Sonne stand – es war sechs Uhr morgens – hell am Himmel, und ich war äußerst aufgeregt; aber die Natur machte ihr Recht doch geltend, und ich hatte einige Stunden vortrefflich geschlafen, als ich mit dem höchsten Glücksgefühl erwachte und mich nun ganz sicher und gewiß in Berlin befand.

Alles entzückte mich. Ich hatte zum ersten Male im Leben ein Zimmer für mich ganz allein, ich wohnte zum ersten Male im Leben in einem Hotel, ich wurde von Kellnern bedient, hatte rotseidene Fenstergardinen und einen schönen Teppich über den ganzen Fußboden, und was die Hauptsache war, ich hatte gar nichts zu tun, gar keine Pflicht zu erfüllen, war nur für mich selbst und zu meinem Vergnügen da, und alles, was geschah, geschah in gewissem Sinne um meinetwillen. Diese Befriedigung des Egoismus war mir sehr angenehm. Ich wiegte mich ordentlich in dem Gefühl der Freiheit. Ich dachte zwar nach Hause, an meine Stube, an die Mutter, an die Geschwister, die nun an die Arbeit oder in die Schule gehen mußten, aber nur, um mich darüber zu freuen, daß ich dieses alles nicht nötig hatte. Ich war wirklich sehr glücklich an dem Morgen, und ich kam mir so wichtig, so interessant vor, daß ich noch mit Vergnügen daran denke. Es schien mir, als fange das Leben erst jetzt für mich an, als liege die ganze Welt nun offen vor mir da, als müsse mir nun gleich das Beste und das Allerschönste begegnen, und als ich mich dann mit meinem für die Reise angeschafften Negligé, einem Foulard-Rock und einer kleinen Haube mit rosa Bändern, in das Fenster legte, um mit verwunderten Augen das altertümlich-prächtige Schloß und die Kurfürstenbrücke und die Statue des Großen Kurfürsten anzustaunen, da war ich in meinem tiefsten Herzen überzeugt, Berlin müsse mich ebenso anziehend finden, als es mir erschien.

Indes, die zehn Tage, welche wir damals in Berlin verlebten, waren nicht danach angetan, meiner Selbstzufriedenheit wesentlichen Vorschub zu leisten oder den Erwartungen, welche ich mir von der Gesellschaft in der Residenz gemacht und die ich bei dem ersten Eintritt in dieselbe gleich fix und fertig vor mir zu finden gehofft hatte, irgendwie zu entsprechen. Ich lebte, nachdem wir das Hotel verlassen hatten, nicht in den eleganten Stadtteilen, sondern bei einer meiner Tanten in der häßlichen, lärmvollen Münzstraße, und die ersehnten Kreise waren für mich nicht vorhanden. Ich war auf unsere Verwandten und auf die Geschäftsfreunde meines Vaters angewiesen. Das waren gute, brave Leute, indes, die Geselligkeit, welche ich bei ihnen fand, blieb fast überall hinter derjenigen zurück, an die ich in der Heimat gewöhnt gewesen war. Dazu kam, daß ich meinen Verwandten lange nicht so gut gefiel, als ich es mir erwartet hatte. Sie modelten auf alle Weise an mir herum. Meine Kleider hatten nicht den rechten Schnitt, die Taillen waren zu kurz, mein Haar war auch nicht nach der Berliner Mode geordnet. Ich trug Locken, die bei schwarzem Haar alt machen sollten. Auf mein Haar und auf meine Locken, die ich von Kindheit an getragen, war ich aber so stolz als Simson auf die seinen; und nachdem mein Äußeres kritisiert worden, ging es allmählich auch an die Kritik meines Verhaltens. Ich sollte zuvorkommender, sollte naiver, gelegentlich auch verlegener sein, denn so wie ich wäre, so ernsthaft und sicher und bestimmt, könne ich den Männern nicht gefallen; und zu gefallen müsse ich suchen, da sich sonst nicht leicht jemand finden dürfte, der sich ein Mädchen mit so viel unversorgten Geschwistern aus einer nicht bemittelten Familie zur Frau erwählen würde.

Mein Vater war übrigens an den Ermahnungen, in denen man sich gegen mich erging, sicher nicht ohne Anteil. Ich hörte einmal, daß er mit einem Bekannten davon sprach, wie sehr lieb es ihm sein werde, für mich »eine passende Partie« zu finden und wie er mich zum Teil deshalb mit sich genommen habe. Ich hätte vor Scham und Zorn aufschreien mögen in diesem Augenblicke. Ich kam mir wie eine elende Ware vor, die man auf den Markt führte, weil sich zu Hause kein Käufer dafür gefunden hatte, und ich wurde dadurch jedenfalls weder naiver noch heiterer, noch liebenswürdiger. Ich hatte die größte Überwindung nötig, mich schweigend zu verhalten.

An dem Abende, an welchem man den Correggio spielte, machte man mich in einem Zwischenakte auf eine Dame aufmerksam, die sich in einer der Logen befand. Sie war klein und betagt, hatte einen wunderlichen und nicht eben hübschen oder frischen Kopfputz auf und unterhielt sich mit einer neben ihr sitzenden Frau und mit zwei Herren, die hinter ihr saßen und sich zu ihr geneigt hatten. Man hörte ihr offenbar sehr aufmerksam zu, sie wendete aber im Sprechen den Kopf oft mit ungewöhnlicher Lebhaftigkeit nach dem Theater hin, ich konnte also sehen, daß sie einen dunklen

Teint und sehr ernsthafte dunkle Augen hatte. Daß sie eine Jüdin sei, war unverkennbar, und man sagte mir, das sei Rahel Levin, die Frau von Varnhagen von Ense. Ich hatte ihren Namen nie gehört, nur um Varnhagens willen interessierte sie mich, und ich erzählte, daß wir von meiner Tante, der Doktor Assing in Hamburg, eine Empfehlung an ihren Bruder, an Herrn von Varnhagen, mitgebracht, aber auf meine Bitte nicht benutzt hätten, weil der gezwungene Empfang bei dem Geheimrat mir so widerwärtig gewesen sei. Man wollte meinen Vater überreden, noch am letzten Tage das Varnhagensche Haus mit mir zu besuchen, weil man sich dort von Rahels Güte und Varnhagens Humanität nur des Besten zu versehen habe. Indes, ich hatte Scheu davor, mein Vater war beschäftigt, und es unterblieb. Später hätte ich viel darum gegeben, Rahel, die durch ihre hinterlassenen Briefe ein Gegenstand meiner wärmsten Verehrung und Liebe geworden war, nur einmal in ihrem Hause gesehen und das Wort ihres beredten Mundes nur einmal vernommen zu haben.

Von Berlin, das ich mit solch kindischer Zuversicht betreten, schied ich eigentlich in recht bedrückter Stimmung, obschon meine Briefe in die Heimat davon nichts verraten haben und mein Vater keine Ahnung davon hatte. Was mich quälte, hätte ich nicht sagen dürfen, und ich wollte doch auch nicht undankbar erscheinen. Wir besuchten Leipzig, wo zwei meiner Hamburger Onkel sich der Messe wegen aufhielten. Ich sah das lebhafte Geschäftstreiben, sah Armenier und Perser, wurde von meinen Onkeln mit Putz- und Schmucksachen beschenkt; wir wohnten im Hotel de Pologne sehr hübsch, frühstückten in Auerbachs Keller, besahen das Schlachtfeld, Poniatowskys Denkmal und das Haus in Gohlis; waren im Rosengarten, und es trat überhaupt viel Neues an mich heran, mir widerfuhr nichts als Gutes; aber die rechte Freude an der Reise war mir genommen, seit ich wußte, welchen Absichten ich sie eigentlich verdankte.

Von Leipzig ging es über das Schlachtfeld von Lützen

nach Weimar. Goethe war erst wenige Wochen tot. Wir standen in Betrachtung vor seinem Hause, und mein Vater war auffallend gerührt dabei. Das Haus Schillers damals gesehen zu haben, erinnere ich mich nicht. Mein Vater hatte Goethes Wohnort sehen wollen, und wir waren nur deshalb in Weimar geblieben, bis die nächste Schnellpost uns über Erfurt und Gotha nach Frankfurt fahren konnte, wo wir für einige Tage haltmachten. In Frankfurt waren es wieder Goethes und Börnes Geburtsstätten, die wir aufsuchten, und es sah in jenen Tagen in der Judengasse, in welcher Börne geboren war, noch entsetzlich genug aus. Ich kannte sie, als ich sie achtzehnhundertachtundvierzig wiedersah, kaum noch wieder. Selbst das Verzerrte in den Physiognomien ihrer Bewohner, das uns im Vergleich zu den oft so schönen polnischen Juden aufgefallen war, kam mir später in der jungen Generation gemildert vor. Die Verkommenheit des Volksstammes in der Judengasse hatte achtzehnhundertzweiunddreißig wirklich etwas Entsetzliches, und wir wurden des Eindrucks lange nicht ledig. Wir verweilten ein paar Tage in Frankfurt, weil der vortreffliche Gasthof »Zum Weidenbusch« dem Vater gefiel, fuhren nach verschiedenen Orten der Umgegend, sahen die historischen Gebäude und verließen es, um uns nach Darmstadt zu wenden, an welchem Orte wir die Post aufgaben und einen eigenen Wagen mieteten, um der Fahrt auf der Bergstraße bis hinunter nach Heidelberg recht gemächlich froh werden zu können.

In heiterster Gemütsverfassung langten wir in Baden-Baden an, und der Gedanke, mich in einem der ersten Badeorte der Welt zu befinden, entzückte mich. Alles, was ich in deutschen, französischen und englischen Romanen von Badeorten im allgemeinen und von Baden-Baden insbesondere gelesen hatte, webte sich in meiner Phantasie zu einem magischen Ganzen zusammen, das in schattenhaft wechselnden Bildern an meinem Geiste vorüberzog. Ein Kursaal, ein Spielsaal, Promenaden, Trinkhallen, berühmte Leute, galante Kavaliere, geputzte Damen, schöne Kavalkaden, Bälle und Gott weiß welche Herrlichkeiten noch schwebten mir vor der Seele, wirbelten kaleidoskopisch durcheinander, und ich empfand wieder einmal jene frohe Zuversicht der Jugend, jene Neugier der Unerfahrenheit, die so beglückend ist, weil sie immer nur Erfreuliches und Bedeutendes zu finden erwartet. Und Gutes und Bedeutendes wurde mir in Baden-Baden auch zuteil, wenn schon nicht so direkt und nicht in der Weise, welche ich mir vorgestellt hatte.

Unsere Fahrt nach Baden hatte meinem Onkel Friedrich Jacob Lewald, dem jüngsten Bruder meines Vaters, gegolten, der ein Jahr vorher, der Cholera wegen, von Breslau, wo er ansässig war, mit seiner ganzen Familie nach Süddeutschland gegangen war und seinen Aufenthalt daselbst verlängert hatte, weil die Entwicklung des dort bereits eingebürgerten Konstitutionalismus ihn interessierte und später die Niederkunft meiner Tante das Verweilen bis in das Frühjahr nötig machte, wo man sich denn wieder der schönen Jahreszeit wegen nicht von den lieblichen Gegenden trennen wollte. Die Familie hatte den Winter in Mannheim und Heidelberg zugebracht und war dann zum Frühjahr nach Baden übergesiedelt, wo mein Onkel ein ganzes Haus, auf der Wiese neben der Lichtenthaler Allee, zur Miete genommen hatte.

Und es bedurfte in der Tat eines ganzen Hauses, um eine so zahlreiche, an größte Bequemlichkeit gewöhnte und verwöhnte Familie unterzubringen. Sie bestand damals aus einer Tante meines Vaters, deren Tochter mein Onkel Lewald zur Frau hatte, aus den fünf Kindern meines Onkels, von denen das älteste Mädchen vierzehn Jahre alt sein mochte und der jüngste Knabe eben geboren war. Dazu kamen noch die Gesellschafterin meiner Großtante, ein ältliches adeliges Fräulein, und eine junge entfernte Verwandte der Familie, die von der Großtante erzogen wurde. Ein süddeutscher Kandidat der Theologie, der Erzieher der Kinder, und eine Französin aus dem Elsaß, die Wärterin des Neugeborenen, mit der übrigen zu einem solchen Hausstande gehörenden Dienerschaft vollendeten das Personal.

Mein Onkel, dessen unverkennbare Ähnlichkeit mit meinem Vater mir angenehm auffiel, empfing uns an der Türe seines Hauses. Die beiden Brüder hatten sich lange, lange Jahre nicht gesehen, ihre Begegnung war sehr herzlich, und der Onkel, der mich als ein lallendes Kind verlassen hatte, schien Freude an mir zu haben und gefiel sich darin, mein »ächt Lewaldsches Gesicht« zu betrachten. Auch die Frauen nahmen uns mit offenen Armen auf, und es machte mir großes Vergnügen, den Vater mit einem seiner Brüder verkehren zu sehen oder es zu hören, wie die Großtante ihn »lieber Sohn« und »Du« hieß. Er erschien mir dadurch zum ersten Male nicht so ausschließlich als mein Vater und viel jünger als zu Hause.

Mein Vater stand damals in seinem fünfundvierzigsten Jahre, mein Onkel war achtunddreißig Jahre alt. Seine Bildung war eine schulmäßigere als die meines Vaters. Er hatte von seinem zwölften bis zu seinem sechzehnten Jahre das Altstädtische Gymnasium zu Königsberg besucht und dann auf einem dem Grafen Truchseß-Waldburg gehörigen Gute die Landwirtschaft erlernen wollen, für die ihm durch sein ganzes Leben eine Neigung geblieben war. Ich weiß nicht, welche Verhältnisse und Rücksichten ihn bestimmt haben mögen, trotz dieser Vorliebe dem gewählten Berufe zu entsagen; aber er verließ das Gut nach zwei Jahren und trat mit achtzehn Jahren, wie früher erwähnt, in das Handlungshaus meines Vaters ein, in dessen Angelegenheiten er Polen und Rußland und namentlich die russischen Ostseeprovinzen bereiste. Kaum einundzwanzig Jahre alt, verheiratete er sich mit seiner gleichaltrigen Cousine, die eine einzige Tochter und reiche Erbin war, und lebte von da ab, ohne eigentliche Berufsbeschäftigung, mit deren Eltern in demselben Hause in Breslau. Ein Handlungshaus, das er mit einem seiner Onkel etabliert, war wieder aufgelöst worden, und da der Tod seines Schwiegervaters, der seiner Frau ein namhaftes Vermögen zufallen machte, den Onkel der eigentlichen Lebens- und Nahrungssorgen ganz und gar enthob, so hatte er sich seitdem, in glücklicher Ungebundenheit, sehr viel mit den ökonomischen und merkantilischen Verhältnissen von Schlesien und ebenso mit der Geschichte dieser Provinz beschäftigt, das in jener Zeit neugegründete Handlungsministerium bediente sich daher seiner Kenntnisse zur Erforschung der nach dem Kriege sehr verwickelt gebliebenen Verhältnisse der Provinz, und das Finanzministerium hatte achtzehnhundertundzweiundzwanzig den sechsundzwanzigjährigen jungen Mann auf mehrere Monate nach Berlin gerufen, um ihn bei der Regulierung der indirekten Steuern zu Rate zu ziehen. Sein Unabhängigkeitssinn und die Rücksicht auf seine Frau und Schwiegermutter, welche Breslau nicht zu verlassen wünschten, hatten ihn abgehalten, auf den Vorschlag des Ministers von Maaßen einzugehen und im Finanzministerium Dienste zu nehmen, aber sein Augenmerk war auf die Finanzverhältnisse des Landes, auf das öffentliche Leben im allgemeinen und besonders auf die Verwaltung der städtischen Angelegenheiten von Breslau gerichtet geblieben, und ebenso lebhaft und energisch als des Wortes in Schrift und mündlichem Verkehr durchaus mächtig, trat er bei den verschiedensten Anlässen bald persönlich, bald mit größern oder kleinern Arbeiten in der Presse angreifend oder beratend ein. Einzelne von diesen Arbeiten waren über den Bereich der Provinz hinaus bekannt geworden und hatten, da sie durchweg freisinnig waren, ihm unter den süddeutschen Liberalen mannigfache Bekanntschaften erworben, mit denen er vielfach verkehrte. Er sah damals überhaupt, im Gegensatz zu seinen spätern Lebensgewohnheiten, gern viel Menschen um sich her, und er war recht dazu geschaffen, in der Gesellschaft zu gefallen und sich selber in ihrer Mitte wohl zu fühlen.

Mit einem glücklichen Gedächtnis begabt, stets im vollen Besitz seiner geistigen Mittel, äußerst humoristisch und gleich geschickt zu ernster Auseinandersetzung wie zu heiterer Unterhaltung, witzig, schlagfertig, rasch und, wenn er es wollte, auch wieder von schöner epischer Behaglichkeit, habe ich nie jemand anmutiger und geistreicher erzählen hören, als mein Onkel es in jenen Tagen tat. Er hatte nach seiner Verheiratung alljährlich einen Teil des Sommers auf Reisen und in Bädern zugebracht, hatte sich im weiten Menschenverkehr geschult, seine Formen abgeschliffen, vielerlei erlebt, viel beobachtet, und, was mir die Hauptsache war, er hatte im Jahre achtzehnhundertdreiundzwanzig in Marienbad Goethe kennenlernen, was ihn für mich mit einem wundervollen Nimbus umgab.

Ich wurde es nicht müde, die Unterhaltung auf jene Tage zu bringen, ich war sehr gespannt darauf, einen rotseidenen Regenschirm zu sehen, unter welchem der Onkel einmal die Exzellenz Goethe nach Hause geleitet und den er deshalb, als der Schirm unbrauchbar geworden, in Breslau zum Andenken aufgehoben hatte; und da der Onkel ein Talent für Nachahmung besaß, wußte er es sehr ergötzlich darzustellen, wie ein einfältiger österreichischer Graf sich eines Tages abgemüht, Goethe zu beweisen, daß es sehr leicht sei, sich in der Rechnung mit dem Münz- und Scheinengeld zurechtzufinden. »Zwei Kreuzer sind fünf Kreuzer, und vier Kreuzer sind zehn Kreuzer, und zwei Gulden sind fünf Gulden«, hatte der Graf immerfort erklärt, und Goethe hatte das mit unerschütterlicher Gelassenheit angehört. Endlich aber hatte er mit seiner olympischen Ruhe gesagt: »Daß das Publikum sich damit ins gleiche zu setzen versteht, das glaube ich gern, wie aber die Regierung sich einmal aus diesem Dilemma zwischen Schein und Sein herauswickeln und mit ihrer Finanzwirtschaft in Ordnung kommen wird, das möchte schwerer zu bestimmen sein.« Der Graf hatte ihn indes versichert, daß »das all's 'ne Kleinigkeit sei« und sich in bester Ordnung befinde, und Goethe ihn mit der Bemerkung entlassen: »Es soll mich sehr erfreuen, mein Herr Graf! In diesem Punkte mich geirrt zu haben.«

Ein andermal hatte Goethe den Onkel um unsere Vaterstadt Königsberg befragt, die ihn um Kants, Hamanns und Hippls willen interessierte, und der Onkel konnte es nicht genug rühmen, wie vortrefflich Goethe durch seine wohlberechneten Fragen die Menschen bei demjenigen festzuhalten gewußt, was er von ihnen zu hören verlangte. Mehr aber noch als diese Mitteilungen überraschte uns die Kunde von des Greises leidenschaftlicher Liebe für Fräulein von Levetzow, die jetzt aller Welt bekannt ist und auch damals wohl den nahestehenden und literarischen Kreisen lange kein Geheimnis mehr gewesen sein wird. Für mich aber, die ich jenen Regionen so fern gelebt und zu ihnen und zu Goethe wie zu dem Olymp und zu Jupiter hinaufgesehen hatte, lag etwas ganz Wunderbares darin, von einem Augenzeugen und obenein von einem meiner Verwandten über Goethes persönliche Verhältnisse sprechen zu hören.

Die eigentliche Saison für Baden-Baden fällt in die Zeit des Hochsommers und des Herbstes, und es war also noch leer in der Stadt und auf den Promenaden. Nur einige vorüberreisende Fremde und eine Anzahl von Personen, die sich dort ansässig gemacht hatten, bildeten die Gesellschaft und kamen fast täglich zusammen. Unter diesen letztern waren Börne und Ludwig Robert die hervorragendsten, und mein Onkel kannte sie beide, obschon sie selbst wenig Verkehr miteinander hielten und auch, wenn sie durch Dritte zusammengeführt wurden, sich nicht hingebend miteinander einließen. Der Onkel stellte uns gleich an diesem ersten Tage beiden Männern vor, die jeder von einer Dame begleitet waren.

Ludwig Robert, Rahel Varnhagens Bruder, war in der Mitte der Fünfziger, sah aber älter aus, weil sein krauses Haar schon ganz grau geworden war. Er bildete einen starken Gegensatz zu seiner großen Beweglichkeit. Ich habe ihn, solange wir in Baden waren, fast täglich gesehen, und es ist mir stets vorgekommen, als ob ihm jenes sichere Selbstvertrauen fehlte, das die eigentliche ruhige Würde bedingt. Er pflegte, wenn er sprach, zunächst seine Frau anzublicken und dann nach den Mienen aller übrigen Anwesenden zu sehen, als müsse er sich des Eindrucks versichern, den seine Reden auf seine Zuhörer machten. Er sprach aber sehr fließend und erzählte viel, wenn er gut aufgelegt war. Das gehörte jedoch zu den Ausnahmen, denn die liberale Aufregung, die sich im Lande überall kundgab, verstimmte ihn und ließ ihn gegen die Freunde der damaligen Bewegung oft so bitter werden, daß seine Frau dann freundlich und vermittelnd eintrat; und ihr mußte es freilich immer gelingen, die Menschen zu versöhnen und zu beruhigen, denn die Schönheit hat eine besänftigende Kraft.

Börne wohnte nicht ferne von uns, im Stephanienbade. Wenn wir aus unserm Hause nach der Stadt gingen, kamen wir bei seiner Wohnung vorüber, wo er häufig mit seiner Freundin, Frau Wohl, und mit deren Gesellschafterin vor der Türe saß. Er war klein und mager, sein Haar auch schon leicht mit Grau gemischt, obschon er noch im besten Alter stand. Das vielverbreitete, nach dem Portrait von Oppenheim gestochene Bildnis Börnes ist ihm vollkommen ähnlich. Ich finde, da ich in diesem Augenblicke, seiner denkend, ein altes Exzerpten- und Notizbuch aufschlage, folgende in jenen Tagen niedergeschriebene Zeilen, die ich hieher setze, weil sie mindestens das Verdienst der Ursprünglichkeit haben.

»Börnes Augen sehen aus, als ob sie nach innen blickten, wie man das an manchen Menschen findet, wenn sie Musik hören, und dazu hat er eine sanfte, wohlklingende Stimme. Ich war recht stolz darauf, als er ein paarmal bei verschiedenen Begegnungen auf der Promenade die andern vorangehen ließ und mit mir allein langsam nachging. Ich sollte ihm von Ostpreußen erzählen und von den Zuständen daselbst, aber ich sollte nicht sagen, was ich darüber gehört oder gelesen hätte, sondern ganz einfach, wie es mir vorgekommen wäre. Auch von dem polnischen Kriege, von der Stimmung in Königsberg in bezug auf Polen und von dem Empfang der Flüchtlinge bei uns und von der sogenannten Emeute bei Fischhausen wollte er hören. Einmal holte er sogar Ludwig Robert herbei, und ich mußte es diesem, der sehr gegen die

Polen und die polnische Revolution eingenommen und im Vergleich zu Börne recht freiheitsfeindlich war, alles noch einmal wiederholen. Börne sagte darauf, als ich geendet und Herr Robert mich noch dies und das gefragt hatte: ›Da hören Sie es! So ist es gewesen und nicht, wie die preußischen Zeitungen es lügen; erst den Russen Brot gebacken und dann die flüchtenden Polen zum Lande hinausgejagt! Das nennen sie in Preußen Neutralität? Und das Mädchen sagt, was es zu Hause erlebt hat, und nicht mehr und nicht weniger.‹«

Abgeschlossenheit und Ruhe waren die charakteristischen Eigenschaften von Börnes äußerer Erscheinung. Er hörte schon damals nicht gut, und es lag dadurch in seinem Gesicht etwas Gespanntes, Lauschendes, ja Lauerndes, wenn andere sprachen, das jedoch schnell aus seinen Mienen entschwand und dem leidenden Ausdruck Platz machte, der in seinem Gesichte vorherrschend war, sobald er selber redete. Seine Kleidung war sehr sauber, man sah, er hielt auf sich, und nur eine lange, große Uhrkette fiel mir an ihm als nicht zu dem Ganzen passend auf. Wir meinten immer, es müsse ein Erbstück oder ein Geschenk von jemand sein, der Börne nicht persönlich gekannt hatte.

So aufgeregt die Stimmung und so leidenschaftlich deshalb die Diskussionen in jenen Tagen, die ganz eigentlich dem Hambacher Feste vorangingen, auch werden mochten, so blieb Börne dabei stets gelassen und ließ jeden gewähren und sich äußern, bis er dann selbst einmal mit irgendeinem schlagenden und entscheidenden Worte dazwischenfuhr. Dann war es rührend zu beobachten, mit welcher freudigen Genugtuung Madame Wohl zu ihm hinüberschaute und mit welcher Freude sie den Eindruck wahrnahm, welchen Börnes aufklärende und entscheidende Weise auf die Hörer ausübte.

Wir waren gegen den zwanzigsten Mai, etwa einen Monat nach unserer Abreise von Königsberg, in Baden-Baden angekommen, und wir hatten kaum einige Personen aus dem Bekanntenkreis meines Onkels kennenlernen, als wir gewahren konnten, wieviel näher wir der politischen Bewegung und Aufregung gekommen waren, deren Entstehen und Anwachsen wir bis dahin in den Zeitungen verfolgt.

Die Namen Wirths und Siebenpfeiffers waren in aller Leute Munde, und die von Siebenpfeiffer und dreiunddreißig andern Bürgern aus Neustadt an der Hardt erlassene Aufforderung zur Begehung eines nationalen Festes auf dem Hambacher Schlosse bei Neustadt, zu dem man nicht nur die Männer, sondern auch die Frauen und Jungfrauen Deutschlands eingeladen hatte, fand eine gesteigerte Teilnahme, seit die Regierung das Fest verboten und es dann doch wieder freigegeben hatte. Bekanntmachungen der Regierung gegen das Fest und Bekanntmachungen der Unternehmer, welche es verteidigten, folgten einander schnell. Ludwig Robert sah den Ausbruch einer unheilvollen Revolution durch diese Festfeier herannahen; und je nach ihren Gesinnungen fürchteten und hofften die Leute von dem Maifeste auf dem Hambacher Schlosse das Außerordentlichste.

Mein Vater mußte seiner Geschäfte wegen nach Neustadt gehen, es war das einer der Punkte, nach denen seine Reise ursprünglich gerichtet war. Es sollte dort eine Weinversteigerung stattfinden, und da der Termin derselben dicht mit dem Hambacher Feste zusammenfiel, beschloß er, demselben beizuwohnen.

Ich hatte großes Verlangen, ihn zu begleiten, und mein Onkel redete ihm zu, mich mit sich zu nehmen; indes der Vater meinte, daß ich ihm bei einer solchen Feier, deren Verlauf nicht vorherzusehen war, unbequem werden könne, und so reiste er ohne mich ab. Auch Börne ging ein paar Tage vor dem Feste nach Neustadt und kam in sehr gehobener Stimmung zurück. Ich stand dabei, als er dem Onkel und einigen anderen Herren von demselben sprach, und als er mich dann bemerkte, sagte er: »Bedanken Sie sich bei mir, ich habe Ihren Herrn Vater, den ich noch gestern gesprochen, bei dem Feste unter meine Protektion genommen. Man war sehr antipreußisch gestimmt, und ich habe gesagt, das sei ein Preuße, den man ruhig als Teilnehmer bei dem Feste lassen könne, das sei kein Spion!«

Es war das ein Scherz, aber nur insoweit, als von meinem Vater die Rede dabei war, denn was die Stimmung gegen Preußen betraf, hatte er die Wahrheit gesprochen. Man warf es ganz mit Rußland zusammen, und ich selber habe es damals in Baden ein paarmal gesehen, daß auf gedruckten Plakaten an öffentlichen Lokalen unter den Worten: »Es wird gebeten, keine Hunde mitzubringen« der schriftliche Zusatz gemacht worden war: »und keine Preußen!« – Solche Plakate wurden dann zwar bald entfernt, indes für die Einigung Deutschlands, die man auf dem Hambacher Schlosse anstrebte, war das nicht eben vielversprechend.

Mein Vater kehrte erst einige Tage später von seiner Geschäftsreise wieder und erzählte uns mit großer Lebhaftigkeit und großer Wärme von dem Feste, dem ersten Volksfeste, das er mitgemacht hatte. Er brachte Siebenpfeiffers Eröffnungsrede, betitelt »Der Deutsche Mai«, und eine Anzahl anderer Drucksachen mit. Es befanden sich darunter die ersten Nummern einer neuen, gleichfalls unter dem Titel »Der Deutsche Mai« erschienenen Zeitung und viele für das Fest gedichtete Lieder. Alles war in leidenschaftlichem Stil gehalten und hatte (die Blätter, die ich zum Andenken unter meinen Reise-Erinnerungen aufbewahrt, liegen, während ich dies schreibe, fahl und vergilbt auf meinem Tische) alle Eigenschaften und alle Mängel der Kundgebungen, welche darauf berechnet sind, den Strom der Empfindung aufzuregen, ohne ihm zugleich das Bette anzuweisen, in welches eingedämmt er zu einer treibenden Kraft zu werden vermag. Wo dies aber fehlt, verläuft die höchste Flut der Begeisterung sich unwirksam und unfruchtbar ins Nichts.

Es waren auf dem Hambacher Schlosse an dreißigtausend Menschen versammelt und der Enthusiasmus groß gewesen. »Ihr deutschen Männer«, so hieß es an dem Schlusse von Siebenpfeiffers Rede, »o lasset uns aller Spaltungen vergessen, alle Marken und Abscheidungen beseitigen; lasset uns nur eine Farbe tragen, damit sie uns stündlich erinnere, was wir sollen und wollen, die Farbe des deutschen Vaterlandes; auf ein Gesetz nur lasset im Geiste uns schwören, auf das heilige Gesetz deutscher Freiheit; auf ein Ziel nur lasset uns blicken, auf das leuchtende Ziel deutscher National-Einheit, deutscher Größe, deutscher Macht: Und wenn einst alle deutschen Männer dieser eine Gedanke voll und lebendig durchdringt, dann, ich schwöre es bei Thuisko, dem Gott der freien Deutschen, dann wird in strahlendster Gestalt sich erheben, wonach wir alle ringen und wozu wir heute den Grundstein legen – ein freies deutsches Vaterland. Es lebe das freie, das einige Deutschland! Hoch leben die Polen, der Deutschen Verbündete! Hoch leben die Franken, der Deutschen Brüder, die unsere Nationalität und Selbständigkeit achten! Hoch lebe jedes Volk, das seine Ketten bricht und mit uns den Bund der Freiheit schwört! Vaterland – Volkshoheit – Völkerbund hoch!«

Alle Welt hatte in Neustadt die deutschen Farben getragen und war dann nach dem Feste heimgegangen, hinter die in allen ersinnlichen andern Farben angestrichenen Grenzpfähle, mit denen die fürstlichen Besitzer der verschiedenen deutschen Vaterländer ihre Territorien gegeneinander einhegen. Es war damals ungefähr ebenso wie jetzt. Freilich ist es nicht mehr Sitte, Thuisko, den Gott der freien Deutschen, heraufzubeschwören; man begnügt sich mit Hermann dem Cherusker, der uns auch gern genug steht, aber man hat dagegen jetzt auch keinen Namen wie den von Ludwig Börne, den jedermann kannte, jedermann hochhielt.

Kaum nach Baden heimgekehrt, erklärte mir mein Vater, als wir uns abends in unsere Stuben zurückgezogen hatten, daß er nach einer Überlegung mit seinem Bruder es beschlossen habe, mich nicht nach Preußen zurückzunehmen, sondern mich bei demselben zurückzulassen. Er müsse seine Reise jetzt sehr beschleunigen, davon würde ich keine Freude mehr haben, der Onkel aber beabsichtige, noch in Baden zu bleiben, werde noch eine Tour durch Deutschland machen, von der ich Genuß erwarten dürfe, und vor allem wünsche er mir den Vorteil zu bereiten, in meines Onkels Hause in Breslau eine Weile zu leben und die übrigen dortigen Verwandten, namentlich die älteste Schwester meines Vaters, meine Tante Simon, kennenzulernen.

Mein Vater reiste in der ersten Woche des Juni von Baden ab, und es hatte in dem Plane des Onkels gelegen, daß wir bis Ende August in Baden bleiben sollten. Indes, wie die Furcht vor der Cholera, von der besonders meine Tante und Großtante ergriffen waren, die Familie einst von Breslau fortgetrieben hatte, so machte das Fortschreiten der Epidemie, die sich mehr und mehr dem westlichen Deutschland näherte, auch unserem Aufenthalt in Baden schnell ein Ende.

Breslau hat auf mich, sooft ich es besuchte, in seinem eigentlichen Kerne niemals den Eindruck einer deutschen Stadt gemacht, und achtzehnhundertzweiunddreißig erschien es mir besonders fremdartig. Es war nicht der Markt, vielleicht der schönste Marktplatz in Deutschland, mit seinem altertümlichen, spitzgiebligen Rathaus, dessen graues Gestein so malerisch von Epheu umzogen ist, es waren auch nicht die alten Kirchen oder die einzelnen zum Teil sehr alten Häuser, die mir auffielen und als nicht deutsch erschienen, sondern ein gewisses, mir selbst unerklärliches Etwas in der Physiognomie der Stadt, von dem ich mir sagte, das sei polnisch, ohne daß ich bis dahin jemals eine polnische Stadt gesehen hatte. Es war vollkommen anders als das kleinstädtische und unschöne Königsberg und auch vollkommen anders als Berlin und alle die andern Orte, durch die wir gekommen waren. Am meisten gemahnte es mich an Leipzig, aber auch dieses hatte jenen polnischen Anstrich für mein Auge gehabt.

Wie in vielen alten Städten haben die einzelnen Häuser in Breslau Schilder und Embleme, von denen sie ihren Namen führen. Damals hatte die Familie meines Onkels den sehr weitläufigen ersten Stock der »Drei Mohren« an der Ecke des Blücherplatzes inne, und kaum waren wir vor dem altertümlichen Portal des Hauses vorgefahren, als die Familie sich auch schon von einer ganzen Menge von Verwandten und Bekannten begrüßt fand.

Der älteste Onkel Lewald, mein Onkel Simon mit der ältesten Tochter, verschiedene Vetter meiner Tante Lewald von ihrer väterlichen Seite, der Hausarzt und die Hausfreunde und der alte Kutscher mit seiner Frau und die Dienerschaft des Hauses und noch dieser und jener waren herbeigekommen, uns zu erwarten. Fragen, Erzählungen, Bestellungen wirrten durcheinander. Ich wurde meinen Verwandten vorgestellt, es kamen allmählich noch andere weibliche Familienmitglieder herbei, der Unruhe wurde immer mehr, das Auspacken der notwendigen Dinge begann inzwischen auch, und als ich mich in dem Eßzimmer, das noch am ruhigsten war, auf einen Fenstertritt setzte, um auszuruhen, schlief ich in demselben Augenblicke ein, um kurz darauf unter dem Lachen meiner Onkel sehr beschämt zu erwachen. Man sagte mir, da ich nun wohl ausgeschlafen hätte, müsse ich noch heute, und zwar jetzt gleich, mit meinem Onkel Simon zu der Tante hinausgehen, da diese mich zu sehen wünsche und ihr Haus nicht gerne verlasse.

Tante Minna, wie mein Vater die Tante bezeichnete, wenn er von ihr sprach, war die Älteste der Geschwister und wurde von allen ebensosehr geliebt als – und dies selbst von den Brüdern – mit einer unverkennbaren Unterordnung unter sie verehrt. Sie und ihr Haus waren das Ideal meiner beiden väterlichen Tanten; die Großtante selbst sprach von »Minna« mit einem ganz andern Tone als von allen andern Menschen, und es waren eben auch Tante Minna und die Ihren gewesen, deren Bekanntschaft der Vater mir in Aussicht gestellt hatte, als er mich mit dem Gedanken an eine lange Entfernung von Hause hatte aussöhnen wollen.

Das Konradsche Haus lag in einem großen, schattigen Garten, und mir klopfte das Herz, als wir in das Tor desselben eintraten, als meine Cousinen uns vom Hause her entgegenkamen und ich die Tante aus der Gartenstube hervortreten und, da sie äußerst kurzsichtig war, mit der Lorgnette nach uns ausschauen sah. Sie stieg, da sie uns gewahrte, die Treppe hinunter, und als sie vorwärts schritt, bemerkte ich, daß sie ein wenig hinkte, aber da ihr Gang schnell und für ihr Alter ungewöhnlich leicht war, so fiel jene Schwäche, die ihr durch die Blattern zugekommen war, durchaus nicht unangenehm an ihr auf.

Sie umarmte ihren Bruder, umarmte mich darnach und sagte mit sehr sanfter Stimme, während sie die Augen leise zusammenzog, um mich deutlicher zu sehen: »Sei willkommen, Kind! Du bist deinem Vater recht ähnlich!« – Ich war von ihrem Anblick, von ihrer Stimme, von ihren wenigen Worten gerührt und gewonnen. Ich küßte ihr die Hand und war ihr durch jenen selten täuschenden Zug der Sympathie schon im ersten Augenblicke von Herzen ergeben, ehe ich noch ahnen konnte, wie sehr ich sie lieben und welch großen Einfluß sie auf mich gewinnen würde.

Sie war eine ganz und gar ernsthafte Frau, und es gibt gar wenige unseres Geschlechtes, auf welche diese Bezeichnung anzuwenden ist. Alle jene kleinen Neigungen, in denen die Mehrzahl der Frauen sich gehen läßt, alle die Schwächen und Schwachheiten, die sie als besondere Eigenschaften des Geschlechtes, alle jene Torheiten, die sie als Niedlichkeiten in sich hegen und pflegen, waren ihr durchaus fremd. Sie liebte den Putz nicht, obschon sie immer von größter Sauberkeit in ihrer ganzen Erscheinung war. Sie hatte gar kein Bedürfnis nach Zerstreuung, weil ihre innere Sammlung sie befriedigte, sie sehnte sich nach keinen Reisen, weil ihr Haus ihr die Welt ersetzte, sie hielt fast gar keinen Verkehr mit Fremden, weil sie sich in ihren Kindern eine ihr vollkommen zusagende und sie geistig erfrischende Gesellschaft erzogen hatte, und diese Art zu sein macht es erklärlich, daß oft Monate vergingen, ohne daß sie auch nur für ein paar Stunden ihr Haus verließ. Im Sommer, wenn man eine Gartenwohnung bezogen oder sich nach einem der schlesischen Badeorte begeben hatte, spazierte sie, da sie die Natur sehr liebte, in ihrem Garten und konnte dann lange und liebevoll einem Vögelchen oder einem Käfer zusehen und sich mit großer Freude gerade in die Betrachtung der kleinsten, unscheinbarsten Grasblüten versenken. Winters ging sie im Dämmerlicht alltäglich in ihrem Zimmer auf und nieder, um sich Bewegung zu machen, und es war dann ein Genuß für uns alle, ihre sanfte Stimme mit uns plaudern und, wenn sie heiter war, ihr ebenso sanftes Lachen zu hören. Aber ihre Abgeschlossenheit war keine egoistische, denn sie war hilfreich und teilnehmend, wo man sie in Anspruch nahm, ohne sich aus müßiger Geschäftigkeit zum Helfen und Teilnehmen unberufen anzubieten, und obschon oder vielmehr weil sie keine Art von Neugier für das Individuelle besaß, hatte sie das Auge und den Sinn stets in ungewöhnlicher Weise für das Allgemeine offen.

Aus der Besorgnis, daß die Liebe für ihre Kinder sie dazu verleiten könne, sich denselben so ausschließlich hinzugeben, daß sie in ihrer eigenen Entwicklung dadurch zurückgebracht und nicht befähigt werden könne, dieselben würdig zu erziehen, hatte sie sich schon in den ersten Jahren ihrer Ehe das Gesetz gemacht, täglich eine oder zwei Stunden ganz ausschließlich für sich selbst und zur Lektüre anzuwenden, und dies Gesetz hatte sie pünktlich aufrecht gehalten. Jeden Nachmittag zog sie sich in ihre Stube zurück, um Ruhe zu haben, und man kann auf solche Weise viel in sich aufnehmen und viel in sich verarbeiten, wenn man sich mit seiner Lektüre an das Große und Bedeutende hält, wie sie es tat. Sie war stets mit den neuesten Werken der Literatur bekannt, sie nahm lebhaften Anteil an den Kultur- und Staatsverhältnissen Europas, und niemand konnte die Fortschritte und die Erfolge, welche die gesunde Vernunft über das Vorurteil, die Freiheit über die Unterdrückung auf irgendeinem Gebiete davontrugen, mit größerer Genugtuung gewahren als sie.

Von den sechs Kindern, zwei Söhnen und vier Töchtern, war die zweite Tochter in Breslau an einen geistvollen jungen Advokaten, Justizrat Gräff, verheiratet, der zweite Sohn als Beamter auswärts angestellt. Der älteste Sohn hingegen, der nachmals in der politischen Entwicklung Deutschlands vielfach beteiligte Heinrich Simon, lebte in jener Zeit noch im väterlichen Hause und bereitete sich bei dem Breslauer Oberlandsgericht für das Assessor-Examen vor.

Man hatte mir von diesem meinem Vetter Heinrich auf der Reise, in den vielen Tagen, die man plaudernd im Wagen zuzubringen hatte, schon viel erzählt. Onkel Lewald nannte ihn einen sehr braven und tüchtigen Menschen, die Frauen in der Familie rühmten seine äußere Erscheinung, seinen Geist, seine Liebenswürdigkeit und umgaben ihn in ihren Schilderungen immer mit einem gewissen romantischen Schimmer, der für mich durch ein trauriges Ereignis in seinem Leben noch gesteigert worden war.

Heinrich Simon war, kaum dreiundzwanzig Jahre alt, in Brandenburg an der Havel zu einem Duell genötigt worden, bei welchem er das Unglück gehabt hatte, seinen Gegner, einen Referendarius Bode, zu erschießen. Er hatte sich darnach den Gerichten gleich selbst gestellt und war nach einer längeren Untersuchungshaft in Brandenburg zu einer vieljährigen Gefängnisstrafe verurteilt worden, zu deren Abbüßung man ihn auf die Festung Glogau geschickt. Ich glaube, irgendeine allgemeine Amnestie hatte ihn befreit, ehe die Strafe völlig verbüßt war, und als ich in Breslau eintraf, befand er sich schon wieder längere Zeit in der Mitte seiner Familie.

Die Zeit war bewegt, die deutschen Zeitungen und Journale brachten täglich Anregendes und Aufregendes und waren ebenso wie die »Revue de Paris« und die »Revue des deux mondes« stets bei der Hand. Politik, Literatur, soziale und religiöse Fragen wurden mit voller Freiheit durchgesprochen, und weil ich ernsthaft war und wirklich verstehen lernen wollte, wovon man sprach und um was es sich handelte, so vergaß man es leicht, daß ich ein junges Mädchen war, und verfolgte die Diskussion bis zu ihren letzten Konsequenzen.

Man befand sich damals an einem jener Zeitpunkte, in

welchen das Leben der Völker und damit auch das Leben des einzelnen in einen schnellern und lebhaftern Fluß gekommen zu sein scheinen. In Frankreich war die romantische Schule mit all ihren glänzenden und leidenschaftlichen Übertreibungen, mit ihren bizarren, aber doch geistreichen Kompositionen aufgetreten und hatte für den Augenblick selbst die Ruhigen und Besonnenen mit sich fortgerissen. Victor Hugo, Balzac, Lamartine, George Sand, Janin, Dumas, Eugène Sue, Alphonse Karr, Émile Souvestre waren von gewaltiger Wirkung auf alle diejenigen, welche sich bisher mehr oder weniger fest und ausschließlich an die klassischen Vorbilder der deutschen Literatur gehalten hatten. Es wurde durch jene Schriften ein Einblick in die Zustände und Sitten der französischen Gesellschaft gewährt, der von Rechts wegen hätte abstoßen und erschrecken müssen. Weil aber das geistige Leben in Deutschland sich unter dem Druck der staatlichen Verhältnisse nicht frei entfalten konnte, weil ihm der rechte Gehalt und den Männern ein rechtes Feld für die Entwicklung ihrer Kraft gebrach, so geschah es, daß man in der fremden Literatur Maßlosigkeit für Kraft, Zügellosigkeit für Freiheit, Verwirrung der sittlichen Begriffe und alle Fehler und Verbrechen, welche aus derselben entspringen, für die Berechtigung des Individuums halten konnte.

Abgesehen aber von dem Überreizten in den Kompositionen und von dem rein sachlichen Interesse, das sie dem Leser einflößten, fanden sich in den meisten jener Werke eine Menge tiefsinniger Gedanken und feine psychologische Beobachtungen, und die Sprache war zu gleicher Zeit so schmiegsam und so gewaltig, so zärtlich und so feurig geworden, daß jene Werke berauschend und blendend wirken mußten.

In Deutschland war ebenfalls ein neues Geschlecht in der Literatur herangereift. Heines »Reisebilder« und »Französische Zustände«, Börnes »Mitteilungen aus Paris« vermittelten das Französische mit dem Deutschen und trugen das

Verlangen nach freier Betätigung des einzelnen in dem Staate, nach freier Selbstbestimmung in den persönlichen Verhältnissen nur noch lebhafter nach Deutschland hinüber. Gutzkow, Laube, Theodor Mundt, Gustav Kühne und Wienbarg sprachen eine Sprache, welche man in Deutschland noch nicht gehört hatte. Und wie wir und einzelne dieser Männer selbst jetzt auch über ihre ersten Kompositionen denken und hinausgewachsen sein mögen, wir alle, die wir damals jung waren wie sie selbst, wir müssen, wenn wir ehrlich Zeugnis geben wollen, es, wenn vielleicht auch mit Widerstreben, eingestehen, daß wir alle jene Jugendwerke des sogenannten Jungen Deutschland in Bausch und Bogen mit Überraschung und mit großer Zustimmung begrüßten und daß selbst reifere Menschen, als das Junge Deutschland und seine jungen Leser es damals waren, die bewegende und vorwärtsbringende Kraft in den jungen Weltstürmern nicht verkannten, wenn schon sie weit davon waren, die Grundsätze und das phraseologische Gebaren derselben gutzuheißen und zu bewundern, wie wir andern es taten.

Ich habe noch einen Band Exzerpte aus jener Zeit, der mir die Erinnerung an meinen damaligen Zustand lebhaft in das Gedächtnis ruft.

Es macht mir dabei einen seltsamen Eindruck, an jenen Exzerpten zu ersehen, aus welch kleinen vereinzelten Bruchstücken sich mein Wissen und meine Einsicht gebildet, aus wie vielen unscheinbaren und von den verschiedensten Ecken und Enden mühsam herbeigeholten Stiftehen sich mein Lebensmosaik zusammengesetzt und zu einem selbständigen Ganzen abgerundet hat; und es drängt sich mir das alte Bedauern darüber auf, daß man den Frauen auch heute noch jene gründliche wissenschaftliche Schulbildung, jene Erziehung für ihren Beruf versagt, welche man für die Männer aller Stände und Berufstätigkeiten mehr oder weniger als eine unerläßliche Notwendigkeit betrachtet.

Wäre es nicht so überaus ernsthaft, so könnte man die Zuversicht sehr komisch finden, mit welcher die Männer die

Aussicht ihres Hauses, die teilweise Vertretung ihrer Stellung in der Gesellschaft, die teilweise Verwaltung ihres Erwerbes, die Pflege und Erziehung ihrer Kinder und endlich ihr eigenes Glück und ihre Ehre in die Hände von jungen Personen legen, welche für alle diese wichtigen, ja für diese höchsten Leistungen durch nichts befähigt sind als etwa durch ihren guten Willen und den meist sehr blinden Glauben verliebter Männer an den Wert des Mädchens, das ihnen wohlgefällt.

Man nimmt keinen Dienstboten in sein Haus, ohne zu wissen, ob er die dazu nötige Vorbereitung erhalten habe, man verlangt von jedem Lehrling, mag er Handarbeiter oder ein Lehrling auf geistigem Gebiete sein, eine mehrjährige Studienzeit, man erkennt niemand als Meister an, man vertraut keinem Lehrer, keinem Baumeister, keinem Tischler und keinem Professor oder Rat ein Amt an, ohne sich von seiner Tauglichkeit überzeugt zu haben, und man überantwortet die höchste Aufgabe des Lebens, die Gründung und Leitung der Familie, die Erziehung des Menschen, in der Regel den jungen unerfahrenen Geschöpfen, denen man grundsätzlich die Möglichkeit verweigert hat, sich für ihren Beruf gebührend vorzubereiten; ja, man schien offenbar der Ansicht zu sein, daß allein die Frauen untauglich gemacht werden, ihre Pflichten zu erfüllen, wenn man ihnen jene Kenntnisse systematisch zukommen läßt, deren Besitz fast jeder Mann ausdrücklich nachweisen muß, um zu der Ausübung irgendeines geistigen Berufs zugelassen zu werden.

Dies ist eine Geringschätzung der Frauen, ein völliges Verkennen ihrer Stellung und Aufgabe innerhalb der menschlichen Gesellschaft, von welcher dafür später auch niemand schwerer zu leiden hat als diejenigen, welche sich dieser Sünde gegen die Frauen und gegen das menschliche Geschlecht schuldig machen. Die Zahl der wahrhaft glücklichen Ehen, die Zahl der Frauen und Mütter, welche imstande sind, ihren Männern und Kindern im wahren Sinne des Wortes eine Stütze zu sein, ist daher überall, auch bei uns in Deutschland, weit geringer, als man es sich eingesteht, ja überaus gering; und es ist sehr häufig weder Glück noch Gedeihen zu finden in einer Masse jener Ehen, in welchen Mann und Frau nur deshalb friedlich nebeneinander leben, weil der Mann sich, im richtigen Gefühl seines Verschuldens, bescheidet, von seiner Frau nicht zu fordern, was sie nicht leisten kann; weil er sich beschieden hat, nicht mehr zu erwarten, daß ein unreifes, weder durch wirkliche Kenntnisse und durch Einsicht in die Verhältnisse der Menschen und des Lebens auf die Ehe vorbereitetes Geschöpf nicht dadurch reif geworden ist und Urteil gewonnen hat, daß sich ein Mann gefunden, der es zu seinem Weibe machte.

Was von den eigentlichen Kenntnissen gilt, das gilt natürlich in den meisten Fällen auch von der Lektüre der Mädchen, die wenigstens für die geistige Entwicklung und für das Heranwachsen derselben etwas leisten und ihnen den Weg bahnen könnte, sehen, denken und urteilen zu lernen. Aber auch mit dieser war es und ist es jetzt fast noch mehr als früher schlecht bestellt; denn es gehört zu den abergläubischen Axiomen der gewöhnlichen Erziehung, daß jene Unschuld, welche im Nichtwissen besteht und welche die ersten Stunden der Ehe zerstört, die eigentliche Seelenschönheit des Mädchens und seinen höchsten Reiz ausmache und daß daher jede Lektüre zu vermeiden sei, welche dieses Kleinod des Nichtwissens antasten könnte.

»Meine Tochter ist noch ein völliges Kind!« das habe ich unzählige Male von Müttern als ein Lob der Tochter aussprechen hören, der man so bald als möglich einen Mann zu geben wünschte oder auf welche vielleicht eben die Wahl eines Mannes gefallen war. Auch die Männer selbst haben mir rühmend gesagt: »Meine Braut, meine Frau ist noch ein völliges Kind!«, und es ist mir dann immer förmlich angst geworden über eine solche Verblendung. Welche Früchte solche Unschuld und Unkenntnis tragen, davon hat wohl jeder Beispiele genug erlebt, und es wäre wirklich an der Zeit, daß man sich dazu erhöbe, von einem Weibe beim Antritt seiner Ehe neben der Reinheit des Sinnes, die jeder Mensch, so Mann als Weib, in sich zu wahren hat, auch einen gesunden und gereiften Verstand und jene ernste Entwicklung zu verlangen, ohne die keine wahre Selbstverleugnung und keine nachhaltige Einwirkung auf das Wohlgedeihen der Familie möglich ist. Man hat kein Recht, große Charaktere und Vaterlandsliebe, große Gesinnung und Mannesmut von einem Geschlechte zu verlangen, das zum großen Teil von kindischen Frauen, von unreifen Müttern erzogen worden ist.

Es ist, um gar keinem Zweifel über meine Forderung Raum zu lassen, es ist die Emanzipation der Frau, die ich für uns begehre; jene Emanzipation, die ich für mich selbst erstrebt und errungen habe, die Emanzipation zur Arbeit, zu ernster Arbeit. Und es ist der Arbeit außerhalb und mehr noch innerhalb der Familie überall vollauf für die Frau vorhanden, wenn man sie nur fähig macht, zu begreifen, worin dieselbe besteht, und zu leisten, was sie als ihre Aufgabe erkannt hat. Aber davon später mehr.

Ich fühlte mich sehr wohl in dem Hause meines Onkels. Er und seine Frau hatten große Freude an mir und ließen mich gewähren. Was die Tante und Großtante hie und da an mir zu tadeln fanden, wurde mir freundlich verwiesen, und da die Töchter des Hauses noch halbe Kinder und ich das einzige junge Mädchen in dem Kreise war, so wurde mir von den Männern, welche das Haus besuchten, viel Achtsamkeit und Freundlichkeit zuteil. Mein Selbstgefühl erstarkte daran, und ich kam mir bald mit meinem täglichen Zuwachs an literarischer Kenntnis so reich vor, daß ich wie ein echter Emporkömmling beständig mit den Goldstücken klimperte, welche in meiner Tasche zu haben mir noch neu war. Mein glückliches Gedächtnis eignete sich alles Gelesene ohne Mühe an, ich hatte Zitate im Überfluß im Kopfe, ich kombinierte schnell, und da einer von den Hausfreunden sich in unaufhörlichen Zitaten gefiel und ein anderer gern mit Witzworten um sich warf, so machte ich beides nach besten Kräften nach und genoß dabei weniger ein eigentliches Wohlgefallen an mir selbst als das unbeschreibliche Vergnügen, tun und sagen zu können, was ich wollte. Ich war wie ein in strenger Zucht aufgewachsener Schüler, der bei dem Übergange auf die Universität in der Übertreibung seine Freiheit dartun zu müssen meint.

Indes, wie es zu gehen pflegt, ich wurde es bald müde, meine Freiheit in Übertreibungen und durch ein geschmackloses Beweisen meines Geistes zu genießen. Es lag auch im Grunde gar nicht in meiner Natur, und wäre mir meine eigene Vernunft nicht zu Hilfe gekommen, so würden das Leben im Hause meiner ältesten Tante und der Sinn, welcher in demselben herrschte, mich wohl allmählich wieder auf das rechte Maß zurückgebracht haben.

Die Gesellschaft meiner Cousinen und meines Cousins stand mir durch ihr Alter und ihre Erziehung, durch die Art ihrer Bildung näher als der Kreis von Männern, in dem ich mich im Haus meines Onkels bewegte. Das streng disziplinierte Familienleben sprach mich vertraut an, und bald hatte sich zwischen mir und meinen Cousinen eine Zuneigung entwickelt, die uns durch viele Jahre eng verband. Mehr aber noch als meine Cousinen gewannen meine Tante und vor allem mein Vetter Heinrich meine Liebe und Einfluß auf mich und meine ganze Zukunft.

Von dem ersten Tage, an welchem ich ihn gesehen, hatte er mich innerlich beschäftigt. Er war damals nahezu siebenundzwanzig Jahre alt, wie schon gesagt, einer der schönsten jungen Männer, die ich gekannt habe. Seine hohe, kräftige Gestalt und seine Haltung hatten einen großen Adel. Die Gesichtsbildung, die in spätern Jahren die auffallendste Ähnlichkeit mit dem Moseskopf von Michelangelo, dem Idealbilde des jüdischen Typus, zeigte, hatte damals bei aller Kraft der Formen doch etwas Leidendes. Über der schönen Stirne, die von einer Fülle schwarzen, lockigen Haares umgeben war, lag ein tiefer Zug von Schwermut, der jedoch einem Ausdruck von leuchtender Klarheit weichen konnte, wenn er heiter und frohen Mutes war; und noch in seinem Mannesalter riß er alles zum Frohsinn mit sich fort, wenn sein Gesicht heiter war und sein silberhelles Lachen ertönte. Er war ein Meister in allen männlichen Übungen, ein guter Turner, ein guter Reiter, ein guter Schütze und vortrefflicher Schwimmer. Seine jungen Kollegen und seine Vorgesetzten nannten ihn einen tüchtigen Juristen und unermüdlichen Arbeiter, seine Freunde einen treuen Freund, seine Schwestern liebten ihn mit einer Art von Stolz, und seinen Eltern und seinem Bruder war er offenbar das Licht ihrer Tage.

Sein Sinn war aber entschieden ernsthaft und sein Denken groß und weitreichend. Er hatte viel gelesen, viel gelernt und war damals in dem ganzen Kreise beinahe der einzige, auf welchen das Blendende der damaligen literarischen Neuigkeiten keinen Eindruck machte. Er brauchte gelegentlich einen Heineschen Vers als Zitat, »weil es bequem war, wie auch die unsaubere und abgegriffene Scheidenmünze gelegentlich bequem sein kann«, aber er verachtete Heines Zynismus und verachtete ihn selbst, weil es ihm »mit dem Heiligsten nicht ernst sei«. Das letztere machte er auch gegen viele der andern Schriftsteller geltend, für die ich eingenommen war. »Sie tun nur so!« pflegte er zu sagen, oder: »Sie würden sich wohl hüten, im Leben zu betätigen, was sie in ihren Büchern behaupten; ich fühl's ihnen überall an, sie sind nicht aus einem Stück.« Damals kam mir das Urteil hart vor, später hatte ich manche Gelegenheit, zu erkennen, wie richtig er gesehen und geurteilt hatte.

Er selbst war dafür ganz aus einem Gusse, eine in sich beruhende Natur, die bewußt und unbewußt daran arbeitete, sich selbst zu vollenden. Er trug ein Ideal von Mannestüchtigkeit und Manneswürde in der Seele, dem er nachstrebte, und hatte eine Begeisterung für das Schöne, die ihn danach trachten ließ, sich selber zu einem in Schönheit lebenden Menschen zu erziehen. Dabei war ihm eine Art von Phantastik und Romantik eigentümlich, die sich auch in seiner Vorliebe für Jean Paul und Byron kundgab und ihn daneben einen großen Reiz in feingeplanten Scherzen und Mystifikationen finden ließ, die er, wenn seine Seele frei war, mit jugendlichem Übermut gegen uns alle auszuführen liebte und deren ich anfangs alle Arten zu erleiden hatte.

Der Verkehr zwischen mir und ihm war schon nach einigen Tagen der heiterste von der Welt. Wir kamen aneinander wie ein paar gute Kameraden, die miteinander zu ringen lieben, weil sie sich einander gewachsen glauben. Einer forderte den andern heraus, und jeder nahm die Ausforderung an. Die nahe Verwandtschaft enthob uns manches Zwanges; wir neckten einander von früh bis spät, man hatte in der Familie seinen Spaß daran, und selbst meine Tante fand sich dadurch häufig belustigt.

Bei all der Heiterkeit und all den Scherzen lernte ich es allmählich einsehen, daß mein Vetter nicht immer so hingebend und aufgeschlossen war. Er war vielmehr ungewöhnlich zurückhaltend im Verkehr mit Fremden, die übermütig spielende Laune machte augenblicklich einem scharf zusammengefaßten Ernste Platz, sobald eine Unterhaltung mit Männern seine Teilnahme erregte. Sein Scharfsinn und seine unbestechliche Wahrheitsliebe traten bei allen Fragen, welche man erörterte, schlagend hervor; und wie er nachgiebig im engeren Verkehr war, wo es sich nur um seine Wünsche oder Interessen handelte, so konnte er bis auf das Äußerste seine Meinung verfechten, und man war sicher, ihn starr und unbeugsam zu finden, sobald es einem Grundsatz oder einer Idee galt, die aufrechtzuerhalten ihm eine Sache der Überzeugung war. Er hatte von Natur, um es mit wenigen Worten zu sagen, einen ernsten, strengen Geist und ein fröhliches, liebevolles Herz.

Mitten in seinen heitern Stunden aber überkam ihn zuzeiten und ohne daß man bisweilen ergründen konnte, weshalb eben jetzt, eine plötzliche Niedergeschlagenheit. Er konnte, wenn wir eben ganz fröhlich beisammen gewesen waren, in Nachdenken versinken, es schwand dann alle Lebhaftigkeit aus seinen Mienen, und er ging unter irgendeinem Vorwande davon, um nach ein paar Stunden, still und ernst, aus seinem Arbeitszimmer wieder zu uns zurückzukehren.

Eines Abends, als die Tage gegen den Herbst hin schon kürzer waren, gingen mein Cousin und ich aus dem Garten hinaus, eine Strecke in das Freie spazieren. Der Tag war schon hinunter, es fing zu dunkeln an, und die Luft war, wie man das im September noch häufig findet, sehr schwül und drükkend, so daß wir plaudernd immer weiter vorwärts schritten, in der Hoffnung, irgendwo auf einen Punkt zu kommen, wo wir einen frischen Luftzug fänden. Wir sprachen mit behaglichem Gleichmut von lauter heitern Dingen, als plötzlich der Ton eines fallenden Schusses an unser Ohr schlug und Heinrich zusammenzuckte. Er führte das Gespräch noch einen Augenblick, aber sichtlich anteillos fort, verstummte danach und sagte nach einem kurzen Schweigen: »Hast du einmal gesehen, wie ein Schuß tötet?« – Ich antwortete nicht. Der gepreßte Ton seiner sonst so klangvollen Stimme schnürte mir das Herz zusammen. »Es ist merkwürdig genug!« fuhr er fort. »Ein Mensch in der Fülle seiner Kraft steht dir gegenüber, du hältst das elende tote Mordinstrument in der Hand, ein kleiner Druck, ein kaum sichtbares Aufblitzen, und ein Mensch mit all seinen Hoffnungen, mit all seinen Kräften liegt vernichtet vor deinen Füßen.« –

Ich wußte nicht, was ich sagen sollte. Ich hätte ihn gern trösten mögen, aber ich fand das Duell ebenso abscheulich als er. Ich konnte nichts tun als still weinen, es tat mir so unbeschreiblich wehe, ihn unglücklich zu sehen, und ich bewunderte die Selbstbeherrschung, mit welcher er sich in der Familie und namentlich der Mutter gegenüber bewegte. Wir wendeten bald darauf um, und ohne weiter ein Wort zu wechseln, langten wir vor dem Garten an. Als wir uns dem Haus näherten, drückte er mir die Hand und bat: »Sprich nicht davon gegen die Mutter, und vergib, daß ich dir den Spaziergang verdorben habe.«

Von dem Abende an begann ich, um ihn zu sorgen, und

was wir sorgend beobachten, das wächst uns in das Herz. Ich freute mich, daß meine Gesellschaft ihm lieb war, ihn zerstreute. Ich glaube, auch die Tante gewann mich dadurch lieber, und ich zog auf ihren und ihrer Kinder Wunsch, ehe sie den Garten verließen, noch für ein paar Wochen ganz zu ihnen hinaus.

Meine Cousinen und ich faßten eine große Zärtlichkeit füreinander, und die ganze Familie liebte mich, wie ich sie liebte. Zum ersten Male in meinem Leben genoß ich das Glück, mich gegen eine Frau, die ich von ganzer Seele verehrte, frei und offen aussprechen zu können. Meiner Mutter und auch meinem Vater gegenüber war das eine Unmöglichkeit für mich gewesen. Vor der Tante konnte ich mein Verlangen nach einer umfassenden Bildung kundgeben, ohne ihr selbst damit wie meiner Mutter zu nahe zu treten oder sie zu verletzen; vor der Tante konnte ich von meinem Verlangen nach Unabhängigkeit, von meiner Lust, die Welt und die Menschen kennenzulernen, reden, vor ihr konnte ich, ohne dafür Zurechtweisungen zu befürchten, es aussprechen, daß eine nur um der Versorgung willen geschlossene Ehe mir als Erniedrigung der Ehe und als eine Unsittlichkeit erscheine, zu welcher ich mich niemals hergeben würde. Ihr erzählte ich von meiner Neigung für Leopold, und sie hörte mich ruhig an. Sie wußte es sicherlich besser als ich, wie nahe ich daran war, dieser blöden ersten Liebe für immer zu vergessen. Ich gewann in meiner Tante eine Mutter und hatte in ihrem Hause durch eine lange Reihe von Jahren meine zweite Heimat.

Alle Seiten meines Wesens fanden ihre Befriedigung in diesem Teile meiner Familie. So hoch mein Vater die deutsche Literatur schätzte, so sehr er die Schönheit und Erhabenheit der Dichtkunst und ihrer Werke empfand und soviel Herz und Gefühl meine beiden Eltern besaßen, so war der Geist in meinem Vaterhause doch vorwiegend strenger, weil das ganze Tun und Treiben fortwährend dem Urteil der Vernunft unterworfen wurde. In meines Vaters Gegenwart etwas zu sagen oder zu tun, was irgendwie an Übertreibung oder an Phantastik grenzte, wäre mir, und ich glaube, uns allen, nicht möglich gewesen. Wer sich aber in der Jugend niemals ganz gehenläßt, wer sich nicht frei und sorglos dem Reize einer augenblicklichen Stimmung überläßt, wer sich nicht die Freiheit zuerkennt, auch einmal etwas Unüberlegtes zu tun, der bleibt ewig am eigenen Gängelbande, der verliert die Fähigkeit des Aufschwunges und büßt damit einen großen Teil seiner Ursprünglichkeit und seiner Glücksfähigkeit ein.

Ich konnte mich anfangs gar nicht darinfinden, als ich es gewahrte, daß und wie sehr ich meinen Vetter liebte. Mit der Naivität der Jugend hatte ich die Lehre von der einen Liebe, welche das ganze Herz und das Leben ausfüllen sollte, als einen Glaubensartikel angenommen und stand nun vor mir selber wie vor einem Wunder da. Ich war überrascht, froh und stolz und auch sehr glücklich. Weil mir als halbes Kind eine schöne Liebe zuteil geworden war, ohne daß ich sie ersehnt, meinte ich, es könne mir nicht fehlen, geliebt zu werden, wo ich liebte; und weit entfernt, die erste schüchterne Jugendliebe als die schönste Blüte unserer Natur zu erkennen, kam mir alles, was ich in der Vergangenheit empfunden hatte, matt und blaß vor gegen das starke, freudige Gefühl, das mich durchglühte. Es sind auch armselige Naturen, deren Liebeskraft sich in einer Jugendliebe ein für allemal erschöpft, armselig und schwach und krank wie ein Baum, der nur einmal Blüten und niemals Früchte tragen könnte.

Wir sahen einander fast täglich und doch nicht so viel, daß die Entbehrung seiner Nähe mir es nicht zu einer Freude gemacht hätte, ihn immer wiederzusehen.

Wir waren im Alter nur durch sechs Jahre getrennt, hatten ähnliche Bildungsgrundlagen und Freude einer an des andern Wesen. Dazu fanden wir uns in der hingebenden Liebe für die Mutter zusammen und waren doch wieder verschieden genug voneinander, um durch die Gegensätze einen Anreiz zu ihrer Ausgleichung zu erhalten.

Heinrich Simon war mit siebenundzwanzig Jahren natürlich noch nicht der Mann, der später im Jahre achtzehnhundertneunundvierzig mit dem festen Bewußtsein, sich einer für den Augenblick verlorenen Sache zu opfern, die auf ihn gefallene Wahl zur Reichsregentschaft annahm, weil auszuharren in Überzeugungstreue ihm ein Bedürfnis geworden war; aber es lag schon damals etwas Mächtiges in seinem Wesen, das ich fühlte und das mich beherrschte.

Wie sehr ich an ihm hing, das wußte er sicherlich selbst bald, und er hätte kein Mann sein müssen, hätte ihn das nicht anziehen sollen. Ob er sich in jenem Winter jemals gefragt hat, was er für mich empfände, weiß ich nicht. Er hatte mich lieb, wie die Seinen mich liebten, er hatte Zutrauen zu der Kraft meiner Natur wie ich zu der seinen, und er und seine Mutter hatten eine Ahnung davon, daß in mir wohl mehr vorhanden sei, als sich bis dahin entwickelt und betätigt hatte.

»Ich würde, wenn ich dein Vater wäre«, sagte meine Tante einmal zu mir, »dich täglich schreiben lassen.« – »Ja, was denn?« fragte ich. »Was du wolltest. Dir ist es offenbar ein angeborenes Bedürfnis, dich mitzuteilen, und du wirst dir, das habe ich oft gesehen, in der Mitteilung selbst viel klarer.« – »Ich spreche dir wohl zuviel?« fragte ich noch einmal. – Sie lächelte. – »Ich meine nur«, entgegnete sie, »du sagst doch nicht alles, was du denkst, und beim Schreiben würdest du ruhiger und tiefer nachdenken können als beim Sprechen und also noch mehr Vorteil davon haben.«

Ein andermal sagte mein Vetter: »Ich glaube, du wirst im Leben viel zu leiden haben, denn mir kommt vor, als könntest du standhaft ertragen, und solchen Naturen schenkt's das Schicksal nicht. Ich möchte wohl wissen, was aus dir noch einmal werden wird? Ewig Tapisserie nähen und Strümpfe stopfen wirst du gewiß nicht.« – »Ich versichere dich, daß dies auch keineswegs mein Verlangen, sondern nur mein Los ist!« versetzte ich. – »Hast du nie Verse gemacht oder sonst gedichtet?« fragte er. – Ich nannte diese Frage lächerlich, und damals war meine Seele auch wirklich auf nichts weniger gestellt als auf ihre Betätigung durch die Poesie.

Der Herbst, der Winter gingen hin, ich wußte nicht wie. Ich merkte auch kaum, daß mein ganzes Wesen sich entwikkelte. Nur wenn ich die Briefe meiner Geschwister erhielt, fand ich, daß ich um mehr als die Monate, welche mich von ihnen trennten, älter, daß ich reifer geworden war und andere Interessen und Anschauungen gewonnen hatte als sie.

Meine Abwesenheit von Hause war von Anfang an höchstens auf ein Jahr berechnet gewesen. Der Vater schrieb mir also im Februar, daß er im März, wenn es nicht zu kalt sei, nach Schlesien kommen werde, um mich abzuholen, und ich sah es mit wahrer Angst, als im Februar die Kälte nachließ, als hier und da der Schnee von den Dächern zu fallen begann und im März das Eis auf der Oder sich in Bewegung setzte. Mit jedem Tage wurde mir die Vorstellung schrecklicher, daß ich Heinrich nicht mehr sehen, nicht mehr in seiner Nähe leben sollte, und ich hatte Stunden, in denen ich überzeugt war, er liebe mich, weil ich fühlte, wie gern er mit mir war, wie sehr er mir vertraute. Er sprach zuweilen mit rückhaltsloser Offenheit von sich, er war weich und bewegt, ich mußte mir sagen, daß Männer seiner Art nur da, wo sie Neigung empfänden, so hingebend sein könnten. Aber solche Augenblicke währten nicht lange, er überwand sich immer bald, faßte sich wieder, und wenn er seinen alten Gleichmut gewonnen hatte, begann für mich die Qual aufs neue.

Inzwischen traf mein Vater in Breslau ein, und ich bemerkte mit Schrecken, daß ich gar keine Freude über seine Ankunft fühlte, sosehr ich ihn auch liebte. Alles, was er mir mit seinem liebevollen Herzen von Königsberg, von Mutter und Geschwistern erzählte, flößte mir nur eine Art von Angst ein, weil es mich daran erinnerte, daß meine Heimat nicht hier in Breslau sei.

Und warum sollte ich nicht hoffen? Warum sollte mein Vetter mich nicht lieben, wie ich ihn liebte? Aber wenn er mich auch liebte, was half mir das? Ich mußte ihn ja doch verlassen. Er war mittellos wie ich, hatte noch ein Examen zu machen, arbeitete, viel und schwer, um seinen Unterhalt zu gewinnen, und selbst wenn sein Examen gemacht war, gab ihm das noch kein gesichertes und festes Auskommen. Was sollte er mit mir? – Ich sagte mir in meinen vernünftigen Stunden, daß Heinrich grade so wie ich das Verlangen habe, sich vollständig auszubilden. Ich hatte ihn oft von weiten Reisen, niemals von Ehe und Häuslichkeit für sich sprechen hören. Ich wußte es von ihm selbst, daß er mit dem Leben noch zerfallen, mit sich noch nicht im klaren, daß er unglücklich sei. Ich war trostlos darüber, weil ich ihn liebte – und hatte doch im Grunde gar kein heißeres Verlangen, als ihn womöglich noch unglücklicher zu wissen, durch eine Liebe für mich, die, wie unsere Verhältnisse lagen, im besten Falle für den Vielbeladenen nur eine Sorge und ein Kummer mehr geworden wäre. Aber die ganze blinde, selbstische Sophistik leidenschaftlicher Liebe hatte sich meiner bemächtigt, und von unbegründeten Voraussetzungen zu unbegründeten Hoffnungen übergehend, litt ich zehnfach, weil meine Vernunft mir meine Torheit oftmals vorhielt und mein Herz sich der Vernunft nicht unterwerfen wollte.

So kam der Tag der Abreise heran. Wir sollten spät am Abende mit der Schnellpost Breslau verlassen. Am Nachmittage war ich noch einmal zu meiner Tante Simon gegangen, um ihr Lebewohl zu sagen. Von dort aus wollte ich meine verheiratete Cousine besuchen, die mich dann nach Hause und zu meinem Vater zu bringen versprochen hatte.

Unter Tränen verließ ich die Tante. »Denke, daß du mir wie eins meiner Kinder bist!« sagte sie. Ich küßte ihre Hände, ich hing an ihr von ganzem Herzen. Heinrich gab mir das Geleit.

Es war am achtzehnten März, der Himmel schon dunkel, die Wege trocken. Wir hatten ein paar Straßen zu durchwandern, er hatte mir den Arm gegeben, wir legten, ohne ein Wort zu sprechen, den ganzen Weg zurück. Ich war so traurig, daß ich unser Schweigen gar nicht bemerkte. Als wir oben an den Zimmern meiner Cousine angelangt waren, fragte er mich: »Warum sprichst du nicht?« – »Ich kann nicht!« gab ich kurz zur Antwort. Ich hatte die Hand erhoben, die Schelle zu ziehen. Er hielt mich zurück. »Warte noch!« bat er, und nun standen wir einander gegenüber, beide keines Wortes mächtig. Mit einem Male rief er: »Es hilft nichts! Lebe wohl!« – Wir fielen einander in die Arme und weinten beide bitterlich. Dann raffte er sich zusammen, wir gaben uns die Hände und trennten uns – um uns nach einer Reihe von mir schwer durchlittener Jahre zu einer Freundschaft wieder zusammenzufinden, die bis zu des unvergeßlichen Mannes Tode uns in nicht wankender Treue und Festigkeit verbunden hat.

In dem Leben jedes Menschen wie in der Weltgeschichte, dem Leben aller Menschen, sind es immer einzelne Momente, an welchen sich die lange und allmählich vorbereitenden Veränderungen zur Entscheidung bringen. Diese hervorragenden Tage prägen sich mit ihren Leiden und Freuden, mit ihren großen und kleinen Vorgängen dem Gedächtnis ein, und es bleibt dem Menschen auch das Geringfügigste, was sich an ihnen zutrug und was er an ihnen empfand, lebendig und deutlich in der Seele. Es sind aber, wenn man viel durchlitten hat, oft grade die an sich geringfügigsten Dinge, es sind Zufälligkeiten, welche man in einer andern Stunde, in einer andern Verfassung gar so schwer nicht gefühlt haben würde, die jedoch, weil sie an dem vollgemessenen Kelch des augenblicklichen Leidens den Tropfen des Übermaßes bilden, ihn zum Überfließen bringen und seine Bitterkeit uns so unerträglich machen. Die Pein, mit welcher ich mich fern von dem Geliebten, fern von der Frau, die ich wie eine Mutter verehrte, fremd in meiner Familie, geschieden von meiner Jugendfreundin fühlte, fand ihren Ausdruck und ihren Gipfel darin, daß mir auch mein Zimmer mit den rosa Wänden und den weißen Gardinen statt einer Zuflucht eine Qual geworden war. Und man leidet von den Qualen der Einbildung nicht weniger als von wirklichen Leiden, solange man nicht im Stande ist, über sie mit seiner Vernunft den Sieg davonzutragen und sie als selbstgeschaffen zu erkennen. Ich aber hatte niemand neben mir, der mir gesagt und dem ich geglaubt hätte, daß eine kräftige und ehrliche Natur an einer hoffnungslosen Liebe nicht zugrunde zu gehen braucht.

Bei uns im Hause nahm das Tun und Treiben den gewohnten Gang. Wir frühstückten in der Vorstube, unsere Eltern küßten uns zum Gutenmorgen, sie saßen am Fenster auf dem Fenstertritt, die vier kleinen Schwestern gingen, von dem Hausknecht begleitet, in die Schule, die Brüder in ihre Collegien, der Vater an sein Geschäft, meine Schwester an die Besorgung der ersten Haushaltsgeschäfte. Und ich? Ich hatte auf der Welt Gottes nichts zu tun, ich hatte auch keinen Plan.

Aber das war das Schlimme, es lag mir eben wieder gar nichts ob! Nicht einmal die Wirtschaft hatte ich zu führen wie bei meinem Austritt aus der Schule, denn ich sollte jetzt in den Haushaltsbesorgungen mit meiner Schwester Monat um Monat abwechseln und den ersten Monat noch in Freiheit genießen. Das war eine schlimme Freiheit für mich, und fast hätte ich mich nach meinem alten Stundenplan mit seinem strengen Reglement zurückgesehnt.

Somit begann für mich jenes Leben, das die Mädchen in unseren bürgerlichen Familien fast überall führen: Ich konnte tun, was ich wünschte, aber ich wußte nicht, was ich mit mir und mit meiner Zeit beginnen sollte.

Ich war im Vaterhause, hatte keine Nahrungssorge und keine notwendige Tätigkeit außer den Näharbeiten für die Familie, an denen es natürlich bei einem Hausstande von achtzehn Personen niemals fehlte. Wir hatten einige Jahre vorher bei einer besonderen Lehrerin das Ausbessern und Feinstopfen gelernt, ich nähte auch nicht ungern, denn alle Menschen, die mit einem starken Tätigkeitstrieb begabt sind, gewinnen Freude an jeder Arbeit, bei welcher irgend etwas zustande kommt. Aber den ganzen Tag nur Nähen und Stricken und Ausbessern, das konnte, sollte und wollte ich nicht. Mit meinen alten Umgangsgenossen fühlte ich mich eben in jenem Zeitpunkt nicht wie sonst verbunden, ich hatte also kein augenblickliches Interesse, das mich an sich zog, und so blieb mir denn nichts übrig, als ein Nachsinnen über dasjenige, was zu vergessen mir sehr nötig gewesen wäre, um mich gesund zu erhalten.

Ich hatte gleich am Tage nach meiner Rückkehr meine Mußezeit dazu benutzt, nach Breslau zu schreiben und für die empfangenen Briefe und den Ring zu danken, und ich hatte das mit tausend heißen Tränen getan. Die Antwort ließ nicht lange auf sich warten. Meine Verwandten waren ebenso an mich gewöhnt als ich an sie, in dem stillen Hause mußte man das Fehlen eines heiteren täglichen Gastes wohl empfinden. Man schrieb mir das; auch Heinrich, der gleich nach meinem Fortgehen von der Grippe befallen war, schrieb mir das und brachte in seiner Weise sein Erkranken mit meiner Abreise in Verbindung. Und ich, verblendet von meinen Wünschen, nahm für bare Münze, was ich später, als ich einmal die Briefe mit beruhigtem Sinne wieder las, mit einer Art Beschämung über meine Verkehrtheit als den Ton des unverkennbarsten Schmerzes ansehen mußte.

Mit jenen ersten Briefen war nun eine Korrespondenz eingeleitet, die anfangs zwischen mir und meinen Cousinen äußerst lebhaft fortgesetzt wurde und die für mich den gefährlichen Vorteil hatte, mir indirekt beständig Nachricht von meinem Vetter zu schaffen, auch wenn er selbst mir just nicht schrieb. Dieser Briefwechsel war mein eigentliches Leben in dieser Zeit. Ohne allen anscheinenden Bezug auf Heinrich, suchte ich in die Familienbriefe, von welchen ich nach meiner Kenntnis des dortigen Lebens mit Sicherheit wußte, daß er sie las, all dasjenige hineinzuschreiben, was ich von ihm zu hören und zu erfahren wünschte, und neben diesen Familienbriefen wurde denn auch, wenn schon in größeren Zwischenräumen, die Korrespondenz mit meinem

Cousin selber fortgesetzt, der, wie Frau Rat Goethe von ihrem Sohne an Bettina schrieb, freilich mehr zu tun hatte, als mir Briefe zu schreiben.

Eines Vormittags kam ich in die Eßstube und sah den Vater mit zwei andern, mir unbekannten Männern bei einem Glase Wein am Fenster sitzen. Darin lag an und für sich nichts Auffallendes, denn es kam öfter vor, daß der Vater einen seiner Geschäftsfreunde, wenn er längere Auseinandersetzungen mit ihm hatte, in die Wohnung hinauf nötigte. Ich machte also eine Verbeugung und wollte in die Nebenstube gehen, in welcher ich etwas zu besorgen hatte, aber mein Vater rief mich an und stellte mir die Herren vor.

Der Ältere war ein Kaufmann aus einer Provinzialstadt, der andere, ein Mann in der Mitte der dreißiger Jahre, ein zum Landrat erwählter Assessor, der in einer der unwirtbarsten Gegenden der Ostprovinzen, in der Tuchler Heide, seinen Wohnsitz hatte. Wir wechselten ein paar Worte miteinander, ich machte die gewöhnliche Frage, ob die Herren länger in Königsberg verweilen würden, und erhielt die Antwort, der Ältere, der Onkel, würde abreisen, der Neffe wolle sich, da er die Stadt nicht kenne, einige Zeit in derselben umsehen, und der Vater lud ihn darauf ein, am nächsten Tage, da dies ein Sonntag war, mit uns zu essen.

Auch das war nur ganz in der Ordnung, aber mir schoß plötzlich der Gedanke durch den Kopf, das könne der mir zugedachte Bräutigam sein, und ich hatte mich nicht geirrt. Der folgende Mittag brachte mir denn seine nähere Bekanntschaft.

Es war niemand von den gewöhnlichen Sonntagsgästen geladen, wahrscheinlich damit der Prätendent sich um so ungestörter geltend machen konnte, und er tat das auch auf seine Weise. Er erzählte von den hübschen Honoratioren-Kränzchen in seinem Wohnorte, beschrieb sein Haus, sprach von seinen angesehenen Verwandten in Berlin und Breslau und daß er hoffe, bald versetzt und nicht immer Landrat in seinem jetzigen Kreise zu bleiben. Dazwischen nannte er die schönen Hyazinthenspezies, die er erziehe, und schilderte ausführlich und liebevoll das Vergnügen, Krebse bei Fackelschein zu fangen. Das half mir und ihm gar nichts, er mißfiel mir über alle Maßen. Seine untersetzte fette Gestalt und ein Ausdruck satter, hochmütiger Selbstzufriedenheit, eine gewisse zuversichtliche und landläufige Sprechweise und die anmaßende Sicherheit, mit der er sich mir gegenüberstellte, würden ihn mir unangenehm und antipathisch gemacht haben, hätte ich auch nicht eines anderen Mannes Bild und eine leidenschaftliche Liebe für denselben im Herzen getragen; und ich sah meinen Vater, der sonst für Unarten, wie mein Prätendent sie hatte, ein nachsichtsloser Richter war, fortwährend darauf an, ob er den Mann nicht ebenso widerwärtig fände als ich selbst. Aber der Vater sowohl als die für das Komische leicht zugängliche Mutter schienen diesmal völlig blind. Der Assessor-Landrat kam in dem Laufe der folgenden Tage noch verschiedene Male wieder, meine Schwestern machten ihre Scherze über ihn, die Eltern lobten ihn, und ich war im tiefsten Innern empört und erbittert darüber, daß man nur daran denken konnte, mir einen Mann zum Gatten zu geben, den beide Eltern sicherlich nicht zu unserm Umgangskreise gezogen haben würden, hätte er mich nicht zur Frau zu nehmen gedacht.

Endlich an einem Nachmittage kam das Stubenmädchen mit der Meldung zu mir, der Herr lasse mich bitten, auf des jungen Herrn Stube zu kommen. Jetzt wußte ich, was mir bevorstand, und mit klopfendem Herzen, aber mit fester Überzeugung von dem, was ich zu tun hatte, stieg ich die drei Treppen hinauf.

Ich fand meinen Vater allein und sehr bewegt. Er sagte, ich würde mir denken können, weshalb er mich habe rufen lassen. Der Assessor habe ihn um meine Hand gebeten, und er wünsche und hoffe, daß ich mich bereit finden lassen würde, sie anzunehmen. Diese Redeform, die ganz gegen meines Vaters sonstige Ausdrucksweise verstieß, gab mir deutlich kund, daß er selbst von meinem Bewerber nicht eben eingenommen war, und ich erklärte daher unumwunden, daß es mir leid tue, meinem Vater seinen Wunsch und seine Hoffnung nicht erfüllen zu können.

Er schwieg einen Augenblick und bemerkte danach: »Überlege dir die Verhältnisse, mein Kind! Du bist nicht mehr jung, du bist fünfundzwanzig Jahre. Ich befinde mich leider nicht in der Lage, dir ein Vermögen zur Mitgift zu geben, man weiß, daß ich kein reicher Mann bin, und ich habe fünf Töchter außer dir. Zwei davon sind bereits erwachsen, die andern werden es in wenigen Jahren sein, und sechs erwachsene Töchter können sich in einem Hause nebeneinander nicht wohl befinden. Der Assessor wählt dich um deiner selbst willen, das wird vielen reichen Mädchen nicht zuteil, und du hast als Frau eines Landrats, der sicher eine gute Karriere machen wird, eine ehrenvolle Stellung und ein gesichertes Auskommen; ganz abgesehen davon, daß eine Frau selbst in einer nicht ganz glücklichen Ehe noch immer besser daran ist als ein altes Mädchen.«

Ich fragte, ob der Vater diese letzte Erfahrung an seiner jüngsten Schwester gemacht habe, deren unglückliche Ehe uns allen stets ein Gegenstand des Kummers gewesen war. Er erwiderte mir, der Assessor sei ein Mann von Bildung, den man mit dem Manne meiner Tante nicht zu vergleichen habe, und fügte hinzu: »Ich weiß nicht, welche Wünsche und Erwartungen du in dir hegst, ich glaubte aber, daß sie unbegründet sind, und du könntest es vielleicht später bereuen, die Hand eines Ehrenmannes ausgeschlagen zu haben. Ein Ehrenmann aber ist der Assessor nach allem, was ich selbst von ihm gehört und über ihn erkundet habe.«

Die Unterhaltung ging so eine Weile fort. Mein Vater war sehr weich und äußerst gelassen. In mir wogten die verschiedensten Empfindungen auf und nieder. Ich wollte gern auch gelassen bleiben, aber das Herz schlug mir, daß ich kaum atmen konnte, und in den Schläfen hämmerte mir das Blut. Ich mußte solchen Heiratsvorschlägen ein für allemal ein Ende machen, das fühlte ich.

»Du willst mich zwingen, wie willst du das machen, lieber Vater?« fragte ich. »Meinst du, mich einsperren oder mich hungern zu lassen? Oder was kannst du mir tun, wodurch ich mich zu einer Erniedrigung meiner selbst bewegen lassen würde? Bin ich dir zur Last, lieber Vater, so sage es, und ich will gehen und mir mein Brot selbst verdienen, da du mir ja die Mittel hast angedeihen lassen, es zu können; und es wird vielleicht für mich und uns alle am besten sein, wenn das geschieht!«

Meinem armen Vater traten die Tränen in die Augen, er mochte darauf nicht vorbereitet gewesen sein, und es mochte ihm plötzlich der Gedanke kommen, daß ich nicht mehr glücklich in seinem Hause und überhaupt nicht glücklich sei. Er nahm mich bei der Hand und sprach mit der Stimme, die mir so unwiderstehlich war: »Fanny! Wer denkt daran! Aber ich bitte dich, dein Vater bittet dich darum, diese Heirat einzugehen, du würdest mich und die Mutter sehr glücklich dadurch machen.« –

Ich fing zu weinen an. Den Vater mich bitten zu hören und nicht ja sagen zu können, zerriß mir das Herz. »Quäle mich nicht, lieber Vater!« flehte ich. »Ich kann nicht! Ich kann nicht heiraten!« –

Mein Vater saß auf dem Sofa, ich stand vor ihm. Er hatte den Kopf auf die Hände gestützt. Mit einem Male stand er auf. »Also das ist dein letztes Wort, es bleibt bei Nein!« –

Und ich blieb zurück, um meine Verzweiflung in heißen, bitteren Tränen auszuweinen. Elender als in der Stunde habe ich mich in meinem ganzen Leben nicht gefühlt. Ich habe in spätern Jahren manchen großen Schmerz durchlebt, aber es waren reine Schmerzen, und sie taten nicht so weh, denn sie kamen mir nicht von einem Vater, den ich mit einem wahren Kultus liebte.

Ich kann noch heute nicht ohne wirkliches Entsetzen daran denken, was mein Los gewesen sein würde, wäre ich in jener Stunde weniger selbstgewiß, weniger charakterfest und weniger idealistisch gewesen. Aus Vorurteil und Kurzsichtigkeit hätte mein sonst so kluger und guter Vater mich in ein für mich unabsehbares Elend gestoßen – und immer noch, wenn ich auf den Höhen des Lebens, im Voll-Genuß des Erhabenen, Großen, Schönen, das es uns zu bieten hat, mein Dasein gesegnet habe, sind mir die Tuchler Heide und der unglückliche Mann eingefallen, die mein Vater mir für meine Zukunft ausersehen hatte. Ich wäre in Verzweiflung an mir selbst zugrunde gegangen ohne den mich rettenden Selbsterhaltungstrieb.

Hier nun scheint mir am Orte, abgesehen von meinem eigenen Leben und von meinen persönlichen Erfahrungen, es noch einmal gründlich auszusprechen, wie tief man den Zustand und die Lage der Frauen dadurch herabdrückt, daß man den Töchtern in den Familien des mäßig begüterten Mittelstandes das Recht auf eine verständige gewerbliche Tätigkeit entzieht und ihnen damit die Möglichkeit einer ehrenvollen Unabhängigkeit versagt.

Wohin man sich wendet, kann man die Klage vernehmen, daß von Jahr zu Jahr die Zahl der unverheirateten Frauenzimmer zunimmt. Man braucht sich nur in unseren Gesellschaften umzusehen, um sich zu überzeugen, wieviel Hilflosigkeit und Hoffnungslosigkeit sich hinter den bleichen Gesichtern jener alternden Mädchen verbergen, die mit all ihrem guten Willen, sich zu helfen, und mit dem erzwungenen Lächeln die Traurigkeit ihres armen Daseins nicht abändern und nicht verbergen können.

Kaum in eine Familie kann man eintreten, die nicht in ihrer Verwandtschaft alternde und unverheiratete Schwestern oder Töchter hätte, welche gelangweilt und müde, ohne eigene Freude und Hoffnung, ein leeres, nutzloses Dasein führen und sich ohne Lust von einer Gesellschaft und Vergnügungen zu der anderen hinschleppen, nur um einen Wechsel in die Öde ihrer Tage zu bringen. Sich selbst zur Last, in vielen Fällen auch den Ihren eine schwere Last, hört man die Frage: Wohin mit ihnen? Was soll man mit ihnen machen? Und da man sich die rechte Antwort aus Vorurteilen nicht geben mag, bescheidet man sich, die alten Mädchen in der Gesellschaft und in den Familien als ein unvermeidliches Übel zu ertragen.

Ich habe mich erst nach meinem vierzigsten Jahre verheiratet, und wenn ich auch durch meine schriftstellerische Tätigkeit von meinem dreißigsten Jahre ab eine Ausnahmestellung und deshalb von dem Übelwollen und von der halben Lächerlichkeit nicht zu leiden gehabt habe, welche die alten Jungfern verfolgen, so hat doch auch mir die Gelegenheit nicht gefehlt, es zu beobachten, was es mit dem kläglichen Dasein eines untätigen, unnützen Mädchens auf sich hat, dem in den meisten Fällen die Überzeugung nicht erspart bleiben kann, daß es zu niemandes rechter Freude auf der Welt ist.

Gegen dies Elend, das nicht wegzuleugnen ist, gibt es nur ein Mittel – die Emanzipation der Frauen zu Arbeit und Erwerb, von der ich schon einmal in diesen Aufzeichnungen gesprochen habe und auf die immer wieder anmahnend zurückzukommen der Verlauf meiner Lebensgeschichte mich zwingen wird.

Keine bürgerliche Familie auf der Welt hat es Hehl, daß sie bei der Erziehung eines Sohnes das Ziel im Auge hat, ihn so früh als möglich zu selbständigem Erwerbe fähig zu machen. Man gesteht es mit Freude und Genugtuung ein, wenn der Sohn es mit zwanzig Jahren einmal dahin gebracht hat, dem arbeitsbeladenen Vater nicht mehr zur Last zu fallen. Man spricht damit unumwunden aus, daß in den Familien unserer Mittelstände die Ernährung erwachsener Kinder eine Last ist, und man bedenkt es nicht, welchen Eindruck es auf die etwa anwesenden Töchter machen muß, sich in solcher Weise stillschweigend als schwere Bürde für den Vater bezeichnet zu sehen. Aber man geht darin noch weiter.

Während man es für einen jungen Mann als eine Sache der Ehre ansieht, sich sein Brot zu erwerben, betrachtet man es als eine Art von Schande, die Töchter ein Gleiches tun zu lassen, wie das auch in meinem Vaterhause so geschah.

Bringt irgendwo die Notwendigkeit es mit sich, daß ein Mädchen für ihren Unterhalt arbeitet, nimmt eine Kaufmannstochter, eine Geheimratstochter, eine Professorentochter eine Stelle als Lehrerin, als Gesellschafterin, als Kinderwärterin oder Haushälterin an, so wird dies Ereignis irgendwie beschönigt. Es heißt: Die Tochter habe eine unwiderstehliche Neigung, die Welt kennenzulernen, sie habe eine so große Vorliebe für den Verkehr mit Kindern, sie solle sich doch auch einmal Jahr und Tag unter fremden Menschen bewegen lernen. Man erfindet irgendeine Verwandtschaft oder Bekanntschaft mit den Familien, in welche das Mädchen eintreten soll, um der Sache einen unverfänglichen, gemütlichen und vornehmen Anstrich zu geben; aber man entschließt sich nur in den seltensten Fällen dazu, einfach zu sagen: Das Mädchen geht fort, um sein Brot zu verdienen, um doch etwas zu tun, um uns das Leben zu erleichtern; und man nimmt ihm damit die Genugtuung, seinen Entschluß von andern gebilligt und anerkannt zu sehen, man nimmt ihm die Freude, mit welcher es vielleicht seinen Beruf ergriffen hat, und die frische, gehobene Stimmung, mit welcher man einer neuen Lebenslage entgegentreten muß, um Behagen und Fortkommen darin zu finden.

Hat in einer Familie ein Sohn keine Anlage zum Studieren, so ist man gern geneigt, ihn Kaufmann, Maschinenbauer, Techniker und in guten, verständigen Bürgerfamilien auch Handwerker werden zu lassen. Der junge Mensch steht am Werktisch, am Verkaufstisch, am Pulte seines Magazins, verkehrt mit der Außenwelt, verkehrt mit seinen Kollegen, und hat er sonst eine gute Erziehung genossen, so sieht man in seinem Eintritt in das Leben keine besondere Gefahr. Für das besterzogene, innerlich tüchtigste Frauenzimmer aber würde man bei solchem Schritte wieder Bedenken tragen. Das heißt, man würde den Töchtern, auch den besten, die Schmach antun, sie durch ihre ganze Jugend – und in diesem Falle dehnen die Familien die Zeit der Jugend für ihre Töchter übermäßig lange aus – für moralisch unselbständig, für sittlich unzuverlässig zu halten. Aus der Besorgnis, daß sie sich wie Unmündige betragen könnten, erhält man sie also lebenslang in einer Unmündigkeit, in der aus ihnen unmöglich etwas Rechtes werden kann.

Aber es ist nicht überall so in der Welt, und es kann und wird auch bei uns in Deutschland nicht immer so bleiben. In Amerika, wo die weibliche Jugend der Mittelstände, bei guten Sitten und feinen Manieren, doch viel selbständiger ist als bei uns, arbeiten zu Lowell in den Fabriken die Töchter angesehener Bürger aus dem ganzen Staate, und man hat für sie sogar eigene Logierhäuser eingerichtet, in denen sie leben, bis sie wieder in ihre Familien zurückkehren, nachdem sie sich eine mehr oder weniger große Summe für ihre Ausstattung erworben haben. In Genf werden wohlerzogene Mädchen in den Uhrenfabriken beschäftigt, in Belgien in den Comptoirs und Bureaus der Eisenbahnen, in Frankreich sind die Frauen und Töchter der Kaufleute bei der Buchführung tätig. In Bern leisten die geschickten Hände und die Sauberkeit von Frauen die vortrefflichsten Dienste bei der Bereitung von mikroskopischen Präparaten, und selbst bei uns in Deutschland findet man eine Anzahl von Putzläden, Weißzeug- und Tapisserieläden, die von Frauen geleitet werden, zum Teil auch Frauen zu Besitzern haben und die in der Regel vortrefflich gedeihen. Denn die Frauen sind meist häuslicher als die Männer, haben weniger Bedürfnisse und einen Sinn für Ordnung und für das Detail, Eigenschaften, welche bei jeder Geschäftsführung von großem Nutzen sind. Aber bei uns in Deutschland sind es bis jetzt meist nur die nicht Gebildeten, die Familien des sogenannten kleinen Bürgerstandes, welche ihre Töchter zum Broterwerb erziehen.

Es kommt also, um die nötige Reform in den Berufsverhältnissen der Frauen zu machen, wie es mich bedünken will, hauptsächlich auf die Einsicht und Ehrlichkeit der gebildeten und nicht reichen Familien an und auf den guten Willen ihrer Töchter, den zu bezweifeln man unrecht täte;

denn es sind gar zu viele unter ihnen von stillem, schwerem Leid und von noch schwererer Hoffnungslosigkeit bedrückt.

In einem solchen Augenblicke dumpfer Betrübnis befand ich mich nach dem von mir nicht angenommenen Heiratsantrage.

Leopold, der mich geliebt hatte, war gestorben, und niemand wußte eigentlich recht, weshalb wir uns die letzten Jahre vor seinem Tode nicht mehr gesehen und ob er sich nicht vielleicht freiwillig von mir zurückgezogen hatte. Heinrich Simon, den ich liebte, hatte nur Freundschaft oder wenigstens nicht die Art der Liebe für mich, die es ihm zur Notwendigkeit gemacht hätte, mich zur Frau zu nehmen; und daß sich noch viele Bewerber um ein Mädchen von fünfundzwanzig Jahren finden würden, das so ausschließlich mit dem Gedanken an einen andern beschäftigt war, dazu gab es keine sonderliche Aussicht. Man nahm also in der Familie an, ich würde eine alte Jungfer werden, und ich selbst war davon überzeugt. Mit sechzehn Jahren in die Gesellschaft eingetreten, kam ich mir und meinen Bekannten nicht mehr jung vor. Ich hatte neun Jahre auf den Bällen getanzt, es waren ein paar Generationen junger Mädchen und Männer an mir vorübergegangen, die ich als Kinder gekannt, während ich schon als erwachsen gegolten hatte. Meine Freundinnen hatten sich zum großen Teil verheiratet, sie waren, die einen reizender und vermögender, die andern nur auf ihre Versorgung bedacht gewesen, ich war übriggeblieben. Mich dem neuen Nachwuchs zuzugesellen, war ich zu ernsthaft. Ich hatte immer nur mit Personen verkehrt, die älter gewesen waren als ich, und so schloß ich mich denn jetzt nur noch an ältere Frauen und Männer an und entfernte mich dadurch nur noch weiter von der Jugend. Mit fünfundzwanzig Jahren galt ich für alt und hielt mich für alt! Es war der Mangel an einem Lebensberuf, der das verschuldete.

So gingen meine Tage hin. Die große Liebe, welche die Eltern und uns Kinder untereinander verband, half über das Unbehagen des Augenblickes fort, ich übernahm wieder meinen Wirtschaftsmonat, ich bemühte mich, gut und dienstbar zu sein, um meine Anwesenheit im Hause wohltuend zu machen; aber ich konnte das Gefühl nicht loswerden, daß ich eben für diese Anwesenheit um Entschuldigung zu bitten habe, und die Traurigkeit, welche dies Gefühl in mir erweckte, mag mich gewiß nicht liebenswürdiger gemacht haben. Ob ich berechtigt war, so zu empfinden, ob jede an meiner Stelle so empfunden hätte, will ich unerörtert lassen. Für mich stand die Tatsache fest und lastete auf mir, obschon die Männer in der Familie, der Vater und die Brüder, bald Mitleid mit mir fühlten und mir noch mehr Liebe zuwendeten, als sie mir vorher bewiesen. Sie konnten ermessen, was mich drückte, der Mutter und den noch sehr jungen Schwestern mußte das Verständnis dafür fehlen.

Bisweilen wieder meinte ich Zerstreuung zu finden, wenn ich mich an den Armenschulen oder auch nur bei den Wohltätigkeitslotterien und Suppenanstalten beteiligen könnte, die mehr und mehr in Aufnahme kamen und über deren Zweckmäßigkeit oder Unzweckmäßigkeit nachzudenken in der Verfassung, in welcher ich mich befand, nicht meine Sache war. Aber mein Vater war einmal überhaupt ein Gegner dieser Art von Wohltätigkeit und mehr noch ein Gegner davon, daß Frauenzimmer sich irgendwie außerhalb ihres Hauses und ihrer Familie betätigten.

Ich befand mich also mit meinem Streben, mir selbst zu helfen, vor einer unübersteiglichen Schranke, denn mir standen in jener Zeit noch die entschiedensten Vorurteile meines Vaters entgegen. Der Satz, daß die Frau mit ihrem ganzen Sein und ihrem Tun unter allen Verhältnissen nur dem Hause und der Familie angehöre, war bei ihm so sehr Überzeugungssache, daß ich sogar auf eine Mißbilligung stieß, als ich, nach meiner Heimkehr, den mir in Breslau zur Gewohnheit und zum Bedürfnis gewordenen täglichen Spaziergang machen und meine Schwester dazu mit mir nehmen wollte. Der Vater fand es »häßlich«, wenn man junge Mädchen täglich auf der Straße sähe, und es währte wohl vierzehn Tage, ehe wir zu dieser unschuldigsten aller Vergnügungen und Lebensäußerungen seine Zustimmung und die Erlaubnis erhielten, am Nachmittage die Tour am Hafenbohlwerk entlang und um den einsamen, melancholischen Philosophendamm zu machen.

Ein alter Vers sagt: »Ist am größten die Not, ist Gott am nächsten der Demut!«, und ohne zu erörtern, inwieweit das letzte Prädikat in jener Zeit auf mich passen mochte, kamen mir damals, nach christlichen Begriffen, ein Trost und eine Quelle der Hoffnung recht eigentlich vom Himmel; denn sie wurden mir durch eine Tote, durch Rahel Varnhagen von Ense, zuteil, die im Jahre achtzehnhundertzweiunddreißig gestorben war und deren Briefe, in ihrer ersten, für Freunde gedruckten Ausgabe, ich etwa zu Ende des Jahres vierunddreißig kennenlernte.

Es waren eine Offenbarung und eine Erlösung, die sich für mich durch die hinterlassenen Briefe dieser Frau vollzogen. Was den Menschen am tiefsten niederwirft, das ist die Vorstellung: ein Besonderes zu erleiden. Das gilt von allen Menschen und von allen Arten von Leid; denn der Mensch ist ein Gesellschaftswesen. Was er von andern ertragen sieht, erträgt er leichter. Der Schrecken, der Verlust, den er mit andern zu teilen hat, verlieren bis zu einem gewissen Grade ihre lähmende Gewalt und ihr niederwerfendes Gewicht für ihn. Große allgemeine Leidenszeiten, wie die Epochen der Pest, wie die französische Schreckensherrschft im vorigen Jahrhundert und wie Kriegszeiten überhaupt, beweisen und bestätigen diese Erfahrung.

Was mir auch begegnet war, was ich Unbequemes, Peinliches, Schmerzliches zu ertragen und zu erleiden gehabt hatte, Rahel Levin hatte das alles gekannt, hatte das alles durchgemacht, hatte über alles mit der ihr innewohnenden Kraft den Sieg davongetragen und sich endlich an den Platz hinzustellen gewußt, an dem sie gefunden, was sie ersehnt: die Möglichkeit, zu genießen und zu leisten nach dem eingebornen Bedürfnis ihrer Natur. Alles konnte ich ihr nachempfinden, bis in die kleinsten Züge ihres Wesens, bis in die verborgensten Falten ihrer Seele konnte ich ihr nachdenken, und überall fast hätte ich sagen mögen: das ist Fleisch von meinem Fleische, das ist Blut von meinem Blute. In jedem ihrer Jugendbriefe fand ich sie wieder, die Schilderung eines würdigen, liebevollen Familienlebens, das doch unter Umständen grade für den einzelnen durch dessen besondere Anlagen und Neigungen zu einer hemmenden Schranke und allmählich zu einer Quelle von Leiden werden kann; Kränkungen, Herzeleid, Liebesschmerz, den Drang nach freier Entwicklung, sie hatte das alles gekannt, alles durchlebt, alles bestanden und überwunden durch das Festhalten an sich selbst und an der Wahrheit.

Wie durch meine erste Jugend mir der Denkspruch, welchen mein Lehrer Motherby mir in mein Stammbuch geschrieben, zu einem Kompaß geworden war, mit welchem ich mich zurechtfand, wenn etwas mich verwirrte, so traten jetzt einzelne Aussprüche von Rahel an dessen Stelle. In manchen Herzensbedrängnissen, in mancher Verlegenheit und Pein haben mich die Worte aufgerichtet: »Ich habe mich in der großen allgemeinen Weltnot einem Gotte gewidmet; und sooft ich noch gerettet worden bin, so ist's der, der mich gerettet hat, die Wahrheit!« – Wenn ich, von den Vorurteilen meiner Umgangsgenossen eingeengt, nicht wußte, ob das, was mein Gefühl mich zu tun antrieb, mit den allgemeinen Schicklichkeitsregeln in Einklang zu bringen sei und ob diese und jene sich herausnehmen würden, was mir unerläßlich dünkte, hielt ich mir Rahels Ausspruch vor: »Damit ein schlechtes Mädchen nicht dumm handeln kann, soll ein gutes eingeschränkt sein! Bewundern Sie die Institution, wenn Sie können.« – Kurz, überall, wo ich einer Stütze bedurfte, wo mir eine Ermutigung fehlte, fand ich sie an ihr. Es war, bei der großen Liebesfähigkeit ihres Herzens, etwas Männliches, Festes, Dreistes in ihrem Geiste, das mir in hohem Grade sympathisch war, und sie hatte eine Beharrlichkeit und eine Unermüdlichkeit im Aufrechterhalten ihrer

Überzeugungen, die mir Ehrfurcht einflößten. Ich fand an ihr den Meister, der mir Mut zum Ertragen und zum Handeln, der mir Ausdauer im Lieben und im Wollen und Selbstverleugnung predigte, wo diese einem andern frommen konnte. Und wie der Gläubige die Bibel aufschlägt, um sich Rat und Trost und Beruhigung aus ihr zu schöpfen, so griff ich zu den Briefen Rahels und fand mich immer mir selbst und einer relativen Ruhe und Zufriedenheit wiedergegeben, wenn ich mich in den Lebenslauf und in das Sein und Wesen dieser merkwürdigen Frau vertieft hatte, die nicht persönlich kennengelernt, und zwar aus Verzagtheit nicht kennengelernt zu haben ich jetzt ungemein bedauerte.

Wenn ich mich mit Sinnen und Vorstellen ermüdet hatte, wenn den hochfliegenden Wünschen die entmutigte Ermattung folgte, so verlor ich mich in Grübeleien über das, was das Christentum die göttliche Vorsehung und die göttliche Gerechtigkeit nennt und was ich mir damals als Schicksal und als Ausgleichung innerhalb des Schicksals bezeichnete. Ich fragte mich: Warum bin ich nicht schöner? Warum bin ich nicht liebenswürdiger? Warum habe ich keine Vorzüge, die Heinrich lieben muß, da ich doch nicht anders kann, als ihn lieben und seine Gegenliebe begehren? Warum bin ich hier an diesem Platze? Warum in Verhältnissen, in denen alles, was ich als das Beste in mir erkenne, was ich in mir hegen und pflegen möchte, eigentlich ein Überflüssiges, wenn nicht gar Lästiges ist? Warum wird mir anderseits ein Familienleben zuteil, das Hunderte mir beneiden mögen und das mich nicht mehr glücklich macht, aus dem ich mich fortsehne mehr und mehr?

Ich hatte keine Antwort auf diese Fragen, und darum lasteten sie mir nur um so schwerer auf dem Herzen. Ich quälte mich unablässig, wurde immer mehr mir selbst entfremdet und machte mich krank und elend, während der Gegenstand meiner Liebe sich immer gesünder und freier herausbildete und kaum eine Vorstellung davon haben konnte, wie unglücklich ich mich fühlte. Wenn ich in meiner Stube saß und bei meiner Näherei oder meinem Lesen seiner dachte, war er mit Arbeiten beschäftigt, die seine ganze Kraft in Anspruch nahmen, ja, sie hoben.

Heinrich Simon war Assessor geworden und als solcher erst bei dem Kammergerichte in Berlin, dann bei dem Oberlandsgerichte in Magdeburg angestellt worden. – »Meine hiesige Beschäftigung«, schrieb er mir einmal aus Magdeburg, »spricht mich an. Beim Kammergerichte, wo ich nicht viel zu tun hatte, lebte ich nur dem Vergnügen; hier fast nur der Arbeit; aber es ist um das Rechtsprechen etwas Schönes, Edles, Großes! Es überträgt ein Gefühl der innern Würde, das mir bisher in Beziehung auf mein Amt fremd war. Daher habe ich die Absicht, mit der ich hierherkam, zur Administration überzugehen, wo das Vorwärtskommen leichter wäre, auch völlig aufgegeben. Ich mag die Erhebung nicht verlieren, die mir aus meinem Amte innerlich erwächst.«

Er schrieb mir unregelmäßig. Bald folgten sich seine Briefe schnell, bald mußte ich sie sehr lange erwarten. Im Herbste schickte er mir meist die Tagebücher von seiner Ferienreise, und ich hatte dann die Möglichkeit, ihm zu folgen und es nachzuleben, wie er voll Jugendluft durch die Berge zog, ihre Höhen bestieg, mit Leuten aller Stände verkehrte und mehr und mehr das Leben wieder als ein Glück, das Dasein als einen Genuß zu empfinden begann. Ich erfreute mich darüber, ich war glücklich, wenn ich aus seinen Tagebüchern und Briefen ersah, wie er in jedem Sinne vorwärtsschritt, ich konnte mir ihn vorstellen, wie er in dem oder jenem Augenblicke ausgesehen, wie er gesprochen, wie seine Stimme geklungen haben müsse. Ich war unermüdlich, mir alle die Möglichkeiten zu durchdenken, welche uns zusammenführen könnten; die Liebe macht eben jeden zum Dichter. War ich einmal mutlos, so bewies ich mir, daß ein Mann, der einem Mädchen nach so langer Trennung noch den vollen Anteil an seinem Leben darbiete, es notwendig lieben müsse; und wenn ich vielleicht vor Ankunft seiner Briefe mich mit einer notdürftigen Entsagung zu beschwichtigen versucht hatte, so saß ich bald nach Empfang der Briefe an meinem Schreibtisch und brachte ihm die ganze Fülle meiner Liebe dar, ohne daß das Wort jemals genannt wurde, und war glücklich darüber, daß meine Briefe ihn erfreuten und daß ich ihn lieben konnte und durfte.

Im Januar von achtzehnhundertneunundddreißig war ich seit Monaten ohne alle direkte Nachricht von dem Geliebten gewesen. Seine letzten Briefe hatten eine Zurückhaltung verraten, die ich empfand, ohne mir klarmachen zu können, worin sie sich kundgebe. Es klang alles wie sonst und war doch nicht wie sonst. Auch in den Nachrichten, die ich inzwischen von den Seinigen empfangen hatte, war seiner in einer Weise erwähnt worden, die mir auffiel. Man sprach von ihm so besonders, so vorsichtig gegen mich; eine gemeinsame Freundin von ihm und mir tastete ängstlich mit ihren Zeilen an mich herum, schien mir etwas sagen und es doch verschweigen, mich aufmerksam machen und mich nicht beunruhigen zu wollen. Ich konnte das nicht ertragen. Mit derartiger Schonung behandelt zu werden ist immer kränkend für einen Menschen, der nicht feige ist; und sich über einen Mann, den man liebt und dem man sein Vertrauen geschenkt hat, indirekte Nachrichten durch andere zu verschaffen, dünkte mir unwürdig.

Wissen aber, was um mich her geschah, wollte und mußte ich, und so setzte ich mich denn eines Tages hin und fragte fest und ehrlich bei ihm an: Was bedeutet das weibliche, vorsichtige Geflüster und Heimlichtun in den Briefen? Was wollen die Deinen mich erraten lassen und mir verschweigen? Es würde mich nur ein Wort, eine bestimmte Frage kosten, alles zu erfahren; aber ich will es nur von Dir selber wissen. Was ist mit Dir vorgegangen?

Ich zählte die Tage bis zur Ankunft seiner Antwort. Ende Januar war eines Abends eine kleine Gesellschaft bei uns im Hause. Mathilde, die ich immer, wenn auch ohne die alte Befriedigung, sah, unser Hausgenosse Rat Crelinger, die Mutter, meine Geschwister und einige andere Personen waren in dem großen Wohnzimmer versammelt, als mein Vater aus dem Comptoir heraufkam und ein kleines Paket in der Hand hielt. Er begrüßte alle und reichte mir, ehe er sich in der gewohnten Sofaecke niedersetzte, das Päckchen mit den Worten hin: »Das ist für dich, Fanny!«

Ich hatte schon von fern die Handschrift erkannt. Mein Blut jagte mir durch die Adern, ich stand nach meiner Überzeugung vor einer großen Entscheidung, vor einem Wendepunkt in meinem Schicksal. Das Paket brannte mir in den Händen, ich konnte kein Auge davon lassen. An seinem Inhalt hing mein ganzes Leben, und ich konnte ihn nicht lesen, ich durfte ja nicht auffallen. Ich behauptete also meinen Platz und meine Ruhe mit der Selbstbeherrschung, die jeder erlernt, der durch lange Jahre ein Herzensgeheimnis vor peinlichen Berührungen zu bewahren hat. Man sprach, ich weiß nicht was, ich antwortete, ich weiß nicht wie. Endlich, als die Singlehrerin meiner Schwester sich mit dieser an das Instrument begab, um Musik zu machen, und die Aufmerksamkeit der Anwesenden sich dadurch auf einen bestimmten Punkt gerichtet hatte, setzte ich mich in meine Lieblingsecke zwischen dem Ofen und der Uhr nieder und fing an, die Siegel zu erbrechen, den Bindfaden aufzuschneiden, die doppelte Umhüllung des Inhaltes abzuwickeln. Ein langer Brief von Heinrichs Handschrift fiel in mein Auge. Ich fing zu lesen an – ich war wie vernichtet.

Der Mann, dem meine ganze Seele sich zugewendet, an den alle meine Gedanken, Wünsche und Hoffnungen sich geklammert, der Mann, an dem mein Sein gebunden war, liebte eine andere – liebte mit der höchsten Leidenschaft und hatte entsagt, um nicht sein besseres Selbst zum Opfer bringen zu müssen.

Ich war nicht imstande, den Brief fest in den Händen zu halten, ich hatte Not, die einzelnen Blätter wieder so weit zusammenzulegen, daß ich sie in die Tasche stecken konnte. Ich wollte aufstehen, die Füße versagten mir den

Dienst, ich wollte sprechen, und die Lippen waren mir wie gelähmt. Ich konnte eigentlich kaum sagen, daß ich irgend etwas wollte.

Ich sah hinaus, die Straße war still. Der Schnee lag blendend weiß auf dem Boden, auf den Wolmen, auf den Dächern der gegenüberstehenden Häuser. Die Schritte, welche auf den Treppen vor den Wolmen eingetreten worden, waren bereits wieder verweht und verdeckt. Die Laterne, die zwischen unserm Hause und der gegenüberstehenden Ecke an eiserner Kette hing, schwankte und schaukelte schrillend in dem starken Sturme hin und her. Ich blickte zum Himmel empor, die Sterne schienen mit nordischer Klarheit von dem tiefdunklen Firmamente hernieder. Ich haßte ihr helles Licht, ihr sinnloses Geflimmer in dem Augenblicke. Aber der eisige Sturmwind entzückte mich, der mir die Locken in die Höhe jagte und sie mir über die Augen trieb, und mit einer wahren Wollust fühlte ich die schneidende Kälte der Luft auf meinem Nacken und auf meiner Brust. Erhitzt, wie ich war, hoffte ich einen plötzlichen Tod zu finden; denn zu sterben, das war alles, was ich verlangte. – Und nicht einmal einen elenden Schnupfen trug ich davon. Man ist wie gefeit gegen alles äußere Ungemach, wenn man so unglücklich ist!

Was ich dachte? – Ich hatte gar keine Fähigkeit zum Denken. Es war wie ein Fallbeil auf mich herniedergefallen. Nur eine Art unbestimmter Empfindung war in mir rege, und diese rief in mir beständig: Er ist so unglücklich als du! – und ich hatte darüber eine Freude, die mir das Herz zerriß.

Man meint immer, solche innere Revolutionen müßten sich auch äußerlich kennzeichnen, man möchte vernichtet sein, wenn man sich vernichtet glaubt; und man ist ergrimmt darüber, daß es nicht so ist. Denn wir erhalten in unserer Dauerhaftigkeit gegen unsern Willen eine Bürgschaft für das Überstehen und Verschmerzen des gegenwärtigen Zustandes, gegen welche man sich empört, weil sie gegen die Berechtigung desselben zu protestieren scheint. Und doch ist die Leidenschaft berechtigt, schon darum, weil sie der Kraftmesser der menschlichen Natur ist. Nur wer es weiß, welcher Stärke er im Lieben und Hassen, im Genießen und im Leiden fähig ist, besitzt sich ganz und wird Herr über sich selbst.

Ich begann meine Kleidung in bescheideneren Farben einzurichten, ich wollte in meiner Erscheinung den Schwestern und den Leuten dartun, daß ich nicht mehr die Ansprüche der Jugend mache, ich beschloß auf das Tanzen zu verzichten, mit einem Worte, ich wollte mich gewöhnen, alt zu sein; und da ich wie mein Vater schon mit einundzwanzig Jahren hier und da ein graues Haar gehabt, so nahm ich die weißen Fäden, die sich in meinen Locken mehrten, als eine Annahme zur Resignation, was mich indessen gar nicht abhielt, sie sorgfältig zu verbergen.

Den Eltern entging es nicht, welche Wandlung ich mit mir zu machen beabsichtigte. Sie waren davon betroffen. Mein Vater, der von jeher ebenso wie die Mutter großen Wert auf unsere äußere Erscheinung und darum auch auf die Art unserer Kleidung gelegt hatte, machte gegen mich die Bemerkung, daß die matten Farben mich nicht kleideten, daß ich mich in der Toilette nicht vernachlässigen dürfe, daß jedes Frauenzimmer die Pflicht habe, so lange als möglich jung zu erscheinen und so gut auszusehen, als ihr Äußeres ihr es irgend gestatte. Ich scheine verstimmt zu sein, aber dagegen müsse man ankämpfen und sich die Traurigkeit nicht einmarinieren, um sie möglichst lange frisch zu halten. Es habe jeder im Leben Dinge, die er von sich abschütteln und vergessen müsse, und je eher man das tue, um so gescheiter es sei.

Das war nun recht schön und gut, ich sagte mir bisweilen auch dasselbe, und mit ein bißchen andern Worten sagte mir es hier und da auch unser Hausfreund, der treffliche Herr Rat. Es war nur schlimm, daß keiner von allen wußte, woran ich mich zerstreuen sollte, und, schlimmer noch, daß ich die alte Widerstandskraft nicht mehr besaß. Die langen Jahre voll fortdauernder Gemütserschütterungen waren nicht spurlos an mir vorübergegangen. Meine Gesundheit hatte sehr gelitten, und ich fühlte mich so abgespannt, so kraftlos und so ohne Schwung, daß ich mich selber nicht erkannte. Ich hätte immer nur die Platenschen Worte auf mich anwenden mögen: »Ich schämte mich der eigenen Gedanken, wenn sie wie Schwalben an der Erde flogen.«

Endlich an einem Sonntag-Nachmittage war ich ganz einsam in der Stadt. Der Vater und der Bruder waren, wie das bisweilen geschah, mit dem Neuhäuser Milchpächter am Morgen zur Mutter gefahren, Rat Crelinger, der mir sonst oftmals Gesellschaft leistete, war zu einem Diner geladen, die Kommis hatten sich ihren freien Sonntag zunutze gemacht, ich und das Dienstmädchen blieben in dem großen Hause also ganz allein, und es herrschte die vollkommenste Stille in demselben. Ich hatte lange gelesen, war dessen müde und blieb nun eine Weile sitzen, bis mir einfiel, ich könne wohl einmal an Heinrich schreiben. Ich stand auf, ging an meinen Schreibtisch, als ich aber die Feder in die Hand nahm, gab ich meinen Vorsatz wieder auf. Ich wollte ja zur Ruhe kommen, und wie konnte ich das, wenn ich seiner dachte, wenn ich zu ihm sprach?

»Draußen fiel der Regen mit langsamer Einförmigkeit vom Himmel hernieder. Der ganze Horizont war von bleichgrauen Wolken überzogen, kein Luftzug rührte sich, kein Lichtstrahl ließ sich blicken, und das lähmende Gefühl, das nervös reizbare Menschen bei warmer und feuchter Luft oft plötzlich überfällt, lastete schwer auf mir.«

Diese Situation, die ich damals nach der Natur schilderte, weil mir mit einem Male der Gedanke durch den Kopf schoß, ich müsse eine Erzählung schreiben, kopiere ich in diesem Augenblick aus dem Buche, in welchem ich sie damals verzeichnete. Es folgte ihr die Charakterisierung einer gewissen Mathilde, die natürlich niemand anders als ich selbst war, und ich hatte es auf etwa drittehalb Oktavseiten gebracht, als unser Hausgenosse von seiner Mittagsgesellschaft heimkehrte, sich mit seiner Zigarre zu mir setzte, mir

Bruchstücke aus Shakespeares Heinrich dem Sechsten vorlas und danach den Rest des Abends mit mir verplauderte.

Nach mehreren Tagen, als ich das Buch wieder in die Hand nahm, schämte ich mich jenes Dichtungsversuches. Ich kam mir recht eigentlich »albern« damit vor. Ich kannte das Beste unserer eigenen und der englischen und französischen Literatur, und weil ich es sehr zu würdigen verstand, hatte ich eine tiefe Geringschätzung gegen das Mittelmäßige und Unbedeutende. Mir irgendein über die Mittelmäßigkeit hinausgehendes Talent zuzutrauen fiel mir gar nicht ein, und schlechte Schriftstellerinnen waren mir immer ein Gegenstand des Spottes, ihre Werke unlesbar gewesen. Aus Langerweile und Herzensleere Romane zu schreiben schien mir obenein unwürdig; und mit meinem tiefsten Empfinden, mit meinem geheimsten Denken einfältige Frauenzimmer und schläfrige Kammerjungfern zu unterhalten, wie ich es mir damals nannte, kam ich mir zu gut vor. Ich dachte von der Dichtkunst sehr hoch, von der Masse des Publikums sehr gering; von mir als Talent hielt ich gar nichts, von mir als meines Vaters Tochter und als Charakter um so mehr, und so zog ich denn durch die drei komponierten Seiten drei dicke, ehrlich gemeinte Rotstift-Striche, und die begonnene Erzählung und das, wie ich glaubte, aus bloßer Langerweile entstandene literarische Gelüsten waren damit bescheidentlich wieder einmal für lange Zeiten abgetan.

Während man im Beginn des Herbstes noch allseitig mit dieser Angelegenheit beschäftigt war, kam mein Vater eines Abends mit einem Journal in der Hand von der Börsenhalle, der Ressource der Kaufmannschaft, in welcher er nach dem Schluß des Comptoirs eine Stunde die Zeitungen zu lesen pflegte, nach Hause. Er legte das Blatt, ein Heft der »Europa«, welche damals sein Cousin August Lewald redigierte, vor mir nieder und sagte: »Wenn ich nicht wüßte, daß du sehr lange dem August nicht geschrieben hast, würde ich behaupten, dieser ganze Artikel sei von dir.«

Ich nahm das Heft und erkannte in der angezeigten Stelle

augenblicklich ein Stück aus einem Briefe, den ich mehrere Monate vorher meinem Vetter geschrieben und in welchem ich ihm auf seinen Wunsch Auskunft über den Stand des Muckerprozesses und über die Schwärmerei der Sekte gegeben hatte. Der Vater fand, daß der Bericht gut geschrieben sei. Er machte die Bemerkung, daß er sich, nun er wisse, wie Lewald meine Briefe benutzte, manches erklären könne, was ihm in der »Europa« hier und da auffallend gewesen sei, und da wir keine Journale im Hause hielten, sah und erfuhr ich nicht, was Lewald früher etwa aus meinen Briefen für seine Korrespondenz-Artikel benutzt hatte.

Es ging mir damals lange und lebhaft im Kopf herum, als ich durch jene »Europa«-Artikel die Bemerkung machte, daß August Lewald, dessen eleganter Stil, dessen gewandte Darstellung uns oft große Freude gewährt hatten und dessen Erfahrung in literarischen Dingen unzweifelhaft war, meine sorg- und absichtslos geschriebenen Briefe für den Druck geeignet fand. Meine Worte und Gedanken sahen mich auf dem weißen Papier mit den schönen schwarzen Lettern und in Gesellschaft mancher bekannter Schriftstellernamen fremd und vornehm an. Es war mir, als befände ich mich plötzlich in kostbarer, mich verschönender Kleidung in einem prächtigen Saale, von verehrten Menschen gütevoll empfangen. Es tat mir äußerst wohl. Aber wie ich es mir damals noch keineswegs beikommen ließ, mich für ein Talent zu halten, so hatte ich noch viel weniger den Mut, meinen Vetter anzufragen, ob er mir ein solches etwa zutrauen würde.

Es dünkte mich deshalb eine wahre Wohltat, als meine Eltern mir die Möglichkeit in Aussicht stellten, meinen Vater abermals auf einer Reise zu begleiten. Er war seit der ersten Reise, auf welcher er mich mit sich genommen, mehrmals in Deutschland und über dessen Grenzen hinaus gewesen und im Herbste von neununddreißig wieder zu einer Reise genötigt. An diese Reise nun knüpfte sich sein Plan, mich bis Berlin mit sich zu nehmen und mich, wenn es zu machen wäre, den Winter dort zubringen zu lassen. Außer dem guten Willen für mich wirkte ohne Frage der Hinblick auf meine Schwestern bestimmend auf diesen seinen Entschluß ein. Die Schwestern konnten mehr zur Geltung und zur freiern Ausbildung ihrer Eigentümlichkeiten gelangen, wenn nicht eine älteste Tochter von so bestimmter Richtung auf ihnen lastete: Das fühlten alle, und das war auch ganz richtig. Man muß ja auch im Walde durch das Fällen der alten Bäume Raum für das Gedeihen des Nachwuchses zu schaffen suchen.

Da ich nun große Neigung hatte, für eine Weile fortzukommen, und in jenem Augenblicke niemand ein Interesse daran, mich zu halten, so wurden die Einrichtungen für meine Abreise bald gemacht. Und nach einem Zeitraum von mehr als sieben Jahren verließ ich denn, unter dem Schutze meines Vaters, zum zweiten Male die Vaterstadt und das Vaterhaus; aber nicht wie das erstemal eine trotz ihrer Schmerzen sehr glückliche Jugend, sondern eine Reihe bittrer Leidensjahre hinter mir zurücklassend und weit, sehr weit entfernt von allen jenen goldenen Hoffnungen und Erwartungen, welche mich einst bei jenem ersten Eintritt in die Welt so fröhlich umgaukelt hatten.

Es mag Ende Oktober oder anfangs November gewesen sein, als wir in Berlin anlangten. Dank den verbesserten Posteinrichtungen fuhr man jetzt nicht mehr wie bei meiner ersten Reise zweiundsiebenzig, sondern nur achtundvierzig Stunden von Königsberg nach der Hauptstadt; indes Regen und Schlackwetter hatten die Fahrt unbehaglich gemacht, und auch Berlin sah mich mit den nassen verregneten Straßen, auf denen alles unter triefenden Regenschirmen eilig vorwärts ging, nicht so verlockend freundlich an als vor sieben Jahren, da ich die Stadt im hellen Sonnenschein eines frischen Frühlingsmorgens zuerst betreten hatte. Ich knüpfte auch keine besonderen Wünsche und Hoffnungen an diese Rückkehr in die Residenz, und vielleicht wurde ich mir gerade dadurch der Wandlung, welche diese Jahre in mir hervorgebracht hatten, deutlicher als je zuvor bewußt.

Mein Vater konnte nicht lange in Berlin verweilen. Er hatte in seinen eigenen Geschäften auswärts zu tun und übernahm es noch auf Bitten eines Schwagers, in dessen sehr verwickelten Angelegenheiten nach Hamburg zu gehen. So mußte denn, da ich nicht allein in dem Gasthofe bleiben sollte, rasch ein Unterkommen für mich geschaffen werden, und derselbe Schwager bot meinem Vater ein solches für mich gegen eine geringe Entschädigung an. Die Vermögenslage dieses Onkels war bei einer einträglichen Stellung durch eine Menge von ihm verschuldeter Umstände keine günstige, aber er hielt es für notwendig, den Schein guter Verhältnisse aufrechtzuerhalten, und nahm noch immer eine ansehnliche Wohnung ein, so daß der Vater und ich uns der Hoffnung getrösteten, ich würde in dem Hause wohl versorgt sein. Wir hatten auch die gutmütige und gefällige Tante, die bedeutend jünger als ihr Mann und nur zehn Jahre älter als ich war, beide gern und lieb, und hätte sie in dem Hause zu bestimmen gehabt, so würde sie alles besser für mich eingerichtet haben.

Es macht mich lachen, wenn ich an jenes Winterquartier in meines Onkels Hause zurückdenke. Ich hatte ein zweifenstriges, früher einmal gelb gewesenes und fast leeres Zimmer. Eine geringe Bettstelle, eine elende Kommode, zwei ordinäre, mit Wachstuch übernagelte Tische, einen kleinen Spiegel, ein paar schlechte Rohrstühle und ein aus Latten und ungebleichter Leinwand zusammengeschlagenes Gestell zum Aufbewahren der Kleider. Das war mein ganzes oder vielmehr des Dienstmädchens Ameublement, welches mir von demselben nur mit dem größten Unmut abgetreten wurde.

Und doch fand ich mich darin, doch war ich bald mit diesem im Grunde unerträglichen Aufenthalte ganz zufrieden, weil ich dasjenige besaß, wonach ich mich vor allem andern gesehnt hatte. Ich war geistig ungestört mit mir allein; und wie der Kranke nach der heftigen Erregung eines Fieberanfalles kein anderes Verlangen hegt, als mit allen seinen Sinnen auszuruhen, so glaubte ich, daß mir auf der Welt nichts fehle, nun ich mir endlich einmal selber überlassen war.

Was ich eigentlich beabsichtigte, wußte ich selber nicht. Ich wollte mich zerstreuen, sollte mich amüsieren. Das ist aber beides viel leichter gesagt als getan, denn nun ich mir die Sache zu überlegen anfing, fand ich, daß man, um sich zu amüsieren, bestimmte Neigungen haben müsse, denen man nachleben, denen man etwas zugute kommen lassen könne; und ich hatte weder bestimmte Neigungen noch irgendwelche bestimmte hervorragende Kenntnisse oder Anlagen, die auszubilden mir ein Genuß gewesen wären.

Ich wußte mancherlei, sogar vielerlei und einiges davon ziemlich genau; ich hatte sehr viel und recht scharf gedacht, das war alles recht schön, aber damit war ich doch nichts, und damit war auch nicht viel anzufangen. Ich mußte also zusehen, abwarten, probieren, und um doch etwas zu tun, nahm ich mit ein paar Bekannten bei einem Engländer wieder einmal einige Monate Sprachunterricht, der uns französisch erteilt wurde, so daß wir dadurch einer doppelten Übung genossen. Ich las daneben viel, ging viel in Gesellschaft.

Soviel und auf so verschiedene Weise man daher auch von der Berliner Gesellschaft noch in den Provinzen zu sprechen liebte, sowenig war von ihr zu Ende der dreißiger Jahre noch vorhanden. Was davon noch existierte, waren Ausläufer einer vergangenen Zeit, und ich komme auf dieselben später noch zurück. Die verschiedenen Stände waren ziemlich scharf getrennt, feste Gesellschaftsabende oder Häuser, welche den Besuchern an jedem Abende offengestanden hätten, gab es in den bürgerlichen Kreisen wenige. Die Aristokratie hielt sich um den Hof geschart, die Ministersoireen standen der unabhängigen bürgerlichen Gesellschaft im allgemeinen nicht offen. Die höhern Beamten lebten das Jahr hindurch meist in genauester Beschränkung, um ein- oder zweimal im Winter eine jener ängstlich aufgesteiften, mit frostigem Überfluß versehenen Gesellschaften zu geben, bei denen in sonst ungeheizten Sälen die Feuchtigkeit aus den Wänden schwitzte und fremde Lohndiener sich in den Zimmern nicht zurechtfanden; und die reichen Kaufleute, Christen sowohl als Juden, gaben Bälle, Mittagbrote und Soireen, welche von hochgestellten Beamten, von Gelehrten und von höheren und niederen Militärpersonen sehr gern, aber doch mit einer gewissen halbironischen Herablassung besucht wurden. Es war, so weit mein Blick und die Berichte reichten, welche ich von andern erhielt, die mehr noch als ich Gelegenheit hatten, die Gesellschaft von Berlin kennenzulernen, damals nicht anders als jetzt. Das Jahr der Revolution in Preußen, dem man gern die Schuld von allen Unbilden aufbürden möchte, von denen man zu leiden hat, fand an der Berliner Geselligkeit nicht mehr viel zu verderben und zu zerstören. Es stellte nur die lang bestandene innere Trennung der verschiedenen Klassen noch bestimmter und ehrlicher heraus, und es wird hoffentlich der Epoche einer neuen Bewegung vorbehalten sein, aus dem Gesonderten das Zusammengehörende hervorzuheben und zu einer neuen Gesellschaft zu verbinden. Denn der Geist hat ein Zentrum nötig, in welchem er sich sammelt und aus dem er durch das Zusammenströmen und Zusammenwirken aller gekräftigt, befestigt und zur Tätigkeit erfrischt hervorgeht.

Ich hatte noch nicht lange in Berlin gelebt, als es mir auffiel, wie verschieden das Gemeingefühl seiner Bewohner in bezug auf die politischen Verhältnisse und die Regierung unseres Vaterlandes von dem über jene Dinge bei uns, in der Provinz Preußen, herrschenden Gemeingefühl sich kundtat. Natürlich gab es an beiden Orten Männer, welche dem Gange der Ereignisse sorgfältig folgten; aber die Teilnahme an denselben war in Berlin lange noch nicht so verbreitet wie bei uns, und man konnte Wochen hindurch in der Berliner Gesellschaft leben, ohne von jenen Vorgängen und Tatsachen sprechen zu hören, welche bei uns so sehr den Gegenstand der Unterhaltung unter den Männern ausmachten, daß die Frauen gezwungen waren, sie kennenzulernen und sich, wenn auch nicht dafür zu interessieren, so doch mindestens bis zu einem gewissen Grade darüber zu unterrichten.

In der Berliner Gesellschaft herrschte noch eine gewisse patriarchalische Harmlosigkeit. Man sprach wohl von den Welthändeln, insofern das Königshaus und die Ansicht der einzelnen Glieder desselben dabei in Betracht kamen, aber von den Vorgängen im eigenen Lande war wenig die Rede. In der Residenz beschäftigte man sich vorzugsweise mit dem Leben des Hofes, bei uns in Preußen mit den Maßregeln der Regierung. Wie fern die Kreise, in welchen ich mich damals in Berlin bewegte, dem Hofe auch standen, so waren sie doch voll von höheren Beamten, welche ganz entschieden den Ton angaben und natürlich geneigt waren, alles vortrefflich zu finden.

Bei uns war das anders. Freilich liebte man dort den König auch und erinnerte sich enthusiastisch jener Zeiten, in welchen das fliehende Königspaar mit seinen Kindern Zuflucht in Preußen und in der damaligen Hauptstadt seiner Monarchie gesucht hatte, aber man sagte sich gleich daneben, daß jene Zeiten in Berlin vergessen, daß die Energie und der Opfermut der alten Provinz nicht genügend anerkannt worden sei.

Das bürgerliche Element des Kaufmannstandes behauptete bei uns die Herrschaft, und unsere Kaufleute, deren überseeische Geschäfte ihren Blick erweitert und sie selbst vielfach in der Welt umhergeführt hatten, sahen in jenen Tagen mit Geringschätzung auf die Bank- und Papiergeschäfte von Berlin herab, die ihnen, mit Recht oder Unrecht, weniger ehrenvoll, weniger des großen Kaufmanns würdig erschienen. Trat in Königsberg irgendwo eine Anmaßung von seiten der Beamten oder des Militärs hervor, so fand sie sicherlich bald ihre Abfertigung, und wer ihr dieselbe angedeihen ließ, konnte der allgemeinsten Zustimmung versichert sein.

Der hannöversche Verfassungsbruch, die Entsetzung der sieben Göttinger Professoren, von denen Albrecht früher in Königsberg gewesen war, hatten eine große Aufregung verursacht. Herrn von Rochows Hinweis auf den »beschränkten Untertanenverstand«, der direkt gegen die Elbinger Bürgerschaft gerichtet worden war, lebte als schwer empfundene Beleidigung in dem Gedächtnis der Ostpreußen, und selbst Kinder brauchten gegeneinander spottend diese Redewendung, weil sie dieselbe immer und immer wieder zu hören bekamen. Vor allem aber war man gegen die Art der Frömmigkeit eingenommen, welche in Berlin zum guten Ton gehören sollte. Nach den Erfahrungen, die man mit dem pietistischen Sektenwesen bei uns zu machen gehabt, war es nicht auffallend, wenn man jedem religiösen Scheinwesen, jeder schwärmerischen überspannten Gläubigkeit und orthodoxen Tyrannei im Gebiet des Protestantismus äußerst abgeneigt und sehr begierig auf den Ausgang des Streites und der verschiedenen einzelnen Konflikte war, in welche die Regierung durch ihr Verfahren gegen den Kölner Bischof mit der katholischen Geistlichkeit geraten war. Bei uns nahmen alle diese sozialpolitischen Ereignisse die Geister bereits mächtig hin, während man in Berlin sich noch tief in der Ruhe dilettantischer Liebhabereien wiegte.

Die ganz veränderte Atmosphäre, in welcher ich mich bewegte, tat mir aber wohl. Ich war mehr mit Betrachtung der andern als mit mir selbst beschäftigt, indes, es gab dazwischen doch kaum einen Tag, an dem ich mir nicht die Frage vorgelegt hätte: Was soll dir dieser Aufenthalt in der Fremde?

Ich hatte mich gewöhnt, mich für alt, für fertig mit dem Leben zu halten, diesen Glauben nahm man mir in meiner jetzigen Umgebung; aber wenn ich nun noch jung war, wenn ich noch zehn, noch zwanzig, noch dreißig Jahre vor mir hatte, was sollte mit diesen werden? Was sollte ich mit ihnen machen? Sie hinzubringen wie die letzten Jahre war eine Aussicht, die mir Entsetzen einflößte. Sollte und wollte ich leben, so mußte es ganz anders werden als bisher; und aus der tiefen Mutlosigkeit, welche sich meiner bei diesen Betrachtungen bemächtigte, erwuchs mir ein Widerstreben gegen längeres Leiden, erwuchsen mir der Glaube und die Gewißheit, daß es eine Torheit, ja ein Verbrechen sei, sich dem Leide zu überantworten, ehe man nicht alles versucht hätte, sich davon zu befreien.

Die Pfingsttage fielen damals auf den sechsten und siebenten Juni, und wie man sich acht Tage früher gefragt, ob der König die Friedrichsfeier erleben werde, so fragte man sich jetzt: Wird er das Pfingstfest überdauern? Am siebenten war ich mit meinen Verwandten um Mittag nach Potsdam hinausgefahren. Schon bei der Abfahrt von dort erfuhren wir auf dem Perron der Eisenbahn den Tod des Königs. Als wir nach Berlin zurückkamen, war eine stille Unruhe in den Straßen zu bemerken. Eine Menge Equipagen fuhren trotz der späten Stunden noch hin und wieder. Vor den verschiedenen Schlössern hielten Wagen, die Leute standen vor dem Palais des verstorbenen Monarchen und sahen nach den Fenstern hinauf und gingen nach dem großen Schlosse und betrachteten den Flügel desselben, in welchem der neue König wohnte. Sie hätten gern an den Mauern ablesen mögen, was darinnen geschah und was jetzt werden würde. Die Bangigkeit, welche jeden vor einer großen Entscheidung überfällt, hatte sich des Volkes bemächtigt, und eine wirkliche Trauer über den Tod des Königs war unverkennbar. Man betrauerte ihn nicht bloß wie einen König, sondern wie einen guten Mitbürger und alten Freund. Die alten Leute gedachten der Kriegsjahre und all der Not und Fährlichkeit, welche sie mit Friedrich Wilhelm dem Dritten und er mit ihnen durchlebt. Wohin man kam, sprach man von seinen Familientugenden, von seiner Einfachheit, von seinem Privatleben. Alle Anekdoten über ihn wurden mit dem größten Wohlwollen erzählt, man freute sich in der Erinnerung an der Sparsamkeit, mit welcher er sein Likör- oder Rumfläschchen selbst unter Verschluß gehalten, man freute sich an seinem alten Soldatenmantel und der alten, durch lange Jahre getragenen Dienstmütze; und wenn hier und da jemand die Bemerkung machte, daß dieser Sparsamkeit der große Aufwand für das Ballett sonderbar widersprochen habe, so konnte man sehen, daß selbst des Königs Vorliebe für dasselbe und sein Verhältnis zu den Tänzerinnen für die Berliner eine gemütliche Seite hatte – und im Grunde war das sehr natürlich.

Und von dem, was der neue König tun würde, konnte man sich keinen rechten Begriff machen. Er war mehr ein Gegenstand der Neugier als der Liebe oder gar des Vertrauens. Was man sich bis dahin von ihm erzählt hatte, waren Witze oder geistreiche Worte gewesen, von denen nachweislich viele auf seine Kosten gestellt wurden, die niemals von ihm ausgegangen waren. Von einer lebendigen Teilnahme an den Regierungsgeschäften wußte man wenig oder nichts. Auch beschäftigten sich in diesem Augenblicke mehr die gebildeten Klassen mit der Zukunft, welche er bringen würde, als das Volk, das ganz allein auf die Trauer um den Verstorbenen gestellt war.

Es war eigentlich immer bestimmt gewesen, daß ich bei dem Beginne des Frühjahrs Berlin verlassen sollte, und ich selber fühlte die Verpflichtung dazu, da mein Aufenthalt außer dem Hause, wie mäßig meine Ansprüche damals auch noch waren, doch mancherlei Ausgaben verursachte, welche fortfielen, wenn ich in der Heimat lebte. Aber meine Freunde widerrieten mir die Rückkehr. Sie machten mich darauf aufmerksam, daß ich mich in Berlin in jedem Betrachte erholt hätte, daß ich in meinem Vaterhause wieder von den alten Übelständen zu leiden haben würde, und die Verständigsten und Wohlmeinendsten unter ihnen redeten mir dringend zu, eine Stelle als Gesellschafterin oder als Vorsteherin eines Hauswesens zu suchen. Und ich wiegte mich noch in meiner müden Unentschiedenheit, mit der ich nur Zeit und Mut verlor, als ich bald nach dem Begräbnistage des Königs von meinem Vater die unerwartete Weisung erhielt, nach Hause zu kommen, da die wieder sehr leidende Mutter auf das Land hinausziehen solle und meine Anwesenheit im Vaterhause dadurch wünschenswert sei. Es ward mir zugleich angedeutet, daß, je schneller ich heimkehrte, um so willkommener ich sein würde und daß ich deshalb, ohne auf irgend jemand zu warten, mit dem ich die Fahrt gemeinsam machen könne, sobald ich fertig wäre, mit der Schnellpost allein nach Hause kommen solle.

Meine sämtlichen Pläne, wenn man die schwankenden Absichten eines unentschiedenen Menschen Pläne nennen kann, wurden dadurch vollständig umgeworfen. Meine Gedanken wendeten sich alle plötzlich der Heimat zu. Ich fing an zu besorgen, daß meine Mutter mehr krank sei, als man es mir sage, und nachdem ich in der größten Eile Vorkehrungen für meinen Aufbruch gemacht hatte, kehrte ich nach Hause zurück.

Die Huldigungsfeierlichkeiten standen nahe bevor, und da mit denselben eine größere Heerschau verbunden werden sollte, hatten sich allmählich die Truppenkörper schon zusammengefunden und waren nach kurzer Rast in das bei Lauth, einem von der Stadt etwa eine Stunde entfernten Dorfe, aufgeschlagene Lager eingezogen. Viele der Landwehroffiziere, die Gutsbesitzer oder Beamte waren, hatten Frauen und Töchter zu den bevorstehenden Festlichkeiten mitgebracht, den Landadel, die Landstände, die Vertreter der verschiedenen Städte kamen allmählich auch herbei, und wenn solch ein Zusammenfluß von Menschen in den Städten, welche mehrere Hunderttausende von Einwohnern zählen, auch nicht eben auffällt, so machte es sich in einer Stadt von sechzigtausend Einwohnern, in welcher alle Welt einander mindestens von Ansehen kannte, natürlich sehr bemerklich, als zehn- bis zwölftausend Fremde in ihren Straßen auf und nieder gingen, das Militär gar nicht mit eingerechnet, welches unablässig aus dem Lager in die Stadt kam. Wir waren wie in eine fremde Welt versetzt, und bei der Gastlichkeit, welche dem Norden eigen ist, war das Treiben bald sehr allgemein.

In jedem Hause war es voll von Gästen aus der Umgegend, die ihre Freunde und Bekannten als ebenso willkommene Gäste mit sich brachten; es kamen Leute zu Tisch und wurden als gute Bekannte zur Wiederkehr eingeladen, von denen man nichts erfuhr, als daß ihre Güter in der Nähe des Gutes eines uns befreundeten Gutsbesitzers gelegen waren. Die Abgeschlossenheit der meisten häuslichen Kreise hatte sich plötzlich in eine rasche Geselligkeit verwandelt. Die Massen waren in Fluß gekommen, die Pedanterie des steifen Umgangstones war vor dem Gefühl einer gemeinsamen freudigen Erwartung gewichen. Fremde Männer, schwarz gekleidet, gingen durch die Stadt und sahen Gebäude und Menschen an, glänzende Equipagen rollten durch die engen Straßen, überall tünchte man in der Eile noch die vernachlässigten Häuser an, besserte man das Straßenpflaster und die Brücken aus und fuhr man ganze Wälder von Laub und Tannen herbei, um die Girlanden zur Ausschmückung der Stadt zu fertigen. Es gingen Wunderdinge vor, und wir waren auf Großes gefaßt.

Und Großes und Bedeutendes stand uns denn auch bevor. Wie sehr auch die Folgezeit jene hochgespannten Erwartungen herabgestimmt und getäuscht hat, welche man von der Regierung Friedrich Wilhelms des Vierten zu hegen sich berechtigt hielt, man darf den Eindruck nicht vergessen und nicht verkleinern wollen, welchen sein erstes öffentliches Auftreten durch ganz Deutschland hervorrief, man muß den Zauber selbst empfunden haben, den seine Persönlichkeit damals auf die Menschen übte, um dem Wesen des Königs und seiner geistigen Bedeutung gerecht zu sein.

Vierzehn Tage nach der Abreise des Königs empfing ich einen Brief von August Lewald. Er schrieb mir, daß er gern eine recht genaue Schilderung der Huldigungsfeierlichkeiten für die »Europa« haben möchte und daß ich ihm einen Gefallen tun könnte, wenn ich ihm eine solche machen wolle. Mir war das sehr erwünscht, denn ich war froh, wenn ich etwas zu schreiben hatte, und da ich selbst noch unter dem frischen Eindruck des eben Erlebten war, so sprach sich das bis zu einem gewissen Grade in der Skizze aus, die ich meinem Vetter sendete. Er druckte sie so ab, wie ich sie geschrieben, und es war noch vor Weihnachten, als mein Vater eines Tages einen Brief von Lewald erhielt, in welchem dieser meinem Vater sein Wohlgefallen an meiner kleinen Arbeit aussprach. Er lobte das Sachliche der Beschreibung, lobte den Stil und machte die Bemerkung: »Fanny hat ein so entschiedenes Talent zur Darstellung, daß ich nicht begreife, wie sie nicht von selbst daraufgekommen ist, sich mehr darin zu versuchen. Sie ist ohne Frage eine dichterische Natur, und es wäre nicht zu verantworten, wenn sie eine solche Begabung nicht benutzte und ein Feld brachliegen ließe, von dem sie für ihre Zukunft gute Früchte ernten könnte.«

Mir stieg, als ich diese Worte las, das Blut vom Herzen schnell und warm zu Kopfe; ich sah meinen Vater an, er mochte mir die Freude von den Augen ablesen. Ja! Das war es! Das konnte mir helfen!

Es war mir ein Blick aus der Wüste in das Gelobte Land, es war eine Aussicht auf Befreiung, es war die Verwirklichung eines Gedankens, die Erfüllung eines Wunsches, die ich mir einzugestehen nicht getraut hatte.

Ich suchte aus meines Vaters Mienen zu erraten, was er zu dem Briefe Lewalds dächte. Er verstand das. »Ich habe anfänglich Bedenken getragen, dir den Brief zu geben«, sagte er, »weil ich glaube, wenn du wirklich ein Talent zum Dichten hättest, würdest du es von selbst getan haben, und du weißt nebenher, daß ich für das Heraustreten der Frauen aus ihrer Sphäre nicht bin. Anderseits aber bist du in einem Alter, in welchem ich dir nicht verheimlichen mag, was Lewald über dich urteilt, und wenn du in der Muße, die du hast, deinen Stil ausbilden willst, so kann das in jedem Falle dir für dein ganzes Leben nur vorteilhaft sein. Nur sprich nicht darüber, denn wer über Dinge spricht, die er tun möchte und vielleicht einmal tun wird, ist ein Narr!«

Mir war zumute, als wären mir Flügel verliehen! Ich

konnte den Augenblick nicht erwarten, in welchem ich mich an meinem Schreibtisch befinden würde, und als ich nun in meine kleine Stube eintrat, als ich mich vor dem Schreibtisch niedersetzte, kam mir der kleine Raum, so hübsch er mir immer erschienen war, doch wie erleuchtet und verwandelt vor. Es war ein klarer Wintertag ohne Frost und Schnee, wie sie bei uns vor Weihnachten, nach langem Regenwetter bisweilen vorkommen. Die Straße war trocken, es sah hell aus, wenn ich das Auge hinauswendete. Die Mittagssonne schien auf die Bilder, die über meinem Schreibtisch hingen, auf die Statuette der Jungfrau von Orléans, die zwischen ihnen auf ihrer kleinen Konsole stand, auf mein großes Efeuspalier und meinen Lehnstuhl, der noch heute, dreißig Jahre später, an meinem Schreibtisch steht und mir jetzt den damaligen Tag recht lebhaft in das Gedächtnis ruft. Ich kam mir wie in einem Märchen, wie verzaubert vor, denn es dünkte mir, als sei mir die Herrschaft über die Welt geschenkt, als brauchte ich nur den Zauberstab, die Feder in die Hand zu nehmen, um für mich und andere Welten, Menschen, Ereignisse und Schicksale aus dem Nichts hervorzuzaubern. Was mir in früher Kindheit mein Lehrer, Herr von Tippelskirch, vorausgesagt, was mir oft dunkel, oft klarer vorgeschwebt und was mir einzugestehen nur der große Begriff mich abgehalten, welchen ich von der Bürde und der Bedeutung dichterischen Schaffens gehabt hatte, das erkannte mir jetzt ein Mann unbedenklich zu, der so viele Talente sich unter seinen Augen hatte bilden sehen, so vielen ein Rat und ein Führer geworden war. Ich sollte die Fähigkeit des Dichters haben, ich sollte ein Dichter werden können! Ich war über alles Sagen glücklich!

Hatte ich mir solche Wonne erträumt und setzte ich mich zum Schreiben nieder, so blickte mich die kleine Büste von Goethe, die auf meinem Schreibtisch stand, mit ihren ernsten Augen und den nachdenklichen Falten an den Wangen so ermahnend an, daß ich schnell wieder zur Besinnung kam, d. h., daß ich wieder an mir zu zweifeln anfing, bis ich am Neujahrstage von achtzehnhundertvierzig der Lust, mich zu erproben, nicht länger widerstehen konnte. Da mir nun das Märchen, das ich früher gemacht, immer gut gefallen, so meinte ich, ein Märchen, wenn auch sonst nichts anderes, das würde ich sicherlich wieder machen können; und so nahm ich denn mein grünes Buch vor und schrieb ein kleines Geschichtchen zusammen, das ich ein »Modernes Märchen« nannte und dessen vierundzwanzig Seiten ich in einem Zuge auf das Papier warf.

Ich änderte und korrigierte eine ganze Weile an der kleinen Erzählung herum, dann aber wollte ich mein Schicksal kennen und schickte sie mit Erlaubnis meines Vaters an August Lewald, der damals in Baden-Baden lebte.

Er ermutigte mich zugleich, mich ohne weiteres an eine größere Arbeit zu machen, schrieb mir, daß er das »Moderne Märchen« gleich habe abdrucken lassen, schickte mir das Honorar dafür, das in acht Talern und einigen Groschen bestand, und – ich war im ersten Momente geradezu benommen von meiner Freude.

Ich las den Brief immer aufs neue, es war mir, als müsse ich wachsen und sichtlich größer werden. Das Lob tat mir so wohl und daß ich mich um das Urteil meines Bruders nicht bekümmern sollte. Ich wußte noch nicht, wie sehr sein geschulter und tüchtiger Verstand mir später für meine ganze Art zu arbeiten maßgebend und belehrend sein würde, und mein Verlangen nach Unabhängigkeit war so groß!

Ich sagte, daß ich einen Brief aus Stuttgart bekommen. Er hatte das im Comptoir, vom Lizente kommend, bereits erfahren. »Was schreibt dir Lewald?« fragte er wieder. Ich las ihm den Brief vor; er lächelte dabei. »Das klingt sehr aufmunternd«, sagte er darauf, »und Lewald wird's wohl verstehen! Aber er irrt, wenn er dir allein ein Urteil über deine Arbeiten zutraut. Im Gegenteil! Man ist in der Regel inkompetent über das, was man selbst gemacht hat.«

Ich versuchte das zu widerlegen, indes der Vater unterbrach mich mit der Frage: »Und du denkst also wirklich daran, eine größere Arbeit anzufangen, du willst also Schriftstellerin werden?«

»Ja! Wenn du nichts dagegen hast, lieber Vater!« Er zuckte mit den Schultern, wie er es zu tun pflegte, wenn er sich in etwas fügte, was ihm nicht lieb war. Das tat mir wehe und leid.

»Überlege dir die Sache, lieber Vater!« fuhr ich fort, »und das eine bemerke ich dabei ausdrücklich: Bedenke, daß ich nichts halb zu tun pflege.«

»Was heißt das?« fragte er kurz und ernst.

»Ich meine, wenn ich arbeite, so ziehe ich die gelben Glacé-Handschuhe aus und fasse die Dinge fest und mit nackter Hand an. Wenn ich schreiben soll, so muß ich ganz heraus sagen können, was ich denke, und jedes Thema berühren, das mir dazu angemessen scheint. Ich kann keine Rücksicht nehmen auf dasjenige, was du von mir zu hören wünschest oder was du die Kinder (so wurden wir in Gesamtheit noch immer genannt) hören lassen willst.«

»Das begreife ich!« entgegnete er mir.

Wir waren beide gleich ernsthaft, der eine wie die andere, denn ich wollte, wenn ich meinen neuen Lebensweg antrat, am wenigsten meinen Vater darüber im unklaren lassen, wie ich über denselben dachte. »Auf die Weise wie bisher«, nahm ich noch einmal das Wort, »kann ich dauernd dann nicht weiterleben. Wenn ich die Mittel dazu erwerben kann, muß ich die Welt sehen und freier mit Menschen, mit Männern, die mich fördern, verkehren können, als es hier bei uns am Teetisch in Gegenwart von euch und von fünf Schwestern geschehen konnte.«

Mein Vater schwieg einen Augenblick und frühstückte während der ganzen Unterredung ruhig fort. »Ich sehe nur nicht ab, was für ein Äquivalent ich dir dafür zu bieten hätte!« meinte er nach einer Weile. »Du bist dreißig Jahre, bist unverheiratet, und ich kann nicht sagen: Hier ist ein Vermögen, das dich lebenslänglich unabhängig erhält. Auf der andern Seite bist du immer verständig gewesen, hast mir nie Anlaß gegeben, mit dir unzufrieden zu sein, und du versprichst dir Glück von der Ausübung deines Talentes. Also tu, was dir gut deucht, und Gott gebe, daß es zu deinem Guten sei. Nur das eine bedinge ich mir ganz ausdrücklich aus, es darf niemand, auch Rat Crelinger und Doktor Kosch – der letztere war unser Hausarzt – das geringste von deiner Schriftstellerei erfahren.«

Befreiung und Wanderleben

Mir hatte oftmals vorgeschwebt, welches meine Lage geworden wäre, wenn man mich zu jener Vernunftheirat überredet und ich nachher den Geliebten wiedergesehen haben würde, und ich hatte mich dann oftmals mit der Frage beschäftigt, ob mein Pflichtgefühl stark genug gewesen sein würde, über meine Leidenschaft den Sieg davonzutragen. Ich hatte mir eine Menge von Situationen erdacht, hatte das Für und das Wider nach allen Seiten hin erwogen, hatte mir bald einen verzweiflungsvollen Untergang, oft auch eine edle und sehr erhabene Entsagung ausgemalt, und da mein ganzer Sinn nach allen Richtungen darauf gestellt war, mich an das Nächste zu halten, so suchte ich auch jetzt nicht nach besondern Ereignissen, griff auch nicht in ferne Zeiten oder vornehme Regionen hinüber, wie Anfänger das gern und meist zu ihrem Nachteil tun: sondern ich hielt mich einfach an das, was ich genau kannte, an Menschen, an Charaktere und an Verhältnisse, bei denen ich mich über keine Unwahrheit oder Unwahrscheinlichkeit mit jenem besänftigenden und beschönigenden »es könnte wohl so sein« oder »es wird wohl so sein« zu beruhigen vermochte, und so entstand denn der kleine Roman »Clementine«, den ich eben jetzt, nach langen Jahren, zum ersten Male wieder angesehen habe. Dieser Freude an den Gestalten gesellte sich nun noch die Wonne hinzu, durch ihre Vermittlung einmal alles sagen zu können, was mir seit so vielen Jahren auf dem Herzen gelegen hatte, und es sagen zu können, ohne daß man mich zurechtwies, ohne daß man mir widersprach, ohne daß ich mich zu mäßigen und Rücksicht zu nehmen und ohne daß ich es zu meiner Verteidigung zu sagen brauchte. Es ist ein solches Glück, seine innerste Überzeugung auszusprechen, seinen Glauben bekennen zu dürfen! Wäre das nicht der Fall, die Zahl der Märtyrer auf allen geistigen Gebieten würde lange nicht so groß geworden sein!

Mir klopfte das Herz vor Entzücken, wenn ich niederschrieb, was ich über die Liebe, über die Ehe dachte. Es war mir wie das Niederlegen eines Glaubensbekenntnisses. »Ich hasse die Ehe nicht«, ließ ich einmal die Heldin des Buches, Clementine, in einem Briefe an ihre Tante schreiben, »ich hasse die Ehe nicht, im Gegenteil! Ich halte sie so hoch, daß ich sie und zugleich mich zu erniedrigen fürchte, wenn ich dies heilige Band knüpfte, ohne daß mein Gefühl teil daran hätte.«

Es war mir, als hätte ich eine Tat getan, einen Freiheitskampf bestanden, einen mir nicht mehr zu entreißenden Sieg erfochten, wenn ich solche Worte vor mir auf dem Papier hatte, wenn ich mir dachte, daß mein Vater sie lesen, sie als meine Überzeugung vor der Öffentlichkeit ausgesprochen lesen würde. Ich dachte Tag und Nacht nur an meine Arbeit, meine ganze Seele war davon entflammt, ich vergaß die Zeit, es raubte mir den Schlaf.

Fast in jeder Nacht und oftmals auch am Tage wurde ich von einem Herzkrampf befallen, der mir den Atem nahm, mir den Angstschweiß auf die Stirne trieb und mich auf das äußerste ermattet zurückließ, wenn er vorüber war. Gefährlich sollte diese Beschwerde nicht sein, ich hatte sie schon nach der Trennung von Leopold hie und da gefühlt, jetzt aber war es bei weitem schlimmer. Ich magerte ab und denke noch mit Grausen an die Angst jener Tage und Nächte. Unser Arzt, der treffliche Doktor Kosch, verordnete mancherlei, indes, da ich es ihm auf ausdrücklichen Befehl meines Vaters verheimlichte, daß ich schrieb und daß diese Tätigkeit mich so gewaltig anspannte, so machten wir es ihm unmöglich, sich meine wachsende Überreizung richtig zu erklären, und als er mich eines Tages in einem heftigen Weinkrampf antraf, erklärte er mir sehr energisch, wie seine Kunst solcher Art von Nervenleiden gegenüber völlig machtlos sei, wie mir gar nichts zu meiner Herstellung übrigbleibe, als mich gewaltsam zusammenzunehmen und jene Selbsterziehung zu beginnen, die in Selbstbeherrschung bestehe und ohne welche ich für mein ganzes Leben verloren sein würde.

In allen solchen Fällen kam mir neben meiner Vernunft immer auch der Stolz zu Hülfe, der sich nicht beklagen und bemitleiden lassen mag, und auch in diesem Punkte begeht man bei der Erziehung der Frauen ein Unrecht, wenn man sie von Jugend auf in dem Wahne erzieht, daß sie nicht bloß das schwächere Geschlecht sind, daß sie weniger ertragen können, daß sie eher ihren Leiden nachgeben dürfen als der Mann. Schäme dich! sagt man zum Knaben, wenn er sich über einen Schmerz beklagt, du bist ja ein Junge! Dem Mädchen ruft man das selten zu. Man tröstet es, man beklagt es leichter und macht so dem Geschlechte, das, seiner Naturbestimmtheit nach, vielfach zum Ertragen von Unbequemlichkeiten, von Leiden und Schmerzen gezwungen ist, statt es mit geistiger Kraft gegen dieselben auszurüsten, mit einer systematischen Verzärtelung die Weichlichkeit zu einer ihm zustehenden oder gar angeborenen und also berechtigten Eigenschaft. Man kajoliert die Empfindlichkeit der Mädchen und wundert sich nachher über das nervenschwache und hysterische Geschlecht.

Das Jahr vierzig und das Jahr einundvierzig, dessen Herbst inzwischen herangekommen war, hatten in Königsberg ein ganz neues Leben hervorgebracht. Gleich dem Goetheschen Zauberlehrling hatte Friedrich Wilhelm der Vierte mit seiner Huldigungsrede Kräfte zur Tätigkeit aufgerufen, die, lange vorhanden, nur des Augenblicks gewartet hatten, sich zu betätigen, die der König nicht zu bannen vermochte, die ihm über den Kopf wuchsen und sich gegen ihn zu wenden begannen, als er es versuchte, sie aufs neue in Fesseln zu schlagen und zu unterdrücken.

Einer der konsequentesten Köpfe unserer Zeit, ein scharfer Denker, ein durchaus ernsthafter, damals aber noch junger Mann, war es denn auch, der es in Königsberg über sich genommen hatte, die allgemeine Meinung zum Ausdruck zu bringen, die allmählich heranzubilden und zu erzeugen er seit einer Reihe von Jahren mitgewirkt. Doktor Johann Jacoby war fünfunddreißig Jahre alt, als er die »Vier Fragen, beantwortet von einem Ostpreußen« publizierte und sich dadurch zum Mittelpunkte aller derjenigen machte, welche sich der Bevormundung entwachsen und reif genug fühlten, selbst beratend und bestimmend an der Verwaltung und Leitung ihrer bürgerlichen und vaterländischen Angelegenheiten teilzunehmen.

Schon früher war er als Publizist aufgetreten, aber seine literarische Tätigkeit war nie eine fortgesetzte gewesen. Sie war ihm nicht Sache des Erwerbes, denn er war Arzt und hatte für seine Praxis seine Zeit nötig; sie war ihm auch nicht eigentlich Sache des Genusses, denn er hatte nie, wie man es nennt, zu seinem Vergnügen geschrieben, und er produzierte schwer. Nur wo es einen Mangel aufzudecken, ein Unrecht abzuwehren, einen Irrtum aufzuklären galt, war er mit kurzen polemischen Broschüren, deren knappe Zusammengefaßtheit, deren klarer Ernst an Lessing erinnerten, für Recht und Wahrheit eingetreten und hatte, wie am Krankenbette dem einzelnen, bei den allgemeinen Übelständen der Gesamtheit seines Volkes und Landes helfend zu dienen gestrebt.

Seine Angriffe gegen die Unentbehrlichkeit der medizinisch-chirurgischen Pepinière zu Berlin, seine an den damaligen Oberregierungsrat Streckfuß gerichtete Streitschrift für die Emanzipation der Juden, seine Anmahnungen, die studierende Jugend auf den Schulen nicht durch toten Schulzwang und durch Vernachlässigung der körperlichen Ausbildung zu ruinieren, hatte die Art seiner Kritik und seiner

Polemik dargetan, aber auf dem eigentlich politischen Felde hatte er sich noch nicht betätigt, und die ruhige und würdevolle Einfachheit, mit welcher er in seinen »Vier Fragen« es der preußischen Städteversammlung auseinandersetzte, daß es jetzt für sie an der Zeit sei, die im Jahre fünfzehn verheißene Verfassung und Volksvertretung, welche sie »bisher als Gunst erbeten, nunmehr als erwiesenes Recht in Anspruch zu nehmen«, gewann ihm die größte Achtung und Verehrung in der Stadt, in der Provinz, im Vaterland und weit über die Grenzen hinaus.

Ohne wesentlich aus seinen gewohnten Lebensverhältnissen, aus seiner Zurückgezogenheit herauszutreten, war er bald die leitende Seele dessen, was in Königsberg geschah, und wie sich aus dem abgeschlossenen Maschinensaale einer großen Fabrik die Bewegung bis in die entferntesten Teile derselben verbreitet und Verrichtungen leistet, welche man kaum noch mit der Maschine und ihrer Triebkraft in Verbindung glaubt, so regte der Geist Johann Jacobys nach allen Seiten und auf allen Gebieten den Trieb zum Fortschritt und den Drang zur Arbeit an demselben an.

Er stand aber mit diesen Bestrebungen glücklicherweise nicht allein da. Es hatte sich in jener Zeit in Königsberg ein Kreis von Männern zusammengefunden, die mehr oder weniger jung, alle noch unabgebraucht waren und jenen Idealismus besaßen, der wirksam ist, auch wenn er, von der Verhältnisse Ungunst gehemmt, hinter seinem Ziele zurückbleiben muß. Da diese Männer verschiedenen Berufskreisen und zum Teile auch verschiedenen Gesellschaftskreisen angehörten, trugen sie bewußt oder unwillkürlich ihre Ansichten in die Familien über, und es gab bald kaum noch ein Haus, von der Wohnung, welche der Minister von Schön im königlichen Schlosse bewohnte, bis hinab in die Werkstatt des Handwerkers, in welcher man nicht mit Achtsamkeit den öffentlichen Ereignissen und den Maßregeln der Regierung gefolgt wäre, in welcher man nicht entschlossen gewesen wäre, nicht länger müßig zuzusehen und abzuwarten, sondern sich so weit zu unterrichten und zu bilden, als nötig sei, um das, was man bisher als eine Gunst erbeten, als ein Recht fordern zu können.

Es sind immer einzelne Personen und bestimmte Stichworte, welche die Träger und die Symbole für die geistigen Bestrebungen bilden. Solche Stichworte waren im Jahre vierzig und in den ihm folgenden Jahren bei uns in Königsberg die Schlußworte der »vier Fragen« und als ihr Gegensatz die Phrase, mit welcher der Minister, Herr von Rochow, die Elbinger Bürger an ihren »geringen Untertanenverstand« gemahnt hatte, als sie sich mit einer Petition an die Regierung gewendet hatten. Wie im Jahre achtundvierzig kleine Burschen in den Straßen von Paris Barrikaden spielten und mit energischem Tone das Girondisten-Lied sangen, so konnte man bei uns in Königsberg, wie schon erwähnt, im Jahre einundvierzig achtjährige Buben bei ihren Zänkereien auf den »beschränkten Untertanenverstand« ihrer Kameraden schimpfen und sie beteuern hören, daß sie »keine Gunst erbitten wollten, wo sie ihr Recht zu fordern hätten«.

War es mir nicht vergönnt, wie die Männer in meiner Nähe und wie die Mitarbeiter der Jahrbücher im offenen und entscheidenden Kampfe mitzufechten, so wollte ich ihnen wenigstens unter der Schutzwehr der Dichtung, so gut ich es vermochte, die Kugeln zutragen helfen. Von meinem ersten kleinen Roman an bis hin zu diesen gegenwärtigen Geständnissen über mich selbst habe ich es als meine höchste Aufgabe betrachtet, in meinen Arbeiten dichtend den Zwecken und Überzeugungen zu dienen, welche mir Ideal und Religion sind, seit ich zu denken gelernt habe. Das heißt der Tendenz, so weit sie Sache des menschlichen Interesses und nicht der abstrakten Parteinahme ist. Denn nur die erste ist wesentlich die Aufgabe des Dichters; und ich bin mir bewußt, in meinen Arbeiten, ebenso wie ich meine Überzeugung vertrat, auch die mir entgegenstehenden Ansichten und Überzeugungen, soweit ich sie nachzudenken vermochte, mit der Anerkennung ausgestattet zu haben, welche die poetische Unparteilichkeit dem Dichter zur Gewissenssache macht.

Es hat mir daher auch keinen Kummer verursacht, wenn man mir damit einen Vorwurf zu machen geglaubt, daß meine Absichten und Überzeugungen in meinen Dichtungen deutlich durchzufühlen seien. Denn abgesehen davon, daß es mir für einen Menschen von ernsten Überzeugungen unmöglich scheint, diese nicht auch in seinen schöpferischen Arbeiten als seine sittliche Grundlage zu vertreten, habe ich oftmals erfahren, wie ich hier Klarheit und dort Duldung in manche Seele getragen, der beide auf dem Wege der eigenen Erfahrung oder der kalten Doktrin nicht zugänglich gewesen wären, und hätte ich den Glauben nicht gehabt, mit der offenen Darlegung meines innersten Erfahrens und Erleidens denselben sittlich-poetischen Zwecken zu dienen, denen mein Leben nun jetzt seit zwanzig Jahren gewidmet gewesen ist, so wäre ganz gewiß kein Blatt dieses Werkes in die Öffentlichkeit gekommen und wahrscheinlich keine Zeile desselben geschrieben worden.

Kaum hatte ich das Manuskript der »Clementine« abgesendet, so hatte ich auch angefangen, an einem zweiten Roman zu arbeiten. Ich fühlte eine wahre Leidenschaft, alles zu sagen, was ich auf dem Herzen hatte, und nun ich mir die Seele von demjenigen freigeschrieben, was mich am persönlichsten und schwersten berührt hatte, nun ich gesagt, was ich von dem Grundsatz dachte, daß es eine Notwendigkeit und eine Pflichterfüllung sei, sich zu verheiraten, auch ohne daß man den Mann liebt, mit dem man sich verbindet, nun ich meine Sache meinem Vater gegenüber dichtend vertreten und ein für allemal durchgefochten hatte, nun drängte es mich, einem andern Vorurteile zu begegnen, unter dessen Last nicht ich allein geseufzt, sondern von welchem Hunderttausende mit mir zu leiden gehabt hatten – dem Judenhasse der Christen.

Der Stoff, den ich mir für die »Jenny« – dies war der Titel

meines zweiten Romanes – gewählt hatte, war damals ein vielbesprochener, denn es war unverkennbar, daß die Regierung, unter dem Vorgeben, die Verhältnisse der Juden selbständig festzustellen, nur eine schärfere Absonderung derselben von den Christen beabsichtigte. Die Juden sahen das mit Besorgnis. Sie traten allerorten mit Wort und Schrift für ihre Sache auf, und die Aufgeklärten aller Bekenntnisse stellten sich auf ihre Seite. Die Emanzipation der Juden war von der einen Seite, die Unterdrückung derselben war von der andern ein Gegenstand lebhafter Erörterungen, und im Dichten wie in dem damaligen Leben blieb ich somit eigentlich immer in demselben Elemente.

Ich war mitten im Rausche meiner Arbeitslust, als die Krankheit meiner Mutter plötzlich ganz unerwartet schnelle Fortschritte machte. Drei, vier Wochen lang sahen wir an jedem Tage das immer schnellere Sinken ihrer Kräfte; in den Tagen, welche dem ersten Dezember folgten, glaubten wir mehrmals, uns vor ihrer letzten Stunde zu befinden.

Ihr Leiden war sehr groß, ihre Geduld war es nicht minder, ihr Bewußtsein blieb klar und hell. Für den vierten Dezember, den Geburtstag meiner ältesten Schwester, hatte sie dieser, welche zumeist um sie war, noch einen warmen Morgenrock und andere Kleinigkeiten selbst bestellt und übergeben und verlangt, daß die gewohnten Geburtstagskuchen gebacken werden sollten – am Abend des sechsten Dezember, als es eben zehn Uhr geschlagen hatte, verloren wir sie.

Sie war nur fünfzig Jahre alt geworden.

Meine Arbeit war durch den Tod meiner Mutter sehr ins Stocken geraten. Die mancherlei Umgestaltungen, welche wir zu bewerkstelligen hatten, die Korrespondenz, welche ein Todesfall hervorruft, und mehr noch meine schlechte Gesundheit hatten mir das Schreiben unmöglich gemacht, denn es gab damals wenig gute Tage für mich. Ich litt bald auf diese, bald auf jene Weise und konnte mit dem besten Willen nicht mehr Herr über mich werden. Ich wußte, daß ich mir nicht meine Beschwerden und Schmerzen, wohl aber ihre Bedeutung hypochondrisch übertrieb, und doch waren sie im Moment, in welchem sie mich überfielen, so quälend und beängstigend, daß ich zu sterben glaubte, selbst wenn ich fünf Minuten vorher mir diese Angst als eine Torheit vorgehalten und ihre Wiederkehr bei jedem neuen Anfall als eine Verstandesschwäche verdammt hatte. Da aber, nach dem alten französischen Sprichwort, jedes Unglück zu etwas gut ist, so hatten meine beständigen Todesgedanken das Gute für mich, daß sie mich mehr und mehr gewöhnten, an jedem Abende meine kleinen Angelegenheiten so zu ordnen, alle meine Beziehungen so klar und übersichtlich zu halten, als sollten sie nun graden Weges in andre Hände übergehen, von andern Augen als den meinen angesehen werden; und da der Gedanke an den Tod in mir durch mein ganzes Leben gleich lebendig geblieben ist, so bin ich denn auch durch Gewohnheit dahin gekommen, stets mit meinen sämtlichen Beschäftigungen und Angelegenheiten auf dem laufenden und mit den äußern Dingen gleichsam immer reisefertig zu sein, so fest das Herz und das Lieben sich auch an die Erde klammern und so groß und entschieden die Lust an dem lebenden Verweilen auch in mir ist.

Im Anfang des Frühjahrs, als ich wieder an meinem Roman zu arbeiten begonnen, schickte mir Lewald einen Brief von Brockhaus, der bei ihm angefragt hatte, ob der Verfasser der »Clementine« ihm nicht einen Beitrag für den nächsten Jahrgang des damals noch existierenden Taschenbuches »Urania« liefern könne. Das machte mir große Freude, denn es war mir ein Beweis für den guten Erfolg meiner ersten Arbeit. Ich hatte nun freilich keine Novelle fortzugeben, ließ ihm aber, ermutigt durch seine Anfrage, den Verlag des neuen Romans anbieten, den er augenblicklich und unter günstigen Bedingungen übernahm.

Bei der politischen Richtung, welche damals in Königsberg die vorwiegende war, hatte die in jenen Jahren in Aufnahme gekommene politische Poesie dort große Verehrer gefunden. Die bedeutendsten unter den politischen Gedichten, Georg Herweghs Gedichte eines Lebendigen, hatten daher ein großes Publikum bei uns gewonnen und uns alle, die wir uns als »Lebendige« betrachten zu können glaubten, auf das lebhafteste ergriffen. Die rücksichtslose und immer zutreffende Kraft seines Ausdrucks, das Dithyrambisch-Rhetorische in seiner Begeisterung, die schneidende Schärfe seines Spottes und das unverkennbare Gepräge wahrer poetischer Kraft, das in der Mehrzahl seiner Gedichte sich kundgab, hatten etwas Hinreißendes gehabt, und daneben war die Diktion so schwungvoll und so leicht, der Rhythmus so energisch und so fortziehend, daß die Lieder sich dem Gedächtnis schnell einprägten und sicher haften blieben. Man nahm ihre Aussprüche unwillkürlich in das Leben auf, und es erregte also lebhaften Anteil und große Freude, als man erfuhr, Herwegh, der sich eine Zeitlang in Berlin aufgehalten hatte, werde zu Anfang des Dezember nach Königsberg kommen. Seine Freunde bereiteten sich sofort darauf vor, ihm mit der Aufnahme, welche sie ihm angedeihen ließen, alle die Anerkennung zu beweisen, die sie ihm entgegenbrachten. Unsere nächsten Bekannten und Umgangsgenossen, Rat Crelinger an ihrer Spitze, empfingen ihn als einen persönlichen Gast, er wurde in verschiedenen Familien vorgestellt, seine Jugend, sein anziehendes Äußeres, seine Wohlredenheit nahmen in ungewöhnlichem Grade für ihn ein, und fast alle unsere Freunde, welche uns in den Tagen besuchten, hatten ihn kennengelernt und sprachen auf das günstigste von ihm.

Um ihm eine Ehre zu erzeigen und zugleich eine Demonstration zu machen, hatte man ein Festessen veranstaltet, dessen Held der junge Dichter war und an welchem alle die Männer teilnahmen, welche sich in Königsberg zu den Liberalen rechneten. Mein Vater, der sich von solchen öffentlichen Festgelagen seiner Neigung nach fast immer fernhielt, war nicht dabei zugegen, und wir alle sahen Herwegh überhaupt nicht, weil wir eben damals während des Trauerjahres sehr eingezogen lebten; indes wir vernahmen von dem Feste gleich an dem ihm folgenden Tage, und jeder, der davon berichtete, wußte nicht genug zu sagen, wie hingerissen der andere gewesen und wie sich die Aufregung zündend von Geist zu Geist fortgepflanzt, wie man es endlich einmal empfunden habe, was es mit der Begeisterung freier Männer auf sich habe. Man wiederholte die Reden und Trinksprüche, welche man vernommen, es war viel Wahres, viel Gefühltes und viel Schönes darunter gewesen; aber für den Außenstehenden war es unverkennbar, daß man sich im Ehrgeiz des Enthusiasmus unwillkürlich überboten hatte und daß manch einer Äußerungen getan hatte, welche man in seinem Munde, wenn man ihn näher kannte, eben nur als poetische Lizenzen aufzunehmen hatte.

Ich aber sollte, wenn auch nicht über mich selber hinaus, so doch in die Welt hinaus. Mein Bruder Moritz hatte mir schon bei seiner Anwesenheit zu einem Luftwechsel und mehr noch zu einem Wechsel der Lebensweise geraten. Ich hatte mich jedoch nicht entschließen können, die Meinen während des Trauerjahres zu verlassen, und mich noch weniger entschließen können, meinem Vater die Ausgaben für eine neue Reise aufzubürden. Ich hatte schon zwei Reisen gemacht, meinen Schwestern war das gleiche noch nicht zuteil geworden, und mir wurde auch der Gedanke, mich von dem Vater zu trennen, da die Mutter tot und keiner seiner Söhne im Hause war, jetzt viel schwerer als vorher.

Andererseits aber war ich in der Tat krank; und die Rücksicht auf die freiere Entwicklung meiner Schwestern, die früher bisweilen meine Entfernung von Hause wünschenswert hatte erscheinen lassen, waltete auch jetzt noch ob. Ich fühlte, daß ich nicht arbeiten dürfe, und zu Hause in ruhiger Muße die Tage hinzuleben, traute ich mir nicht die Festigkeit zu. Mein Vater wünschte daneben, daß ich Schönlein beraten solle, weil mein immer tieferes körperliches Herunterkommen ihn trotz aller Beruhigungen unseres sorgsamen Arztes ängstigte, und so entschloß ich mich denn im Hochsommer von dreiundvierzig, als ich mein erstes Honorar von Brockhaus erhielt, die Vaterstadt und meinen Vater wieder für eine Weile zu verlassen.

Ich hatte für die »Jenny« sechzig Friedrichsdor bekommen, hatte den Ertrag von ein paar anderen kleinen Arbeiten und einen Teil meines ersparten Taschengeldes zurückgelegt und kam mir mit einem Vermögen von zirka vierhundert Talern, zu denen das Garderoben-Geld von vierundachtzig Talern hinzukam, welches mein Vater mir gab, hinreichend ausgestattet vor, um ein Jahr davon außer dem Vaterhause leben zu können. Mein Vater neckte mich mit meinen Schätzen, hatte aber Freude daran, mich erwerbsfähig zu sehen, und so reiste ich denn am vierzehnten Juli wieder nach Berlin, ohne einen bestimmten Plan für meine nächste Zukunft zu haben.

Hier ist Platz, etwas zu werden! Das war meine Empfindung, als ich an dem Abende, welcher meiner Ankunft folgte, von dem oberen Balkon des Kranzlerschen Hauses, auf dem wir Eis gegessen hatten, die lange Straße der Linden und die Friedrichstraße hinuntersah. Zu Hause hatte ich oft die Empfindung gehabt, als fehle mir der Raum, mich zu regen, als könne ich die Arme nicht aufheben, ohne anzustoßen, als nehme mir das Zusehen der andern die Fähigkeit der Bewegung. Hier in den breiten Straßen, in denen das Gaslicht so hell zwischen dem Grün der Bäume funkelte, hier, wo die Menge bei dem schönen Sommerwetter so lustig auf und nieder wogte, war mir's, als atme ich leichter, als sei ein Druck von mir genommen. Ich freute mich an all den Menschen, nur weil sie mich nicht kannten, und wie man sich unter Verhältnissen in der Fremde mit Inbrunst nach dem Anblick eines bekannten Antlitzes sehnen kann, so genoß ich mit wahrer Wonne das Fremdsein in der großen Stadt.

Berlin fand ich in den drei Jahren, während welcher ich es nicht gesehen, ungemein verändert. Früher hatte sich das Leben vorzugsweise in der Königsstadt und in dem Stadtteile bewegt, welcher das Schloß, die Linden und die zunächst liegenden Straßen umfaßte. Kam man achtzehnhundertvierzig nach den Stadtteilen in der Gegend des Potsdamer Tores, so war es dort einsam wie in Darmstadt oder Karlsruhe. Jetzt war das anders geworden. Die Anhalter Eisenbahn und die von Potsdam aus weiter eröffneten Schienenwege zogen die Menschenmassen und den Verkehr nach dem Westende der Stadt. Es waren dort neue Straßen, wie die Anhalter Straße und der Askanische Platz, entstanden; das ganze Viertel zwischen dem Askanischen Platze und der Potsdamer Straße befand sich im Bau. Rund um den Tiergarten erhoben sich neue Häuser, und zwar mit einem Aufwande und mit einem Geschmack, von welchem früher bei Privatbauten nicht entfernt die Rede gewesen war.

Der Luxus war überhaupt auffallend gestiegen. Der Geschmack des Hofes ist für die Residenzstädte überall maßgebend, und Friedrich Wilhelm der Vierte liebte die Pracht. Von den überaus prächtigen Uniformen der Garde-du-Corps bis auf die Hofequipagen und Livreen war alles glänzender geworden; und wenn man heute an diesen Luxus auch lange gewöhnt ist, so besprach man ihn damals doch sehr viel, und nicht eben, um ihn zu loben. Daneben lachte man noch über die Offiziere mit ihren mittelaltrigen Waffenröcken und den neuen Arimbiörn-Helmen, wenn sie dazu ein Lorgnon ins Auge gekniffen hatten; man lachte über das Stück Mittelalter, das den Uckermärkern und Kassuben mit der Pickelhaube auf den Kopf gestülpt worden war; man verglich die goldstrahlenden vier- und sechsspännigen Hof-Equipagen mit ihren Vorreitern, Kutschen und Lakaien mit der zweisitzigen und zweispännigen Halbchaise, in welcher Friedrich Wilhelm der Dritte durch die Straßen gefahren war, und verglich die neuen bordürenstrotzenden Livreen mit den alten, welche damals die Fürstin von Liegnitz und der Hofstaat des Prinzen Wilhelm noch beibehalten hatten. – Überall fand man neue Magazine mit prächtigen Schaufenstern eröffnet, die »Etalage« war bei uns eingebürgert worden, und man bot in den Läden Waren für Zimmereinrichtungen und Toiletten zu Preisen feil, die vor wenig Jahren noch niemand gezahlt haben würde.

Weit mehr noch als die einzelnen Gala- und Staatsaktionen interessierte mich das Leben des Volkes; denn die uns durch unsere ganze Erziehung eingeflößte Teilnahme für alles, was die Tätigkeit des Gewerbes und die Verhältnisse der Gewerbetreibenden und der sogenannten arbeitenden Klasse anging, war durch die Richtung der damaligen Literatur noch erhöht worden. Wir befanden uns nämlich gerade in den Tagen der »Mysterien«. Sue hatte die »Mysterien von Paris« geschrieben, Bettina in ihrem »Königsbuche« die Zustände in dem Berliner Voigtlande aufgedeckt, und man war solchergestalt eigens darauf hingewiesen, hinter den Figuren, welche uns täglich begegneten, irgendwelche Besonderheiten und Geheimnisse zu vermuten und sie sich darauf anzusehen. Der Schulmeister, die Chouette, die Rigolette spukten in allen Köpfen, und ich finde denn auch in den Briefen, welche ich in jener Zeit an meinen Vater schrieb, vielfache Notizen und Erzählungen über Personen und Begegnungen, welche mir innerhalb der gedachten Gebiete vorgekommen waren. Eine kleine Unterredung mit einer Bettlerin scheint mir so charakteristisch für die Bettler-Industrie der großen Städte, daß ich mich nicht enthalten kann, sie hierherzusetzen.

Schon bei meinem frühern Verweilen in Berlin hatten mich die blinden Musikmacher in den Straßen interessiert, einmal, weil bei uns in Königsberg diese Art des Bettelns noch gar nicht vorkam, und zweitens, weil ich, an Berechnen solcher Dinge gewöhnt, mir nicht vorzustellen vermochte, wie der blinde Musikant und sein Führer zusammen von den Almosen leben konnten, die nicht eben oft und reichlich gegeben zu werden schienen.

Nun befand ich mich eines Mittags bei einer Freundin, als es plötzlich an ihrer Türe klingelte. Man öffnete, und eine starke Stimme rief die Worte: »Die blinde Harfenfrau!« in das Entree hinein. Meine Freundin erhob sich und ging hinaus, es stand eine noch ganz kräftige Frau im Korridor, die Hausherrin reichte derselben das Almosen, welches sie ihr allmonatlich zu geben pflegte, und fragte dabei, ob sie nun schon etwas spielen könne?

Ich sah mir die Bettlerin an, ihre Augenlider waren krank, aber sie sah offenbar vollkommen gut und war überhaupt in einem Zustande, der sie anscheinend zu jeder Arbeit befähigte, so daß ich ganz verwundert fragte, ob sie denn die blinde Frau sei und weshalb sie die Harfe spielen lerne?

Mein Erstaunen brachte sie aber keineswegs aus der Fassung. Sie zuckte mit den Schultern und antwortete mit einer völligen Unbefangenheit: »Sehen Sie, Fräuleinchen! Das ist, wie es so kommt! Ich habe an die zehn Jahre eine blinde Frau geführt, die die Harfe spielte, und die ist mir voriges Frühjahr gestorben. Nun bin ich auch schon zweiundfünfzig Jahre, und schlimme Augen habe ich auch. Ich bin einmal nach der Charité gegangen und wollte mich kurieren lassen, da haben sie aber gesagt, für meine Augen wäre nichts. Da dachte ich, was sollst du machen? Aus der Arbeit war ich raus; meine Tochter dient bei einem Federviehhändler, die kann mir auch nichts abgeben, denn sie hat selber noch nicht viel; ich entschloß mich also kurzum und lernte die Harfe.« – »Aber wo bekamen Sie die Harfe her?« fragte ich. – »Die hab ich mir gekauft.« – »Was kostet die Harfe?« – »Zehn Taler! Ich zahle monatlich einen Taler ab.« – »Können Sie Noten lesen?« – »Nein! Ich lerne bei Rikkerten spielen, der lehrt es mich so in die Finger!« – »Was müssen Sie dafür bezahlen?« – »Fünf Silbergroschen für die Stunde.« – »Wieviel Stücke können Sie?« – »Viere, aber erst eins ganz fertig. Wenn nun aber die langen Abende kommen und man nicht mehr Lust hat, so lange auf der Straße zu bleiben, weil's Geschäft auch abends nicht so geht, dann will ich's bis auf zehne bringen.« – »Macht's Ihnen denn Vergnügen, zu spielen, daß Sie so viel Stücke lernen wollen?« – »Das eine, was ich kann, recht sehr! Aber die andern, die müßten Sie Rikkerten spielen hören, das ist wie ins Opernhaus!« – Sie hatte wirklich eine Art von Enthusiasmus für die Kunstleistungen ihres Lehrers, als ich, darüber lachend, wissen wollte, ob er viel Schüler habe, antwortete sie, als ob die bloße Frage sie beleidige: »Schüler? Der? Das reißt gar nicht ab, von früh bis spät.« – »Warum lassen Sie sich denn aber führen? Sie können ja ganz gut sehen und sind ja stark genug, die Harfe zu tragen?« forschte ich weiter. – »Gott ja! Tragen könnte ich sie schon, aber es sieht beweglicher aus, wenn mich einer führt«, bedeutete sie mich, »und es bringt sich denn auch ein.« – »Was geben Sie der Frau, die Sie führt?« – »Fünf Groschen den Tag, denn das bekam ich auch!« – »Und wieviel nehmen Sie ein?« – »Wenn's Wetter schlecht ist und sie gehen mit Regenschirmen, daß keiner was aus der Tasche nehmen will, wird's manchmal nicht mehr als zehn Silbergroschen, ist's aber schön und ich spiele im Tiergarten, dann sind's auch fünfzehn, auch zwanzig Groschen, und stoße ich just auf viele Fremde, dann auch fünfundzwanzig und darüber!«

Mein Umgangskreis hatte sich nun schon seit dem Jahre neununddreißig weiter ausgebreitet.

Man nannte die Namen der Personen, um welche sich jene aus den verschiedensten Ständen zusammengesetzte Gesellschaft versammelt hatte, Namen von hochgeborenen Frauen, von Schauspielerinnen, von Jüdinnen, aber sie waren dahin, und nur aus der Zahl der letzten lebten noch zwei hervorragende Persönlichkeiten, die Hofrätin Henriette Herz und Frau Sara Levy.

Ich trug ein Verlangen, diese Damen kennenzulernen, aber mir fehlte der Mut, die teilnehmende und verehrende Empfindung, welche ich für sie hegte, als ein Anrecht an sie zu betrachten, und so war ich schon lange in Berlin gewesen, ehe ich einer jungen Frau, welche von der Hofrätin Herz sehr hochgehalten wurde, einmal den Wunsch aussprach, der letztern zugeführt zu werden.

Die Hofrätin Herz war die Tochter eines jüdischen Arztes, eines Doktor Lemos, und siebenzehnhundertvierundsechzig in Berlin geboren. Fast noch ein Kind, kaum fünfzehnjährig, hatte man sie einem bedeutend älteren Manne, dem Doktor Marcus Herz, verheiratet, der ein berühmter Arzt und als solcher ebenso als um seines Geistes und seiner hervorragenden Bildung wegen weit geachtet und gesucht war. Als Gattin dieses Mannes, von dessen Originalität und von dessen oft sehr drastischen Kuren ich in meiner väterlichen Familie noch manche auf eigens Erinnern gegründete Erzählungen vernommen, hatte sie in Berlin ein großes Haus gemacht, bis ihr Gemahl zu Anfang des Jahrhunderts gestorben war. Ihre Vermögenslage war bei seinem Tode keine glänzende, indes war dieselbe damals noch ausreichend, ihr eine heißersehnte mehrjährige Reise nach Italien zu gestatten, und als sich nach ihrer Heimkehr aus dem Süden ihre Glücksumstände noch ungünstiger gestalteten, hatte die edle Frau es trefflich verstanden, sich mit würdiger Entsagung in die ihr auferlegten Beschränkungen zu finden und nach wie vor voll Teilnahme an dem Allgemeinen wie an dem Persönlichen, voll Hülfsbereitschaft für jeden, dem sie etwas leisten konnte, der geistige Mittelpunkt eines großen und bedeutenden Menschenkreises zu bleiben.

Es wa schon ziemlich spät am Tage und dämmrig, als ich zum ersten Male bei ihr eintrat. Die Hofrätin, welche ich immer als eine der schönsten Frauen ihrer Zeit habe bezeichnen hören, war damals schon in der Mitte der Siebenziger und saß, eben von einem Krankheitsfalle genesen, mit einem weißen Oberrock und einer weißen, etwas großen Haube angetan, in einem alten, niedrigen Lehnstuhl, nahe an dem Fenster.

Sie empfing mich sehr verbindlich, obschon ich damals keinen äußern Anspruch irgendeiner Art vor ihr geltend zu machen hatte, wiederholte mir das Freundliche, was die Dame, welche mich ihr vorstellte, ihr über mich gesagt, und tat eine Reihe jener Fragen an mich, welche wohlwollende, lebenssichre Menschen dem Neuling in der Gesellschaft als die Brücke unterbreiten, auf welcher er über die ersten Minuten hinwegkommen kann.

Ich hatte dabei Gelegenheit, sie zu betrachten und, so alt und verfallen ihre Züge waren, die vollendete Regelmäßigkeit ihres Kopfes zu bemerken. Die große freie Stirn, die vorspringende Braue und der edle Schnitt der Nase waren noch unverkennbar, obschon der Mund tief eingesunken war und das Kinn dadurch hervortrat, auch die Augen sahen noch klug und freundlich in die Welt, und vor allem war die Stimme noch sehr angenehm, die ganze Art und Weise ihres Behabens wohltuend.

Später, als ich ihr näher bekannt wurde und sie öfter besuchen durfte, bemerkte ich, daß ihr Oberkörper im Verhältnis zu ihrer Gestalt eigentlich zu klein war, so daß sie sitzend nur die gewöhnliche Frauengröße zu haben schien, während sie in der Zeit ihrer vollen Kraft über die Höhe unseres Geschlechtes hervorgeragt haben und eine wahrhaft majestätische Frau gewesen sein soll.

Sie wohnte, als ich sie kennenlernte, in der Markgrafenstraße in dem ersten Stockwerk eines alten und ziemlich verfallenen Hauses. Über eine finstre Treppe und einen ebenso finstern Flur trat man durch eine kleine, kaum möbliert zu nennende einfenstrige Stube in das zweifenstrige Wohnzimmer ein, das mit der höchsten Einfachheit eingerichtet war. Keines von den modernen Möbeln, die wir jetzt beinahe zu den Unentbehrlichkeiten rechnen, keine Fauteuils, keine Causeusen, keine großen Spiegel, keine Nippessachen waren darin zu sehen. Ein mattfarbiges Papier bedeckte die Wände, ein dunkler, großer Teppich den Fußboden. Es waren ein Sofa und Stühle da, auf denen man sitzen konnte, ein runder Tisch, um den man saß, es hing auch ein alter Spiegel über der Kommode, es fehlte eben kein Möbel von denen, welche dem notwendigen Bedürfnis entsprachen, aber über dieses hinaus war nichts vorhanden, und doch vermißte man nichts, sondern man fühlte sich behaglich, sobald man eintrat, ja, man kam sich altgewohnt in diesem Raume vor, weil man in demselben nichts zu besehen und zu betrachten, sich über gar nichts zu verwundern hatte. Selbst die Büste ihres Freundes Schleiermacher, welche auf dem Sekretär stand, und die Portraits, welche hie und da an den Wänden hingen, fielen nicht als etwas Fremdes auf. Man hatte sie so oft gesehen, diese Bilder der beiden Humboldts und ihrer großen Zeitgenossen; aber man blickte sie in den Zimmern dieser Frau doch noch mit andern Augen als sonst an, denn diese Frau hatte jene Männer in den Tagen ihrer Jugend gekannt, und ihr waren die Menschen Lebensgenossen und nahe Freunde gewesen, in welchen wir aus der Ferne die großen Männer unseres Volkes verehrten.

Es war ein Vergnügen, sie sprechen, und ein Genuß, sie erzählen zu hören. Formsicher, wie sie war, wußte sie mich den verschiedenen Personen, die ich bei ihr traf, in einer Weise vorzustellen, welche diese zu ähnlicher Rücksicht für mich aufforderte; und die gleiche, fördernde Güte hatte ich auch in Frau Sara Levy angetroffen, welcher ich noch früher als der Hofrätin Herz vorgestellt worden war und welche die Eigenschaft, eines der Wahrzeichen von Berlin zu sein, in gewissem Sinne ebenso wie die Hofrätin Herz für sich in Anspruch nehmen konnte. Sie war noch um ein Jahr älter als diese letztere und von Geburt Jüdin wie sie; aber während die Hofrätin in der Mitte ihres Lebens zum Christentum übergetreten, war Frau Levy dem mosaischen Glauben treu geblieben und hatte sich eine Mission daraus gemacht, die Vertreterin desselben zu sein, wo man sich gegen ihn erhob, und dabei jeden Fortschritt zur geistigen Bildung bei seinen Bekennern in der liberalsten Weise zu unterstützen. Ebenso reich, als die Hofrätin unbemittelt, ebenso unschön, als diese schön gewesen, waren die Frauen von früher Jugend auf Freundinnen gewesen und einander an Güte des Herzens und an Wohltätigkeit völlig gleich; nur daß bei der Hofrätin Herz alles, was sie tat, ein Gepräge hoher weiblicher Anmut an sich trug, während in Frau Levy überall ein gewisses männliches Wesen unschön hervortrat. Sie war nur mittlere Größe und mager, trug sich aber trotz ihrer sechsundsiebzig

Jahre straff und aufrecht und ging, obschon sie auffallend schielte und ihr Auge kurzsichtig war, mit einer für ihre Jahre doppelt ungewöhnlichen Energie und Kraft umher. Ihre Stimme war sehr tief, ihre Redeweise kurz und gebieterisch, wenn sie sich nicht eben in eine längere Unterhaltung einließ, und es klang daher oft komisch, wenn sie freundliche und zuvorkommende Dinge im Tone des Befehlens aussprach. Als ich sie einmal gegen meinen Bruder mit warmer Verehrung rühmte, meinte er: »Ich weiß das alles und verehre die Frau so sehr als du, mir ist sie aber zu kriegerisch!«

Der Ausdruck brachte uns damals alle zum Lachen, und doch lag etwas Richtiges darin, nur nicht das völlig Richtige. Nicht kriegerisch war sie, aber eine tapfere Frau, und diese Tapferkeit hatte sich gerade damals – wenn auch nach meinem Sinne nicht an der rechten Stelle – wieder einmal bewährt. Frau Levy besaß und bewohnte das große Gebäude, welches sich hinter dem Packhof, fast von der Spree bis zu dem jetzigen neuen Museum, hinzieht und das in diesem Augenblicke noch erhalten ist. Sie hatte das Haus seit ein paar Menschenaltern inne, hatte es, wie sie mir einmal sagte, bezogen, als es noch ringsum im Felde gelegen, und es war mit dem großen, wohlgehaltenen und liebevoll gepflegten, von den prächtigsten Bäumen beschatteten Garten ein doppelt schöner Besitz, da solche weite Räumlichkeiten und so große Gärten in der volksreichen Residenz allmählich zu den Seltenheiten zu gehören begannen. Als nun Friedrich Wilhelm der Vierte den Bau des neuen Museums unternahm, hatte man, um dasselbe in der beabsichtigten Weise auszuführen, nicht nur ein Stück des Levyschen Gartens nötig, sondern auch einen Flügel des Hauses, und zwar eben der, welchen die Eigentümerin selbst bewohnte, hätte niedergerissen werden müssen. Man hatte ihr deshalb die darauf hinzielenden Kaufanträge unter den günstigsten Bedingungen zugehen lassen. Indes, Frau Levy besaß nicht jenen Gemeinsinn, welcher auf sein eigenes Behagen um des allgemeinen

Besten willen ohne weiteres verzichtet; und während sie sich, wenn schon mit Überwindung, dazu entschloß, ein Stück ihres Gartens abzutreten, so verweigerte sie es fest, ihre Wohnung aufzugeben. »Nach meinem Tode«, sagte sie, »können sie das ganze Grundstück haben, und ich will Sorge dafür tragen, daß sie es billig bekommen; solange ich aber lebe, bleibt mein Eigentum mein. Und da der König gern seinem Ahnen Friedrich dem Großen nachlebt, so will ich der Müller von Sanssouci sein, der ihm Gelegenheit gibt, aufs neue ein Eigentum zu respektieren.« – Die Baumeister reklamierten nach rechts und links, auch der König wollte den Bau in seinem Wissen gefördert wissen, achtete jedoch, selber originell und willkürlich, die fremde Willkür und Originalität, wenn es sich eben so fügte. Er fand sich also von dem starken Festhalten der Greisin belustigt, und endlich erhielt, wie man mir erzählte, Alexander von Humboldt das Amt, hier vermittelnd einzuschreiten. Aber er war selbst ein Greis, er wußte, was die gewohnten Räume dem Alter sind, und es kam also jenes Übereinkommen zustande, infolgedessen Frau Levy ihr Haus unangetastet bewahrte und nur jenen kleinen Teil ihres Gartens für den Bau abtrat, wodurch man sich denn genötigt sah, den einen Flügel des Museums schief zu legen.

Ungemein unterrichtet und voll von großen, ernsten Interessen, hatte Frau Levy, ebenso wie die Hofrätin Herz, fast alle bedeutenden Menschen ihrer Zeit gekannt, aber sie war über die Vergangenheit weniger mitteilsam als jene und überhaupt, wie es mir scheinen wollte, mehr auf das Abstrakte als auf das Persönliche gestellt. Es geschah wohl einmal, daß sie erzählte, Achim von Arnim und Bettina Brentano hätten sich bei ihr im Garten verlobt, während der Friseur sie selbst frisiert habe; und Bettina sei dann zu ihr in das Zimmer hinaufgekommen und habe sich mit den Worten auf den Fenstertritt gelegt: »Hör Er, Friseur! Bau Er der Madame Levy nur heute was Ordentliches auf, denn ich hab unten eben mit dem Arnim Verspruch gehalten!« Indes, dergleichen Mitteilungen kamen verhältnismäßig selten vor. Dafür aber stand sie weit lebhafter als die Hofrätin in den Interessen der Gegenwart, und während die erstere, teils aus christlich-religiösen Empfindungen, die bei ihr entschieden vorherrschend geworden waren, teils aus Liebe für das Königshaus von Preußen, der beginnenden revolutionären Bewegung der Geister nur mit einer Art von Scheu zu folgen vermochte, war der frische kräftige Geist von Madame Levy immer mutig angeregt und völlig bei der Sache. Als ich ihr einmal von den Königsberger Zuständen berichtete und dabei scherzend die Worte aus Scribes »Caméraderie« brauchte: »Wir Jungen sind alle à la tête de la jeune phalange!«, erwiderte sie lächelnd und den Kopf schüttelnd mit ihrer tiefen Stimme: »Erlauben Sie! Wir Alten sind das auch!« In solchen Augenblicken war sie prächtig!

Ich war mit dem festen Vorsatze nach Berlin gekommen, meine schriftstellerische Anonymität aufrechtzuerhalten, und meines Vaters Wünsche hatten mich in dieser Absicht bestärkt. Indes, mein Cousin August Lewald, der mir früher zu dem gleichen Verfahren geraten, mochte durch die günstige Aufnahme, welche meine Romane gefunden, anderer Ansicht geworden sein, denn im Herbste, als ein paar Männer meiner Bekanntschaft von Baden-Baden zurückkehrten, wo sie bei einem längeren Aufenthalte August Lewald kennengelernt hatten, brachten sie die Nachricht mit zurück, daß mein Vetter sich bei ihnen genau nach mir erkundigt, daß sie ihm mein Äußeres und meine Art und Weise hätten schildern müssen und daß er ihnen dafür erzählt, wie ich viel Talent für die Romandichtung besäße und daß mein zweiter Roman, welcher soeben die Presse verlassen, ihm noch besser als der erste gefallen habe.

Man ging mich nun mit Fragen an, ich sollte sagen, was ich geschrieben hätte; indes, ich lehnte die Sache scherzend ab, um meinem Versprechen treu zu bleiben, bis eines Tages Frau Bloch, welche mir ihre Güte nach wie vor erhalten, Zeuge einer solchen Unterhaltung wurde und mir mein Schweigen als eine Torheit vorstellte.

»Du hast mir einmal vertraut«, sagte sie, »daß du dir das Geld zu deinem Aufenthalte in Berlin selbst verdient hast, und ich habe das sehr respektabel gefunden und mir natürlich vorgestellt, daß du es durch literarische Tätigkeit erworben hast. Da du aber Gewicht darauf legtest, mir das Nähere vorzuenthalten, habe ich nicht in dich dringen mögen und weiß also bis jetzt nicht, was du geschrieben hast. Da du jedoch keinesfalls deine Arbeiten lediglich nur zu weltbeglükkenden Zwecken unternimmst, sondern dir mit ihnen nebenher einen Weg ins Leben zu bahnen und dir eine Stellung zu machen hast, so ist es unvernünftig, dir durch deine Anonymität die Vorteile zu entziehen, deren du teilhaft zu werden wünschest. Wenn du mir dein Geheimnis vertrauen willst, will ich mich der Mühe unterziehen, es auszuplaudern, und das wird dir sehr nützlich sein.«

Mein Verhältnis zu den trefflichen Menschen wurde nun ein anderes, und ich hatte mich ihres Rates, mich als den Verfasser der »Clementine« und »Jenny« zu nennen, nur zu erfreuen. Auch mein Vater sah bald das Zweckmäßige dieses Schrittes ein; nur meine noch im Vaterhause lebenden Schwestern schrieben mir, mit naiver Anmaßung, dagegen. Sie baten mich, aus Rücksicht auf sie, nicht als Schriftstellerin aufzutreten, als ob das eine Schande gewesen wäre; sie beschworen mich, wenn es noch Zeit sei, die Anonymität zu bewahren, und folgten darin irgendeinem mir unverständlichen dunkeln Drange, über dessen Beweggründe sie sich wahrscheinlich ebenso im unklaren befanden, als ihre Briefe mich darüber im unklaren ließen.

In Berlin hob nun für mich eine neue und gute Zeit an. Ich war wie ein Schiff, das lange fertig auf dem Stapel gelegen hat und das, endlich flottgemacht, fröhlich und leicht in den hellen frischen Strom hinabschießt, dessen wellige Fluten es heben und tragen; und ich konnte an mir selber die Erfahrung machen, welch einen Vorzug diejenigen besitzen, die einen bekannten und anerkannten Namen mit sich auf die Welt bringen. Ein Name ist wie ein Piedestal. Er hebt den Menschen aus der Masse empor, er kennzeichnet ihn, und was sein Träger Gutes und Lobenswertes leistet, wird schneller bemerkt, günstiger beobachtet und kommt ihm bald zunutze, während man zu gleicher Zeit nachsichtiger für die Mängel, Schwächen und Fehler derjenigen ist, welche in ihrem Namen und in ihren Leistungen ein Gegengewicht zu bieten haben. Darin liegt etwas Verführerisches, und es fing mir plötzlich einzuleuchten an, wie man sich im doppelten Sinne gegen diese Verlockung zu wehren habe.

Was ist denn jetzt anders an mir geworden? fragte ich mich oft mit einer heimlichen Geringschätzung gegen die Personen, die mir mit einem Male freundlicher zu begegnen anfingen, seit sie wußten, daß ich ein paar Romane geschrieben hatte. Ich war jetzt nur älter als vor drei Jahren, aber die jungen Männer, welche mich bei den Bällen sonst als altes Fräulein ruhig hatten sitzen lassen, suchten mich nun auf, und ich hatte unter den angenehmsten Tänzern nur zu wählen, sofern ich tanzen wollte. Ich sah noch immer nicht gesund aus, man hatte mich im Oktober noch sehr verblüht gefunden, im Januar fand man mich interessant. Ich war jetzt nicht geistreicher, nicht klüger, nicht unterrichteter als vorher; aber was ich sagte und tat, wurde mir mit einem Male auf das allerbeste ausgedeutet, und Menschen, welche mich sonst so ruhig wie einen Gueridon in der Ecke hatten stehen lassen, suchten nun, mir vorgestellt zu werden, und konnten ihres Interesses an mir kein Ende finden.

Ich würde unwahr sein, wenn ich sagte, daß mir dies nicht Vergnügen gemacht und daß meine Eitelkeit darin nicht bisweilen eine Befriedigung gefunden hätte. Indes, starkes Selbstgefühl bewahrt vor jener Art von Eitelkeit, die sich auf die Dauer an kleinen Erfolgen zu erfreuen mag. So kam es denn, daß die Aufmerksamkeit, welche man mir zuwendete, mich eigentlich abgeschlossener machte, als ich es vorher gewesen war; und weit entfernt, daß die plötzliche Zuvorkommenheit der Leute mich für sie eingenommen hätte, gab sie mir, nach meinem damaligen Empfinden, nur einen Maßstab für die Unselbständigkeit ihres Urteils an die Hand.

Dazu war Berlin damals sehr unterhaltend an und für sich. Friedrich Wilhelms des Vierten Vorliebe für die Kunst wie seine Neigung für eine geistreiche Geselligkeit zogen viele Fremde nach Berlin, und man sah ihn und die Königin in jener Zeit vielfach in der Öffentlichkeit erscheinen. Er fehlte selten in den Vorlesungen, welche im Winter von den Berliner Gelehrten am Sonnabendnachmittag in der Singakademie gehalten wurden; er kam viel in die Symphoniekonzerte, und was auch unternommen wurde, überall hörte man von ihm sprechen, weil seine Lebhaftigkeit überall persönlich teilnahm und überall eingriff, wo er teilnahm. Es war nicht immer das Zweckmäßigste, was geschah, es wurde auch manches Wunderliche zutage gefördert und Unzufriedenheit genug erregt, aber man hatte immer etwas zu sprechen, und der Geist in der Gesellschaft wurde dadurch in einer unruhigen Lebendigkeit, ja in Aufregung erhalten.

Heute sprach man von der Stiftung des märchenhaften Schwanenordens, morgen sah man, wie der König sich in seiner Loge in der Akademie vor Lachen schüttelte, als Herr Alfred Reumont in einer Vorlesung über italienische Literatur die Wendung brauchte: »Sie schrieben begeisterte Freiheitslieder unter Aufsicht der Polizei!« An einem andern Tage erfuhr man, daß Felix Mendelssohn, welcher bei großen Anlässen den Domchor dirigierte, vom Könige die Anweisung erhalten hatte, zu Ostern für den Domchor einen Psalm mit Begleitung von Harfen und Posaunen zu komponieren, weil die Bibel berichte, daß König David seine Psalmen so begleitet habe, worüber noch speziell bei den Rabbinen Rat geholt werden sollte; und daneben war von der Inszenierung des Tieckschen »Blaubart« die Rede, während man täglich das Erscheinen des neuen Judengesetzes und des neuen Ehescheidungsgesetzes erwartete und fortdauernd von den Änderungen die Rede war, welche durch des Königs vermeintliche Vorliebe für die anglikanische Kirche in dem protestantischen Gottesdienste eingeführt werden sollten.

Man hatte eine unbestimmte Ahnung davon, daß die Zustände nicht bleiben würden, wie sie waren, daß »Etwas« geschehen würde; und weil man zwischen ungewissen Befürchtungen und Erwartungen schwankte, weil man sich bei dem beweglichen Geiste und dem daneben beharrlichen Sinn des Königs des Unberechenbarsten versehen konnte, so schien man die Muße des Augenblickes noch genießen, die guten alten Traditionen der Berliner Gesellschaft schienen für den Augenblick wieder aufleben zu wollen. Das Bierhausleben der Männer war noch nicht so allgemein als jetzt.

In einer solchen Matinee war es, daß ich Felix Mendelssohn zum ersten Male sah und hörte. Es befanden sich unter den Zuhörern noch Henrik Steffens, Friedrich von Raumer, die Künstler Wach und Tieck, eine Fürstin von Dessau, die Fürstin Radziwill mit ihren Familien, der englische Gesandte Graf Westmoreland, zwei von Bettinas Töchtern, eine Tochter des Prinzen Karl von Preußen mit ihrer Erzieherin, Schönlein, und noch eine Menge von Personen, deren Namen Bedeutung hatten oder diese später bekamen, wie der Name des Musikers Joseph Joachim, welcher damals noch ein Knabe war und, von Felix Mendelssohn begleitet, sehr brillante Variationen von David vortrug.

Während man schon musizierte, richteten sich plötzlich alle Blicke nach der Türe, und ein freudiges Lächeln zog durch alle Mienen, als ein noch junger Mann in der Türe des Saales erschien. Es war eine schlanke, bewegliche Gestalt. Sie trat geräuschlos ein, den Kopf hoch gehoben, mit leuchtenden Augen, die etwas ungemein Überraschendes, ja etwas Überwältigendes hatten. Es war Franz Liszt.

Ich hatte ihn schon in Königsberg im Hause einer mir befreundeten Dame, der Stadträtin Friedmann, gesehen und still dabeigestanden, als eine einfältige Frau, die sich für geistreich hielt, es für angemessen fand, ihn über George Sand und deren Art und Weise auszufragen. »Trägt George Sand Männerkleidung?« – »So sagt man!« – »Sie kennen George Sand genau?« – »O ja! Seit langen Jahren!« – »Raucht George Sand?« – »Ja, sie raucht!« antwortete der Gequälte, welcher sich seinem Plagegeist, der eine in Königsberg angesehene und Ton angebende Dame war, nicht wohl entziehen konnte, mit verzweifelter Geduld. – »Ist George Sand schön?« – »Sie sieht sehr gut aus.« – »Wie alt ist sie? Ist sie jung?« – »Man ist immer jung, Madame! Solange man zu gefallen weiß!« entgegnete er, verneigte sich gegen die nicht mehr junge Frau und rettete sich vor ihrer langweiligen Indiskretion, indem er ihr, großmütig, wie seine Natur es ist, für eine Qual, welche sie ihm bereitete, ein Kompliment hinwarf, das sie nicht versäumte, auf sich zu beziehen und sich dessen lange nachher zu rühmen.

Selbst gesprochen hatte ich ihn nie, und spielen hatte ich ihn auch nicht hören, denn die Konzertbillette waren für uns nicht erschwingbar gewesen, und ich hatte eigentlich auch mehr Interesse für Liszt als Menschen denn für den Musiker gehabt. Es mußte eine mächtige Seele, ein starkes Streben nach Wahrheit in dem Manne sein, den seine Sehnsucht nach einem Idealen aus pietistischer Schwärmerei in die Verbrüderung der Saint-Simonisten geführt, von denen er sich dann auch später getrennt hatte. Und so hatte ich denn an dem Morgen der Matinee mein volles Genügen daran, ihn aus der Ferne anzusehen und den ganzen wunderbaren Kopf in seinen Einzelheiten zu betrachten, von dessen stolzer Stirn das Haar wie die Locke des Jupiter Otrikoli emporsteigt. Ich wünschte es mir damals sehr, Liszt kennenzulernen, und dachte nicht daran, daß dies einst geschehen, daß ich in ihm den Freund meines Mannes und auch meinen Freund zu lieben und zu schätzen haben würde.

Es war erfreulich, Mendelssohn zu betrachten, wenn er musizierte. Er war nur klein, und sein feines, etwas bleiches

Gesicht trug den Typus seines Volkes, ja, es erinnerte für mich entschieden an Moses Mendelssohn. Man würde überall, wo man ihm begegnet wäre, seinen Kopf anziehend gefunden haben, aber sobald er spielte, gewannen seine Züge, ich möchte fast sagen, andere Dimensionen und eine viel höhere Bedeutung. Stand er vollends als Dirigent vor dem Orchester, wie ich das in den Symphoniekonzerten sah und hörte, als er einmal seine Ouvertüre zum Sommernachtstraum, und ein anderes Mal, als er seine Ouvertüre zu den Hebriden aufführte, so wurde er ein anderer Mensch. Es schien, als steige er empor auf der Fülle der Töne, welche unter seiner Leitung erklangen, der Töne, welche er erschaffen hatte und die ihn nun mit ihren vollen Wogen umrauschten. Er wuchs mit ihnen an Kraft, sein Haupt hob sich stolz, sein Auge strahlte mit schönem Glanze, sein Gesicht drückte eine ernste Freude aus, und man war dann ganz verwundert, wenn er nach dem letzten Taktschlag seinen Herrscherstab zur Seite legte, von seinem Schemel herabstieg, mit den andern Leuten auf gleichem Boden einherging und wieder das sanftbewegte, feine und geistvolle Gesicht zum Vorschein kam, das man vor der Aufführung an ihm wahrgenommen hatte.

Ich war von den beiden Schwestern des Komponisten sehr freundlich begrüßt worden, als wir uns zum ersten Male in einer Gesellschaft bei Fräulein Somar getroffen hatten. Sie waren auch Jüdinnen, wenn schon an Christen verheiratet, und hatten jene entschiedene Vorliebe für ihre Abstammung bewahrt, welche bei den Juden stets ein Zeichen von Bildung und charaktervoller Selbständigkeit ist. Der halbgebildete, in sich unfreie Jude hat zu allen Zeiten, früher sowohl wie noch heute, das Vorurteil, welches die Unkultur der Nichtjuden gegen sein Volk gerichtet, als eine Demütigung empfunden, der er sich durch Verbergen seiner Abstammung oder doch dadurch zu entziehen sucht, daß er ihrer nicht eben erwähnt, daß er sie vergessen machen möchte und sich auf jede Weise denjenigen anzuschließen trachtet, welche ihn zu vermeiden wünschen. Das war und ist aber ein ehrloses Verhalten, und da das Schlechte in der Regel auch etwas Dummes ist, so war und ist dies Verleugnen der eignen Wesensheit auch nebenher eine Dummheit. Der vorurteilsvolle einzelne und die vorurteilsvolle Masse vergessen und vergeben es dem Juden in Deutschland und in England noch heute nicht, daß er ein Jude ist, und sie haben ein Recht, ihn zu mißachten, solange er nicht das Selbstgefühl hat, sich ihnen gegenüber in seiner Menschenwürde als gleichberechtigt zu behaupten, solange er selbst sich in gewissem Sinne seiner Abkunft schämt. Was wir selbst an uns nicht schätzen, hat sicher kein anderer zu respektieren nötig. Damit die rechte Selbstachtung aber möglich wird, ist viel mehr und ganz andres nötig als Equipagen, Mittagsbrote und prachtvoll tapezierte Wohnungen, als die Sammetpelze, Brillanten und noblen Kavalierpassionen, mit welchen unsere reich gewordenen Juden ihre Gegner jetzt von ihrer Gleichberechtigung zu überzeugen meinen. Es ist dazu jene Bildung nötig, wie sie die Juden sich zu den Zeiten Lessings nach dem Beispiel von Moses Mendelssohn zu eigen machten, jene Bildung, die gleichen Schritt hielt mit den Besten ihrer Zeit und die es neben dem Wissenswerten, das sie erstrebte und sich aneignete, nicht vergaß, daß Bildung des Charakters das Höchste ist.

In einer unterdrückten und auch jetzt noch im Geiste des deutschen Volkes keinesweges emanzipierten Nationalität erringt jeder die Stellung, welche er durch seine Bildung für sich selbst erwirbt, zugleich für die Gesamtheit. Was Moses Mendelssohn, seine Kinder und Enkel, was die Hofrätin Herz, was Rahel und ihre Freunde, Frau Levy und ihre Schwestern, was David Veit, David Friedländer und Männer und Frauen dieses Schlages zu ihrer Zeit an Bildung, an Charakter besaßen und für sich geltend machten, das ist der Grundstock des Kapitals, von welchem heute noch die geselligen Verhältnisse der Juden die Zinsen beziehen; und es ist an der Zeit und dringend nötig, daß sie dies Kapital an geistigem Gehalt in sich vermehren. Denn so ehrenvolle Ausnahmen es gibt, so ist ein großer Teil von ihnen doch sehr äußerlich geworden; und die fast zur Sitte und zur Mode gestempelten Heiraten der reichen jüdischen Bankierstöchter mit armen Edelleuten sind gewiß nicht das rechte Mittel, die gesellschaftliche Gleichberechtigung und die Achtung vor der Bildung und vor dem Charakter der Juden herzustellen. Im Gegenteil!

Es war eine sehr gesunde Seite an Felix Mendelssohn und an seinen beiden Schwestern, daß sie Vorliebe für den Volksstamm hatten, dem sie angehörten, und ich erinnere mich mit Vergnügen daran, wie wert sie die Erinnerungen hielten, welche mit der Vergangenheit ihrer Familie in Verbindung standen. Bald nachdem ich Frau Dirichlet hatte kennenlernen, fiel es mir z. B. eines Tages auf, daß in dem Eßzimmer ihrer geschmackvollen Wohnung auf einem großen Schranke eine Reihe äußerst häßlicher Affen aus Porzellan aufgestellt waren, welche bei der ganzen Einrichtung der Zimmer doppelt als eine Abgeschmacktheit erschienen. Ich konnte mich daher der Frage nicht enthalten, was sie bewogen habe, diese garstigen Figuren als Zierat zu benutzen. »Oh!« entgegnete sie, »Zierat ist das nicht, es sind Erbstücke und historische Dokumente. Zu der Zeit, in welcher mein Großvater Moses Mendelssohn sich hier in Berlin niederließ, mußte jeder Jude, welcher sich verheiratete, je nach seinen Vermögensverhältnissen eine bestimmte Menge Porzellan aus der königlichen Porzellanfabrik entnehmen, welche Friedrich der Große auf jede Weise zu heben wünschte. Aber nicht genug, daß dies schon an und für sich unter damaligen Verhältnissen eine harte Zumutung sein konnte, hatten die Juden auch nicht einmal das Recht der Wahl bei ihren Käufen, sondern mußten nehmen, was ihnen von der Direktion der Fabrik überwiesen wurde. Auf diese Art erhielten denn die Großeltern eine ganze Menagerie von Affen, welche ihre Kinder später zum Andenken teilten und die wir nun von unsern Eltern überkommen haben und als Erinnerungszeichen an die alte gute Zeit bewahren.«

Während ich so die Vorzüge eines Gesellschaftslebens genoß, das mir neu war, trat plötzlich eine Aufforderung zur Arbeit an mich heran, die ich mir am wenigsten vermutet hatte und die in gewisser Weise, wenn auch nur indirekt, mit der Neigung des Königs zusammenhing, das Heft alles Geschehenden selbst in Händen zu behalten.

In Berlin erschien nämlich seit langen Jahren ein Genealogischer Kalender, welchen früher die königliche Kalenderkommission herausgegeben hatte. Diese hatte damit schlechte Geschäfte gemacht und das Verlagsrecht deshalb im Jahre dreiundvierzig an die Reimarussche Buchhandlung verkauft, wobei der König sich jedoch die Bestimmung der Stahlstiche vorbehalten und verlangt haben sollte, daß der Inhalt des Kalenders ein rein historischer sei. Das erstere hatte natürlich gar keine Schwierigkeiten gehabt, gegen das letztere hatte der Buchhändler jedoch die Einwendung gemacht, daß ohne eine belletristische Arbeit der Kalender für das große Publikum nicht anziehend sei, und der König hatte sich denn dahin entschieden, daß der Verleger sich an Tieck wenden und diesen um eine Novelle angehen solle. Herr Reimarus hatte der Anordnung Folge geleistet, indes, Tieck hatte sich außerstande erklärt, bei seiner schwankenden Gesundheit irgendeine feste Zusage zu machen; und da Reimarus angewiesen worden, Tieck die Wahl des Autors anheimzugeben, falls er selbst keine Arbeit liefern könne, so hatte Tieck ihm den Rat gegeben, mich zu einer Arbeit für den Kalender aufzufordern.

Mir war es neu, eine Arbeit machen zu sollen, an die ich nicht vorher aus freiem Antriebe gedacht hatte, und Herrn Reimarus war ich sozusagen unheimlich.

Auf der andern Seite hatte ich nicht viel Geld, aber viel Lust, noch in Berlin zu bleiben. Man bot mir ein gutes Honorar, man hielt mir vor, daß ein Kalender weit verbreitet werde, daß er also ein großes Publikum und eine große

Wirksamkeit habe, und so sagte ich mir eines Tages frischweg: Gebt Ihr Euch einmal für Poeten, so kommandiert die Poesie! und versprach Herrn Reimarus kontraktlich, ihm im Verlauf einiger Monate eine Novelle zu liefern.

Kaum aber hatte ich meinen Kontrakt unterschrieben, so begann der Gedanke, daß ich auf meine Gesundheit nicht zählen könne und daß ich ein gegebenes Wort zu halten habe, mich zu peinigen und mir schlaflose Nächte zu machen, und ich brachte es mit dieser unnützen Selbstquälerei wieder einmal dahin, mich leidender zu machen, als ich war, und so meine Sorge zu erhöhen. Daneben traute mir mein Verleger, Herr Reimarus, auch nicht recht. Er hatte den Kontrakt mit mir abgeschlossen, ohne eine Zeile von mir gelesen zu haben. Nun las er die »Clementine« und die »Jenny«, und es wurde ihm zumute wie jenem armen Huhne, das ein Habichtsei ausgebrütet hat und mit Entsetzen die großen Augen des kleinen Raubvogels aus dem Ei hervorkommen sieht. Der ganze leidenschaftliche Ton meiner Auseinandersetzung, mein Festhalten an Überzeugungen, welche nicht die allgemein herkömmlichen waren, beunruhigten ihn, und er beschwor mich also, da er es ja mit einem in gewissem Sinne gouvernementalen Unternehmen zu tun habe, um Gottes willen nichts zu schreiben, was irgend nach einer Seite Anstoß geben könne. Zwei-, dreimal besuchte er mich, während ich arbeitete, um mir diese Bitte an das Herz zu legen, und als er dann erfuhr, daß meine Novelle den Titel »Der dritte Stand« tragen sollte, stiegen seine Besorgnisse auf das höchste.

Nun war er ein feiner, durchaus gebildeter Mann, der mir nicht wehe tun wollte, und ich hatte auch den redlichsten Willen, mich seinen Anforderungen zu fügen, aber die Szene war gar zu komisch, wenn er auf sein Kapitel kam. Er sprach dann schneller, als er pflegte, lobte mich eifrig und bemerkte, sich hastig und verlegen die Hände reibend, als er zum letzten Male davon mit mir sprach: »Nun, mein teures Fräulein! Wenn wir also nun bald fertig sind, so sehen wir ihre schöne Arbeit durch, und finden wir etwas, was uns bedenklich scheint, so merzen wir das leicht aus und ändern es!« Er stand auf, gab mir die Hand und wollte gehen. Ich erhob mich ebenfalls, und seine Hand festhaltend, sagte ich: »Verzeihen Sie, Herr Reimarus! Eins muß ich Ihnen doch noch sagen. Da ich die Novelle geschrieben habe und nicht wir beide, so werde auch ich allein sie revidieren, und Sie werden dieselbe wörtlich so drucken, wie ich sie geschrieben habe. Eine Zensur von Ihnen erkenne ich um so weniger an, als bereits die Zensur der Behörden auf unserm Schaffen lastet. Dieser keinen Anstoß zu geben, bin ich Ihnen schuldig und werde ich mich bemühen, im übrigen vertrete ich, was ich schreibe, und im schlimmsten Falle büßen Sie Ihr blindes Zutrauen zu Herrn Hofrat Tieck! Ich bin eben ein Kind meiner Zeit, das hätten Sie wissen können; aber ich denke, Sie sollen kein Hindernis durch mich erfahren!«

Meine Arbeit für den Kalender ging mir nicht so frisch vonstatten, als es bisher mit meinen Produkten der Fall gewesen war. Daß ich dies Thema vermeiden und jenes nicht sagen sollte, daß ich ein bestimmtes Längenmaß nicht überschreiten und an einem festgesetzten Tage fertig sein mußte, lähmte mich; und als ich die Hälfte meiner Novelle fertig hatte, mißfiel sie mir so gründlich, daß ich sie plötzlich verwarf, um sie, durch keinen Hinblick auf meine Versprechungen gehemmt, aufs neue zu beginnen. Ich wollte sie ganz nach meiner Neigung fertigmachen und, was da nicht zulässig war, später streichen und mildern, und ich war ganz gut im Zuge, als meine Gedanken plötzlich nach einer andern Richtung geleitet wurden, denn fast gleichzeitig mit einer Einladung meines Onkels Friedrich Lewald, seine Frau bei einer Badereise zu begleiten, erhielten wir die Nachricht, daß mein Vater unsern Bitten nachgegeben habe und uns in der ersten Hälfte des Maimonates in Berlin zu besuchen gedenke.

Daß ich gehen würde, gehen müsse, auch wenn ich weniger Neigung und Lust dazu gehabt hätte, als es der Fall war, hätte schon die Pflicht der Dankbarkeit von mir gefordert, aber das Anerbieten stellte die größten Annehmlichkeiten in Aussicht, entsprach allen meinen Bedürfnissen und Wünschen, kleidete in Form einer Bitte, was mir eine große Gewährung war, und doch stand ich im ersten Augenblicke davor ganz erschrocken da, denn mein Vater sollte kommen, meine Arbeit war lange nicht fertig, und wenn ich nach Breslau ging, mußte ich – konnte ich endlich, endlich Heinrich Simon wiedersehen!

Ich sah dem Zusammentreffen mit ihm in ruhiger Freude entgegen. Ich dachte nicht mehr ausschließlich: Wie wird er dich finden? Ich fragte mich ebenso: Was wird er geworden sein? Und das Gefühl der Gleichberechtigung, das ich neben ihm empfand, machte ihn mir nur werter.

Am Abende vor meiner Abreise von Berlin hatte ich ihm geschrieben, daß ich nach Breslau kommen würde und daß ich mich darauf freute, ihn nach so langen Jahren in Ruhe und Herzensfreiheit wiederzusehen.

Am nächsten Tage sahen wir uns in Gegenwart seiner Eltern und Geschwister wieder. Wir waren beide sehr ergriffen, beide sehr ruhig, die andern schienen fast erregter als ich und er.

Er war viel ernster geworden, aber seine frühere Schwermut hatte ihn verlassen. Es war fertig geworden mit der unfruchtbaren Reue über den im Duelle begangenen Mord, seit er seinem Vorsatz nachgekommen, sein Leben für das Allgemeine zu verwenden.

Es hatte, als ich nach Breslau gekommen, in dem Plane meiner Tante Lewald gelegen, nach wenig Tagen abzureisen, indes, mancherlei Hindernisse hielten uns in ihrem Hause noch zurück, ich sah meinen Vetter täglich, und wir hatten Freude aneinander. Meine Heiterkeit, mein Lebensmut machten uns einander ähnlich, aber es fiel ihm auf, daß ich mich noch gänzlich an meine alten Gewohnheiten anklammerte, daß ich mich für verpflichtet hielt, eine Menge von Handarbeiten zu verrichten, weil es früher meine Aufgabe gewesen war, sie zu machen, um keine unnötige Ausgabe zu veranlassen. Er lachte mich aus, wenn ich mir einbildete, dahin oder dorthin nicht allein gehen, ein Museum, ein Theater nicht allein besuchen, eine Reise nicht ohne Begleitung machen zu können, falls es sich dabei um mehr als um einen Transport von einem Orte nach dem andern handelte; und während ich mir ein Bewußtsein daraus machte, sowenig als möglich von den Gewohnheiten und Vorschriften des Vaterhauses abzugehen, während ich, an Abhängigkeit und Unterordnung mehr gewöhnt, als ich es selber wußte, meine literarische Beschäftigung immer noch wie ein mir Zugestandenes, gleichsam auf Widerruf Erlaubtes ansah und betrieb, rief er mir fast an jedem Tage zu: »Nimm deine Position doch ganz und voll! Nähe nicht, sondern lies und lerne! Gehe, wohin du willst! Lebe, wie du magst! Stelle die geistige Unabhängigkeit, die du verteidigst, vor allen Dingen in dir selber dar! Vereinfache dein Leben und deine Bedürfnisse, sosehr du kannst, denn die Frauen bleiben unfrei durch die tausend Kinkerlitzchen, aus denen sie ihr Dasein zusammensetzen, frage nur dich selbst um Rat bei deinem Tun und Lassen; nimm dir Freiheit, so frei zu sein, als du es bist.«

Eines Abends, den wir im Hause seines Bruders zugebracht hatten und an welchem fast alle jüngern Familienmitglieder beisammen gewesen waren, standen wir nach dem Nachtessen an einem der geöffneten Fenster und sahen über die weite Fläche des Bahnhofs hinaus, denn mein jüngerer Vetter wohnte als Beamter der Oberschlesischen Bahn auch in einem der Bahnhofsgebäude, und ich machte die Bemerkung, wie schwer es für die Phantasie sei, sich in einer Gegend zurechtzufinden, welche man unbebaut gekannt hat und die man mit einer Reihe von Straßen durchschnitten, durch neue Wege verändert, ihrer Bäume beraubt, mit einem Worte gänzlich umgestaltet wiederfindet, wie die Partien vor dem Schweidnitzer Tore verwandelt worden waren, seit ich sie zum ersten Male gesehen hatte.

Er hatte meine Hand gefaßt, wir standen still am Fenster nebeneinander. »Komm«, rief er nach einer Weile, »wir haben uns eigentlich noch gar nicht gesprochen, und elf Jahre sind eine halbe Ewigkeit! Wir sind ja noch viel umgewandelter als hier die Wege und Stege und müssen einander klarwerden ein für allemal. Laß uns hinuntergehen!«

»Wir beide allein? Hier von allen andern fort?« fragte ich mit gewohnter Zaghaftigkeit.

»Kind!« rief er mit leichtem Spott, aber er wendete sich zu den übrigen und tat den Vorschlag, bei dem schönen Wetter noch einen Gang in das Freie zu tun. Das waren alle gern zufrieden. Man bedurfte keiner Vorkehrungen, die Gegend war einsam, und es war spät. Die Paare und Gruppen fanden sich schnell zusammen, ich ging an Heinrichs Arm. Eine Weile blieben alle vereint, dann trennte die Ungleichheit des Schrittes diesen und jenen von der Gesamtheit, und bald waren wir allein.

Die Nacht war wunderschön, kein Wölkchen am Himmel. Wir befanden uns in den letzten Tagen des Mai, der Mond stand voll am Horizonte und schwebte leicht und frei in der Luft. Auf den Wällen war es still, die Promenade breitete sich ruhig längs dem Stadtgraben hin. Aus den Boskets, aus den Gärten duftete der Flieder hervor, in allen Büschen sangen die Nachtigallen, und zwischen den Ästen der Bäume hindurch streute der Vollmond goldene Lichter über unsern Weg. Hie und da sah hell beschienen ein Gartenhaus mit seinen weißen Wänden zu uns hinüber, hier und da begegneten uns noch ein paar Leute, schlug aus irgendeinem Zimmer Musik an unser Ohr. Allmählich aber hörte das alles auf. Die Fenster in den Häusern waren dunkel, die Musik verstummte, kein Mensch begegnete uns mehr. Der Himmel und der Mond, der Blütenduft und die Kühle der Nacht, der Sang der Nachtigallen und das Glitzern des Mondes auf dem Wasser, das leise Rauschen und Flüstern der Bäume waren nur für uns da, gehörten nur uns allein.

Und wir gingen und setzten uns nieder und gingen wieder und erzählten einander in Stunden den Inhalt langer, langer Jahre; und mit dem Tau, der erfrischend durch die Luft zu ziehen begann, floß manche Träne der Erinnerung auf die Wange hernieder, und unter dem hellen Mondlicht hellte sich alles, alles auf, was dunkel zwischen uns gewesen war, und wie der Mond hinabsank, sank auch die ganze Vergangenheit mit ihren Trübungen und Irrtümern, mit ihrem Verschulden und Erleiden für immer und ganz und gar in die Nacht hinab; und ein heller Tag der Neigung und des festen Vertrauens stieg daraus empor, der uns zu Freunden machte und uns geleuchtet, nicht mir und dem Geliebten meiner Jugend allein, sondern allen denen, die das spätere Leben ihm und mir zu eigen gegeben, in ungetrübter Klarheit, bis zu der Stunde, da wir alle den teuren Mann verloren haben.

Am zweiten Juni achtzehnhunderteinundvierzig brachen wir von Breslau auf. Wir fuhren nur zu zweien, meine Tante Pauline Lewald und ich. Der Onkel hatte zu der Reise einen neuen, schönen Reisewagen gekauft, das Gepäck war bequem untergebracht, die Kammerjungfer saß auf dem Bock, und in der zurückgeschlagenen, ganz offenen Berline war man behaglich wie zu einer Spazierfahrt um die Stadt.

In dem lieblichen Teplitz angekommen, wo wir in der Schönau eine hübsche Wohnung für uns bestellt fanden, lebten wir anfangs ziemlich zurückgezogen, aber die sanfte Wellenlinie des Höhenzuges, der das Tal umschloß, das saftige Grün der weiten Rasenflächen und die schönen schattigen Bäume waren ein so erfreulicher Anblick, daß man gerne in seinem Zimmer weilte, um in das Freie hinauszuschauen.

Mitten in der Pflege meiner Schwester, der man ein strenges Regime und eine sehr zusammengesetzte Kur verordnet hatte, so daß wir fast tagüber mit Baden und Trinken und Trinken und Baden beschäftigt waren, erhielt ich von Berlin die Nachricht, daß man den genealogischen Kalender, für den ich eben die Novelle »Der dritte Stand« geschrieben hatte, wegen einer in dieser Arbeit enthaltenen Unterredung mit Beschlag belegt und das Erscheinen des Kalenders für den Augenblick damit verhindert habe.

Der Herausgeber des Kalenders war in seiner Verlegenheit ratsuchend zu meinem Bruder gekommen, dieser hatte sich an das Oberzensurkollegium gewendet, und wir hatten nun abzuwarten, was aus der Sache werden würde. – »Wenn ich im Winter recht behaglich in meinem Zimmer bin«, sagte Eduard, »und durch die Scheiben blickt so ein kummervolles blasses Frauengesicht zu mir hinein oder ein Mann, dem das Elend aus allen Zügen spricht, so frage ich mich immer: Warum kommt er nicht herein und nimmt mir den warmen Rock, da ich mehrere habe und ihm keinen davon abgebe, obgleich ihn friert? Warum soll denn die Frau mit dem Kaffee, der vor mir dampft, nicht ihre hungernden und frierenden Kinder erquicken, ohne daß sie mich darum fragt, da mich nicht friert und nicht hungert, auch wenn sie ihn mir nimmt? Ich hätte kaum den Mut, diejenigen des Diebstahls anzuklagen, die der Instinkt der Selbsterhaltung, der heiße Trieb der Mutterliebe zu dem veranlaßt, was uns Verbrechen erscheint. Weil man zu engherzig ist, den Armen auf der Erde zufriedenzustellen, verweiset man ihn auf den Himmel, wo die Huld Gottes ihm Glück gewähren soll. Und selbst dies Glück wird ihm nur für den Fall verkündet, wenn er den ungeheuren Mut gehabt, all den Versuchungen zu widerstehen, die Not und Elend über ihn brachten. Wir lassen ihn im Elend, wir schützen ihn nicht vor Verzweiflung, wir tun nichts, ihn vor Verbrechen zu bewahren, und sind frech genug zu sagen: Gott werde so unerbittlich, der Allweise so kurzsichtig sein als irdische Justiz, welche den Menschen um Verbrechen bestraft, zu denen die fehlerhafte Einrichtung unserer Gesellschaft ihn fast gezwungen hat.«

In diesen ehrlich gemeinten, wenn auch nicht völlig aufrechtzuerhaltenden Behauptungen, und namentlich in den letzten Anklagen, welche zu erheben man damals noch weit mehr als jetzt Veranlassung hatte, war von dem Oberzensurkollegium eine Aufreizung der niedern Stände gegen die höhern, der Armen gegen die Reichen gefunden worden, und ich erhielt nun von dem Verleger des Kalenders einen Brief mit der Bitte, mich auf die Abänderung des Kapitels einzurichten, in welchem die betreffende Unterredung enthalten war, da er sich genötigt sehen würde, Kartons drucken und die angefochtene Stelle herausnehmen zu lassen, wenn es nicht gelingen sollte, die Beschlagnahme des Kalenders rückgängig zu machen, wofür mein Bruder sich tätig bemühte.

Daß ich eine solche Äußerung bewerkstelligen müsse, wenn es nicht zu umgehen sei, sah ich natürlich ein, indes, ich wußte nicht recht, wie ich das anzufangen haben würde, denn es ist ein mißliches Ding, um äußerer Rücksichten willen Änderungen an einer Arbeit anzubringen, die man als ein Ganzes gedacht und als ein in sich Abgeschlossenes ausgeführt hat.

Seit ich zu dichten angefangen, hatte ich mir stets nur eine relative und beschränkte Gewalt über die von mir geschaffenen Gestalten zuerkannt, und mir hatte dabei immer Goethes Zauberlehrling als ein Bild für das Verhältnis des Dichters zu seinen Geschöpfen vorgeschwebt.

Der Dichter hat die Macht, seine Menschen aus dem Nichts hervorzurufen, er kann sie beschwören, sie an einen bestimmten Platz hinstellen, ihnen eine angemessene Tätigkeit überweisen; aber sind sie erst da, haben sie Gestalt gewonnen, sind sie in Tätigkeit und in Verbindung zueinander getreten, so wird der Meister, der sie schuf, zum Knechte. Sie werden, wenn sie wirklich lebensfähig sind, selbsttätig und aus innerer Notwendigkeit frei. Es bleibt dem Dichter dann nur das Gewährenlassen und das Vorbereiten und Zurechtlegen der Umstände, an welchen die erdichteten Personen ihre Individualität zu entwickeln haben, wobei sie denn natürlich auch wieder aus ihrer innern Notwendigkeit heraus zu Mitschöpfern und Fortführern der Ereignisse werden.

Man hat mich bei dieser oder jener Wendung in meinen

Arbeiten, bei der oder jener Schicksalsgestaltung einer Figur wohl gefragt, warum ich es eben so und nicht etwa anders, warum ich in dem einen Falle die Lösung nicht freundlicher, in dem andern Falle vielleicht nicht strenger gewählt hatte? Ich habe fast niemals eine andere Antwort darauf zu geben vermocht als meine Überzeugung von der folgerechten Notwendigkeit ebendieses Ausganges; denn die aus dem Charakter der erdichteten Gestalten hervorgehende innere Notwendigkeit ihres äußern Handelns ist der Kompaß, welcher dem Dichter seinen Weg zum Ziele angibt. Wo man für ein Dichtwerk eine andere Lösung wünscht, als der Dichter sie hingestellt hat, wo man verlangt, seine Personen möchten so oder anders gehandelt haben, da liegt die Möglichkeit solcher Verlangnis eben nur darin, daß entweder der Leser nicht achtsam genug in das eigentliche Wesen der Dichtung eingegangen ist, was leider nur zu häufig geschieht, oder daß es dem Dichter nicht gelungen ist, den ersten Ursprung und die darauf begründete Entwicklung der betreffenden Gestalt zu einer Einheit verbunden, als einen in sich beruhenden Organismus in einem wirklich lebensfähigen und in sich berechtigten Individuum hinzustellen.

Die Romanfiguren, die uns nicht so lebendig werden, daß sie uns gelegentlich wie unsere alten Bekannten einfallen und daß wir uns fragen müssen: Wo ist denn der Mensch her? Wo bist du dem Menschen begegnet, der dir eben jetzt vor die Seele tritt? Die sind nicht viel wert. Die Gestaltgebung ist nach meiner Meinung das erste und das Höchste, worauf es ankommt; und wenn das »Erschaffen« als ein Zeichen der Machtvollkommenheit Gottes hingestellt wird, so ist der Grad des Gestaltungsvermögens sicher auch der Maßstab für die eigentliche Kraft des Dichters.

Mir wurde, um auf meine Kalender-Erzählung zurückzukommen, die Notwendigkeit einer Abänderung des Dialoges, nach dem Urteil des Oberzensurkollegiums, erspart, aber die Erklärung, mit welcher ich diese Gunst erlangte, war mir im Grunde ebenso verdrießlich, als die Abänderung es mir gewesen sein würde.

Man hatte nämlich nach verschiedenen Verhandlungen das Erscheinen des Kalenders freigegeben, jedoch mit dem Bemerken, daß man die Angelegenheit nicht weiter verfolgen wolle, weil die Novelle »von einer Frau« geschrieben sei. – Diese Nachricht, die mir von Berlin aus mit großer Genugtuung übermittelt wurde, verdroß mich über alle Maßen, so erwünscht sie mir in bezug auf den Kalender sein mußte; denn sie berührte eine Frage, die mir seit dem Beginne meiner schriftstellerischen Tätigkeit viel zu schaffen gemacht hatte, eine Frage, in welcher ich mit vielen meiner Bekannten auseinanderging und über die ich heute, nach einer vieljährigen Erfahrung, noch ebenso denke wie in jenen Tagen.

Es scheint mir nämlich ein Unrecht zu sein, wenn man an die Beurteilung eines geistigen Produktes einen andern Maßstab anlegt als denjenigen, der aus dem Kunstwerk selbst genommen wird, oder wenn man andre Rücksichten auf die Kritik mit einwirken läßt als solche, welche sich allein an den Wert des Geleisteten und an dessen Wirkung auf andere beziehen. Es handelt sich, wie mich dünkt, bei einem Kunstprodukt nur um das Geschaffene und nicht um den Schöpfer; und wo Gutes oder Schlechtes geschrieben oder gemalt worden ist, wird beides weder besser noch schlechter durch die zufällige persönliche Lebenslage des Autors.

In England, Frankreich und Italien erkennt der Volksgeist diesen Grundsatz auch durch die Sprache an. Der Schöpfer eines geistigen Werkes heißt der Autor, welchem Geschlechte er auch angehöre; in Deutschland ist es anders, und die deutsche literarische Kritik ist in diesem Punkte selbst noch hinter dem Volksgeiste unseres Vaterlandes zurückgeblieben. Denn während das Volk sich längst gewöhnt hat, diejenigen deutschen Frauen, welche ihm in ihren Werken ein Anerkennenswertes darzubieten hatten, zu seinen »Schriftstellern« zu zählen, behandelt die Kritik die weiblichen Dichter in der Mehrzahl mit einer vornehmen Herablassung oder mit einer Art von Galanterie, die beide in meinen Augen eine Kränkung sind, weil sie selbstredend den Gedanken in sich verschließen, für die geringen Fähigkeiten, für die Unbedeutendheit einer Frau sei das Geleistete gut genug, sei das Nichtgelungene zu entschuldigen.

Solange ich denken konnte, hatte es mich zu hören verdrossen, wie diese oder jene Leistung gut genug sei, wenn man bedenke, daß sie von einer Frau herstamme; und ich hatte daher, als ich meine ersten Arbeiten an meinen Vetter Lewald gesendet, dieselben mit einem Männernamen unterzeichnet. Ich hatte mein »Recht« haben wollen, nichts mehr, nichts weniger. Meinem Vater hatte diese meine Absicht zugesagt, Lewald hatte aber davon nichts wissen mögen. So war denn auch mein erster Roman, »Clementine«, ohne alle Bezeichnung, der zweite, »Jenny«, als ein Roman der Verfasserin der »Clementine« erschienen, und ich hatte die Belustigung genossen, daß man nach dem Erscheinen der »Jenny« dieses Pseudonym, wunderlich genug, als das Versteck eines männlichen Schriftstellers anzusehen beliebte. Wie es mir aber nur eine sehr geteilte Genugtuung gewährte, als Heinrich Laube mir nach dem Bekanntwerden meines Namens, in bezug auf die »Jenny«, in seinem Blatte das Zugeständnis machte, er freue sich anzuerkennen, daß er der weiblichen Kraft zu wenig zugetraut; so hatte ich auch nur eine sehr gemischte Zufriedenheit darüber, als die Behörde einen für unzulässig gehaltenen Ausspruch durchgehen zu lassen beschloß, weil eine Frau ihn getan hatte.

Wem man das Gefühl seiner Verantwortlichkeit nimmt, dem nimmt man das Gefühl seiner Bedeutung, und wem man, wie es die Kritik den weiblichen Schriftstellern gegenüber nur zu häufig tut, von vornherein erklärt, daß man ihm nur eine relative und beschränkte Kraft zuerkenne, dem nimmt man den rechten freudigen Ernst des Strebens, den weist man eben auf das Kleinliche hin, das man ihm doch wiederum zum Vorwurf macht. Alles, was ich für den weiblichen Schriftsteller fordere, ist, daß man ihn ohne Schonung, aber auch ohne Vorurteil behandele, daß man von ihm absehen und sich an seine Leistung halten möge; mit einem Worte, daß man den weiblichen Schriftsteller dem männlichen gleich verantwortlich und damit gleichberechtigt an die Seite stelle, was noch lange nicht genug bei uns geschieht. Und so komme ich denn immer wieder darauf zurück, für die Frauen jene Emanzipation zu verlangen, die ich in diesen Blättern schon vielfach für uns begehrt: die Emanzipation zu ernster Pflichterfüllung, zu ernster Verantwortlichkeit und damit zu der Gleichberechtigung und Gleichstellung, welche ernste Arbeit unter ernsten Arbeitern dem einzelnen erwerben muß.

Es war mit den Ereignissen, welche zu Ende des vorigen und zu Anfang des jetzigen Jahrhunderts auf die Geister einstürmten, wie mit dem gefährlichen Klima mancher Gegenden. Die Kraftlosen erlagen dem Einfluß, die Kräftigen, welche ihn überwanden, bewiesen damit zugleich ihre Dauerbarkeit. Dieselben Eindrücke, welche in den einen Stranggläubigkeit und Unduldsamkeit erzeugt hatten, erzeugten in den andern Aufklärung und Toleranz. Neben den bejahrten Personen, welche auf uns Jüngere mit mitleidiger Vornehmheit herabsahen und all unser Streben leer und eitel nannten, lebten noch die letzten Zeugen der großen Vergangenheit in ungeschwächter Kraft, und wir fanden bei ihnen, was kein Strebender entbehren kann: Teilnahme, Ermunterung und Nachsicht.

An der Spitze dieser geistigen Veteranen stand neben Alexander von Humboldt, den ich erst später kennenlernte, in erster Reihe der Geheimrat Varnhagen von Ense. Nachsichtiger, bereitwilliger im Anerkennen und Fördern junger Personen und jugendlicher Bestrebungen als eben er ist schwerlich jemand gewesen. Bei großer persönlicher Würde und gemessener Zurückhaltung ließ er die Jüngern das

Übergewicht nie drückend empfinden, welches seine Jahre ihm über uns verliehen, wenn schon er ständig geneigt war, uns den reichen Schatz seiner Erfahrungen freundlich zugute kommen zu lassen.

Inzwischen war ich im Winter von dreiundvierzig durch eine Frau von Schmehling mit Fräulein Henriette Solmar bekannt geworden, bei welcher Herr von Varnhagen seit Rahels Tod fast alle seine Abende zubrachte.

Fräulein Solmars Gewohnheiten waren von je sehr häuslich. »Man braucht nur hübsch in Berlin und in seiner Stube zu bleiben«, pflegte sie zu sagen, »um alle Welt kennenzulernen!« Und für ihr Teil hatte sie damit recht. Sie empfing ihre Freunde an jedem Abende. Nach sieben Uhr fand man sie, mit seltensten Ausnahmen, winters an ihrem Teetisch sitzen, ihre verwitwete Schwester und deren Tochter ihr gegenüber, und es währte denn auch nicht lange, bis dieser oder jener Fremde und einer oder der andere alte Bekannte sich bei ihr einstellten. Wer aber auch kommen, wie groß die Zahl der Gäste auch werden mochte, ein bestimmter Stuhl, ein wunderlicher dreieckiger Sessel zur rechten Seite des Sofas, dicht neben dem Ofen, wurde von niemand eingenommen, denn diesen Stuhl hatte Herr von Varnhagen sich ausgewählt, und Herr von Varnhagen kam damals an jedem Abende zu seiner Freundin.

Kurz vor acht Uhr oder doch nur ein wenig später pflegte sich regelmäßig die breite einflüglige Türe des nicht eben hohen Salons zu öffnen, und es trat dann raschen Schrittes ein Mann von etwa sechzig Jahren ein. Er trug einen schwarzen Oberrock, den Stern eines Ordens an breitem Bande um den Hals, den Hut und den Rohrstock mit goldenem Knopfe in der Hand. Leichten und leisen Ganges sah man ihn, freundlich grüßend, sich nach dem wunderlichen dreieckigen Lehnstuhl an Fräulein Solmars Seite begeben und, während er ihr den guten Abend bot, die Zeitungen, welche er ihr alltäglich mitzubringen pflegte, vor sie auf den Tisch legen. Das war der Geheimrat Varnhagen von Ense.

Kaum daß er sich niedergelassen hatte, so wendete er sich der Unterhaltung zu, und es war dann ein Vergnügen, das feine, bewegte Mienenspiel seines Antlitzes zu betrachten. Sein Gesicht war rund und hatte in den Formen und Farben viel Jugendliches behalten, auch das volle graue Haar hatte noch ein leichtes Gelock, so daß man es sich ohne Mühe vorstellen konnte, welch hübscher junger Mann, welch eleganter Offizier er gewesen und wie gefällig seine Erscheinung sich auf dem Parkett des diplomatischen Salons dargestellt haben mußte, da sie noch in spätern Jahren so viel Anmut besaß. Er tug eine Brille mit sehr großen Gläsern, hatte aber weder das Ansehen noch die Manieren eines Kurzsichtigen. Seine Bewegungen waren durchaus frei, und obschon er auch im Sitzen bisweilen lange den Stock in der Hand behielt, war seine Gestikulation für einen Deutschen ungewöhnlich lebhaft, denn er pflegte seine Worte, mehr als es im allgemeinen unter uns geschieht, durch Bewegung des Kopfes und der wohlgeformten und wohlgepflegten Hände zu begleiten.

Als man mich ihm vorgestellt hatte, setzte er sich mit großer Freundlichkeit zu mir und sprach mir den Anteil aus, welchen meine beiden Romane ihm eingeflößt hätten. »Eine Dichtung«, sagte er, »welche sich das Leben und die Verhältnisse einer Judenfamilie und namentlich einer jungen Jüdin zur Aufgabe gestellt, müsse ihm natürlich besonders anziehend sein, da er an Rahel und durch sie vielfach Gelegenheit gehabt habe, sich mit der eigentümlichen Geistesrichtung dieses Volksstammes zu beschäftigen. Er habe überhaupt viel Freunde gehabt, welche demselben angehört, und es lägen in dem jüdischen Geiste, neben Fehlern und Verkehrtheiten, die nicht abzuleugnen wären und von denen nur die Durchgebildeten und Besten sich frei zu machen wüßten, eine ursprüngliche Energie und Schlagfertigkeit, die ihm immer anziehend gewesen wären. Es sei in den Juden eine Gradheit des Sehens, eine eigene Art von Scharfsinn, welche Rahel im allerhöchsten Grad, ja bis zur seherischen Klarheit besessen habe.«

Er hatte sicherlich die Absicht gehabt, mir eine Freude zu bereiten, eine Aufmunterung zu gewähren, wie groß beide aber waren, davon hatte er gewiß keine Ahnung, ganz abgesehen davon, daß mir nun die Gelegenheit geboten wurde, ihm persönlich danken zu gehen.

Ich tat es an einem der folgenden Tage. Herr von Varnhagen wohnte in der Mauerstraße, in einem Quartiere des palastähnlichen Hauses Nummer sechsunddreißig, das er schon zu Rahels Zeiten innegehabt hatte und in welchem sie und auch er gestorben sind. Es war ein großes Haus mit ansehnlichem Portal, recht für den Empfang von Gesellschaft gemacht. Die weite Einfahrt, die breite, gelind ansteigende Treppe, die durch Spiegel maskierten Eingangstüren im ersten Stock, die Bänke für eine wartende Dienerschaft hatten etwas Vornehm-Gastliches. Trat man aber aus diesem Vorhaus in die Varnhagenschen Zimmer hinein, so befand man sich mit dem ersten Schritt in einer großen Bibliothek, und das weltmännische Element und die Gelehrsamkeit, welche sich in Varnhagen zusammenfanden, waren dadurch gleich bei dem Eintritt wie in einem Bilde dargestellt.

Nachdem der Bediente mich ihm angemeldet hatte, öffnete mir eine ältliche Frauensperson, deren Kleidung zwischen der Tracht einer Dienerin und einer Dame die Mitte hielt, die Stubentüre und trat mit mir zusammen bei Herrn von Varnhagen ein, der ausgestreckt, mit einer seidenen Decke bedeckt, auf einem kleinen unbehaglichen Sofa lag, welches nach englischer Weise unter den Fenstern stand. Er sah viel älter als am Abende aus, klagte über seine schlechte Gesundheit, und die ältliche Frau machte sich geflissentlich das Geschäft, ihm die Decke zurechtzulegen. »Das ist Dore«, sagte er freundlich, »die Ihnen wohl aus Rahels Briefen bekannt sein wird.«

Es schien mir, als habe »Dore« diese Art von Vorstellung eigens erwartet, als sei sie, nur um dieselbe zu genießen, in das Zimmer gekommen, und Herrn von Varnhagens Güte, Treue und Dankbarkeit des Herzens, welche von allen denen, die ihn näher kannten, als hervorstechende Eigenschaften seiner Natur gerühmt wurden, waren ganz dazu gemacht, der bewährten Dienerin diese Befriedigung ihrer Eitelkeit als Anerkennung ihrer treuen Dienste zu vergönnen. Sie sprach ein paar Worte von ihrer seligen gnädigen Frau, Varnhagen lächelte dazu nachsichtig, und mir fiel der Ausruf Rahels auf ihrem Sterbebette ein, als Dore sie einmal mit solcher Anrede angesprochen hatte: »Ach was! es hat sich ausgegnädigefraut, nennt mich Rahel!« – Es war das Ehrliche, Kecke, Unumwundene in Rahels Geist und Ausdruck, das ich so sehr in ihr liebte, weil es einen so schönen Hintergrund für die Weiche und Güte ihres Herzens abgab.

Als die Dienerin darauf hinausging, kam mir Herr von Varnhagen plötzlich wieder jünger und gesünder vor, denn er richtete sich hoch auf, sprach lebhaft und munter, und ich konnte mich an jenem Morgen des Gedankens nicht erwehren, als finde Dore ein Interesse daran, ihren Herrn in der Krankenrolle zu erhalten, um sich ihm unentbehrlich zu machen.

Aus allen seinen Äußerungen ging der ernste Wille wirklichen Beratens hervor, und doch, so lebhaft und dankbar ich dies empfand, vermochte ich mich weder an jenem Tage noch jemals später so frei und unbefangen gegen Herrn von Varnhagen auszusprechen, als ich es wünschte und als es mir andern Personen gegenüber möglich war.

Ich glaube, das rührte von der sarkastischen Seite seiner Natur her, vor der ich Scheu trug und die ich nicht anzuregen wünschte. Denn wie sich in seinem Gesichte und in den feinen Zügen um seinen Mund neben dem Ausdruck geistvoller Güte leicht ein Lächeln des Spottes kundgab, so mischte sich in die Worte seines Anteils oft eine gewisse satirische Wendung ein, die mich unsicher machte. Selbst die Duldsamkeit und Nachsicht gegen Irrtümer und Schwächen, welche er in vielen Fällen bewies, in denen die Strenge meiner Unerfahrenheit eine entschiedene Mißbilligung oder einen harten Tadel von ihm zu hören begehrte, machte mich dann nur unsicher, scheuer und unselbständiger. Während ich im allgemeinen nicht darauf gestellt war, mich immerfort zu fragen, wie ich den andern eben vorkommen möge, wurde ich Herrn von Varnhagen gegenüber selten die Frage los: Was mag er von dir jetzt eben denken?, und mit einer solchen Sorge ist man unfrei.

Ich weiß nicht, ob dieser Zustand, der sonst nur sehr eiteln Menschen eigen zu sein pflegt, bei mir in diesem besondern Falle von dem Verlangen herrührte, Varnhagens Zustimmung und Beifall vorzugsweise zu gewinnen, oder was es sonst gewesen sein mag; aber durch die lange Reihe von Jahren, in welchen ich ihn kannte, habe ich auf diese Weise immer einen weit freieren Eindruck von seiner Person und von seinem Verkehr gehabt, wenn ich seinem Gespräche mit andern zuhören konnte, als wenn ich selber mit ihm sprach. Und er sprach unvergleichlich schön.

Man kann nicht sagen, er sprach, wie er schrieb; denn er sprach weit hinreißender, als er schrieb. Er war im Sprechen energisch, bestimmt, und wenn er sich der Personen, zu denen er redete, versichert hielt, fast rücksichtslos in der Kraft seines mündlichen Ausdrucks. Er umschrieb, er verhüllte dann nichts, er nannte die Dinge bei ihrem Namen. Ich habe oftmals, wenn ich in spätern Jahren ihn als Begleiterin meines Mannes besuchte, mit dem er durch ein langjähriges Vertrauen verbunden war, bei ihren lebhaften Gesprächen ihm mit wahrer Bewunderung zugehört und mir dabei gedacht, wie belebend Varnhagens Vortrag für ein Auditorium und welch ein Lehrer und Redner er auf dem Katheder gewesen sein würde.

Reich an einer Menge von neuen Eindrücken und Erfahrungen und voll Verlangen, meinen Vater wiederzusehen, kehrte ich in der Mitte des September, nach einer Abwesenheit von fünfzehn Monaten, in meine Heimat zurück, und das Zuhausesein umfing mich mild und erwärmend wie Frühlingshauch nach kalten Tagen.

Man fand im allgemeinen, daß ich zum Vorteil verändert, daß ich milder geworden sei.

Zu Hause lebte ich gute Tage. Ich hatte keine Störung irgendeiner Art und konnte arbeiten nach Herzenslust. Früher hatte der Vater es geschehen lassen, wenn ich schrieb, jetzt freute es ihn. Er kam bisweilen mitten in seinen Geschäftsstunden aus dem Comptoir herauf, setzte sich in meiner Hangelstube auf das Sofa und fragte: »Nun, was machst du denn? Kommst du vorwärts?« – Er stand dann wieder auf, sah mir über die Schulter in das Blatt und wendete sich mit einem lächelnden »Wo du das Zeug nur alles hernimmst!« von mir ab, um wieder an seine Geschäfte zu gehen.

Ich vertiefte mich denn auch recht mit Genuß in meinen Roman, der mir um seines Stoffes wie um der einzelnen Gestalten willen immer mehr in das Herz wuchs. Es handelte sich in demselben um die sittliche Berechtigung der Ehescheidung, wenn die Ehe aufgehört hat, eine Ehe im höhern Sinne des Wortes, das heißt, die durch gegenseitige Liebe und Wertschätzung nach allen Seiten förderliche Verbindung der Eheleute zu sein.

In dem Roman »Clementine« hatte ich darzutun versucht, daß eine auf gegenseitige Achtung begründete Ehe selbst dem Wiedererwachen einer frühern und berechtigten Liebe nicht geopfert werden dürfe. Jetzt wünschte ich es in dem Roman »Eine Lebensfrage« zu beweisen, daß die große Anzahl von Ehen, welche ohne innere Notwendigkeit geschlossen werden, nur zu häufig den Keim zu einer unheilvollen Entwicklung in sich tragen; und wie das eheliche, auf die bloße Gewohnheit und die kirchliche Erlaubnis begründete Zusammenleben von Mann und Weib eine Unsittlichkeit wird, wenn dieser Verbindung die Liebe abhanden gekommen ist.

Meine Arbeit schritt bei dem ruhigen Leben im Vaterhause schnell voran, aber ich konnte es mir nicht verbergen, daß die geistige Freiheit, welche mein Vater mir ließ, mir im Grunde nicht viel frommte, denn je länger ich zu Hause war, je deutlicher fühlte ich, daß ich bei den Arbeiten wesentlich daran dachte, ob mein Vater damit zufrieden sei, ob es eben ihm gefallen und nicht etwa gegen seine Meinung irgendwie verstoßen würde.

Es war unverkennbar, die Familie hatte angefangen, sich in selbständige Existenzen aufzulösen. So notwendig und natürlich dies auch überall ist, hat es doch, wo immer es sich ereignet, seine schmerzliche Seite, und der Vater empfand diese, ohne alle Frage, sehr tief, wenngleich er sich niemals darüber äußerte.

In jedem Betrachte von der höchsten Selbstlosigkeit, munterte er mich auch fortdauernd auf, die Welt zu sehen und, da ich mir das Geld dazu erarbeitet hatte, eine Reise zu machen. Er scherzte mit mir darüber, daß es Zeit für ihn werde, sich von seinem Geschäfte zurückzuziehen, da er nun bald fünf Kinder auswärts und damit alle seine Zeit zum Briefeschreiben nötig haben werde, und er gefiel sich darin, mit mir die Landkarte vorzunehmen und die Reiserouten zu durchdenken, welche ich etwa wählen könne.

Ich schwankte lange zwischen einer Reise nach Frankreich und einem Aufenthalte in Italien und neigte eigentlich mehr für die erstere, weil mir die Sprache geläufig, die Geschichte des Landes vertraut, die französische Literatur mir damals noch vorzugsweise lieb war und weil ich von Jugend an mich oftmals mit dem Wunsche getragen hatte, Paris zu sehen, den Boden zu betreten, auf welchem die Revolution sich vollzogen, die Stätten zu schauen, an welche die großen historischen Namen sich knüpfen, und die Pariser Gesellschaft kennenzulernen, von deren geistigem Gehalt und von deren Anmut ich mir die lebhaftesten und daneben sehr idealistische Vorstellungen gemacht hatte.

Im ganzen teilte mein Vater, der Frankreich ebensowenig kannte als ich, diese Ansicht, aber Heinrich Simon, dem ich von meinem Vorhaben geschrieben, riet mir fortdauernd, mich nach Italien zu wenden. Er hatte Frankreich besucht, Italien bis Genua und Venedig bereist und wiederholte mir beständig, daß ich von Italien weit größere Förderung und viel höheren Genuß zu erwarten habe als von Frankreich. Was Paris sei, das könne ich mir vorstellen, wenn ich mir das Leben einer modernen Stadt auf das höchste potenziert denke; was italienischer Himmel, was die südliche Natur sei, was es heiße, in südlicher Luft am Rande des Mittelländischen Meeres eine Mondnacht zu verträumen, das könne ich nicht ermessen. Als dann endlich unsere Ideen einmal auf Italien gelenkt worden waren, wirkte neben dem Zauber, welchen die bloße Nennung des Südens auf den Nordländer ausübt, auch der oft ausgesprochene Wunsch meines Vaters, Rom und vor allem Pompeji und Herkulanum gesehen zu haben, bestimmend auf mich ein. Aber auch diese Aussicht erhielt ihren trüben Schleier durch den Gedanken, daß mir so nahe und erreichbar war, was meinem Vater nicht vergönnt gewesen und was zu genießen er, soweit man es berechnen konnte, keine Wahrscheinlichkeit vor sich hatte.

Indes, die Sache blieb in Königsberg noch ganz unentschieden. Mein Vater ließ mir freie Wahl, und nur die eine Bedingung stellte er mir, daß ich nicht allein reisen, sondern mir eine Begleitung suchen oder mich an eine Familie anschließen solle, damit er über mein Ergehen nicht in Sorge zu sein brauche. Eine solche Begleitung war in Berlin voraussichtlich nun weit eher zu finden als in meiner Heimat. Wollte ich nach Italien gehen, so mußte ich notwendig etwas Italienisch lernen, und da ich im Januar meinen Roman beendet und zum Drucke geschickt hatte, so setzten wir es fest, daß ich nun wieder nach Berlin zurückkehren und dort die nötigen Schritte zur Vorbereitung meiner Reise tun solle. Zugleich hatte ich vom Vater die mir ganz unschätzbare Erlaubnis erhalten, mir bis zu meiner Abreise von Berlin eine eigene Wohnung nehmen und allein leben zu dürfen, da der Aufenthalt bei meiner Tante, inmitten wechselnder Kostgänger, mir nachgerade zu lästig geworden war.

Der Januar ging auf diese Weise zu Ende, ehe wir uns dessen versahen, der Februar stand vor der Türe. Für den

Morgen des ersten Februar hatte ich meine Abreise angesetzt. Der Winter war im allgemeinen mild gewesen, der Morgen des ersten Februar war naß. Es fiel Schnee, und dazwischen regnete es, als ich vor unserer Türe mit dem Vater in die Droschke stieg, die mich nach der Post fahren sollte. Die drei Schwestern begleiteten uns bis auf den Wolm, wir hatten friedliche Tage mitsammen verlebt, und ich kam ihnen halbwegs rührend vor, weil ich wieder in die weite Welt gehen und ganz für mich selber sorgen wollte.

Der Vater war äußerlich gefaßt und heiter wie immer; Abschied zu nehmen bewegte ihn zwar, aber er verbarg dies stets. Er gab mir während der kurzen Fahrt nach der Post noch verschiedene Aufträge für die Geschwister in Berlin, und wir überlegten, daß, wohin ich mich auch zu reisen entschließen würde, ich vor fünf Vierteljahren kaum zurückkehren könne.

»Vielleicht hast du deine Häuser in Königsberg und Memel dann schon verkauft, dein Geschäft schon aufgelöst und erwartest mich in Berlin!« sagte ich hoffnungsvoll. »So rasch wird das nicht gehen! Du findest mich sicher noch hier«, entgegnete mir der Vater.

Ich konnte nichts als weinen und ihm die Hand küssen, und ich sagte: »Ich danke dir für alles!« – »Kind!« rief er freundlich und als verstände sich Liebe und Güte bei ihm so von selbst, daß es des Dankens dafür nicht bedurfte.

»Wir müssen fort, Herr Stadtrat!‹« erinnerte der Kondukteur.

Mein Vater stieg hinunter. Der Wagen setzte sich in Bewegung, der Vater grüßte mich mit Kopf und Hand. Zum letzten Male sah ich seine lieben Augen mir leuchten, zum letzten Male erblickten meine Augen sein schönes, mir so heiliges und unaussprechlich teures Antlitz.

Wir fuhren davon.

Fünf Vierteljahre später, als der blaue Himmel Neapels sich über mir wölbte, entriß uns ein plötzlicher Tod den Vater, der, als er starb, noch sein neunundfünfzigstes Jahr nicht zur Hälfte zurückgelegt hatte.

In Berlin hatte ich mir zunächst eine Wohnung zu suchen, das war aber bei meinen damaligen Verhältnissen keine schwierige Aufgabe, denn meine Mittel waren sehr beschränkt, ich hatte sie für die Reise zusammenzuhalten und wußte also, daß ich mich bescheiden müsse. Wenn ich übrigens die Wohnung nur für mich allein haben konnte und sicher davor war, nicht mehr wie im Hause der Tante, bei der ich gelebt hatte, die ganz zufällige und mir unerträgliche Gesellschaft halbgebildeter englischer und amerikanischer Kostgänger und Kostgängerinnen in den Kauf nehmen zu müssen, so war mir alles andere ziemlich gleichgültig. Oder vielmehr, ich war entschlossen, auf alles mögliche zu verzichten, wenn ich nur nicht mehr Rücksicht auf Menschen zu nehmen brauchte, deren hohle Anmaßung mich in jedem Augenblick verletzte, ohne daß ich sie nach Gebühr in ihre Schranken zurückweisen durfte.

Während ich mich nach einer Wohnung für mich umsah, fand sich das Angebot einer solchen in der Zeitung. Zwei Zimmer, von einem und von zwei Fenstern, ein Schlafkabinett dazu, eine Treppe hoch, in der Markgrafenstraße dicht am Gendarmen-Markte – das klang eigentlich viel zu prächtig für mich. Ich ging jedoch hin, sie anzusehen, und fand, was ich bedurfte; denn das Haus, das jetzt längst abgebrochen ist, war so verfallen, die Treppe so schmal und finster, die Stuben so unansehnlich, die Dielen so ausgetreten und die abgenutzten Wände standen so kahl da, daß mir des Wieners Humoristen Castelli heitere Schilderung der »möblierten Wohnungen« unwillkürlich dabei einfiel. Einen hohen Preis für dieses Quartier zu fordern war nicht möglich, wir wurden also bald handelseinig, und ich suchte mir zu helfen, wie es eben ging. Ich war das schlechte Wohnen, das Entbehren der Behaglichkeit nun schon gewöhnt, und aushaltbar kann eine Frau sich's fast an jedem Orte machen.

Ich tat die schlechtesen Möbel in die einfenstrige Stube, um sie in ein Entree zu verwandeln, ließ die beiden wurmstichigen Schränke in den finstern Winkel bringen, welcher in der Anzeige als Schlafkabinett figuriert hatte, in dem zu schlafen aber eine heimliche Art von Selbstmord gewesen wäre, und beschränkte mich auf die Mittelstube, in welcher ich mit einem Schlafsofa, einem Schreibtisch und einigen andern Stücken, die ich mir in Berlin schon vorher allmählich angeschafft hatte, etwas herrichtete, das einem freilich sehr bescheidenen Wohnzimmer einigermaßen ähnlich wurde.

Ein junger mir befreundeter Bildhauer schenkte mir eine Haut-Reliefkopie von dem Schlüterschen Kopf des Großen Kurfürsten und machte mir sein Werk selbst an der Wand fest. Es war das erste kleine Kunstwerk, das ich besaß, und ich habe es als solches und als Andenken an jene Tage treulich in Ehren gehalten und aufbewahrt. Meine Geschwister gaben mir ein paar Blumenstöcke, die ich an das Fenster setzte, und damit war meine eigene Häuslichkeit begründet.

Mittags brachte man mir mein Essen in meine Stube. Die Wirtin, eine schlichte ununterrichtete Frau, sie war Witwe eines Bürgermeisters aus irgendeiner kleinen märkischen Stadt, hatte es übernommen, mich zu speisen, aber eingedenk der Belästigungen, welche eine nicht selbstgewählte fremde Tischgenossenschaft mir stets gewesen war, hatte ich es mir ausgemacht, allein zu essen, und setzte mich dann zum ersten Male ganz allein an meinen Tisch. Das Tischzeug, das Gerät, das Essen, alles war sehr schlecht. Zu Hause war es anders; aber ich nahm mir vor, daß ich es einmal auch in meinem Hause, bei mir, ganz anders haben wolle, und ich war so fest entschlossen und so fest überzeugt, dies Ziel zu erreichen, daß es mir halbwegs Vergnügen machte, mit so viel Unbequemlichkeiten an dasselbe zu gelangen, und daß ich auf die Mittel und die Opfer nicht achtete, die mich an dasselbe bringen sollten.

Ich fing meine Barschaft, meine ausstehenden Honorare zu berechnen an, das Exempel war bald gemacht. Ein Jahr vorher war ich mir mit meinen wenigen hundert Talern wie ein Krösus erschienen, jetzt kam ich mir mit einer größeren Summe recht arm vor, und gewiß, ich war auch nichts weniger als reich. Freilich besaßen viele andere Frauenzimmer in meinem Alter auch nicht mehr, aber sie hatten sich nicht selbständig zu vertreten wie ich. Es beschlich mich eine Verzagtheit, die ich nie zuvor gekannt hatte. All mein Tun und Treiben dünkte mich völlig nichtig und unüberlegt, meine Pläne für die Zukunft sahen mir wie Hirngespinste aus. Ich konnte mir kaum vorstellen, wie ich auf den Einfall geraten sei, mich unabhängig machen zu wollen, noch weniger, wie mein kluger, vorsorglicher und zärtlicher Vater mir habe glauben können, daß ich mich selbst zu erhalten imstande sein würde.

Freilich war es eine Tatsache, ich hatte drei Romane geschrieben, wie sie mir eben eingefallen waren, sie hatten sich auch Freunde erworben, und ich hatte Geld dafür bekommen. Aber war damit irgend etwas für meine Zukunft bewiesen? Der Satz: Was einmal geschehen ist, kann wieder geschehen! schloß doch nur die Aussicht auf eine Möglichkeit in sich, eine Hoffnung, aber nichts weniger als die Anwartschaft auf ein Gewisses. Mir wurde immer mehr bange, je länger ich über mich selbst nachdachte, und zuletzt kam ich mir wie ein Nachtwandler vor, der in tastendem Instinkte einen Platz eingenommen hat, auf welchem er sich beim Erwachen nicht zu erhalten und von dem er nicht einmal herunterzusteigen vermag, selbst wenn er Verlangen danach trüge.

Aus solchem Zustande der Niedergeschlagenheit, wie ich ihn in der erwähnten Nacht durchzumachen hatte und der bei verschiedenen Wendungen und Wandlungen in meinem Leben noch öfter über mich gekommen und mir immer sehr schwergefallen ist, habe ich nie einen andern Ausweg gewußt als den, mich ganz entschieden auf mich selbst zurückzuziehen und mich zu behandeln, wie die andern uns behandeln. Es liegt auch gar kein Trost, gar keine Erleichterung darin, wenn man das, was man erduldet, auf die Verhältnisse schiebt, die außer uns sind. Man gewinnt dabei in der Regel nur die Einsicht in eine begangene Dummheit, und darin liegt weder etwas Ermutigendes noch etwas Befreiendes.

Ich sagte mir also in jener Nacht sehr fest und bestimmt: Du hast's so gewollt! Du hast, was du gewollt hast! – Und in allem meinem Unbehagen und in meinen Sorgen fühlte ich plötzlich eine gewisse trotzige Freude darüber, daß ich doch meinen Willen durchgesetzt hatte. Das war schon wieder etwas Positives, daran konnte ich mich halten, und weil mir das gelungen war, konnte mir ja auch mehr gelingen! Die Hoffnung dämmerte mit dem Tage auf; die klare Morgensonne, die hell in meine Fenster fiel, brachte mir mit meinem verlornen Mut auch meine lebenslustige Zuversicht zurück.

Damit begannen nun ein paar fröhliche Monate, deren ich mich noch sehr gern erinnere. Es begann jenes harmlose Leben vom Tag zum Tage, das man nur in der Jugend kennt, nur in der Jugend als ein Glück zu empfinden vermag. Und als wollte das Schicksal mich in meinem guten Mute und in meiner Zuversicht bestärken, so wurde mir grade in den Tagen von der Brockhausischen Verlagshandlung abermals der Antrag gemacht, eine Novelle für die »Urania« zu schreiben.

Allmählich kamen alle meine Bekannten, so Männer als Frauen, sehen, wie ich mich eingerichtet hätte und wie es mir erging. Die Frauen lobten die Sauberkeit meiner Stube, wunderten sich, was ich aus der Wohnung gemacht hätte, aber, ich merkte es allen an, sie waren gewissermaßen gerührt über mich; und vollends diejenigen, welche etwas von meinem Vaterhause wußten, streichelten mich und sahen mich so mitleidig an, daß ich es ganz bequem gehabt hätte, mich bedauern oder bewundern zu lassen, hätte ich an diesen billigen Herzensregungen ein Wohlgefallen gehabt.

Die einen fanden es sehr merkwürdig, daß der Vater mir schon jetzt die Erlaubnis gegeben habe, allein zu wohnen. Ich sagte ihnen, ich sei bald vierunddreißig Jahre. Man wendete mir ein, ich sähe aber weit jünger aus! – »Nimmt mir das meine gesunde Vernunft? Macht mich das unzurechnungsfähig?« fragte ich und wurde mit der Frage erst recht ein Gegenstand der Verwunderung für diese Art von Leuten.

»Wenn Sie nur ein eignes Mädchen hielten!« wendete mir eine andere ein, die recht wohl wußte, daß ich die hundert Taler nicht übrig hatte, welche ein Dienstmädchen mich für das Jahr gekostet haben würde. – »Was soll ich denn mit dem Mädchen machen?« fragte ich. »Soll es mich bedienen? Das kann ich entbehren, und mich zu beschützen und zu bewachen, dazu brauche ich ein Dienstmädchen doch nicht!« – »Es wäre aber doch anständiger!« bemerkte man mir wohlmeinend.

»Aber werden Sie denn auch Männer bei sich sehen?« forschte man vorsichtig.

»Ja! Wie anders?« versetzte ich.

»Nun freilich! Sie sind Schriftstellerin, Sie können das!« meinte ein Fräulein, das sich noch immer überwachen ließ, obschon die gefährlichen und gefährdeten Tage der Jugend weit hinter ihm lagen.

Ich hatte, um mich für den Aufenthalt in Italien einigermaßen vorzubereiten, angefangen, Italienisch zu lernen, schrieb fleißig an meiner Novelle für die »Urania«, hatte viel Zeitverlust mit dem Suchen nach einer passenden Reisegefährtin und war nebenher viel in Gesellschaft. Meine alten Freunde freuten sich meines Fortschreitens, neue Verbindungen boten sich mir von allen Seiten dar, ich war unabhängig und selbständig genug, um auf meinem Wege in die Gesellschaft niemandes Hilfe mehr nötig zu haben, und doch noch nicht so alt und festgestellt, daß ich den Schutz älterer oder bedeutenderer Personen nicht hätte bereitwillig annehmen können.

In der Mitte des Juni rückte die Zeit heran, welche ich für meine Abreise bestimmt hatte. Nach langem Wählen und Prüfen, nach mancherlei Erörterungen mit meinem Vater war ich dahin gekommen, eine Reisegefährtin zu finden, die sich mir und meinen Plänen und Absichten anzupassen verhieß. Sie war eine Berlinerin, fünfzig Jahre alt, unverheiratet, die Tochter eines wohlhabenden Handwerkers, die eine verhältnismäßig gute Erziehung genossen und, alles in allem genommen, auch einen sehr guten Charakter hatte. Heiter und lebenslustig wie ein junges Mädchen, bedürfnislos und ausdauernd wie ein junger Mann, hatte sie sich schon in der Welt umgesehen und verschiedene größere und kleinere Reisen gemacht. Ich durfte hoffen, von ihr nicht verlassen zu werden, wenn mir auf der Reise irgendein Unfall zustoßen sollte, und sie konnte sich von dem Reisen mit mir mancherlei Annehmlichkeiten und Vorteile, mancherlei Bekanntschaften und Förderungen versprechen, die ihr ohne mich unzugänglich geblieben wären. Mein Vater war beruhigt, da er ein älteres Frauenzimmer an meiner Seite und mich also nicht hilflos wußte, und wir sind denn während der acht Monate, welche meine Reisegefährtin neben mir zubrachte, auch gut genug miteinander fertig geworden, bis ein komisches Intermezzo uns trennte.

Es war mir sonderbar zumute, als ich meinen Reisepaß aus dem Ministerium des Innern mit seinen Visas für die verschiedenen Länder – und wieviel Länder hatte Italien damals noch – auf meinem Tische vor mir liegen sah, als ich die Einführungsbriefe, mit denen meine Freunde mich ausgestattet hatten, und das Reisegeld und die Akkreditive durchmusterte, die ich mitzunehmen dachte. Ich hatte eine große Genugtuung darüber, aber ich könnte nicht sagen, daß ich eigentlich froh gewesen wäre.

Was man aus eigener Kraft erreichen konnte, das besaß ich nun, das hatte ich erreicht; aber während so manche meiner weiblichen Bekannten mich um meines Loses willen jetzt glücklich priesen, wußte ich auf das bestimmteste, daß alles, was mir an äußerm und innerm Erwerbe zuteil werden konnte, mir auf die Dauer kein Ersatz für jene Liebe sein würde, welche ein Menschenpaar ausschließlich aneinandergeknüpft und die jemals zu finden ich jetzt keine Hoffnung mehr hegte.

In aller der Freiheit, um die ich mich hier und da beneidet

sah und aus welcher die Mehrzahl der Frauen, die sie zu ersehnen behaupteten, nichts als eine Qual für sich selbst zu machen gewußt haben würden, denn der verständige Gebrauch einer großen Freiheit fordert einen steten Sinn, schwebte immer, wie die Feuersäule vor den in der Wüste wandernden Juden, jener schon oft angeführte Ausspruch Goethes vor meiner Seele: »Und wenn das Dort nun Hier wird, ist alles nach wie vor, und das Herz sehnt sich nach entschwundenem Labsal.«

Mit einer halb frohen, halb elegischen Stimmung schnallte ich am Abende vor meiner Abreise meinen Koffer zu, auch am Morgen meines Aufbruchs fühlte ich mir das Herz beengt. So mag es einem Kranken sein, der nach mancherlei vergeblichen Versuchen, sich herzustellen, sich zu einer Kur, zu einer Badereise anschickt, von der man ihm mit einer gewissen Zuversicht Heilung verheißen hat.

Ich sagte mir, daß ich reise, um die Welt zu sehen und mich auszubilden, und mein Gewissen fügte innerlich hinzu: Du willst versuchen, ob du nicht lernen kannst, dir im Leben ein für allemal selbst genug zu sein.

Erinnerungen aus dem Jahre 1848

Berlin, 11. April 1848

Es sind nun fast vierzehn Tage her, daß ich, von Paris zurückgekehrt, hier in Berlin lebe, und noch immer ist mir die veränderte Physiognomie Berlins eine auffallende Erscheinung. Als wir, in der Nacht zum 1. April durch das Potsdamer Tor einfahrend, an dem Kriegsministerium in der Leipziger Straße vorüberkamen, vor dem, statt des militärischen Ehrenpostens, zwei Studenten mit roten Mützen Wache hielten, die ihre Zigarren rauchten, glaubte ich wirklich zu träumen. Aber wie stieg erst meine Bewunderung, als ich in den nächsten Tagen die Straßen Berlins ohne Militär sah; als keine Gardeoffiziere, bei Kranzler Eis essend, ihre Füße über das Eisengitter des Balkons streckten; als mir alle die Schilder fehlten, welche vor wenig Wochen so stolz mit dem Titel »Hoflieferant« geprangt hatten, und als an allen Ecken unzensierte Zeitungsblätter und Plakate, ja selbst Zigarren verkauft wurden, während sonst das Rauchen auf der Straße bei 2 Thlr. Strafe verboten und sogar die Inschriften der Leichensteine zensurpflichtig waren.

Verwüstungen durch die Revolution bin ich in der Stadt nicht gewahr worden, soweit sie vom Volke ausgegangen sind, denn die Spuren der Kartätschenkugeln an den Häusern sind nur zu sichtbar. Nur in der Nähe des neuen Tores sind die Artillerievorratshäuser niedergebrannt, und dadurch ist ein sehr beklagenswerter Verlust an Kriegsgerät herbeigeführt worden. Aber nirgends hat sich das Volk gegen die Paläste des Königs oder der Prinzen gewendet, nirgends das Eigentum angetastet; und es ist mir eine Genugtuung, daß sich keine Spur von Roheit im Volke gezeigt, daß selbst der König in allen Proklamationen den Edelmut und die Mäßigung der Kämpfenden lobpreisend anerkannt hat.

Was mir aber, im Hinblick auf Paris, schmerzlich auffiel, das ist der Mangel an Freudigkeit über den Sieg, der fehlende Schwung des Enthusiasmus, die mich in Paris so sehr überraschten. Keine begeisternden Lieder, keine jener siegestrunkenen Zurufe, welche dort von Mund zu Mund gingen und so elektrisch wirkten. Weder ein Volksgesang wie das »Mourir pour la patrie!« noch ein Zuruf wie das jubelnde »Vive la république!«. Wir haben keinen deutschen Volksgesang, und »Es lebe der überwundene Absolutismus« (denn weiter halten wir ja noch nicht) kann man eben nicht rufen. Das aber ist noch nicht das Schlimmste. Was mich beängstigt, ist das Gefühl der Unsicherheit, das ich hier an so vielen Menschen wahrnehme und von dem in Paris keine Spur vorhanden war.

Das Wort des Ouvriers auf der Barrikade, von dem ich Dir geschrieben habe, jenes: »Faut-il donc abîmer les femmes pour chasser un roi?«, jene Frage: »Hören denn die guten Sitten auf, wenn ein König seines Thrones entsetzt werden muß?«, hat einen tiefen Sinn. Sie deutet die Selbständigkeit der Nation an, die in einem von dem Volke als nötig erkannten Regierungswechsel eben auch nur einen Wechsel des höchsten Staatsbeamten erkennt und dabei weder einen Untergang des bestehenden Guten noch vollkommene Vernichtung der bürgerlichen Verhältnisse oder gar den Einbruch einer neuen, zerstörungswütigen Barbarei erwartet. Man hat in Paris einen König entthront, eine Republik proklamiert, und doch sind nur die Staatspapiere gesunken, aber der Mut und die Zuversicht der Gebildeten sind ungebrochen geblieben. Man war sich dessen bewußt, was geschehen war, was zu tun sei, und ging mit einer Achtung gebietenden Zuversicht an das große Unternehmen, bei der Neugestaltung der Gesetze womöglich auch den Ansprüchen des vierten Standes, des Proletariates, Genüge zu leisten. Trotz der sorgenvollen Gesichter der Geldaristokratie hatte die Stimmung der meisten Menschen, welche man sprach, etwas Gehobenes und Erhebendes.

Hier vermisse ich das sehr. [...] Sie trauen den eigenen Füßen nicht; sie haben Furcht, weil sie nicht mehr bevormundet werden; sie möchten eigentlich gern wissen, ob der König, ob die Glieder des vorigen Ministeriums auch zufrieden sind mit dem, was geschehen ist? Sie möchten gern die Extreme vermitteln, ausgleichen, das Harte weich, das Rauhe glatt machen, und sprechen, um niemand zu verletzen, um allen gerecht zu werden, nicht von der Revolution und ihren Folgen, sondern von den »Errungenschaften« der Märztage – von der Notwendigkeit einer »Vereinbarung«. Mir aber geht es mit solchen neu erfundenen Worten wie dem Bauer in der Fabel, der nicht essen will, was er nicht kennt; ich fürchte diese unbekannten Worte, in deren hohle Halbheit sich alles mögliche hineinschieben läßt.

Es ist wahr, die Bureaukratie ist höflich geworden, der alte Minister Kamptz, der vieljährige Verfolger der deutschen Burschenschaft, geht mit der dreifarbigen Kokarde am Hute Unter den Linden spazieren. Vor dem Palais des Prinzen von Preußen, das als ein Nationaleigentum erklärt ist, halten Studenten Wache, im königlichen Schlosse das Künstlerkorps, die Bürgerwehr hat die übrigen Posten besetzt, und die Sicherheit der Straßen ist vollkommen, auch ohne die Aufsicht der Gendarmerie. Wir haben auch Volksversammlungen, Klubs, an denen sich tüchtige Männer beteiligen, in denen vortreffliche Reden gehalten werden sollen. Männer und Frauen der arbeitenden Stände stehen an den Straßenecken, an den Brunnen, um die angehefteten Plakate zu lesen, fordern Erklärungen und verstehen alles, was man ihnen sagen kann, auf halbem Wege. Die Handwerker, die Gesellen sollen vollkommen in der Zeit, vollkommen auf der Höhe der Ereignisse sein; ein großer und edler Teil der Bevölkerung sieht mit opferfreudiger Begeisterung in die Zukunft – aber der Untertänigkeitsgeist eines absolutistisch regierten Volkes, die Angst vieler Besitzenden vor möglichen Verlusten und der weitverzweigte bureaukratische Kastengeist sind damit noch lange nicht überwunden. [. . .]

Man hat bei uns durch das Titel- und Ordenswesen die kleinliche Eitelkeit der Menschen so sehr zu erregen gewußt, daß ein großer Teil, namentlich der wohlhabenderen Klassen, dadurch jedem höheren menschlichen Interesse entfremdet worden ist. Weil sie ihr Auskommen, Ehre und Ansehen hatten nach ihrem Bedürfen und obenein das Vergnügen, auf Minderbegünstigte mit dem gleichen Stolze herabzusehen, mit welchem die Mehrbegünstigten auf sie selbst herniederblickten – deshalb finden sie, daß der Staat vortrefflich organisiert war. Solche Menschen können das Hinuntersehen auf Unbegünstigte nicht entbehren, ohne eine große Einbuße an Zufriedenheit zu erleiden.

Rechne nun dazu die wirkliche Liebe vieler Preußen für das Haus Hohenzollern, die, unter der Regierung des vorigen Königs bis zum Gefühl der Familienliebe gestiegen, sich ohne Prüfung instinktiv auf alle Glieder des königlichen Hauses erstreckt, so wirst Du zugeben müssen, daß mancherlei Gefahren den jungen Freiheitsbaum in Preußen bedrohen. Findet er nicht sehr starke Stützen in dem neuen Ministerium und in den Volksvertretern, so wird er Not haben, recht feste Wurzeln zu schlagen. Nach allem, was ich bis jetzt gesehen habe, werden die deutschen Republikaner, die von Frankreich in das Vaterland zurückkehren, bald bemerken, wie sehr sie sich täuschten, wenn sie das monarchisch gewöhnte Deutschland für die Republik begeistert wähnten. [. . .]

Berlin, 5. Juni

[...]

Ja! Es ist wahr! das Wunder ist geschehen im Jahre eintausendachthundertundachtundvierzig. Bauern mit nägelbeschlagenen Stiefeln sind als Ratgeber der Krone dagewesen, im Saale eines Ministers des unfehlbaren, christlichen Staates.

Da saß gleich im ersten Zimmer der Abgeordnete Mros aus Oberschlesien in grauer Drillichhose, blauer Leinwandweste und blauer Tuchjacke; er balancierte dicht über seinen großen Wasserstiefeln ein Glastellerchen mit Kirschkuchen, von dem die Kirschen ihm an die Erde fielen; und sein Kollege Kiul Bassan, der neben ihm stand, trank Orangeade. Aber Kiul Bassan, der kein Wort deutsch spricht, sondern nur polnisch, sah dabei aus wie Immermanns Riese Schlagadodro, der den Tee stets mit Rum trank und dem er dennoch stets wie Spülicht schmeckte.

Und dicht an diesen Bauern stand Nothomb, der feine, geistvolle belgische Diplomat, in lebhaftem Gespräche mit Camphausen, dem Ministerpräsidenten; und in dem nächsten Zimmer saß der Minister Hansemann auf dem Sofa, und ein Tagelöhner, der auf der blauen Jacke das allgemeine Ehrenzeichen trug, saß neben ihm auf den Sammetpolstern, und der Minister hörte aufmerksam auf die Reden des abgesandten Tagelöhners.

Ich sprach es aus, daß ich mich darüber freue, »Glauben Sie, daß *diese* Leute dem Staate nützlich sein können durch ihren Rat?« fragte mich spöttisch ein alter Beamter.

»Nein! Sie selbst können nicht angeben, wie ihnen zu helfen ist, aber sie werden angeben, was ihnen fehlt; und sie nützen am meisten durch ihr bloßes Anwesendsein.« – »Wie das?«

»Indem durch ihre Anwesenheit in der Kammer und im Salon ihre Gleichberechtigung mit den anderen Ständen ausgesprochen und die Pflicht, für sie und ihr Wohl zu sorgen, anerkannt wird.«

»Wissen Sie, wie und warum dieser Kiul Bassan gewählt worden ist?«

»Ja! Er ist betrunken in die Versammlung der Wähler gekommen, und der Landrat hat ihn grob angefahren, weil er die Mütze aufbehalten. Darauf ist Kiul Bassan wütend aufgesprungen gegen den Landrat, und die Bauern haben gesagt: »Das ist unser Mann! Wenn der nur halb soviel Courage gegen den König hat als gegen unsern Landrat, so werden wir Gehör finden, und es wird uns geholfen werden.«

Der Beamte, höhnisch lächelnd: »Und was folgern Sie aus dieser Wahl?«

»Daß die Wähler auf dem Lande glaubten, es sei notwendig, dem Könige die Wahrheit zu sagen, und daß sie noch so ungebildet sind, zu glauben, um die Wahrheit zu sagen, müsse man grob und roh sein.«

»Also billigen Sie es, daß dieser Bauer, der nicht ein Wort Deutsch kann, der also den Verhandlungen nicht zu folgen vermag, in der Nationalversammlung Sitz und Stimme hat?«

»Durchaus! Denn er sitzt dort als Repräsentant der Hunderttausende preußischer Staatsbürger, welche ebenfalls kein Deutsch verstehen. Er erinnert die Deputierten, die durch ihre Bildung zur Gesetzgebung berufen sind, an die Pflicht, auch für die Staatsbürger vom slawischen Stamme so zu sorgen, wie deren Eigentümlichkeit es erheischt. Indes ist Kiul Bassan eine Ausnahme in der Versammlung, und Sie werden in den bäuerlichen Deputierten des Eilauer, des Gerdauer, des Rudniker Kreises ganz verständige Leute finden.« Der Beamte wendete sich von mir, wie der Arzt eine unheilbare Kranke verläßt. [...]

Berlin, 6. Juni

Meine Furcht vor den fremden, neuen Worten, vor den Errungenschaften und Vereinbarungen scheint nicht grundlos gewesen zu sein, denn jetzt schon ist das Wort »Revolution« offenbar »mißliebig« geworden, wie man das in der vormärzlichen Zeit zu bezeichnen pflegte. Nennt doch selbst der Ministerpräsident Camphausen in der konstituierenden Versammlung den Freiheitskampf des 18. März bereits eine »Begebenheit«, um das Wort »Revolution« zu vermeiden, obschon gerade Herr Camphausen und seine Kollegen diese Revolution als ihre Mutter zu achten und vorzugsweise an das Gebot zu denken hätten: »Du sollst Vater und Mutter ehren, auf daß dir's wohlgehe und du lange lebest auf Erden.«

Um nun dem Minister zu beweisen, wie das Gedächtnis des Volkes treuer sei, wie man die Revolution als ein ruhmwürdiges Ereignis betrachte und die Freiheitsopfer ehre, welche ihr gefallen sind, hatten die Studenten ihre Wallfahrt nach dem Grabe der Gebliebenen im Friedrichshaine vorgeschlagen.

Man sprach in manchen Kreisen nichtachtend davon; man nannte es eine neue, innerlich haltlose Aufregung, eine leere Demonstration des müßigen Pöbels und fürchtete dennoch diese leere Demonstration so sehr, daß man der Bürgerwehr verbot, sich als Korps dabei zu beteiligen, um sie gegen die Wallfahrer zusammentrommeln zu können, wie man es in unnötiger Besorgnis bei den geringsten Anlässen zu tun pflegte.

Auch die konstituierende Versammlung, welche gleich der Bürgerwehr von den Studenten zum Anschluß an die Wallfahrt aufgefordert worden war, hatte die Weisung erhalten, es sei den einzelnen Mitgliedern unbenommen, sich als Bürger dem Zuge anzuschließen, als Korporation aber sei es ihnen versagt.

Unselige Halbheit! Hätte das Ministerium das Verständnis der Ereignisse, welche unter seinen Augen vorgehen, bedächte es, daß es sich hier nicht um eine bloße politische Revolution handelt, sondern daß diese nur der Anfang einer sozialen Umgestaltung ist, so müßte es, den einzigen Weg des Heils einschlagend, sich an die Spitze dieser Bewegung stellen. Wer einen Kahn retten will, der, vom Strome erfaßt, dem gefährlichsten Strudel entgegenschießt, der muß beherzt hineinspringen und mit entschlossener Hand das Steuer ergreifen, nicht fern stehend über die Strömung tadelnde Bemerkungen machen.

Der Conseilpräsident, die Minister, alle Mitglieder der konstituierenden Versammlung, die ganze Bürgerwehr, ja selbst die Prinzen hätten sich dem Zuge anschließen sollen, um symbolisch das Zugeständnis zu machen, das man in dem Symbol dieser Wallfahrt forderte, das Zugeständnis der Souveränität, welche das Volk sich in den Märztagen erkämpft hat. Aber es geht dem souveränen Volke, wie es den souveränen Fürsten ging: Es erfährt Undank, und seine Günstlinge werden am leichtesten seine Tyrannen; es erntet Geringschätzung für hingebendes Vertrauen.

Man hatte die Wallfahrt auf den Nachmittag des 4. Juni festgesetzt. Es war ein Sonntag, hell und sonnig, ohne so heiß zu sein, daß es belästigen konnte.

Auf dem Gendarmenmarkte, wo vor zwei Monaten die Särge der Gebliebenen gestanden hatten, versammelte man sich, um von da aus den Weg durch die Charlottenstraße, die Linden entlang, am Schlosse vorüber, durch die ganze Königsstadt nach dem außerhalb Berlins gelegenen Friedrichshaine zu ziehen.

Die Straßen waren voll von Menschen, keine Polizeibeaufsichtigung, keine Gendarmerie machte sich geltend. Ein Polizeiinspektor, den wir in Zivilkleidern auf dem Wege trafen, versicherte mit resignierter Bestimmtheit, es werde alles in Ruhe abgehen und ein sehr schöner Zug werden – auch ohne Polizei, setzte ich in meinem Innern hinzu. Die Physiognomie des Mannes war umschleiert von dem Gedanken an seine gebrochene Macht, und man sah es, daß sein Selbstbewußtsein vergraben lag unter den Trümmern des gestürzten Polizeistaates.

Von weitem erklangen bereits die ersten Töne des Festmarsches, als wir ein Fenster in einem Hause Unter den Linden erreicht hatten. Bei dem Herannahen des Zuges machten die Leute auf der Straße Platz; eine feierliche Stille herrschte.

Und nun begann ein Aufzug, von dem ich wollte, es hätten ihn die Verächter der Volksbewegung gesehen, welche von den Provinzen aus die demokratische Partei als einen Pöbelhaufen bezeichnen, der, von unreifen Schwärmern und brotlosen Schriftstellern geleitet, die Anarchie herbeiführen wolle, weil diese und jene nichts zu verlieren und alles zu gewinnen hätten.

In fester, sicherer Haltung, gehoben durch das Bewußtsein der errungenen Freiheit, traten sie auf, die Bürger Berlins, die Begründer des neuen Preußens. Ein Trupp berittener Bürgerwehr eröffnete den Zug. Dann kamen Frauen und Töchter der Mitglieder des Demokratischen Klubs. Sie wurden vom Volke nicht ohne Befremden betrachtet.

Mag man die geistige Berechtigung der Frauen noch so sehr anerkennen, ihr persönliches Auftreten in der Volksmasse liegt außerhalb des deutschen Charakters. Es sollte deshalb nicht absichtlich hervorgerufen werden, weil damit weder für die wirkliche Erhebung der Frauen noch für die des Volkes ein Wesentliches gewonnen, wohl aber verloren werden kann.

Den Frauen folgten die verschiedenen Klubs; jedem zog klingendes Spiel voraus, jedem ward seine Fahne vorgetragen. Auf schwarz-rot-goldenem Grunde, dem Farbenbilde deutscher Einheit, trugen die Banner die Inschrift der verschiedenen Gruppen; in dieser Weise ein Symbol gebend für die Gestaltung des Menschheitsverbandes in der Zukunft, für die freie Berechtigung der Individualität in der einigen Gesamtheit. Dem Konstitutionellen Klub, dem Reformklub, schloß sich der Demokratische Klub an, dessen

Führer und Bannerträger sich etwas theatralisch, und wohl mit unnötigem Pathos, mit blutroten Federn und blutroten Leibbinden geschmückt hatten. Es wäre schlimm, wenn die Saat des Friedens nicht keimen könnte unter uns, ohne mit dem Tau des Bürgerblutes getränkt zu werden; es wäre schlimm, wenn wir in unserer Zeit noch kein anderes Argument für die Wahrheit besäßen als die Donner der Kanonen und das Beil der Guillotine. Diese Beweismittel trennen die Menschheit durch Haß, und wir bedürfen der Vereinigung durch Liebe.

Zwischen den wohlhabenden Bürgern, den ansässigen Handwerkern, deren alte Gewerksfahnen und Banner, in dem mittelaltrigen Innungszwange geschaffen, nun sonnenbeleuchtet im Lichte der jungen Freiheit flatterten, zogen Scharen von Arbeitern einher, fröhliche grüne Eichenzweige an den Hüten. Und welche Worte standen auf ihrem Banner, das ebenfalls von Eichenzweigen umflochten war? *»Die brotlosen Arbeiter!«*

Sie haben kein Brot, nicht Haus, nicht Hof, aber sie haben die Natur, die ihnen fröhlichen Schmuck leiht; sie haben nicht Brot, nicht Haus, nicht Hof, aber sie haben den festen Glauben, daß die Besitzenden sie als Brüder erkennen gelernt haben, daß die Verständigen einen Weg ermitteln werden, dem Brotlosen nicht nur Arbeit und Brot, sondern so viel Arbeit, so viel Brot zuzuweisen, daß er den Anspruch jedes Erschaffenen, jedes Existierenden auf Genuß nach seiner Weise zu befriedigen vermöge. Die Brotlosen haben nicht geraubt, sie haben dem Besitzenden nichts genommen, aber angefangen, dringend zu fordern, und das ist ihre Pflicht, weil es ihr Recht ist. Sie werden berechtigt sein, sich einen Platz in der Gesellschaft und Genuß des Lebens zu erkämpfen, wenn man nicht friedliche Mittel findet, ihnen genug zu tun.

Wer ein Herz hatte, dem mußte es erzittern in der Brust, wenn er sie sah, die brotlosen Arbeiter, in ruhiger Haltung einherschreitend, geschmückt mit der blühenden Farbe der

Hoffnung, mit dem grünen Laub des Frühlings. Betrügt diese Hoffnung nicht! Verwandelt das Vertrauen nicht in Haß! Gewährt aus Klugheit um eurer Ruhe willen, wenn ihr nicht gut genug seid, aus Liebe zu gewähren.

Gar stattlich nahm sich der Verein der Landwehrmänner aus. Sie, die einst gekämpft in untertäniger Abhängigkeit für Gott, für König und für Vaterland, zogen einher in dem tönenden Einklang des Paradeschrittes, als frei und selbständig handelnde Männer, ordengeschmückt, die Helden zu ehren, welche den Tod für die Freiheit gefunden im Kampfe gegen das absolute Königtum – denn der Orden dieser Toten ist einzig die dankbare Erinnerung der Überlebenden.

Die Schützengilden, die Scharfschützen der Bürgerwehr, mit lustig flatternden Federn auf den Krepphüten: an hundert Mitglieder der konstituierenden Versammlung, von lautem, anerkennendem Zuruf des Volkes begrüßt; Stadtverordnete und Bürgerwehrmänner, Kaufleute und Gelehrte, Künstler und Fabrikarbeiter gingen, in Gruppen vereint und gesondert, von gleichen Gedanken bewegt, denselben Wallfahrtsgang. Die Studenten mit ihren weißen und roten Korpskappen schlossen den Zug, zu dem sie, mit die Jüngsten von allen, die Anregung gegeben hatten. Die Begeisterung unserer Jugend verkündet und verbürgt die Freiheit der Zukunft, die einstige brüderliche Eintracht der Menschheit. Und als Zeichen dieser Eintracht ist auch diese Wallfahrt anzusehen. Sie wird Dir heilig und erhebend sein wie mir.

Berlin im November und Dezember 1848

Berlin, 8. November 1848

Gestern bin ich nach viermonatiger Abwesenheit heimgekehrt und habe heute schon einen Teil unserer Bekannten gesehen, die alle sehr besorgt sind in der Erwartung eines Staatsstreiches, gleichviel ob sie diesen Staatsstreich durch die Maßlosigkeit der Nationalversammlung für berechtigt halten oder ihn eine Ungerechtigkeit der Regierung, einen Akt frevelhafter Willkür nennen. Daß er ein Unglück ist für das Land, darin sind alle einig.

Die Stimmung der Menschen scheint mir gedrückter, als ich sie je nach den Märztagen gesehen, die Erbitterung der Parteien schroffer. Der Haß der stabilen Freunde der Ordnung hat einen verbissenen Charakter angenommen, der zähneknirschend nur Gewaltmittel fordert. Sie sehnen sich nach einem Blutvergießen, in dem die Bassermannschen Schreckensgestalten ihren Untergang fänden. [...]

Als ich heute Johann Jacoby fragte: »Wie stehen die Sachen in Berlin?« – antwortete er mir: »Sehr gut für die Demokratie!« Ich sah ihn befremdet an, er fühlte das und fügte hinzu: »Das Untertanengefühl ist noch felsenfest in vielen Deutschen. Niemand kann aber dagegen so wirksam ankämpfen als der Absolutismus selbst – und er tut es jetzt redlich. Die Fürsten nutzen das Vertrauen, den Glauben des Volkes ab, sie belehren das Volk. Das ist mehr, als man von ihnen verlangen kann, denn sie untergraben selbst den Boden, auf dem allein sie stehen können.«

In dem heißen Sommer von 1846 war der Vesuv ganz ruhig – und man zitterte vor dieser Ruhe, denn alle Quellen in Castellamare, wo ich damals mich befand, begannen zu versiegen. So ruhig wie der Vesuv in jener Zeit, so beängstigend still erscheint mir heute Berlin.

Den 18. November

Ich habe Dir nicht geschrieben, weil mir die Seele bedrückt ist, von den Segnungen des Friedens, den man uns bereitet. Der Belagerungszustand ist erklärt, die Stadt ist voller Soldaten, und es ist seitdem, als hätten sie ein eisernes Netz über uns ausgespannt, als wäre uns selbst der Anblick des Himmels entzogen. Die Tore sind offen, die Straßen sind frei – aber man hat dennoch das Gefühl, sich in einem Gefängnisse zu befinden.

Der Abend des Zehnten und die Nacht zum Elften waren sehr unheimlich. Viele Leute wollten Berlin verlassen, man packte, auf den Straßen fuhren Droschken voll Kasten und Betten, ganze Familien mit Weib und Kind den Toren zu. Als es dann Nacht war, schien die Aufregung zu wachsen. Sobald eine Türe zugeworfen ward, sobald ein Balken zur Erde fiel, glaubte man einen Schuß zu hören; jedes Wagengerassel hielt man für Trommelwirbel. Nicht mir allein, sondern allen, die ich nachher sprach, ist es so ergangen. Das Entsetzen über die Gewalttat hatte die Phantasie erregt, daß man wahrzunehmen glaubte, was der gerechte Zorn für möglich hielt.

Am Morgen des Elften befand ich mich bei B., dem Schauspielhause gegenüber, als die Deputierten sich versammelten, der Einlaß ihnen verwehrt wurde und sie sich in geschlossenem Zuge fortbegaben, in würdiger Haltung, von zahlreicher Menschenmenge begleitet. General Wrangel wagte nicht, dies Gefolge zu hindern, obschon es ungesetzlich war nach dem Belagerungszustande.

Unablässig tönte in meinem Innern, während die Deputierten an mir vorüberwandelten, jener Geister-Chor des »Faust«, jenes furchtbare:

»Weh! weh!
Du hast sie zerstört,
Die schöne Welt,

Mit mächtiger Faust;
Sie stürzt, sie zerfällt!
Ein Halbgott hat sie zerschlagen!
Wir tragen
Die Trümmer in's Nichts hinüber,
Und klagen
Über die verlorne Schöne.«

Es war, als zögen in diesem Augenblicke der Geist des Friedens, der Verständigung und Ausgleichung fort von Berlin und als schwängen wilde Rachegeister die blutroten Fackeln des Hasses in der Luft.

Was die Regierung mit dieser Auflösung der Nationalversammlung getan hat, den Widerspruch, den sie gesprochen gegen ihre Verheißungen im März, das wird sie und wir mit ihr, wenn nicht jetzt, doch einst zu büßen haben. Manches Saatkorn, das die Hand des Menschen der Erde anvertraut, wird vom Winde verweht oder geht nicht auf zur Frucht. Aber die Saaten des Übels, welche die Hand der Fürsten streuen, finden immer den Boden, aus dem sie früh oder spät hervorschießen als ein Schlingkraut, das die Fürstenstämme umstrickt, entkräftet und vernichtet. [. . .]

Frauen, denen sonst ihre Kinder und ihr Haushalt wenig Interesse übrigließen für die Fragen der Zeit und der Politik, habe ich weinen sehen, wenn aus den öffentlichen Gebäuden, aus der Münze, dem Zeughause und der Akademie, rauchende Soldaten die Köpfe hervorsteckten und Schelmenlieder sangen; weinen sehen, als die Straßen abgesperrt wurden, Wagen und Konstabler an den Ecken hielten und Trupps von fünf bis sechs Soldaten in die Häuser gingen, die Waffen der Bürgerwehr abzuholen, welche man auf die Wagen lud und davonfuhr. Junge Offiziere kommandierten diesen ruhmvollen Feldzug.

Alle königlichen Gebäude sind bis unter die Dächer voll Soldaten. In der Bank, in der Seehandlung liegen vier- bis fünfhundert Mann; auf den Hausfluren verkaufen Hökerfrauen Brot, Branntwein, Würste und Tabak. Abends lagern die Soldaten auf den Treppenstufen, daß man fast über sie steigen muß, wenn man durch die tabakqualmenden Räume geht. Selbst das Museum ist in eine Kaserne verwandelt, und geht man an demselben vorüber, so hört man ein Geräusch, wie von einem donnernden Wasserfalle. Es ist das Singen und Sprechen der Soldaten in der prachtvollen Rotunde, deren Echo den Schall vertausendfacht. Vor der Mediceischen Venus balgen sich Soldaten, den Fußboden mit den Nägeln ihrer Stiefel zerreißend, der kapitolinische Faun hat eine Feldmütze auf, Helme sind den schönsten Antiken aufgestülpt, Bajonette lehnen an die Minerva Medica, und der Knabe, der sich den Dorn aus dem Fuße zieht, ist von Tornistern, Kommißbroten und Patronentaschen verdeckt. So schilderte mir ein Bekannter den Anblick.

Die Beamten, der Adel und die große Zahl ruhesüchtiger Bürger, wie Berthold Auerbach sie nannte, sind wie von einem Freudentaumel ergriffen. Den Soldaten wird in vielen Häusern und in den Kasernen, in denen sie ohnehin an nichts Mangel leiden, das Leben noch besonders bequem gemacht. Man liefert ihnen wollene Decken, wollene Strümpfe, Suppen, Weißbrot, Bierkaltschalen und Tabak. Ein Vetter von mir, ein Füselier, der in einer Kaserne einquartiert ist, erzählt mir, daß ein Konditor ihnen am letzten Sonntage ganze Eimer voll Schokolade geschickt habe. Es fehlte wirklich nur, man machte ihnen Visiten, hielt ihnen Vorlesungen und arrangierte Feste, damit sie sich in Berlin nicht etwa langweilen.

Dabei wird die Disziplin sehr locker. Nie, solange ich lebe, habe ich soviel betrunkene Soldaten in den Straßen gesehen als jetzt; es war etwas Unerhörtes in früherer Zeit. Auch der Ton der Offiziere soll – nicht menschlicher, denn das wäre ein Schönes – sondern familiär geworden sein den Truppen gegenüber. Man sieht den Soldaten viel nach und schmeichelt ihnen, weil man sie braucht.

Mit den Soldaten kehrt denn auch die schöne Welt zurück. Die Damen fangen wieder an, mit ihren galonierten Dienern in die Boutiquen zu gehen, Toilettenstücke zu kaufen und sich für die Salons zu rüsten, die man während der demokratischen Tage geschlossen hatte. Man stickt Chemisetts und Kragentücher mit den verschlungenen Namenszeichen des Prinzen, der Prinzessin von Preußen und des General Wrangel; man erfindet modische Toiletten in Schwarz und Weiß und beneidet zweifelsohne das Zebra, das seine schwarz und weißen Streifen gleich von Gottes Gnaden auf die Haut bekommen hat.

Selbst die Geheimräte der vormärzlichen Ministerien, welche ganz unsichtbar geworden waren, kommen schon wieder Unter den Linden zum Vorschein, wie Nachtvögel nach Sonnenuntergang. Sie sehen aus, als ob sie innerlich fortwährend »Heil dir im Siegerkranz« singen. Sängen sie es aber nicht gedankenlos, so würden sie wohl stocken vor dem schönen, wahren Verse, der also lautet:

Nicht Roß noch Reisige
Sichern die steile Höh,
Wo Fürsten stehn!

Es gibt eine Art, alte Gebäude zu stützen, die höchst bedenklich ist, weil die Schwere des zu Stützen verwendeten Materials dem ohnehin schwankenden Hause leicht gefährlich werden kann, und davon machen die Fürsten jetzt vielfach Gebrauch.

Den 20. Dezember

[. . .] Johann Jacoby, nach dem Du fragst, ist auch noch in Berlin. Er nimmt die Vorgänge so ruhig und gefaßt, wie er es immer ist.

Erinnere Dich, daß er einmal T. in unserer Gegenwart durch ein eben eingetretenes, ihm schmerzliches Ereignis ganz außer sich gebracht sah. Damals sagte er mit seiner sanften, ruhigen Stimme: »Lieber Freund! In unserm Alter muß man nicht mehr verzweifeln.« So verzweifelt er auch jetzt nicht.

Als er am elften November zur gewohnten Stunde zu mir kam, fragte ich: »Nun, Jacoby! Hatten Sie das erwartet?« – »Erwartet nicht gerade, aber ich hatte es für möglich gehalten und mich also darauf vorbereitet.« – »Und was wird jetzt geschehen?« – »Was ich von jeher geglaubt habe. In der Politik kann man immer voraussagen, was geschehen muß, nur das Wann ist unberechenbar. Für den Augenblick werden wir in die Provinzen nach Hause gehen. Es ist wahr, man wird Mühe haben, einen Teil der Arbeit von vorn zu beginnen, indes, sie ist doch nicht mehr so schwer als früher, der Boden ist urbar gemacht, das ist schon viel.« – »Und Sie glauben an den Sieg der Demokratie?« – »Zuverlässiger als je. Ich sagte Ihnen ja neulich, daß der Absolutismus für sie arbeitet?« – »Aber werden wir diesen Sieg erleben?« – Jacoby sah mich lächelnd an. »Wollen Sie schon ungeduldig werden? Das ist eine Schwäche, die man sich abgewöhnen muß, wenn man das Auge auf die Weltereignisse richtet.« Dann schwieg er eine Weile und hub darauf von selbst an: »Sein Sie unbesorgt, es endet mit einem Siege dessen, was uns Wahrheit ist. Jedes Volk macht seine lange Wüstenfahrt aus dem Bereich der Sklaverei in die Segnungen des Gelobten Landes. Und wenn wir alle den Tag der Ankunft nicht erleben – was tut's? – wir alle haben wie Moses das Gelobte Land gesehen in geistigem Schauen, in festem Glauben; wir alle wissen, daß es existiert, wir wissen, daß man es erreichen wird, und wollen geduldig die Wüstenfahrt mitmachen, ohne an uns selbst zu denken.«

Du weißt, wie wenig wortreich er im ganzen ist, wie selten er auf solche Erörterungen eingeht. Um so tiefer erschütterte es mich. Er hatte etwas Seherisches in dem Augenblicke. Seine Gestalt kam mir größer vor, sein hellblaues Auge noch leuchtender und durchdringender als gewöhnlich, der Ausdruck von Klarheit, Milde und Güte, welcher ihm immer eigen ist, war womöglich noch gesteigert. Sein Glaube hatte etwas so Überzeugendes, so Begeistertes – ich finde kein anderes Wort dafür – daß ich ebenfalls gläubig wurde im tiefsten Herzen. Er sprach langsam und leise wie immer, und doch lag die höchste Wärme in seiner Stimme. Mir fiel dabei ein Ausspruch ein, den er vor Jahren einmal gegen mich tat.

Es war die Rede davon, daß viele Leute ihn einen kalten Verstandesmenschen, andere einen Fanatiker oder gar einen Schwärmer nennen, und ich spottete über die Widersprüche. Jacoby aber meinte, die Leute könnten doch alle recht haben. »Die wirkliche Verstandeseinsicht, welche bis zur vollen Klarheit gediehen ist«, sagte er, »führt immer Begeisterung und Wärme mit sich. Man wird enthusiastisch aus Reflexion. Wenn Menschen für eine Idee, welche ihnen in der Theorie richtig scheint, in der Praxis keine Wärme haben, so liegt es darin, daß ihnen die Idee doch nicht vollkommen klar ist; denn wahre Überzeugung zwingt uns, ihr auch im Handeln mit ganzer Hingebung und Selbstverleugnung zu folgen!«

Nie, in keinem Verhältnis habe ich ihn jemals gereizt gesehen, nie ein hartes Urteil von ihm gehört. So auch jetzt nicht. Wo andere mit Erbitterung, mit Verachtung und Zorn tadeln, hat er nur ein lächelndes Bedauern. Er sieht auf alle Reaktionsversuche mit der geduldigen Zuversicht herab, mit der ein Verständiger das unbändige Toben eines Kindes betrachtet, von dem er weiß, daß es enden muß, wenn die Kraft dazu erschöpft ist. Als ihn neulich jemand darauf aufmerksam machte, daß er ein stehender Artikel in den Spalten der Kreuzzeitung sei, daß jene Zeitung behaupte, er stehe in russischem Solde, er empfange russische Bestechungen durch ein Königsberger Handlungshaus, und daß er sich doch wenigstens dagegen verteidigen sollte, antwortete er: »Ich will dem Redakteur der Zeitung anbieten, ihm mein russisches Geld für den zehnten Teil des Betrages zu überlassen, das ist alles, was ich tun kann. Übrigens werde ich bald wie einst O'Conell sagen können: ›Ich bin der bestverleumdete Mann des Königreiches!‹, und das ist denn doch auch tröstlich.«

Wahrscheinlich wird er auch in den nächsten Tagen abreisen, teils um seine medizinische Praxis in Königsberg wieder aufzunehmen, welche bisher von seinen Freunden vertreten ward, teils um dort zu wirken und zu schaffen, wo, wie er sagt, das eigentliche Feld seiner Arbeit ist. Einige der Deputierten, die auch für Frankfurt gewählt waren, wollen nach Frankfurt gehen, und von den nächsten Wahlen wird es abhängen, wann man sie hier in Berlin wiedersehen wird.

Die Stadt ist vollkommen ruhig, hie und da hört man von Haussuchungen nach verborgenen Waffen, aber sonst geht nichts Auffallendes vor, da man sich bereits gewöhnt hat, daß Berlin wie ein Feldlager voll von Soldaten ist, die im Theater und auf den Promenaden wirklich das Zivil ganz unsichtbar machen. Da Du Berlin seit dem Herbste nicht gesehen hast, würdest Du es sehr verändert finden. Der Nebel der Jahreszeit scheint trüber als gewöhnlich darüber ausgebreitet zu sein, aber man muß denken, daß es nicht ewig Winter bleibt und daß Frühling und Sonnenschein ja wiederkehren.

Berlin, 8. März 1849
Karfreitag

Gestern, am Karfreitage, als der Gottesdienst in den Kirchen beendet und abermals die Erinnerungsfeier gehalten worden war an den Tod des Mannes, der die Welt vor achtzehnhundert Jahren erlöst hat aus den Fesseln der Knechtschaft zur Freiheit der Liebe, traten wir unter den letzten Tönen der Kirchenglocken unsern weiten Weg nach der Königsstadt an, um den Friedrichshain zu besuchen, in dem die Opfer des Berliner Freiheitskampfes beerdigt worden sind. Es mag zwei oder drei Jahre her sein, daß man diesen Hain anlegte, um den Bewohnern der jenseits der Spree gelegenen Königsstadt dereinst einen Spazierort zu verschaffen, wie die Friedrichstadt Berlins ihn an dem Tiergarten besitzt. Das Unternehmen war ein sehr verdienstliches, denn Berlin ist von einer strauch- und baumlosen Sandwüste umgeben, so weit das Auge reicht.

Jenseits des Alexanderplatzes, auf dem das Königsstädter Theater liegt und wohin die italienische Oper die reiche, vornehme Gesellschaft lockt, hört für diese das eigentliche Berlin auf. Es beginnt die Terra incognita, von deren Dasein, von deren Bewohnern die schöne Welt der Linden und der Behrenstraße so viel erfährt und weiß als von den Feuerländern, obgleich in der Königsstadt und in all diesen jenseits der Spree gelegenen Stadtteilen die gewerbetreibende, produzierende Berliner Bevölkerung wohnt, welche die Stadt reich und bedeutend macht.

Wir gingen die Landsberger Straße entlang, sie sah sonntäglich still aus. Mädchen und Frauen saßen an den Fenstern, der Strickstrumpf, das Lesebuch selbst, diese Erholung nach der sechstägigen Arbeit der Woche, waren den Händen entglitten, die Ruhe wurde vollständig genossen. Den Kopf auf den Arm gestützt, guckte hier ein blondes Mädchen träumend auf die Straße hinaus, dort tändelten auf dem Fensterbrett ein paar Kinder, denen Vater und Mutter zusahen. Die Dienstboten standen plaudernd vor den Türen, Knaben spielten mit Murmelsteinen, und Männer und Weiber der handarbeitenden Klassen gingen mit ihren Kindern spazieren. So gelangten wir vor das Landsberger Tor. Der Boden erhebt sich hier um einige Fuß, und dies gewährt in der vollkommenen Ebene schon einen Überblick der Gegend. Einige Droschken und Mietwagen hielten am Fuße des Hügels, viele Menschen gingen mit uns zugleich hinauf, und mit einem Male befanden wir uns auf der Ruhestätte der im März des vorigen Jahres Gefallenen.

Sie liegen in einem Zirkel begraben. Man glaubte damals offenbar, daß sie die ersten und letzten Opfer sein würden, welche die Freiheit von Preußen forderte, und hat den Zirkel geschlossen, ohne Raum zu lassen für eine spätere Zeit. Um einen runden Rasenplatz ziehen sich die Gräber in doppelter Reihe hin, es mögen ihrer über zweihundert sein. Die Mitte des Rasens ziert ein junger Baum, der so bald als möglich durch ein Denkmal ersetzt werden soll. Eine Windmühle liegt dicht neben der Grabstätte und dreht langsam ihre Flügel nach dem jedesmaligen Hauch der Luft.

Schweigend und doch so beredt, ein in sich geschlossenes Faktum, blickten diese Gräber uns an. Zu unsern Füßen lag das große, prächtige Berlin – Berlin, überragt von den Türmen seiner Kirchen, von der neuerbauten stolzen Kuppel des Königsschlosses, welche als der ursprünglich von den Gründern desselben beabsichtigte Schlußstein des Gebäudes von Friedrich Wilhelm IV. in dem Augenblicke beendet ward, als die Revolution ihre ersten Hammerschläge gegen die Grundfesten dieses Königshauses richtete. Die Natur und die Weltgeschichte haben dieselben Grundbedingungen, dieselben unabweislichen Gesetze. Der Zeit der vollen Blüte folgt das Zerstäuben derselben, damit die Frucht sich entwickle und reife. – Rings um den Totenhügel streckten viele tausend junge, noch blätterlose Bäume aus dem weißgelben Sandboden ihre kahlen Äste empor, von der Luft Nahrung und Wärme erflehend, welche dieser dürre Boden ihnen nur spärlich zu bieten vermag; aber der Himmel war kalt und grau bewölkt, kein Sonnenstrahl für die jungen Bäume zu entdecken. Man müßte verzagen an ihrem einstigen Gedeihen, könnte man nicht auf die innere fortzeugende Triebkraft rechnen.

Aus dieser Pflanzschule des künftigen Friedrichshains erhebt sich seit einigen Monaten auf grauer Marmorsäule die Erzbüste des Alten Fritz, nach dem die Anlage benannt wurde. Ein Berliner Bürger hat sie hierher geschenkt, den Friedrichshain und die Toten zu ehren, als habe der historische Instinkt ihn getrieben, das Denkmal eines der genialsten absoluten Herrscher neben das Denkmal der Männer zu setzen, welche im Kampfe gegen den Absolutismus gefallen sind. Die Revolution und der Absolutismus, Gewaltherrschaft und Empörung berühren sich hier als die Extreme, welche sich immer zusammenfinden.

Von der Betrachtung des Terrains wendete sich unser Auge bald den Gräbern zu. Welch ein Unterschied zwischen der Wahrheit dieser Totenfeier und der zur Sitte gewordenen Form der Grabverzierungen und Inschriften auf andern Kirchhöfen! Große Erschütterungen geben dem Menschen sich selbst wieder, helfen ihm zum Bewußtsein seines wahren Wertes, im Gegensatz zu der herkömmlichen, von den Bevorzugten bestimmten Taxe desselben. Weil das Volk sich der Gewalt gegenüber als eine Macht hatte empfinden lernen, ist ihm der Mut gekommen, seine eigene Sprache zu sprechen. Jede Persönlichkeit überläßt sich hier im Gefühle der Berechtigung voll und ganz ihrem Schmerze, und einer jeden wird Teilnahme und Achtung, eben weil sie sich für berechtigt erklärt.

Neben dem Marmordenkmal des Studenten Gustav v. Lenski, das seine Mitstudierenden ihm errichtet, ruht ein Dienstmädchen. Das Comité für die Gefallenen hat ihr das Kreuz gesetzt. »Sie ward im Zimmer erschossen«, heißt es nach der Angabe ihres Namens und Alters. – Wir gingen von Grab zu Grab, und ich will Dir die Inschriften mitteilen, die ich abgeschrieben habe. »Hier ruht in Gott mein unvergeßlicher zweiter Sohn Karl August Theodor Deichmann (Zimmerpolier), geboren den 24. September 1823, gestorben den 18. März 1848 in dem Freiheitskampfe durch zwei Schüsse in den Leib. Er folgte seiner vor sechs Wochen vorangegangenen Mutter im Grabe nach. Mein dritter Sohn wurde durch fünf Kopfwunden an demselben Ort, Friedrichs- und Dorotheenstraßen-Ecke, verwundet, ist aber wiederhergestellt. Gewidmet von ihrem betrübten Vater.« – »Das sind die beiden Deichmanns«, sagte ein neben uns stehender Handwerker zu einem Gefährten, »die sie aus dem Vaterhause wehrlos herausgeholt haben. Der Jüngste sagte zu dem Lieutenant, der dabei war: ›Herr Lieutenant, Sie sehen, daß ich keine Waffen habe, beschützen Sie mich‹; der aber war der erste, der ihm mit dem Degenknopf vor den Kopf stieß, und dann fielen die andern über ihn her. Und da soll man Frieden halten mit den Soldaten, die auf unbewaffnete Landsleute schießen und hauen, als ob es Feinde und nicht Brüder wären!«

Sie gingen weitersprechend von dannen. Wir traten an eines der nächsten Gräber. »Hier ruht der Schlosser Julius Frankenberg, 29 Jahre alt. Im Kampfe für des Volkes Freiheit sterben – So heißt das Testament, nach dem wir erben.« Eine andere Inschrift lautet: »Hier ruht in Gott mein heißgeliebter Gatte, der Konditor Gustav Rippenrecht. Im friedlichen Beisammensein an meiner Seite erschossen den 18. März. Gewidmet von seiner Gattin.« – »Hier ruhet in Gott Wilhelm Brüggemann, Tapezier, gestorben im Kampfe für die Freiheit den 18. März. Dieses Denkmal setzt ihm seine hinterlassene verlobte Braut.« Die Redeweise, selbst die Sprachfehler des Volkes sind in diese Inschriften übergegangen und erscheinen rührend und heilig.

Wo die Mittel zur Aufstellung auch des kleinsten Holzkreuzes fehlten, hat die Liebe neue Grabzeichen erfunden, kleine hölzerne Kasten mit gläsernem Deckel, der ein beschriebenes Blatt Papier bedeckt und zeigt. In einem dieser Kasten lag folgendes Gedicht, das den Stempel der Volksdichtung deutlich an sich trägt.

Ein heil'ger Schauer andachtsvoller Rührung
Ergreift mich stets, wenn ich der Stätte nah.
Hier ruht die Hülle edler, guter Menschen,
die hier vollendet haben ihre Bahn.

Begeisterung flammt jedoch in meine Seele,
Daß viele sich vorm Tode nicht gescheut;
Von einem Lichtblitz himmlisch hoher Tugend
Entzündet, selbst ihr Leben hier geweiht.

Die Stelle, wo so viele schlummern,
Sie wird geheiligt sein für alle Zeit.
Prangt auch kein Denkmal auf das Grab gestellt,
Wahr ist die Tat, die wahren Wert verleiht!

»Diese Zeilen schrieb dem Schlosserlehrling Karl Lamprecht sein lieber Freund« – Am 18. März 1849 war auf dieses Grab ein zweiter Zettel hingelegt worden, mit den deutschen Farben um den Rand geziert und mit der Inschrift: »Für diese Farben hast du gefochten im Leben, du sollst sie auch tragen im Tode!« [...]

Erinnerungen an Heinrich Heine

(1886)

1848

Wir hatten uns in der Rue Bergère gegenüber dem Fouldschen Hause in einer Privatwohnung eingerichtet, und während die große Flut der Ereignisse, wie ich sie in meinen »Erinnerungen aus dem Jahre 1848« geschildert, uns umwogte, blieb bei der Überwältigung durch dieselbe doch der Wunsch, George Sand und Heinrich Heine kennenzulernen, in mir lebendig. Aber die Sand war auf dem Lande, und Heine lebte in einer Art von Heilanstalt in der Rue de l'Oursine.

Therese kannte Heine von Hamburg her. Wir hatten also zuerst daran gedacht, ihm zu schreiben; ich hatte, da ich es tun sollte, es widerraten. Was man in solchem Anmeldungsbrief sagt, ist eigentlich immer ein törichtes Gemisch von Schmeichelei und erlogener Bescheidenheit. Wir machten uns also ohne weiteres am Vormittag des 17. März auf den Weg nach Heines Wohnung.

Unten im Hofe wies der Concierge uns nach dem zweiten Stockwerk, Nummer 23. Wir stiegen hinauf. Ein junges Dienstmädchen öffnete gerade die Türe, wir gaben die Karten ab mit der Weisung, Frau Heine zu fragen, ob der Herr uns empfangen wolle, und ein »Entrez! Entrez!« scholl uns freundlich entgegen.

Es war ein trauriger Anblick, der sich uns bot. In einem Schlafzimmer mit blauem Polsterlager und großem, breitem

Himmelbette stand, sich auf einen Tisch stützend und an ihm haltend, eine gebeugte, gelähmte Gestalt, die uns mit den Worten anrief: »Mein Gott, wie haben Sie mich ausgefunden in dieser Zeit! Und Sie kommen zu mir, und ich sehe so entsetzlich aus. Seit drei Tagen habe ich meinen Bart nicht können machen lassen, weil meine Nerven gar keine Berührung ertragen!«

»So schicken Sie uns fort, wenn Sie leiden!« sagten wir.

»Nein, nein, bleiben Sie! Es freut mich, es erheitert mich, es wird mich gesund machen!«

»Ich habe Ihnen nicht schreiben mögen«, erklärte ich, »um Ihnen die Mühe einer Antwort zu ersparen, und habe es darauf ankommen lassen, ob Sie uns annehmen wollten, ob nicht!«

»Das ist gut, das ist landsmännisch gehandelt!« rief er.

Sein Arzt, ein deutsch sprechender Ungar, der sich gerade bei ihm befand, meinte: »Sie wollen ihm die Mühe eines Billetts ersparen, und er hat gestern und heute Stunden hindurch für die Augsburger Zeitung geschrieben!«

»Ach!« rief er, »ich kann nicht mehr schreiben; ich kann nicht, denn wir haben keine Zensur! Wie soll ein Mensch ohne Zensur schreiben, der immer unter Zensur gelebt hat! Aller Stil wird aufhören, alle Grammatik, alle gute Sitte! Ich fühle mich sehr unglücklich, sehr ratlos! Ich hoffe auch immer noch, es ist nicht wahr und die Zensur dauert fort.«

Er lachte hell und heiter, hielt sich aber dabei das Gesicht, dessen Muskeln immer zuckten, als ob das Lachen ihn schmerze.

Er muß gut ausgesehen haben. Die Gesichtsbildung war edel und fein, von dem jüdischen Nationaltypus kaum eine Spur, auch nicht in den Zügen und im Mienenspiel. Besonders der Mund muß anmutig gewesen sein. Das hellbraune, reiche und weiche Haar hing glatt und schlicht herab, ein wenig zur Seite gescheitelt, auch der Kinnbart war voll und weich, jedoch schon leicht mit Grau gemischt. Die Bewegung der krankhaft weißen und mageren Hände war edel;

aber sein Verfall war arg! Das linke Auge ist ganz geschlossen, das rechte halb zugefallen, so daß er mit der Hand von Zeit zu Zeit das Augenlid erhob und die andre Hand dann vorhielt, wenn er etwas genauer sehen wollte. Die Füße schienen ihn nicht mehr mit Sicherheit zu tragen. Auch klagte er sehr über seinen Zustand. – Die Frau, eine mittelgroße, starke Französin, von der Art, wie man sie hier in allen Magazinen als Dame du Comptoir findet, sagte auf seine Klagen tröstend: »Mais tu vas mieux mon ami! depuis que nous sommes ici!«

Der Doktor bekräftigte das und meinte, das fortschreitende Frühjahr werde noch weitere Besserung bringen.

»Das wäre der Frühling Ihnen, der ihn so schön besungen hat, auch durchaus schuldig!« scherzte ich.

»Ach!« entgegnete Heine, »ich habe das Meer ebenso schön besungen und bin immer seekrank gewesen! Und die Frauen erst! Quel mal elles m'ont fait!« Er lachte wieder. – Die Unterhaltung wurde der Frau wegen abwechselnd deutsch und französisch geführt.

Wir sprachen von Deutschland, von dem Ausbruch der Revolution in Paris.

Heine war gerade an dem Tage derselben aus seiner Heilanstalt zu seiner Frau gefahren, die ihn und den Arzt zum Essen geladen, und man hatte bei dem Eis und dem Champagner gesessen, als plötzlich die ersten großen Schläge der Revolution geschehen waren. Man hatte sogleich an seine Rückkehr in die Anstalt gedacht, aber der Wagen, den man hatte holen lassen, war zum Barrikadenbau umgeworfen worden, und man hatte Heine erst später nach der Rue de l'Oursine hinausbringen können. [. . .]

Therese fragte ihn nach der Sand. »Ich habe sie sehr liebgehabt«, entgegnete er, »aber jetzt höre ich seit Jahr und Tag nichts mehr von ihr. Ich glaube an ihr Herz nicht mehr, seit sie Chopin verlassen hat. Einem gesunden Manne darf man untreu werden, denn der kann sich trösten; einen Sterbenden verlassen ist unwürdig! – Das hätte ich aber, wahrhaftig!

ebenso gesagt und gedacht, als ich mich noch trösten konnte!« setzte er lachend hinzu.

Wir sprachen ihm von dem großen Eindruck, den uns Rachel gemacht.

»Also auch Ihnen? – Mir ist sie unausstehlich! Ich erzähle Ihnen ein andermal, weshalb! Als ich sie vor Jahren das erstemal außerhalb der Bühne sehen sollte, hatten mich Freunde dazu meilenweit auf das Land hinausgeschleppt, wo ihre Familie eine Sommerwohnung hatte. Ich lange endlich an, man setzt mich an einen Tisch, es erscheint Papa Rachel, Mama Rachel, la sœur Rachel, le frère Rachel. – ›Aber wo ist Rachel?‹ fragte ich. – ›Elle est sortie‹, hieß es, ›mais voilá toute sa famille!‹ – Und nun lachte ich, daß alle denken, ich hätte den Verstand verloren. Mir war nämlich eine Anekdote von einem Manne eingefallen, der ausgeht, ein in den Zeitungen angekündigtes Ungeheuer zu sehen, das von einem Karpfen und einem Kaninchen abstammen sollte. Als er anlangt und fragt: ›Wo ist das Ungeheuer?‹ antwortet man ihm: ›Wir haben es in das Museum geschickt, aber hier ist der Karpfen und hier das Kaninchen; überzeugen Sie sich selbst.‹ – Ich werde mein wahnsinniges Lachen und das Erstaunen der gebildeten Franzosen nie vergessen.« – Diese kleine Geschichte hat er Alfred Meißner als das Erlebnis eines Freundes erzählt.

Länger als eine Stunde plauderten wir so fort, vom Hundertsten zu dem Tausendsten kommend. Auch von meines Vaters Cousin, von August Lewald, der mit Heine seit langen Jahren im Verkehr stand, war die Rede. Heine sagte: »Er ist ein gewandter Journalist; er hat auch Talent zum Nachmachen dessen, was er sieht, aber er kann nichts erfinden und sich nichts denken, was er nicht gesehen hat!«

Das war auch zu wenig und zu hart; und ich habe seinerzeit in Baden-Baden Briefe von Heine an August Lewald gelesen, die ganz anders gelautet hatten und voller Anerkennung für denselben gewesen waren. Heine war sehr angeregt, sehr heiter und kam zwischen all dem Scherzen doch immer wieder auf den Ernst der Zeit und die Vorgänge des Tages zurück.

Ich hätte die reinste Freude an dieser Stunde gehabt, wäre Heine nicht so leidend, hätte man nicht immer daran denken müssen, daß dieser spielende Geist vielleicht bald nicht mehr sein wird. Sein Wesen und seine Worte entsprachen einander ganz, seine mündliche und schriftliche Ausdrucksweise waren einander vollkommen gleich.

Als er sich dann erhob, wozu ich ihm die Hand bot, während Therese ihm den Überrock anzog, sah er sie lange an und rief: »Gott! Was haben Sie für ein schönes Profil! Was sind Sie schön für eine Schriftstellerin!«

Das war nun eine bedenkliche Schmeichelei und recht in seiner Weise. Wir lachten darüber, er mit uns. Dann lieferten wir ihn an seinen Diener ab, nachdem er uns wiederzukehren verheißen und wir ihm versprochen hatten, ihm die brieflichen Nachrichten mitzuteilen, die wir aus Deutschland erhalten würden. [. . .]

1850

Erst im Jahre 1850 kehrte ich, nach einem fünfmonatlichen Aufenthalte in England, wieder einmal nach Paris zurück. [. . .]

Es war ein stilles Haus in der ruhigen Rue d'Amsterdam, das Heine bewohnte. Durch die Einfahrt über einen sauber gehaltenen Hofraum schreitend, gelangte man in das Hinterhaus, in dessen zweitem Stock eine Mulattin, die Wartefrau des Kranken, den Kommenden die Türe öffnete. Als Stahr und Hartmann ihm gemeldet worden, rief er selbst ihnen das »Entrez! Entrez!« entgegen.

Er lag auf seinem Schmerzenslager, das er seit Jahr und Tag nicht mehr verlassen hat. Die Fenstervorhänge waren niedergelassen, das Bett überdies noch durch eine grüne spanische Wand gegen das Licht geschirmt. Der Kranke hob die feine, fast durchsichtig magere Hand an das rechte Auge, um das Lid emporzuziehen und die Eintretenden zu sehen. Nur dies Auge besaß noch Sehkraft, das andere nur einen schwachen Lichtschimmer. Aber die Lider waren gelähmt und keiner freien Bewegung mehr fähig. Er streckte Stahr seine Hand entgegen und hieß beide Männer herzlich willkommen. Kaum aber hatte er erfahren, daß ich anwesend und in der Nähe sei, als er bat, man möge mich herbeiholen, was Hartmann denn auch tat.

Als ich gekommen war, dankte er mir in herzlicher Weise, daß ich seiner so freundlich in meinen »Pariser Erinnerungen aus dem Jahre 1848« gedacht hätte. Freunde hätten ihm das Buch gebracht und ihm damit eine große Freude bereitet. Sie hätten die ihn betreffende Stelle auch in Pariser Journalen veröffentlicht.

Bei diesem ersten Besuche war es auch, wo Heine ausführlich von seiner Krankheit und seinen Schmerzen sprach, auf die er bei den späteren Unterhaltungen selten zurückkam. »Ich leide«, sprach er, »unaufhörlich grenzenlose Schmerzen. Selbst meine Träume sind nicht frei davon. Gestern hing ich als Johann von Leiden in einem Käfig in der Luft, und meine Schmerzen setzten sich als wilde Traumbilder um mich her. Die Krämpfe steigen allmählich immer höher hinauf, und da liegt man nun und wartet, bis es ans Herz kommt. Ich kann jetzt eigentlich nur noch Arme und Hände frei bewegen. Und alles dieses«, fuhr er fort, indem ein Lächeln über seine schmerzerfüllten Züge glitt, »alles dieses muß ich nun ertragen ohne den Beistand unseres Herrn Jesus Christus! Aber ich habe auch meinen Glauben. Denken Sie nur nicht, daß ich ohne Religion bin. Opium ist auch eine Religion! Wenn so ein bißchen grauer Staub in meine fürchterlich schmerzenden Brandwunden gestreut wird und dann der Schmerz danach gleich aufhört, soll man da nicht sagen, daß dies dieselbe beruhigende Kraft ist, welche sich in der Religion wirksam zeigt? Es ist mehr Verwandtschaft zwischen Opium und Religion, als sich die meisten Menschen träumen lassen. Sehen Sie, da hab ich die Bibel. Ich lese viel darin, das heißt, ich lasse mir vorlesen. Es ist doch ein ganz wunderbares Buch, dies Buch der Bücher. Wenn ich meine Schmerzen nicht mehr ertragen kann, nehme ich Morphium, wenn ich meine Feinde nicht totschlagen kann, überlasse ich sie der Vorsehung, wenn ich meine Angelegenheiten nicht mehr besorgen kann, übergebe ich sie dem lieben Gott – nur«, setzte er nach einer kleinen Pause lächelnd hinzu, »meine Geldangelegenheiten besorge ich doch lieber noch selbst.« Man mußte lachen, erstaunte über ihn; aber zu einer reinen, freien Empfindung ihm gegenüber kam man selten.

Niedergeworfen von unheilbarer Krankheit, bei lebendigem Leibe schon ausgestrichen aus dem Buche des Lebens, gemartert von den entsetzlichen Schmerzensqualen, hatte dieser Mann die ganze Energie seines aristophanischen Geistes, die volle Kraft seines unverwüstlichen Humors und all die schneidende Schärfe seines vernichtenden Witzes bewahrt. Man hatte von ihm berichtet, er habe sich bekehrt, der deutsche Aristophanes des neunzehnten Jahrhunderts sei »fromm«, sei ein Betbruder geworden. Es war kein wahres Wort daran. Die Leute, welche dergleichen von ihm verbreitet, haben sich entweder selbst getäuscht oder sich von ihm täuschen lassen. Es war richtig, daß er die Bibel las, weil er ihre poetischen Schönheiten wie wenige empfand, wahr, daß er gern von Gott und Unsterblichkeit redete. Aber sein ganzes Verhältnis zu diesen Dingen blieb unverändert, und selbst wo er eine gewisse Gläubigkeit zeigte, war er sich doch stets seiner Freiheit bewußt und überhaupt geistig in allen Dingen vollkommen der alte.

Er erzählte darauf von seiner Lektüre und wie schwer es ihm bei seinem Zustande falle, sich in einigem Zusammenhange mit deutscher Literatur zu erhalten. [. . .]

Wir sprachen von dem scharf ausgeprägten Judentum in Börne, daß er mit Rahel gemein gehabt. Ich machte die Bemerkung, daß ich in späteren Jahren von der unbedingten Bewunderung für Rahel zurückgekommen sei; daß das

Springende in ihren Einfällen und in ihrer Ausdrucksweise etwas Unheimliches, Unschönes und Unruhiges für mich bekommen; und ich fragte ihn, wie Rahel eigentlich ausgesehen habe, ob sie hübsch gewesen sei. Ein ganz jugendliches Bild von ihr, das sich im Besitz von Fräulein Solmar, einer Verwandten Rahels, befände und der Kupferstich vor dem Buche »Rahel« hätten untereinander und mit dem Relief von Tieck für mein Auge gar keine Ähnlichkeit, so daß ich mir keine Vorstellung von ihr machen könne.

Heine entgegnete: »Ich kann mir nicht denken, daß ihr Äußeres jemals auch nur irgendwie angenehm gewesen ist. Sie war klein, dick, eigentlich fast häßlich. Als ich sie kennenlernte, war sie schon alt und krank und das Gesicht durch Krankheit und Leidenschaft verzerrt. Sie war aber sehr geistreich, hatte im Gespräch die glänzendsten Einfälle, und sie war sehr gut gegen mich. Wie haben Sie sie nur in Ihrem Romane dargestellt? Und was ist's mit Varnhagens Zorn gegen Sie und mit Ihrem Zerwürfnis mit ihm?«

Ich konnte ihm sagen, daß ein Zerwürfnis zwischen mir und Varnhagen nie stattgefunden habe, daß ich mit ihm nach wie vor in dem freundlichen Zusammenhange stände, der dadurch herbeigeführt worden, daß seine Schwester Rosa Marie mit meiner Mutter Bruder, dem Dr. Assing, verheiratet gewesen war und daß meine Cousinen, Ottilie und Ludmilla Assing, in seinem Hause gelebt. Zudem träfe ich ihn häufig bei Fräulein Solmar und bei anderen Bekannten, deren wir viele gemeinsam hätten; und Stahr halte ihn sehr hoch und schätze ihn auch als Freund, während ich ihm ferner geblieben sei.

»Aber«, unterbrach er mich, »was ist's denn gewesen mit seinen ›Remonstrationen‹ gegen den Roman?«

»Eine Halbheit von seiner Seite, zu der eine Unvorsichtigkeit von meiner Seite, welche jedoch in aller Freundschaft ausgelaufen ist, ihm den gerechten Anlaß geboten hat. Aber das ist eine lange Geschichte, mit der ich Sie nicht hinhalten mag.«

»Hinhalten?« rief er. »Was kann mir denn auf der Welt noch Besseres geschehen, als daß ich mit Erzählung von Dingen hingehalten werde, die mich interessieren? Fangen Sie nur immer an.«

»Nun denn! Als ich im Ausgang des Jahres 1846 mich an die Arbeit des Romans ›Prinz Louis Ferdinand‹ machen wollte, suchte ich mir natürlich so viel Tatsächliches, als erreichbar war, zu verschaffen: über den Prinzen, über die anderen Figuren, die ich zu benutzen dachte, und über die Zeit im allgemeinen. Der Ertrag aus den gedruckten Memoiren, die ich vorfand, war nicht allzu groß. Ich ging zu Herrn von Varnhagen, sprach ihm von meinem Vorhaben, sagte ihm auch, daß ich an eine Liebe Rahels für den Prinzen glaube und diese in den Bereich der Dichtung zu ziehen dächte. Er entgegnete mir: ›Eine solche Liebe könne eine Zeitlang wohl vorhanden gewesen sein, denn Rahel sei höchst ›impressionabel‹ durch Geist und Liebenswürdigkeit gewesen, und der Prinz habe auf alle Frauen ›eine faszinierende Wirkung gehabt‹. Dazu sei jene Zeit überhaupt rasch und leicht im Anknüpfen von Herzensverhältnissen gewesen.‹ – Ich sagte ihm, daß ich den Roman nicht schreiben könne, ohne Rahel dafür zu benutzen, und daß ich ihn nicht schreiben würde, wenn er ein Widerstreben gegen diese Benutzung Rahels hegen sollte.

›Da ich Sie und Ihre Verehrung für Rahel kenne, bin ich über die Darstellung, die Sie von ihr machen werden, völlig beruhigt. Im übrigen gehört sie der Historie und damit der Dichtung an!‹ beschied er mich. – Dieser Teil der Sache war damit abgetan. Und nun war es Varnhagen selbst, der mir zu den nötigen Farben verhalf. Er wies mich an eine Frau Neal, die Hofdame bei der Mutter des Prinzen gewesen war und 1847 in dem oberen, südlichen Teile der Wilhelmsstraße wohnte, wo ich sie ein paarmal aufgesucht und bereitwillig Mitteilungen von ihr erhalten hatte. Er gab mir Briefe des Prinzen Louis an Pauline Wiesel, aus denen ich das tiefsinnige Wort entnommen: ›Wo sind die *schönen* Tage hin, in denen wir so unglücklich waren‹, und er kam dann wie er es mir angeboten, noch selbst zu mir, mir von jener Zeit und jenen Tagen Mitteilungen zu machen. Diese Mitteilungen waren denn aber, eben nach dem Geiste und der Empfindungs- und Lebensweise jener Zeit, so bedenklicher Natur, daß sie mich in Verlegenheit setzten und ich ihnen mit der Bemerkung ein Ende machen mußte, wie ich nach diesen Bereichen hin meinen Roman nicht auszuführen dächte und wie ich von den Fahrten und Liebesabenteuern jener Männer und Frauen in der Gesellschaft schon so viel gehört, daß sich mir die Zustände sehr klar dargestellt hätten und ich viel mehr davon wüßte, als ich brauchen könne. – Danach machte ich mich an meine Arbeit – und machte beiläufig die Erfahrung, wie mißlich es ist, solche sogenannten historischen Romane zu schreiben.« [...]

Indes, sagte ich zu Heine, ich habe nie wieder einen sogenannten historischen Roman geschrieben, während ich der Meinung sei, daß jeder Roman im eigentlichen Sinne ein historischer sein müsse, ebenso wie jedes Portrait; insofern als jeder Roman und jedes Portrait in sich den Ausdruck, das Gepräge der Zeit wiedergeben müssen, in der die Personen sich bewegen oder bewegt haben, auch wenn man in den Romanen nicht, wie ich es nenne, mit »benannten Zahlen« arbeite.

Heine stimmte dem durchaus bei und sagte – mit derselben satirischen Höflichkeit, die er früher gegen die schöne Therese bewiesen, als er ihre Schönheit »für eine Schriftstellerin« auffallend gefunden: »Es ist sehr merkwürdig, Sie haben viel gedacht, Sie denken überhaupt viel, und Sie haben doch das Herz einer Frau! Das überrascht mich! Ich habe das nur an *einer* Frau erlebt: an der Fürstin Belgiojoso, und ich glaubte, sie wäre die einzige. Im allgemeinen ist Denken nicht der Frauen Sache.« [...]

Ich sagte, daß ich seinen Onkel Salomon Heine in Berlin im Hause des Seehandlungsagenten und späteren Präsidenten Blach ein paarmal gesehen und gesprochen und ich seine

Cousine Amalie Heine, die in Königsberg an einen gebildeten Privatmann aus sehr angesehener Familie, an einen Herrn John Friedländer, verheiratet sei, in meinen früheren Zeiten viel gesehen, daß man sie dort für Heines Jugendliebe gehalten, daß sie mir als eine liebenswürdige Frau erschienen und ihr sehr gut aussehender Mann, der älteste Bruder meiner Jugendfreundinnen, mir ein Gegenstand großen Anteils gewesen sei, weil er seinerzeit als freiwilliger Jäger die Feldzüge gegen Napoleon mitgemacht habe und die »Freiwilligen« in unserer Kindheit und Jugend uns an und für sich Gegenstände der Verehrung gewesen wären, ungefähr wie Achill oder andere Helden der Vorzeit.

Heine lächelte. »Wie jung sie ist!« sagte er zu Stahr und zu mir. »Ich glaube, Sie sind eine Schönseherin – und Sie haben doch die Geißel der Satire hart genug geschwungen in der ›Diogena‹!«

»Aus Überzeugung! Aber Bewundern ist angenehmer«, antwortete ich ihm, »und ich halte es mit Stahr, der, wenn die Leute beim Betrachten eines Kunstwerks mit Tadel beginnen, ihnen immer sagt: ›Warum seht ihr zuerst die Fehler? Seht das Gute und Schöne; es kommt mehr dabei heraus!‹«

»Halten Sie es so mit mir!« rief er, »beide!« und reichte uns die Hände hin. [...] Das Gespräch wendete sich auf den Unterschied zwischen Norddeutschland und Österreich. Heine sagte, er habe immer ein starkes Heimatsgefühl und in diesem eine besondere Vorliebe für die norddeutschen Heideländer gehabt. Er wollte von uns wissen, ob sie mit der Campagna Ähnlichkeit hätten und worin sie sich, abgesehen von Licht und Luft, von dieser unterschieden.

»Mir gefällt alles in der Heide, die Menschen, der Boden, die Weiber, alles! Und am liebsten hatte ich Amsterdam, wo die Originale aller meiner Ideale herumlaufen, alle Bilder von Jan Steen, dessen Leben ich immer einmal habe nach seinen Bildern schreiben wollen, wenn ich dazu gekommen wäre, einmal alles zu sehen, was dieser heiterste Mensch gemalt hat. Es hat mir immer so gefallen, daß er seine erste Frau, die ihn wegen seines Trinkens ausgezankt, in einem seiner besten Bilder als Betrunkene gemalt hat. Daß ich dies Buch und mein bestes Gedicht, den Till Eulenspiegel, nicht geschrieben habe, wird mich ewig schmerzen.«

Einer von uns dreien sagte, wie das hätte werden sollen?

»Ich hätte es antiquarisch behandelt in bezug auf die Person des Till; und darauf kennen Sie mich, ich hätte es gründlich gemacht, daß die Sache damit zum Abschluß gekommen wäre, und es wäre ein gelehrtes Werk geworden! Dann aber hätte ich mich in den Till gesteckt und hätte alles gesagt, was ich irgend auf dem Herzen hatte über Gott und alle Welt. Gott, was hätte ich von Ihrem König gesagt! Was hätten sie zu hören bekommen, die Gutzkow und Laube –« [. . .]

So frisch wie in den Stunden mußte man ihn gesehen haben, um sich vorzustellen, was er gewesen.

»Sie glauben nicht«, rief er uns noch nach, »wie schwer man Leute fortgehen läßt, wenn man immer, wie ich, sich denken muß, daß man sie nicht wiedersieht.«

1855

Erst im Herbste von 1855 kamen wir wieder einmal nach Paris [. . .] und Stahr in seinem fünfzigsten Jahre, ich im fünfundvierzigsten waren heiter und zufrieden, als wären wir sehr viel jünger und hätten eine nachträgliche Hochzeitsreise zu machen. Es waren schöne, glückbegünstigte Zeiten. Dazu fanden wir unsere Pariser samt und sonders in Paris und eine Anzahl von unseren anderen Freunden dort versammelt, welche wie wir von der Ausstellung herbeigezogen worden waren.

Meine beiden Cousins: Heinrich Simon von Breslau, der Deutschland nach der Revolution verlassen mußte und seitdem in Zürich lebte, ebenso wie sein Bruder Gustav, der ihm aus Bruderliebe mit Frau und Kindern nach der Schweiz gefolgt, waren schon vor uns in Paris angelangt; [. . .] Heine hatte sein früheres Quartier auf der Höhe der stillen Rue d'Amsterdam verlassen und war hinabgezogen in die Avenue Matignon 3, hart an den Champs-Élysées, wo er – hundertfünf Stufen hoch – ein paar Zimmer mit Balkon bewohnte. [...]

Es war gegen Abend, und die verhängte Lampe erhellte Heines Lager nur matt, als wir zusammen zu ihm kamen. Er hatte sich bereit erklärt, uns abends zu empfangen, weil er wußte, wie Stahrs Tagesstunden seinen Studien gehörten.

Er beglückwünschte mich zu unserer Heirat, sprach von unserer Vergangenheit, scherzend und gerührt durcheinander, aber es war ein ehrlicher, herzlicher Ton in der Stimme, die mir allerdings matter klang als vor Jahren. Wir machten jedoch dem Sprechen von unseren Angelegenheiten baldigst ein Ende, und während ich mich nach seinem Ergehen erkundigte, rief er plötzlich: »Hören Sie! Ihr Roman hat mich sehr beschäftigt. Deutschland kommt mir ordentlich fremd vor, weil man ihm wieder so ernsthafte Bücher bieten kann; und über Sie wundere ich mich auch.«

»Über mich? Weshalb?«

Heine: »Daß Sie so mit der Sprache hinausgehen, so alles sagen.«

»Ja! Wie kann man denn anders?«

Heine: »Und obenein Ihre Ansichten über Ethik und Religion! Alles so nackt und blank, nirgends ein Ausweg gelassen! Es hat mir etwas Unheimliches! Dieses unverblümte Hinstellen der eigenen Tendenz! Dieses offene Preisgeben der innersten Meinung kann Ihnen einmal teuer zu stehen kommen. Sie müssen durchaus vorsichtiger sein! Ich sage Ihnen das, weil ich es gut mit Ihnen meine.«

»Lieber Heine, das hilft mir nichts. Willkür habe ich über meine Gestalten, und auch die nur halb unbewußt, im Moment des Schaffens. Wenn sie da sind, bekommen sie selber die zwingende Kraft ihrer inneren Folgerichtigkeit;

und über meine Überzeugungen habe ich nur die Gewalt, sie ganz auszusprechen oder sie zu verschweigen. Müßte ich das tun, so würde ich eben nicht mehr schreiben.«

Heine: »Wie wird es aber sein, wenn Ihre Ansichten sich einmal ändern? Und ändern können sie sich doch. Wenn dann einer kommen wird und wird Ihnen sagen: Damals hast du so gedacht, und jetzt denkst du so! – und Sie haben sich gar keinen Rückzug frei gelassen. Haben Sie daran nie gedacht? Er hat mich beim Vorlesen förmlich verfolgt, der Gedanke, ob Sie darüber gar keine Besorgnis hegen?«

»Gar keine! Sie sehen ja an dem Titel des Buches, daß ich den Menschen für wandelbar halte, also kann ich mir wohl vorstellen, daß auch meine Ansichten sich ändern können. Aber da ich eine feste Lebensüberzeugung habe, so können alle meine Wandlungen doch immer nur aus dem einen Kerne hervorgehen und Berichtigungen oder Erweiterungen meiner Erkenntnis sein, und wenn mir jemand das einmal nachweisen will, so ängstigt mich das ebensowenig, als wenn er den Leuten erzählt, daß ich erst klein gewesen, dann gewachsen bin und schließlich alt werden würde. Das hat mich nie gehindert, darüber bin ich immer sehr unbesorgt gewesen.«

Heine: »Immer? Also Sie haben nie daran gedacht: Wie wird man diese Gesinnung jetzt und nachher beurteilen?«

»Nein, wahrhaftig nicht, dazu war ich meiner zu selbstgewiß und mein ganzes Wesen und Leben von je zu sehr aus einem Stück.«

Heine zu Stahr: »Es gibt doch glückliche Naturen, denn dies In-sich-selbst-Beruhen ist ein großes Glück. Ich habe es nie gedacht, ich habe immer die ganze Vergangenheit, die Gegenwart, die ganze Zukunft vor mir auf dem Halse gehabt, und ich bin auch zu gutmütig gewesen, selbst mit meinen alten Irrtümern zu brechen. Ich habe sie mitgenommen von Anfang an. Man kann nicht wissen, wozu man sie noch braucht, ein guter Wirt soll nichts wegwerfen. Glauben Sie mir«, fuhr er immer heiterer fort, »solche alten Irrtümer sind mir oft liebere Freunde als viele zweibeinige, die sich meist nur darum unsere Freunde nennen, um das Recht zu beanspruchen, uns Dinge ins Gesicht zu sagen, die sie sonst zu sagen sich nicht unterstehen würden.«

Er lachte, weil wir lachten, und die Sache hatte damit für den Tag ein Ende, aber er kam noch bei den späteren Besuchen darauf zurück, daß ihm Deutschland fremd geworden sei, daß er die Deutschen nicht mehr kenne und daß ich unrecht täte, mich gegenüber einem so splitterrichternden Volke wie die Deutschen ganz unumwunden auszusprechen.

Er wiederholte dabei mehrmals die Frage, ob denn in den Deutschen wirklich so viel sittlicher Ernst vorhanden sei, als ich annähme? Und als wir entgegneten: In vielen Menschen ganz gewiß; deshalb habe man meinen Roman auch anerkennend und zustimmend aufgenommen, sagte er: »Nun, mir kann es recht sein, meinen Sachen wird es nicht schaden, denn genau betrachtet finde ich immer, daß ich in meinen Schriften eigentlich sittlicher gewesen bin als Goethe und vollends als der lüsterne Béranger.«

»Das glauben Sie doch selbst nicht, lieber Heine!« rief ich unwillkürlich aus.

»Wer sollte es denn tun, wenn ich's nicht täte?« antwortete er mir lachend; »aber Sie machen es mit mir gerade wie die Grisette mit dem Polen in meiner Geschichte von Kopernikus!«

Obschon wir diese Geschichte früher von Moritz Hartmann gehört hatten, fragten wir, was das für eine Geschichte sei, denn er hatte eben Lust, sie zu erzählen. »Ah!« hub er an, »sie muß irgendwo in meinen Sachen gedruckt sein. Ich brauchte einmal gegen eine Grisette den Ausdruck: Das sei so gewiß, als daß die Erde sich um die Sonne drehe. ›Ah pas mal‹, versetzte sie, ›qui vous a dit cela?‹ – ›Copernicus!‹ – ›Connais pas; qui est ce Copernicus!‹ – ›Mai c' était un grand savant, un Polonais.‹ – ›Un Polonais?‹ unterbrach sie mich lachend, ›alors je ne le crois pas!‹«

Es war wieder einmal so heiter geworden, wie wir ihn vor

fünf Jahren gesehen, aber wir kürzten unseren Besuch ab, da es gegen den Abend hinging und wir fürchteten, das lebhafte Sprechen könne seine Nachtruhe beeinträchtigen.

»Für den Kranken müssen die Gesunden Vernunft haben!« meinte ich.

»Ach!« scherzte er, »wenn die Gesunden immer für den Gesunden Vernunft hätten, wäre mancher Kranke nicht krank; aber für den Kranken gibt es nur eine Vernunft – das Morphium! Diese wahre Gabe Gottes!«

Damit schieden wir an dem Abend.

Für und wider die Frauen

Zweiter Brief

Montreux im Frühjahr 1868

Daß die Frauen sich selbst ernähren dürfen, wenn niemand da ist, der sie ernährt, das hat man ihnen allerdings niemals streitig gemacht, nur über die Art, wie sie sich ernähren dürfen, hat man sich bis jetzt noch nicht allgemein verständigt, und doch kommt es mir vor, daß, die Notwendigkeit einmal zugegeben, auf die Frage des *Wie*? nur mit der einfachen Antwort: *Wie sie können und wollen!* zu entgegnen ist.

Es lag und liegt hier in bezug auf die Behandlung der Frauen eine ganz schreiende Ungerechtigkeit vor, nämlich *die Beschränkung des freien Gebrauchs der angeborenen Fähigkeiten zu eigener Förderung*; und von all den Tausenden und aber Tausenden von Männern, die aus vollster Überzeugung gegen die Unterdrückung und Beschränkung einzelner Rassen oder bestimmte Kulte geeifert haben, von all denen, welche in ihrer Zeit die Emanzipation der Katholiken in Irland, die Emanzipation der Juden in Deutschland und schließlich die Emanzipation der Neger in Amerika und der Leibeigenen in Rußland als wesentliche Siege der Vernunft, als Taten einer unerläßlichen Gerechtigkeit begrüßt und gefeiert hatten, machten die allerwenigsten es sich klar, daß neben ihnen, in ihren Häusern, in ihren Familien, mitten in der Bildung, mitten in der Gesittung, auf welche sie so stolz waren, mitten in der von ihnen allmählich errungenen Freiheit, innerhalb des Staates, dem sie angehörten, ihre eigenen Frauen, Töchter und Schwestern unter dem Banne der Ungerechtigkeit lebten und gelegentlich litten, deren Aufhebung für die Negersklaven sie als einen Sieg der Menschlichkeit gefeiert hatten.

Man fand es furchtbar, daß ein Pflanzer einem Neger, der etwa mit schönen Anlagen für die Mechanik, mit einem ungewöhnlichen Scharfblick für die Erkenntnis von Krankheiten, mit einer großen Gewandtheit für kaufmännische Verhandlungen geboren war, sagen konnte: Du baust Zucker, du baust Baumwolle, du putzest in meinem Hause das Silberzeug, du machst meine Kleider, du fährst mich im Wagen! Man weinte über Onkel Tom in seiner Hütte und sagte einer Tochter, die vielleicht ein medizinisches Genie oder ein großes kaufmännisches Talent war: Du strickst Strümpfe, du lernst den Haushalt führen; du bekommst Unterricht, der so weit langt, daß du einsehen kannst, was für dich wünschenswert und zu erreichen wäre, wenn man es dir möglich machte, deine Fähigkeiten zu entwickeln, aber entwickeln darfst du sie nicht – denn du bist ein Weib. Du brauchst dich darüber nicht zu beklagen, es ist dein Beruf. Solange ich lebe, gebe ich dir auch Obdach, Kleidung und Nahrung; findet sich jemand, der dich haben will, so gebe ich dich dem, der dir auch Obdach, Kleidung und Nahrung geben wird; und wenn nicht – und wenn ich sterbe und es hat sich niemand gefunden, der sich mit deiner Ernährung belasten will – nun? – Nun? so fragten auch die Frauen; und als Antwort erfolgte stets ein geseufztes: Nun! So hast du ja allerlei gelernt und wirst dir schon helfen! – Aber wie? Aber womit? Aber was habe ich denn gelernt? – –

Die Männer sahen den Balken in ihrem eigenen Auge nicht! Sie wollten ihn nicht sehen! Sie wollten es nicht sehen, daß wirklich, soweit es seinen Lebensunterhalt betraf, der Neger, den man bei dem Tode seines Herrn zu ferner Arbeit gegen fernere Ernährung verkaufte, in gewissem Sinne besser dran war als das weiße Frauenzimmer in den zivilisierten Staaten, das seinen Ernährer verlor, keine Arbeit ordentlich verstand und ebendeshalb, da es von den Erben nicht verkauft werden konnte, nur zu oft dahin geriet, sich je nach ihrem Stande ein für allemal an den ersten besten oder sich alltäglich zu verkaufen und in diesem letzteren Falle meist ein Ende zu nehmen, von welchem die Phantasie es aus keuscher Selbstsucht in der Regel sehr geraten findet, das Auge abzuwenden. [...]

So tief war noch vor achtundzwanzig Jahren das Vorurteil auch in den aufgeklärtesten Männern der gebildeten und sogenannten höheren Stände eingewurzelt, daß der Müßiggang und die Abhängigkeit ihrer Töchter eine Ehrensache für sie sei. Sie hielten eine Pflicht, die ihnen oft sehr schwer zu erfüllen war, für ein Ehrenrecht und opferten diesem falschen Ehrbegriff in unzähligen Fällen das Lebensglück ihrer Töchter. Sie schienen gar nicht zu sehen, was in solcher Lage Hunderte von Mädchen empfunden haben und heute noch empfinden, daß die Negersklavin, die für ihren Herrn *Wert* hat, wenn er sie nebenbei nur gut behandelte, ein weit befriedigteres Ehrgefühl und Gewissen haben konnte als wir, die wir das Bewußtsein mit uns herumtrugen, daß wir denen, welche wir auf der Welt am meisten liebten, daß wir unseren Vätern, unsern Brüdern eine drückende Sorge, eine schwere Last waren, und die wir, wenn wir mit Rosen im Haare durch die Ballsäle geflogen waren, umschwärmt und umschmeichelt von jungen Männern, uns, wenn wir abends die Blumen aus dem Haare nahmen, doch fragen mußten: Aber was wird aus uns, wenn keiner von diesen Männern uns zur Frau nimmt und versorgt?

In dem Glauben, Liebespflichten gegen die Töchter zu erfüllen, gaben und geben die Väter ihnen, ihrem eigenen falschen Ehrgefühle zu genügen und um die Standesgenossen an einen Wohlstand glauben zu lassen, der doch nicht ausreicht, die Töchter lebenslang in müßigem Wohlleben zu erhalten, oft die gewissenloseste Erziehung von der Welt. Unser ganzes Schicksal wurde auf einen Zufall gestellt; auf den Zufall, ob unsere Liebenswürdigkeit oder unsere Schönheit einen Mann so weit zu reizen und zu fesseln imstande wären, daß er uns zu besitzen wünschen und sich deshalb mit der Sorge für unsern standesmäßigen Unterhalt beladen würde. Unsere Väter, samt und sonders Männer, die sich für leichtsinnig halten würden, wenn sie ihr Haus nicht gegen Feuer- und Hagelschäden versichern, wenn sie ihr Schiff, das sie auf das Meer schicken, nicht in eine Assekuranz einschreiben lassen, die sich es zum höchsten Unrecht anrechnen würden, sich in eine Unternehmung einzulassen, deren Ende sie nicht mit ziemlicher Gewißheit berechnen können, führen uns in das Leben ein, ohne irgend voraussehen zu können, was aus uns werden wird; und während sie für ihre Söhne, für das sogenannte starke Geschlecht, mit Vorsicht alle Pfade ebnen, ihnen alle Mittel für einen selbständigen Lebensweg vorbereiten, geschieht für uns, für das zarte, für das sogenannte schwache und hilflose Geschlecht, nichts von alledem. Und doch sagt man noch: »Oh! Ein Junge, der schlägt sich durch!« –

Von der Tochter schweigt man. Die Tochter *sollte, konnte* sich nicht »durchschlagen«. Was blieb ihr also? – Sie verkümmerte, wenn sie keinen Mann fand! – Und es sind ihrer unverantwortlich und beklagenswert viele in Entbehrungen und in still verborgenen Tränen verblaßt und verkümmert!

Neunter Brief

Karlsbad, im Juni 1869

In der Bürgerschen »Leonore« heißt es: »die Toten reiten schnell«, aber die Lebendigen sind auch schnell geritten in unserer Zeit, und es ist oft originell, zu sehen, in welcher Weise die gegenwärtige Woche die Fragen, die Voraussetzungen und die Bedenken der ihr vorangegangenen Woche beantwortet.

Es wird kaum vier Wochen her sein, daß ich in der »Kölnischen Zeitung« die Nachricht las, wie in dem oder jenem englischen Kirchspiel den Frauen das Stimmrecht in den kirchlichen oder Kirchspiel-Angelegenheiten (ich habe das Blatt leider nicht mehr zur Hand) bewilligt worden sei, und der Berichterstatter fügte die Bemerkung hinzu, in Deutschland werde eine solche Emanzipation der Frauen wohl noch eine Weile auf sich warten lassen. Kaum 14 Tage später aber fand sich ebenfalls in der »Kölnischen Zeitung« die Mitteilung, daß man auf verschiedenen deutschen Universitäten die Frage erwogen habe, ob man nach den gegenwärtig bestehenden Gesetzen Frauen in die Reihen der auf den Universitäten studierenden Männer aufnehmen könne? Und irre ich nicht, so hatte die Universität Königsberg den Ausspruch getan, daß dieser Aufnahme kein bestimmtes Gesetz entgegenstehe. – Damit ist denn plötzlich ein großer Schritt für die Emanzipation der Frauen zur geistigen Arbeit vorwärts getan; und gerade deshalb ist es vielleicht mehr als je an der Zeit, darüber nachzudenken, auf welchem Standpunkte geistiger Entwicklung die Frauen sich, z. B. bei uns in Deutschland, gegenwärtig befinden; jetzt, wo die Stimme sehr verdienter Männer fast in allen Ländern die Gleichstellung der Frauen mit den Männern anzubahnen und vorzubereiten anfängt. [...]

Wenn ich hier im allgemeinen von »den Frauen« rede, so kann ich damit natürlich nicht jene verhältnismäßig noch immer kleinere Zahl von Frauen meinen, die sich an geistiger Reife, an sittlichem Ernst, an charakterfester Gesinnung und Überzeugungstreue wie an beharrlicher Arbeitsamkeit über die große Masse ihrer Mitschwestern erhoben und sich den Männern zur Seite gestellt haben. Daß diese Minderzahl für ihre Einsicht und Tatkraft die notwendige Freiheit der Betätigung begehrt, das versteht sich ganz von selbst. Die große Masse der Frauen ist aber bei uns noch fast durchweg gegen die Emanzipation der Frauen eingenommen, und sie gibt, man muß dies zugestehen, durch ihr Tun und Treiben denjenigen Männern vielfach recht, welche die Emanzipation der Frauen vorläufig oder überhaupt als eine Torheit, als ein Unheil oder als eine Unmöglichkeit bezeichnen. [...]

Die Erhebung der Frauen zur geistigen und bürgerlichen Selbständigkeit ist ein Gedanke, der nicht aufgehört hat, mich zu beschäftigen, seitdem ich überhaupt selbständig zu denken angefangen habe, und es ist vielleicht nicht ungeraten, eine Strecke in die Vergangenheit zurückzublicken, um es den jüngeren Personen darzustellen, wie wir Älteren die Frage der Frauenemanzipation in unseren Gesichtskreis haben treten sehen und wie sie, vielfach entstellt und ebendeshalb fortdauernd zurückgewiesen, doch endlich ihren Platz unter den berechtigtsten Forderungen eingenommen hat, den sie nun auch sicherlich behaupten wird, bis sie ihre vernunftgemäße und gerechte Erledigung gefunden haben wird.

Es war bald nach der Juli-Revolution, als man innerhalb unserer gebildeten bürgerlichen Gesellschaft zuerst von der Frauenemanzipation zu sprechen anfing. Die Vorstellung wie die Bezeichnung kamen aus Frankreich, zum größten Teile aus französischen Romanen, zu uns herüber und fielen mit der Theorie von der sogenannten Emanzipation des Fleisches zusammen, welcher damals in verschiedenen deutschen Romanen leichtfertigen Andenkens das Wort geredet wurde. Die einen wie die anderen Romane waren in ihrem tiefsten Innern unsittlich, und wie uns Jüngere der Reiz der Darstellung und die einzelnen Züge von Wahrheit in den französischen und deutschen Dichtungen auch blenden und über ihre Begriffsverwirrung täuschen konnten, hatten die reifen Köpfe in der Nation vollkommen recht, wenn sie ihr Verdammungsurteil aussprechen gegen diese dichterische Verklärung der Frauenemanzipation und der Emanzipation des Fleisches, welcher der St-Simonismus vorgearbeitet hatte; da beide im wesentlichen nichts anderes predigten als die Schrankenlosigkeit des sinnlichen Genusses zwischen Mann und Weib. Es galt deshalb auch, als ich jung war, beinahe für unanständig, von der Emanzipation der Frauen überhaupt nur zu sprechen, denn man dachte dabei vor allem an jene französischen Romane, welche die Franzosen selber ein Jahrzehnt später als *l'apothéose de la courtisane* bezeichnet haben und in denen unter anderem eine der »großen unverstandenen Seelen« in irgendeinem Schlosse ihre vier Kinder erzog, von denen jedes einen anderen Vater gehabt hatte. – Das war allerdings nicht erbaulich und nicht nachahmenswert, und es leben sicherlich noch viele, die sich im Hinblick auf jene Zeiten und auf jene Art der Dichtungen ebenso wie ich mich selber fragen werden: Wie haben wir das lesen können? Wie ist es zugegangen, daß wir in dem Idealismus unserer Jugend nicht beleidigt und zurückgestoßen worden sind von demjenigen, was wir jetzt belächeln oder widerwärtig finden, wenn wir es lesen?

Dann aber kam der Ernst der neuen Revolution über unsere Zeit und über uns alle. Das Verlangen des einzelnen nach Befriedigung seiner persönlichen Willkür, das Suchen des einzelnen nach seiner eigenen Freiheit und nach seinem eigenen ausschließlichen Glück, ging auf in dem Bestreben einer verhältnismäßigen Befreiung der Gesamtheit. Die subjektive Romantik ward von der Einsicht zum Schweigen gebracht, daß das Wohl des einzelnen nur in dem Wohlbefinden der Gesamtheit möglich sei, und der Ruf nach der Emanzipation der Frauen ertönte nun auch in einer anderen und würdigeren Gestalt.

Jene Hunderte von weiblichen Handarbeiterinnen, welche ich im März des Jahres 1848 in Paris in Masse über die Boulevards ziehen sah, um sich nach dem Hôtel de Ville zu begeben, verlangten von dem eben dort versammelten Gouvernement provisoire nicht etwa »den idealen Mann« oder gar die Erlaubnis, sich nach eigenem Ermessen in freier Liebe heute dem und morgen jenem Mann überlassen zu dürfen; sie forderten vielmehr nichts als Erhöhung ihres Arbeitslohnes auf die Höhe des Arbeitslohnes der Männer, um sich durch den Ertrag ihrer Arbeit anständig ernähren, für sich und die Ihren mit ihrer Hände Arbeit sorgen zu können, ohne sich gelegentlich aus bitterer Not zur Prostitution erniedrigen zu müssen.

Mit diesem Verlangen der Frauen nach gerechtem Lohn für gute Arbeit war die Frage der Gleichstellung der Frauen in ihre rechte Bahn geleitet. Von da ab konnte man mit Ehren von der Emanzipation der Frauen zu Arbeiterinnen und Staatsbürgern sprechen, besonders da sie – ich wiederhole diese neulich in einem meiner Briefe gemachte Bemerkung ganz absichtlich – dem Staate von dem Ertrage ihrer Arbeit so gut wie die Männer Steuern zu entrichten hatten und haben; und es war töricht und kleinlich, daß man sich gerade in Deutschland so leidenschaftlich gegen die Emanzipation erbitterte, weil ein paar in ebenjener Revolutions- und Reaktionszeit oftmals genannte Frauen durch ihr kurz geschnittenes Haar, durch das Rauchen von Zigaretten, durch ihr Erscheinen an öffentlichen Orten und vielleicht auch durch manche Ausschreitungen in sittlicher Beziehung Anstoß erregt hatten. Man tat, als ob gegenüber dieser zwei, drei Frauen nicht innerhalb der sogenannten besten Gesellschaft ebenfalls Frauen nachzuweisen gewesen wären, die zwar lange und sogar falsche Haarflechten trugen und keine Zigaretten rauchten, auch nicht allein in männlichen Versammlungsorten erschienen, die aber gegen ihre beschworenen Pflichten und gegen die Sitte jenen sogenannten emanzipierten Frauen sicherlich nichts nachgaben, ohne daß man deshalb den allgemeinen Untergang von Zucht und Sitte befürchtet hätte und ohne daß man die unbescholtene und wackere Gesamtheit jemals hätte entgelten lassen wollen, was einzelne sich zuschulden kommen ließen.

Jene nicht eben fördersamen Vorkämpferinnen der Frauenemanzipation sind vom Schauplatze unseres öffentlichen Lebens bald und schnell verschwunden; nur das Schreckbild der »emanzipierten Frau« ist als ihr Nachlaß spukhaft unter uns stehengeblieben und wirft noch heute seinen Schatten auf alle jene Frauen, die sich die Freiheit nehmen, ihre Talente auszubilden, ihre Fähigkeiten zu entwickeln und sich furchtlos und ihrer selbst gewiß in dem Leben und in der Welt zu bewegen, sich selbst zu ernähren und für sich selber einzustehen – wenn kein anderer da ist, welcher sie dieser Mühen überhebt.

Jetzt, da fast ein Menschenalter seit jenen Tagen vergangen ist, denke ich oft mit Lächeln und mit Bedauern daran zurück, wie mühsam wir dem Vorurteile Schritt für Schritt den Boden haben abgewinnen müssen, auf dem jetzt alle Frauen unbefangen stehen, und wie wir für uns selber erst haben erringen müssen, was alle jetzt in sorgloser Sicherheit genießen. Was war nicht alles anstößig in früherer Zeit! Was war nicht unziemend für eine Frau und vollends für ein Mädchen! Ein Mädchen durfte keine Statue ansehen, welche den Menschen nackt darstellte, und mußte vor einem Bilde mit nackten Figuren das Auge abwenden und, wenn es irgend möglich war, erschrecken und erröten; ein Mädchen durfte allein nicht die kleinste Reise unternehmen und mußte selbst bei einer Fahrt von vier Stunden noch begleitet werden; ein Mädchen durfte schicklicherweise nicht in ein fremdes Haus gehen, um bei einem Handwerker eine Bestellung auszurichten; selbst ein nicht mehr junges Mädchen durfte einen bedeutend älteren kranken Freund ihrer Familie nicht pflegen gehen, ihn nicht an seinem Krankenbette allein besuchen, wenn er zufällig nicht verheiratet war; und eine selbständige Meinung oder Teilnahme für das Allgemeine an den Tag zu legen, das war vollends nicht mädchenhaft und auch nicht weiblich. Wir sollten gar keine eigene Meinung haben, und es galt für ein Gebot der Weiblichkeit, jeden Satz ausdrücklich mit »Ich glaube« oder mit »Man sagt« anzufangen, um damit jeden Schein der Selbständigkeit, die an und für sich als eine Anmaßung angesehen wurde, von uns abzulehnen.

Dabei war es auffallend genug, daß alle diese Aufforderungen an eine besondere Weiblichkeit sich nur auf die Töchter und Frauen der wohlhabenden und der mehr oder weniger gebildeten Stände bezogen. Man gab damit entweder ohne weiteres die weiblichen Tugenden der armen und nichtunterrichteten Frauen preis, was eben nicht besonders christlich, sondern grausam war; oder man nahm an, daß die armen und ununterrichteten Frauen ihre Weiblichkeit in der Berührung mit dem Leben besser zu behaupten verständen als die Gebildeten. Denn unsere armen Mitschwestern durften und mußten auf unseren Befehl uns unbegleitet nachkommen, wenn wir ihrer Dienste auf der Reise irgendwo benötigt waren; sie mußten bei Tag und Nacht die Straße unbeschützt betreten, wenn wir es ihnen geboten; sie mußten in die Häuser gehen, in die wir sie schickten; sie mußten an dem Krankenbette von Männern die notwendigen Hilfsleistungen übernehmen, und die Frauen der arbeitenden Stände waren von jeher samt und sonders in der Lage, auf ihren Broterwerb zu denken; ihnen standen, weil die Notwendigkeit dies forderte, keine wesentlichen Hindernisse oder Vorurteile im Wege. Sie waren Näherinnen, Wäscherinnen, Putzmacherinnen, Krankenwärterinnen, Hebammen; sie trieben allerlei Kleinkram und Handelsgewerbe, hausierten mit Lebensmitteln und mit anderen Dingen, und niemandem fiel das auf, niemand hatte ein Arg daran, niemand bedachte es, daß diese Frauen in bezug auf Freiheit der Bewegung und des Erwerbes mit den Männern fast auf gleichem Fuße standen. Dieser Teil ihrer Emanzipation erschien durchaus natürlich, weil die Notwendigkeit ihn forderte. Es schickte sich eben für diese Frauen alles, was geschah, weil es geschehen mußte, und es war und ist noch heute interessant, jene feine Grenzlinie der beginnenden Wohlhabenheit aufzusuchen, hinter welcher die Arbeit für den Erwerb und die freie Bewegung als etwas den Frauen nicht Gebührendes, als etwas der wahren Weiblichkeit Entgegenstehendes, als etwas für die Frauen Unschickliches bezeichnet werden.

Ich habe oftmals die folgenden Sätze aufgestellt: Die Frau eines Briefträgers darf mit Posamentierwaren handeln, die

Frau eines Kontrolleurs darf Hebamme werden, die Tochter eines Oberlehrers darf in fremde Häuser gehen, und dort Knaben und Mädchen unterrichten; die Tochter eines unbemittelten Kaufmanns darf als Haushälterin in das Haus eines kranken einsamen Mannes eintreten; die Frauen durften lange schon, wenn sie sich dafür vorbereitet hatten, als dramatische Künstler, als Sänger, als Tänzer, als Musiker vor allem Volke auftreten so gut wie die Männer; man ist jetzt auch bereits daran gewöhnt, sie als Dichter und Schriftsteller neben den Männern erfolgreich und oftmals die Gesamtbildung fördernd, wirken zu sehen. Welches also sind die Bereiche, die den Frauen im Interesse des Gemeinwohls und ihrer eigenen Würde nach der Ansicht derjenigen verschlossen bleiben müssen, von denen die unbedingte Emanzipation der Frauen zur Arbeit, denn an diese habe ich vorläufig hier zunächst gedacht, als eine Ungehörigkeit betrachtet wird? – Oder welche Eigenschaften der Frauen sind es, die durch eine gründliche Bildung, durch ernste Beschäftigung mit ernsthaften Dingen gefährdet werden könnten, während Bildung und ernstes wissenschaftliches Bestreben die Eigenschaften des Mannes schön entwickeln?

Man ist mir auf diese Fragen die Antwort in der Regel schuldig geblieben; denn es stehen doch nicht viele verständige Leute mehr auf dem Standpunkte jenes protestantischen Pfarrers, der einem unserer ausgezeichnetsten, mir befreundeten Physiologen neulich hier in allem Ernste die Frage vorlegte, ob denn mit mir wirklich gut zu verkehren sei, da der Herr diejenigen Frauen, welche er mit gewissen Talenten ausstatte, meist mit Unliebenswürdigkeiten dafür zu strafen pflege! – Welch eine Vorstellung von dem Wesen, das sie den Gerechten nennen! Zu solcher Höhe der Bildung und Erkenntnis wird sich freilich nicht jede weibliche Intelligenz emporzuschwingen vermögen! Aber ich breche für heute ab, um in dem nächsten Briefe diese Erörterungen weiter fortzusetzen.

Dreizehnter Brief

Karlsbad, im August 1869

Wenn und wenn und wenn! – Das ist eigentlich kein sehr geistreicher Briefanfang, aber es gibt in diesem Falle, wie die Vorzeichnung auf einem Notenblatte, die Tonart an, aus welcher das Musikstück geschrieben ist; und was ich Ihnen in diesem und in dem Schlußbriefe noch zu sagen habe, beruht denn auch in der Tat auf einer Reihe von Voraussetzungen, die noch nicht erfüllt worden sind, die sich aber früher oder später erfüllen werden; denn die völlige Emanzipation der Frauen ist nur noch eine Zeitfrage. Sie geschieht einst so gewiß wie alle die anderen Emanzipationen, die wir unter unseren Augen haben zur Ausführung kommen sehen und die am Ende des vorigen Jahrhunderts reichlich für ebenso unberechtigt und unmöglich angesehen worden sind, als die Emanzipation der Frauen jetzt den meisten Menschen gilt.

Wenn man vor achtzig Jahren der großen Masse der Deutschen es hätte sagen können, welche Ämter und Würden achtzehnhundertundneunundsechzig in Deutschland von Juden eingenommen und zur Zufriedenheit und mit Zustimmung der Gesamtheit von diesen Juden verwaltet werden würden, so würden damals die Leute es ebensowenig geglaubt und ebenso viele anscheinend ganz plausible Unmöglichkeitsgründe dagegen aufgestellt haben, als jetzt gegenüber den Voraussagungen über die Frauenemanzipation gang und gäbe sind. Der Zweifel aber unterdrückt glücklicherweise die notwendige Entwicklung eines vernunftgemäßen Prozesses nicht – selbst wenn er sie vielleicht in ihrem Gange aufhält. Also mag man zweifeln, bis man in zwanzig, in dreißig oder in achtzig Jahren den vollendeten Tatsachen gegenüber nicht mehr zweifeln können und sich mit dem Spruche des ehrlichen Sancho Pansa: »Wenn's ist, wird's sein können« beruhigen wird.

Daß Frauen, die ebenso wie die Männer unterrichtet sind,

die ebenso wie die Männer für sich selber und für andere arbeiten, die mit ihrer Arbeit der Gesamtheit nützen (schon indem sie für sich selber sorgen) und die von dem Ertrage dieser ihrer Arbeit dem Staate wie die Männer Steuern zahlen, ebenso wie die Männer fragen dürfen und fragen müssen: Was machen die Verwaltungsbehörden des Landes, in welchem wir leben, mit dem Gelde, das wir steuern? – das ist, dünkt mich, sonnenklar. Denn, wie ich es neulich dem Vereine der Frauen in Missouri schrieb, der unbestreitbare Grundsatz: »gleiche Rechte, gleiche Pflichten!« hat gar keinen Sinn, wenn neben ihm nicht als Zusatz der Grundsatz festgehalten wird: »gleiche Pflichten, gleiche Rechte!« – und meine Berner Korrespondentin irrt, wenn sie den Gedanken ausspricht, daß die Frauen nicht an die Wahlurne zu treten haben, weil sie nicht wie die Männer mit den Waffen in der Hand ihre Kriegsdienste leisten, sondern nur in den Lazaretten und an den Ambulanzen tätig sind. *Jeder* leistet Kriegsdienste in dem Lande, das vom Kriege heimgesucht wird, und in einem Lande, das wie das unsere die allgemeine Wehrpflicht hat, leisten die Frauen, weiß Gott, ihre Kriegsopfer nicht minder als der Mann. Denn erstens tragen wir Frauen, die wir Steuern von unserem Erwerbe und Einkommen bezahlen, wie ich aus persönlicher Erfahrung weiß, die erhöhten Steuern und die Einquartierungslasten gerade so gut wie die Männer; und mich dünkt, die Gattin, die Mutter, die ihren Mann, die ihre Söhne in das Feld ziehen, die den Ernährer verstümmelt, arbeitsunfähig und krank zurückkehren sehen, die vielleicht lebenslang mit schweren Sorgen die Folgen eines solchen Krieges nachzufühlen haben – des Herzeleids gar nicht erst zu denken –, zahlen dem Staate die Blutsteuer ebenso wie der Mann und sind vollkommen ebenso bei der Entscheidung über Krieg und Frieden beteiligt wie der Mann, der sich mit seiner Brust dem Feinde direkt gegenüberstellt. [. . .]

Es gibt überhaupt keine Erscheinung in dem Leben eines Volkes, einer Nation, bei der die Frauen nicht ebenso beteiligt wären wie die Männer, da sie nicht außerhalb der allgemeinen Lebensbedingungen, nicht außerhalb des allgemeingültigen Gesetzes stehen; und es gibt Gesetze, bei deren Beratung man notwendig die Meinung der Frauen hören müßte, wie es Verbrechen gibt, bei deren Beurteilung ebenfalls Frauen zu Rate gezogen werden müßten. Ich denke z. B. an die Ehescheidungsgesetze, an die Gesetze über Errichtung von Findelhäusern, an Verbrechen wie den Kindermord u.s.w. Man spricht beständig von den ganz besonderen Feinheiten und Eigentümlichkeiten der Frauennatur und unterwirft diese so besonders fein organisierten Wesen den Gesetzen, welche das weniger fein organisierte Männergeschlecht nach seinem gröberen Empfinden – und man kann in vielen Fällen sagen, sehr zu seinem persönlichen Vorteil – ausgearbeitet hat. Das ist nicht gerecht und wird darum nicht immer also bleiben.

Ganz ebenso verhält es sich auch mit den Gesetzen über die Selbständigkeit der Frauen in der Ehe, in bezug auf ihren ererbten Besitz und auf ihren Erwerb. Es sind diese bei uns in den verschiedenen Provinzen, soviel ich weiß, verschieden, und ich meine, bei uns in der Mark ist die Gemeinschaft der Güter und des Erwerbes ausgeschlossen, wo sie nicht besonders festgestellt wird. Trotzdem bleibt die Frau unter einer gewissen Vormundschaft des Mannes, und es bedarf eines eigenen *freilassenden* Aktes von seiten des letzteren, um der Frau ein selbständiges Handeln in ihren Geld- und Geschäfts-Angelegenheiten zu ermöglichen. Die geistvollste, bestunterrichtete Frau hat sonst für die Vollziehung gerichtlicher Akte einen männlichen Beirat nötig; während ihr Hausknecht dieselben Akte selbständig, und wäre es mit Unterzeichnung von drei Kreuzen, auszuführen berechtigt ist.

Und mit Erwähnung des Hausknechts – kommen wir denn auch auf geradem Wege wieder an die Wahlurne zurück.

Man sagt überall und immer: »Die Politik ist nicht Sache

der Frau, die Politik ist Sache des Mannes!« Es gibt keinen noch so beschränkten und unwissenden Mann, der diesen Satz nicht mit angeerbter Geläufigkeit und mit wundervollem Selbstgefühle auszusprechen verstände, und nur eine Anzahl bedeutender Männer, die nicht an diesen landläufigen Grundsatz glauben, weil Männer und Frauen nicht Kollektivbegriffe sind wie Wasser, Mehl, Sand u.s.w., bei denen ein Tropfen und ein Korn so ziemlich dem anderen Tropfen oder Korne gleich ist. Elisabeth von England, Maria Theresia, die Herzogin von Weimar, die Königin Victoria von England und die Modetörin, die ihrem Schoßhunde ein blaues Band in den Behang knüpft, wenn sie ein blaues Kleid trägt, und ein rotes, wenn sie ein rotes anzieht, sind samt und sonders Frauen; aber es hat, weil diese letztere eine Närrin ist, niemand an der Regentenfähigkeit jener königlichen Frauen gezweifelt. Die Bourbons in Frankreich und in Italien hinwiederum waren Männer, und es hat diese geschlechtliche Eigenschaft so wenig einen ausreichenden Einfluß auf ihre politische Einsicht und ihre Herrschertugenden gehabt, daß die Völker sich ihrer überall entledigen mußten, um bestehen und gedeihen zu können. Und wie wir in unseren Staatsgesellschaften Männer haben, deren geistiger Gesichtskreis nicht eben weit über ihren Bart hinausgeht, so ist auch unser Vaterland nicht arm an Frauen, deren Verstand stark und ausgebildet genug, deren Blick scharf und weittragend genug ist, sich mindestens mit einer sehr großen Anzahl der stimmberechtigten und wählbaren Männer messen zu dürfen.

Vor etwa fünfzehn oder sechzehn Jahren, als ich meinen Roman »Wandlungen« veröffentlicht hatte, ließen die Journale der Dichtung, die einen politischen Hintergrund hatte, wie denn im wahren Sinne des Wortes jede Lebensäußerung eines Volkes diesen Hintergrund hat und auf ihm beruht, mehr oder weniger Gerechtigkeit widerfahren, je nach ihrem Parteistandpunkte; aber man gab mir doch von der und jener Seite zu bedenken und ernstlich zu bedenken,

»daß Politik nicht die Sache der Frau sei und daß eine Frau von Politik nichts verstehen könne«. Natürlich habe ich nichts darauf erwidert, denn die Kritik, und namentlich die, die sich nicht nennt, ist stets unfehlbar. Aber ich habe mir doch in aller der mir zustehenden Bescheidenheit gesagt: Zugegeben, daß meine politische Einsicht nicht so groß ist als die der königlichen Frauen, die das Regieren freilich auch nicht auf besonderen Universitäten erlernt hatten, so groß wie die Einsicht des Droschkenkutschers, des Stiefelputzers, des kleinen Bierwirtes oder des Schuhflickers, deren Tage in der immer gleichen Arbeit und deren Abende in dem Bierhause hingehen, bis sie eines schönen Morgens ihre Beschäftigung für drei Stunden liegenlassen, um an die Wahlurne zu treten, *so groß* ist meine Einsicht ganz gewiß. Und wenn ich dann die langen Register all der kleinen Beamten, kleinen Kaufleute und kleinen Gutsbesitzer, der Kreisschreiber, Kreisrichter und geistig niedergehaltenen Schullehrer und Dorfgeistlichen gelesen habe, die ich aus den entlegensten Provinzen der Monarchie als Wahlmänner oder gar welt- und lebensfremde Deputierte aus den Wahlen habe hervorgehen sehen, so habe ich oftmals in dem großen Kreise bedeutender Frauen umhergeblickt, mit denen mein Leben mich in unserem Vaterlande und außerhalb der Grenzen desselben in Verbindung gebracht hat, und ich habe mich gefragt: Diese niedrigstehenden ununterrichteten Wähler, diese beschränkten weltfremden Wahlmänner, diese nur als Stimmen bedeutenden Deputierten haben samt und sonders Rechte, die ihnen ihrer Einsicht nach nicht zukommen und die sie nur besitzen, weil sie Männer sind; und diese gleichen Rechte werden, mit Ausnahme der kurfürstlichen Frauen, auch den geistig befähigtsten sowie den durch ihre Arbeit unabhängigen Frauen vorenthalten, nur weil sie Frauen sind. Ist das ein Grund? Ist das gerecht? Und wird und muß das immerfort so bleiben? – Fühlten die Frauen auf den Thronen sich nicht so hoch über uns andere erhaben, daß sie nicht darauf verfallen, sich in die Schranken der Allgemeinheit hineinzudenken, so müßten *gerade sie* es sein, welche für die Emanzipation der Frauen einträten, und vielleicht ist es der edlen königlichen Frau, die jetzt auf Englands Throne sitzt, noch einst vorbehalten, die Parlamentsakte zu unterschreiben, welche den Frauen Englands das Stimmrecht zuerkennt. Denn in England ist die Bewegung zugunsten der Frauenemanzipation bereits sehr lebhaft, und es stehen große Namen, große Staatsmänner an ihrer Spitze. [. . .]

Unsere jungen Mädchen, unsere jungen Frauen haben in der Masse ein außerordentlich starkes und bis jetzt völlig unberechtigtes Selbstgefühl, das in gar keinem Zusammenhange mit dem von ihnen beliebten Grundsatz steht, daß die Frau in der Ehe ganz in ihrem Manne aufzugehen habe. Diesen Grundsatz hält bei uns die Sitte sogar bis auf den Namen der Frau fest. Die deutsche Frau verliert ihren Familiennamen an dem Tage ihrer Trauung. In der Schweiz fügt der Mann häufig den Familiennamen seiner Frau dem seinigen hinzu, wie das auch bisweilen bei uns geschieht, aber nur, wenn die Frau gerade einer Familie angehört, zu welcher sich rechnen zu dürfen dem Manne Ehre oder Vorteil bringt. Und alle jene Mädchen, die sich als Mädchen anmaßend genug den Männern gegenüber geltend zu machen wissen, haben bei uns doch noch nicht Selbstachtung genug, auch nur ihren Namen beibehalten zu wollen, wenn sie aus der Hand ihrer Väter in den Besitz ihrer Männer übergehen; denn mehr als einmal habe ich, wenn ich den Frauen meiner Bekanntschaft den Rat erteile, daß sie doch ihren eigenen Familiennamen neben dem ihrer Männer führen sollten, den Bescheid erhalten: »Ich bin nur eine schlichte Frau und will nichts sein als meines Mannes Frau!«

Das klang sehr bescheiden, konnte sogar rührend klingen; indes, viele dieser »schlichten Frauen« machten sich, eben weil ihnen das Verständnis für die Bedeutung ihrer Männer völlig abging, in der Ehe in einer Art und Weise zu Herren und Meistern ihrer Männer, die nicht zu begreifen und nicht zu erklären gewesen wäre ohne die Unwissenheit und Unbedeutendheit der Frauen und ohne den törichten Glauben der Männer, daß sie von unbedeutenden Frauen nichts für sich und ihre Selbständigkeit zu fürchten haben, sondern der Unterordnung ihrer Frauen sicher sein dürfen. Sehen Sie aber um sich, lieber Freund, und fragen Sie sich selber: Wie groß ist die Zahl von unbedeutenden Frauen, die ihren bedeutenden Männern gegenüber wahrhaft bescheiden sind? Und blicken Sie sich um in den Ehen, in welchen bedeutende und selbständige Frauen neben tüchtigen Männern leben – ich glaube, Sie werden in diesen letzteren Ehen weit mehr ehrliche, freiwillige Unterordnung unter jedes bessere Wissen des Mannes, weit leichteres und freudigeres Verzichten auf eine Menge von Ansprüchen finden als im ersteren Falle. Halten wir deshalb vor allem nur das eine fest und für immer fest: Wissen und Bildung, freie Einsicht in die Verhältnisse des Lebens, freie Entfaltung aller Kräfte, Teilnahme und Mitwirkung an dem Allgemeinen, die den Mann erheben und veredeln, müssen die gleiche Wirkung auch auf die Frau ausüben; mit der allmählich wachsenden Emanzipation der Frauen werden die Beispiele für diese meine Behauptung fraglos wachsen.

Leider ist aber bei weitem nicht das Wichtigste damit getan, daß man die Frauen durch Gesetze emanzipiert, solange sie sich nicht von sich selber und ihren bisherigen Gewohnheiten emanzipieren. Und mit der Erklärung, was ich mir unter diesen Worten denke, schließe ich in meinem nächsten Briefe über dieses Thema für das erste ab.

Vierzehnter Brief

Karlsbad, im August 1869

Eigentlich müßte dieser Brief schlechtweg die Aufschrift führen: »An die Frauen«, denn was ich jetzt in diesem Schlußbriefe noch zu sagen habe, hat mit der Zustimmung der Männer nichts zu tun, obschon es wahrscheinlich auf dieselbe rechnen darf; es liegt ausschließlich in der Einsicht und in dem Belieben der Frauen selber, was sie davon zur Ausführung bringen wollen und was nicht.

Ich habe in allen den vorhergehenden Briefen der allmählichen Gleichstellung der Frauen mit den Männern aus vollster Überzeugung das Wort geredet, wenngleich ich mir, wie ich Ihnen sagte, wohl bewußt war, daß ich in diesem Augenblicke damit keineswegs die Ansichten und die Verlangnisse aller Frauen ausgesprochen habe. Denn wenn ich mir die Frauen ansehe, denen ich in den Straßen unserer Städte, in den Badeorten, in den Theatern und in den Sälen unserer Gesellschaften begegne, so frage ich mich selber unwillkürlich: Kann man denn wirklich ernsthaft an die Emanzipation der Frauen denken?

Nicht etwa, als ob die fehlende Körperkraft der Frauen oder ihre gelegentlichen Kränklichkeiten mir diesen Zweifel einflößten! Es ist ja mit der Emanzipation der Frauen nicht gesagt, daß sie nun alle Erwerb und Gewerb treiben oder daß sie Grobschmiede und Lokomotivführer werden sollen. Dazu gibt es, beiläufig bemerkt, auch viele kränkliche, von Nervenleiden, von Migränen, von allen möglichen kleinen und großen Unbequemlichkeiten schwer geplagte Männer, die ebensowenig wie die Frauen Grobschmiede oder Lokomotivführer werden, die um ihrer Kränklichkeit willen auch diesem und jenem Amte nicht vorstehen können, ohne daß man deshalb es für nötig erachtet hätte, diese Männer von der Gleichberechtigung mit den anderen stärkeren und robusteren Männern auszuschließen. Virchow,

Humboldt, Rauch, Meyerbeer und Cornelius sind und waren stimmberechtigt so gut wie jeder Steinklopfer und Zimmermann.

Meine Bedenken liegen auf einer anderen Seite; und ich möchte eine große Anzahl von Ihnen, meine Leserinnen, fragen: Glauben Sie, daß ein verständiger Mann Ihnen irgendeine ernsthafte Bedeutung zutrauen kann, wenn er Sie auf Stelzenschuhen, in einer Kleidung, die von hinten und von vorn in ihren Aufbauschungen aussieht, als wäre ein altes Gardinenbett Ihr Schönheitsideal und als ließen Sie Ihre Kleider bei dem Tapezierer machen – glauben Sie, daß man Ihnen einen ernsthaften Gedanken zutrauen kann, wenn man sieht, wie es keine Abgeschmacktheit in Kleidung und Frisur mehr gibt, die Sie mitzumachen und womöglich noch zu übertreiben nicht sofort beflissen wären, um durch diese Übertreibung die Blicke der Männer auf sich zu ziehen? Kann ein Mann Sie in diesen »Kostümen« oder in Ihren Salon-Toiletten, die in allen Farben des Regenbogens schimmern, wirklich für seinesgleichen halten? – Ich versichere Sie, es fällt das selbst verständigen Frauen und Mädchen häufig schwer genug.

Man sagt freilich: Andere Zeiten, andere Sitten, und die Frauen haben seit den letzten dreißig, vierzig Jahren viel an Freiheit des Verliebens gewonnen; aber sie wollen doch alle mehr oder minder festhalten an den alten Herkommnissen der deutschen Zucht und Sittsamkeit; wie ist es Ihnen also möglich, in den Straßen zu erscheinen, wie Sie es tun? – Ich traf neulich bei einem Besuche, den ich in einer angesehenen Familie zu machen hatte, eine dem Adel angehörende Frau mit ihrer Tochter, die ebenfalls eine Visite in dem Hause abstatteten; und die Unterhaltung der Mütter und der im neuesten Geschmack oder besser Ungeschmack gekleideten Töchter beider Familien wendete sich nach wenigen Augenblicken auf die wachsende Sittenlosigkeit und Zudringlichkeit der jungen Männer aus den gebildeten Ständen. Es hieß: Ein Mädchen könne nicht mehr unbegleitet durch die Straßen gehen, ohne von den unehrbaren Anträgen der Männer beleidigt, ohne von ihnen verfolgt zu werden u.s.w. – Ich hörte ruhig zu und dachte an so manches junge Frauenzimmer, dessen bescheidene Tracht es vor ähnlichen Erfahrungen bewahrt; aber des Zornes und der Empörung unter jenen Frauen war kein Ende, bis ich endlich die Bemerkung machte: »Aber wenn Sie sich so auffallend und noch auffallender kleiden als die Frauenzimmer, für die Sie nicht gehalten sein wollen, so können Sie sich doch nicht darüber wundern, daß man Sie für solche Frauenzimmer hält!« Sie sahen mich samt und sonders an und schwiegen; nur die eine der beiden Mütter gab mir recht. [. . .]

Es ist geradezu lehrreich und dem Auge wohlgefällig, wenn man einmal die Mode-Journale vom Anfange der vierziger Jahre unseres Jahrhunderts in die Hand nimmt, um sie mit den jetzigen Trachten zu vergleichen. Wir liebten es damals auch, uns zu schmücken, wir suchten in den Sälen, in denen wir uns in einer uns bekannten Gesellschaft bewegten, ebenso wie Sie zu gefallen und durch die Eigenartigkeit unserer Toiletten aufzufallen, aber alte und junge Frauen der gesitteten Gesellschaft hielten an dem Grundsatze fest, daß es für eine Frau, die sich selber achte, nicht anständig sei, in der Straße durch Kleidung aufzufallen. Sah man in der Straße eine auffallende Tracht, so wußte man, was man von der Trägerin zu halten habe. Jetzt – nicht einmal, nein, alltäglich – fragen wir uns bei unseren Spaziergängen, ob das wohl anständige Frauenzimmer sind, und wir sind oft ganz verwundert, wenn man dies bejaht. – Die frühere Straßenkleidung war bescheiden, die jetzige ist frech. Jene Kleider hatten eine schickliche Länge, sie reizten nicht durch ihre Kürze und ärgerten nicht durch das Herumzerren der kostbaren Stoffe durch den Straßenkot. Die Farben waren durchweg anspruchslos, die reichlichen Falten der Röcke fielen, sich dem Körper anpassend, von der Taille nieder, die Garnierungen waren mäßig, die Hüte saßen auf dem Kopfe und rahmten das Gesicht ein; und man würde das

Frauenzimmer für wahnsinnig, ganz entschieden für wahnsinnig gehalten haben, das ohne Shawl oder Mantille, das ganz unverhüllter Gestalt oder vollends mit einem Turmbau von falschen Haaren, wie er jetzt beliebt ist, durch die Straßen gegangen wäre. Dabei fragt man sich noch obendrein ganz unwillkürlich: Wen wollen Sie denn täuschen mit dem Haarschmuck, den wir alle, die Männer sowohl als die Frauen, fix und fertig, mit Chignon und Kamm und Kavalierlocken, zu soundso viel Talern an dem Fenster jedes beliebigen Friseurladens zum Kaufe hängen sehen? Es taxiert ja jede Frau die Herrlichkeit dieses ihres Haarwuchses bei Heller und Pfennig richtig ab – und es leben doch ein gut Teil verständiger junger und älterer Männer unter uns, die sich die Frage aufwerfen: Wieviel Tage, wieviel Monate muß der Mann arbeiten, wieviel Ware muß er umsetzen, wieviel Artikel muß er schreiben, ehe er die Mittel zur Bekleidung eines solchen Frauenzimmers herbeizuschaffen vermag? [...]

Es fällt mir nicht ein und wird keinem vernünftigen Menschen einfallen, das diesem Zurschautragen der Verschwendung jetzt so wie in früheren Zeiten durch eine den Luxus beschränkende Kleiderordnung entgegengearbeitet werden könne; aber man hat in England sehr wohl daran getan, gewisse Arten von Luxus sehr hoch zu besteuern, und ich sehe das beflissentliche Zurschautragen einer sinnlosen Verschwendung in den Straßen niemals ohne den Gedanken an, daß dies recht eigentlich das Verbrechen *»der Aufreizung der Stände gegeneinander ist«*, welches unsere Gesetze schwer bestrafen, wo es mit dem gedruckten oder dem gesprochenen Worte und nicht wie durch Ihren Luxus mit der Tat geübt wird. Kann irgend etwas die Arbeiter herausfordern, mit Recht eine Lohnerhöhung zu verlangen, so ist es sicherlich die jetzige Verschwendungssucht der Frauen aus den sogenannten besitzenden Ständen; und es ist wirklich an der Zeit, daß die ernsthaften und gutdenkenden Frauen sich zusammentun, um durch ihr Beispiel diesem ihr eigenes Geschlecht mehr und mehr herabziehenden Gebaren entgegenzuarbeiten. Wir haben nicht nötig, zu Quäkerinnen zu werden, wir brauchen nicht auf das Vergnügen zu verzichten, in schönen Stoffen und in edlem Schmucke so vorteilhaft für unsere Gestalt als immer möglich zu erscheinen; aber wir verdienen es nicht, die Achtung, welche man den deutschen Frauen um ihrer Zucht und Sitte willen zollt, fernerhin für uns zu heischen, wenn wir nicht aus freier Erkenntnis ausüben, was sonst das Gesetz gebot, wenn wir uns nicht von der Nachahmung einer fremdländischen und sittenlosen Frauenwelt emanzipieren, in der alles hohl und alles leer und alles käuflich ist wie jene Frauenzimmer selber.

Beginnen Sie also vor allem anderen mit diesem Werke der Selbstemanzipation – oder der Emanzipation von sich selbst und von Ihrer Eitelkeit und Putzsucht –; Sie alle zunächst, denen es um die wirkliche Erhebung unseres Geschlechtes ernst ist. Glücklicherweise zählt unser Vaterland der besonnenen Frauen und Mütter noch genug, hat es noch Mädchen genug, die einen sittlichen Idealismus in sich tragen. Beginnen Sie also das Werk dieser Emanzipation, und Sie werden sicherlich dafür in Ihren Familien, von Ihren Vätern, Ihren Brüdern, Ihren Männern des Dankes nicht entbehren. [...] Es ist auch etwas Großes um das Wort von Abraham Lincoln, der sicherlich kein Freund der Phrase war: »Nächst Gott sind es die Frauen, denen unser Land seine Errettung verdankt!« Mich dünkt, solche Lobsprüche sind am Ende doch wohl mehr wert als das widerwillig getane Zugeständnis der weiblichen Modewelt, daß man die eleganteste Frau des Ortes oder, wie die Pariser von ihrer Kaiserin sagen, die eleganteste Frau der Zeit gewesen sei.

Und nun zum Schlusse, mit meinem Gruße an die mir geneigten Leser, nur noch die Versicherung, daß nichts auf der Welt diesen Briefen ferner gelegen hat als etwa ein Kämpfen oder ein Erringenwollen *für mich selbst*, als ein Plädoyer in eigener Sache; denn die Emanzipation, die ich den

Frauen wünsche und für sie erhoffe, habe ich für meinen Teil, soweit sie mir für mich irgend begehrenswert erschien, vollständig erreicht. Ich bin seit siebenundzwanzig Jahren mit meinem Leben und Lebensunterhalte einzig auf mich selbst gestellt gewesen, ich bin rechtlich frei, kann über meinen Erwerb und Besitz verfügen nach Belieben, und ich besitze einen Wirkungskreis, wie er meinen Fähigkeiten entspricht, meinen Neigungen gemäß ist. Ich habe die Wirksamkeit und Tätigkeit in unserem Hause und in unserer Familie wie jede andere Hausfrau und jede andere Familienmutter, ich habe Einfluß in einem großen Freundeskreise und besitze in der Presse das Mittel, meiner Überzeugung – dichtend und rein didaktisch – Ausdruck zu geben, um derselben womöglich Geltung zu verschaffen. Eine andere öffentliche Tätigkeit und Wirksamkeit habe ich für mich niemals angestrebt, ja, ich habe sie abgewiesen, sooft man mich auch aufgefordert hat, mich an die Spitze von Vereinen zu stellen, in Vereine einzutreten oder gar öffentliche Vorträge zu halten. Ich bin nicht in der Gewohnheit eines solchen persönlichen Heraustretens erzogen, und es würde mich dieses eine Überwindung kosten, die mir aufzuerlegen ich keinen zwingenden Anlaß sehe. Das schließt aber nicht aus, daß anders erzogene oder begabtere und gelehrtere Frauen als ich ihren Platz auf dem Katheder einer Universität oder auf einer anderen hervorragenden Stelle sehr wohl behaupten könnten. Wie unsere Verhältnisse jetzt liegen, genügt es mir, die nicht mehr jung ist, wenn ich aus der Ferne, ohne daß Sie mich mit Augen sehen und mit Ohren hören, zu Ihnen sprechen kann. Ich würde es aber als ein großes Glück für mich erachten, wenn ich mit meinen Erörterungen Eindruck auf Sie machte, wenn ich Sie auf die Wege führen könnte, die Sie zu Ihrer Selbsterhebung einzuschlagen haben; ja, die Sie notwendig werden gehen müssen, wenn Sie sich nicht selber Ihrer Menschenrechte entäußern und, um mich eines Ihnen allen geläufigen Ausdruckes zu bedienen, es nicht selber etwa anerkennen wollen, daß »Gott nicht den

Menschen, sondern nur die *Männer* nach seinem Ebenbilde geschaffen habe«, wovon in der Bibel, in dem Buche, auf dessen Aussprüche Sie sich mit Ihrem Glauben wie mit Ihrem Hoffen stützen, wahrlich nichts geschrieben steht.

Und somit für diesmal Lebewohl, und möchten diese Briefe eine gute Stätte bei Ihnen finden!

Gefühltes und Gedachtes

29. August 1847. Auch die Bäume *haben ein verschiedenes Schicksal.* Die helle Akazie zunächst dem Zaune, die ohnehin schon so viel Licht in ihren Blättern hat, bekommt gleich morgens den vollen, goldenen Sonnenschein, während die dunkle, prächtige Kastanie mit ihren grünen Fächern in tiefem Schatten steht und ganz leise die Blätter bewegt und die hellgrünen Kastanien schaukelt, wie eine Mutter, die ihr Kind im Arme wiegt. Nur stellenweise fällt einmal ein Sonnenstrahl helleuchtend durch das Dunkel, sie hat nur seltene, nur spärliche Freuden. Die Linde am Balkon, die ist am besten dran; die hat morgens und abends volle Sonne, die lebt im größten Wohlstand, der fehlt gar nichts. Und noch jetzt in den gelben Blättern ihres Alters hat sie so viel Licht und sieht so breit und behaglich aus, daß man merkt, es ist ihr immer ganz vortrefflich gegangen, und es wird ihr auch gutgehen bis ans Ende.

30. Aug. Beim Betrachten der Bäume fiel mir Bettina und ihr Frühlingskranz auf Clemens Brentanos Grab ein und dabei die *romantische Schule.* Der ganze Menschenkreis hat gelebt, als wäre man nur zum Anatomieren und Theoretisieren des Empfindens und des Empfundenen auf der Welt. Während sie den Gedanken erzeugen, zergliedern sie ihn schon. Es ist das wie die Kinder, die in ihren Spielen nur *anfangen und zerstören* können, weil ihnen die ruhige Klarheit zum Schaffen fehlt. Anfang und Ende sind oft Akte eines von außen kommenden Impulses – Schaffen ein Werk bewußten

Wollens und wacher Überlegung. Die romantische Schule mahnt mich immer an jene nervösen, sinnlichen Frauen, die leicht Mütter werden, aber nie ein ausgewachsenes, lebendiges Kind zur Welt bringen. Die Sehnsucht und das Verlangen sind da – aber die rechte Lebenskraft, die fehlt.

24. Sept. Die Menschen lassen es sich gern gefallen, daß der Dichter ihnen den Nektar der Poesie freigebig darbringe – besonders wenn er sich selbst im Leben mit dem täglichen Schwarzbrot der Prosa bescheiden begnügen läßt.

16. Okt. Es liegt in der Idee einer *Liebesreligion* schon die Notwendigkeit eines leidvollen Märtyrertums.

29. Juni 1849. Nach Aufführung der »Antigone«. *Tieck hat das Altertum nie verstanden,* wie die Romantiker in ihrem sinnlichen Spiritualismus, in ihrer krankhaften, übersinnlichen Sinnlichkeit es überhaupt nicht verstehen konnten. Ihnen war nur die kultivierte, nicht die naturwüchsige Schönheit schön. Sie putzten sich auf mit hinzugetragenen Ideen, sie machten sich »Natur und Volk«, »Naturwüchsiges und Volkstümliches« erst mit Sentimentalität und Christentum zurecht. Ließen sie die gefundene Natur in ihrer derben Nacktheit gelten, so geschah es wie mit dem Dorn der Rose als notwendiges, durch die *Erbsünde* erzeugtes Übel – sie trugen den christlichen Dualismus auf alles über und machten damit jede *antike Einheit* unmöglich.

So hat denn auch Tieck, weil er jenen Begriff vom Altertum nicht hat, keine antike Illusion zu schaffen vermocht. Mit allen möglichen farbigen Stoffen, mit Dekorationen im antiken Stil bei moderner Färbung, mit Kostümen, an denen alle ersinnlichen Kombinationen erschöpft sind, ist ein lächerliches Gewirr erzeugt, bei dem uns eher ein Puppentheater als die antike Welt einfallen kann.

Soll uns die *Vorstellung einer Welt und einer Zeit* gegeben werden, die uns ganz entrückt sind, so muß man vor allen

Dingen alle Gegenstände und *alle Zutaten vermeiden, die uns an Bekanntes erinnern.* Das hat der Erbauer des Atrium im Humboldtschen Hause in Tegel verstanden und, indem er sich auf glatte, weiße Wände, einfache Säulen und Formen beschränkte, es zuwege gebracht, daß wir uns in einer ungewohnten, fremden Umgebung befinden – daß unsere Phantasie *rein* wird und also vorbereitet, das aufzunehmen, was uns geboten werden soll – den Glauben an die Antike und die *Illusion der Antike.*

16. Okt. 1849. Das Wort »Weiblichkeit«, das die germanischen Völkerstämme vor den andern voraus haben, ist kein Zeichen der höhern Ausbildung der germanischen Frauen, sondern vielmehr ein Beweis, daß es im Wesen des Germanismus lag, die Frau von der allgemein menschlichen Bildung, von der freien menschlichen Entwicklung zu sondern, indem es sie von der Allgemeinheit schied. Sowenig die goldenen Gitterstäbe, welche die Frauen absperren in dem Harem des Orientalen, ein Beweis sind für die Hochschätzung der Frau im Orient, sowenig ist die Verbannung in den mystischen Bereich der Weiblichkeit eine Apotheose der Frau.

16. Dez. Im Arbeiten am Romane wird mir der große Unterschied zwischen den *naturalistischen Romanen* unserer Zeit und den *künstlerischen Romanen* Goethes immer deutlicher. Bei aller tiefen psychologischen Wahrheit des »Wilhelm Meister«, des »Werther« und der »Wahlverwandtschaften« sind sie doch eben beide »auf eine gewisse Abstraktion vom Leben«, auf »den schönen Schein« gearbeitet und verhalten sich zum Leben wie die griechischen Götterbilder zum Menschen, wie Cornelius' typische Menschengestalten zum individuellen Porträt. Für eine bestimmte Klasse von Romanen muß man diese Behandlungsweise unbedingt zugeben, die ohnehin der Zeit entspricht, in der sie entstand – für den Roman der Bildungsleiden des Gebildeten. – Sie ist ganz und gar aristokratisch und wird unmöglich, sobald man von den Bildungsleiden des einzelnen, wohlhabenden, bevorzugten Menschen zur Bildungsgeschichte der Menschen im allgemeinen übergeht, wie sie sich an verschiedenen Individuen darstellt. Die Leiden eines armen Studenten, eines Nähmädchens, eines Handwerkers sind in dieser typischen abstrakten Weise nicht wahr zu behandeln möglich, weil sie alle mit der harten, individuell bedingten Wirklichkeit zusammenhängen und nicht wie Goethes Helden im »Werther«, »Meister«, »Wahlverwandtschaften« über die Sorge des täglichen Brotes so weit erhaben sind als Homers leichtlebende Götter. – Mit einem Worte also: *sobald der Roman sich aus der Sphäre des befriedigten Bedürfnisses in die Sphäre des zu befriedigenden wendet*, wird der Roman des schönen Scheins, der Roman der Bildungsleiden unmöglich, der Roman der scharfen Individualisierung und Wirklichkeit notwendig. – Es zeigt sich auch in der ganzen Goetheschen Komposition, wie sehr er es vermeiden mußte, das Bedürfnis an seine Helden herantreten zu lassen, um die reine Sphäre typischer, vornehmer Abstraktion zu erhalten. Wo in seinen Dichtungen das Volk, Gärtner, Architekten u.s.w. vorkommen, sind sie wohlbeschäftigt und versorgt im Dienste großer Herren; diejenigen, welche Geldmangel, unbefriedigte Bedürfnisse haben, sind bald Schauspieler, welche mit Borgen und Nichtbezahlen darüber fortkommen, oder Geisteskranke wie der Harfner, der stumpf geworden ist gegen Entbehrungen. – In den »Wanderjahren«, wo Goethe sich prinzipiell der Allgemeinheit, dem Volke, der Realität zuwenden wollte, verließ ihn die plastische Kraft der Individualisierung, weil er immer nur Typen hingestellt hatte und Not und Arbeit der Mittelklasse in der Dichtung nur als ein Kollektivübel zu behandeln gewohnt war, dem möglichst abgeholfen werden müsse. – Darin liegt die Schwäche der »Wanderjahre«! ... Seit aber der »Roman des allgemeinen Lebens« unsere Aufgabe geworden, wird es ewig unmöglich sein, die Harmonie des gleichmäßigen Stiles im Romane völlig wiederherzustellen, die Goethe besaß. Die bittere Wirklichkeit hat etwas Ungeordnetes, die Sprechweise einer Bürgersfrau etwas Unschönes, wenn man sie mit der glatten, durch keine individuelle Unart unterbrochenen Schönheit des Goetheschen Stils vergleicht, und doch kann man diese nicht anwenden, jene unmöglich entbehren – *aber das Maßhalten wird hier das Hauptgesetz der Kunst.* Und wie der gute Porträtmaler nur das wirklich Charakteristische benutzen, eine zufällige Warze oder ein Fleckchen aber *fortlassen muß*, so muß man sich hüten, die *ordinäre Ähnlichkeit des entstellenden Daguerreotypes* zu erstreben. Man wird sonst im Stil notwendig buntscheckig und im Detail kleinlich wie die Mehrzahl der modernen englischen Romane.

20. Mai 1865. Meine alte Überzeugung, daß es unmöglich ist, durch politische Revolutionen große soziale Umgestaltungen hervorzubringen, wird immer fester in mir. Auch jetzt sind mir die Debatten in unserer stumpfsinnigen Kammer vollkommen gleichgültig, nur die amerikanische Revolution ist wichtig, und ihr Einfluß auf die Umgestaltung aller menschlichen Verhältnisse ist unabsehbar. *Sie erst macht die Erklärung der Menschenrechte zu einer Tatsache;* und die Arbeiterbewegung in Europa ist ein Vorbote dessen, was die Folge der Sklavenemanzipation für uns sein wird. Alle großen politischen Umgestaltungen sind – wie auch zur Zeit der Entstehung des Christentums – aus großen Bewegungen in den unteren Schichten des Volkes, aus neuen Erkenntnissen und Anschauungen der Volksmassen hervorgegangen – die Fürsten folgten immer erst nach – selbst in der Reformation und in allen Krisen dieses letzten Jahrhunderts, wenn sie sahen, daß sie sich den Massen fügen, anschließen mußten, falls sie nicht vertrieben werden wollten. Diese sogenannten *Spitzen des Staates sind wie die Wetterfahnen*, sie machen den Wind nicht, der sie in Bewegung versetzt. Und die jetzige Bewegung der Arbeiter ist so bewußt und bemessen und der Widerstand gegen dieselbe bereits so ohnmächtig geworden, daß das Verhandeln eigentlich nur noch eine Förmlichkeit ist. Es ist etwas Organisches in der Erhebung, das ihren Erfolg sichert.

30. Jan. 1876. [...] Ich habe es Spielhagen und Heyse und vielen anderen oft gesagt, daß der *jetzige Schriftsteller, der keine Zensur und Sittenpolizei mehr über seinem Dichten schweben hat, ebendeshalb an sich das Selfgovernment üben und sich selbst der strengste Zensor sein muß,* wenn er sich nicht gegen seine Nation versündigen und an ihr zum Verbrecher werden will. Man kann nebenher dem Element der Sinnlichkeit seinen vollen Raum zugestehen, ohne deshalb die Schamhaftigkeit zu beleidigen, ohne die sinnliche Neugier der Jugend aufzureizen und sie abzustumpfen gegen das Unsittliche. Goethe ist im »Meister« und in den »Wahlverwandtschaften« sehr weit gegangen – aber die Darstellungsweise ist so keusch, daß der Wissende sich es nach seinem Wissen notwendig ergänzt, und der Unwissende arglos darüber hinwegliest, wie er fortkommt über die Unterhaltung, der er zufällig in der Gesellschaft beiwohnt. – Wenn wir nicht selbst Zensoren für uns werden, wird der Staatsgesellschaft schließlich nichts übrigbleiben, als die Zensur wieder einzuführen oder müßig ihrer Auflösung zuzusehen – denn aus der nackten genußsüchtigen Grundsatzlosigkeit erstehen uns sicher keine neuen ethischen Formen für das Zusammenleben der Menschen und den Verkehr der beiden Geschlechter untereinander.

Berlin, 5. Dez. 1878. Während die Glocken läuten – mittags 12 Uhr – bei der Rückkehr des körperlich genesenen Kaisers Wilhelm. »Wohl dem Volke, das jauchzen kann«, steht an dem Obelisken auf dem Potsdamer Platze zu lesen. – Worüber ein Volk zu jauchzen hat, über dessen Hauptstadt man der allgemeinen Sicherheit wegen den Belagerungszustand verhängen muß, das ist mir freilich schwer begreiflich; das ganze Einzugsgebaren ist nur erklärlich, wenn man es als die Dartuung einer *Machtfrage betrachtet gegenüber der Sozialdemokratie.* Ihr großer Führer Ferdinand Lassalle hat das Wort ausgesprochen: *»Das sind Machtfragen«* – Wo das Recht liegt? Wie weit die Gewalt gegen diejenigen gehen darf, die sich dem Willen der großen Mehrheit widersetzen, das haben alle Revolutionen und Reaktionen seit der Entstehung des Christentums und vor derselben uns gezeigt – das haben die französische, die englische Revolution – das haben der Dezemberstreich – die Junikämpfe, die Commune uns gezeigt und gelehrt. Noch hält die große Majorität, noch halten wir daran, daß das Wohl des einzelnen am besten innerhalb der bisherigen Anschauung der Lebens- und Staatsverhältnisse gesichert sei – und *da diese Majorität noch die Macht hat, die andersdenkende Minderzahl niederzuwerfen, hat sie das Recht und die Pflicht,* es zu tun und sich zu behaupten – so gewiß, als die Sozialdemokratie und die Internationale keine Rechtsfrage in Betracht ziehen würde, wenn es ihr gelänge, die große Mehrheit zu werden. – Es ist ein Kampf ums Dasein! – Wie er enden, wann er enden wird, ob mit einem sittlichen Ausgleich, ob mit einem zeitweiligen Untergang der Gesittung und einem Siege der Vertiertheit – wer will das sagen? – Ohne die Konstituierung eines neuen allgemeinen Bekenntnisses oder Anerkenntnisses – um nicht *Glaubens* zu sagen – scheint mir eine gute Lösung fraglich; und das um so mehr, je mehr das Wissen von der Endlichkeit alles Vorhandenen Gemeingut wird. – »Nach uns die Sintflut!« sagte man am Ende des achtzehnten Jahrhunderts. – »Nach uns das Nichts!« ist jetzt die trostlose Losung. »In die Sonne fallen!« – damit aber könnte das fürchterliche Wort, das der Schauspieler Eduard Jerrmann einmal an uns schrieb, nachdem ich die Öffnung der Museen am Sonntag im Interesse aller in der Woche Arbeitenden durchgesetzt hatte, seine grauenhafte Wahrheit bestätigen: »Der Mensch ist eine geborene Bestie und eine erzogene Kanaille!« – Bewahre uns davor, vor der Bewahrheitung dieser Ansicht, unsere Zukunft, solange der arme Erdball noch zusammenhält.

11. Dez. 1878. Aber daß die Frau auf der Welt ist, um zu dulden, das ist ein Ausspruch, den die Männer mit tiefer Überzeugung von dieser Notwendigkeit in ihre Glaubensartikel aufgenommen haben. Ich glaube, es gibt kaum einen Schriftsteller oder Dichter, der dieses Naturgesetz nicht irgendwo und irgendwie verkündet hätte – nicht einen, der auf die einfache Frage: Aber weshalb denn? die einzig ehrliche Antwort zu geben wagen würde: Weil wir Männer es in der Mehrzahl bequem finden, das sogenannte schwächere Geschlecht zu unterjochen und, wie die Italiener ihre Heiligen, je nach Neigung und Bedürfnis anzubeten und mit Füßen zu treten, wie es eben der Herr beliebt. – Aber der Wurm, den man tritt – sticht und wehrt sich, wenn er kann, und man findet es in Ordnung, denn die Natur hat ihm dazu den Stachel verliehen – und die Frau? – *ihr ist von der Natur die Kraft des stillen Duldens verliehen*! – Schönen Dank, meine Herrn! [...]

Fanny Lewald
in der Beurteilung von Zeitgenossen

Gottfried Keller

[...] Ich benutze jetzt die Nächte, mich mit Fanny Lewalds Arbeiten näher zu befreunden. [...] Die Lewald hat einen scharfen Verstand, aber wenig Phantasie und Wärme. Sie läßt uns zu wenig allein in den Verkehr und Haushalt ihrer Personen hineinsehen. Ich möchte sagen, daß es eine angenommene gelehrte Vornehmheit ist, welche sie von einem liebevollen freudigen Ausarbeiten und Ausfüllen ihrer Schriften abhält und sich mehr einem kalten Räsonnement hingeben läßt in flüchtigen Umrissen, welche sie mehr als eine femme spirituelle als eine Dichterin erscheinen läßt. [...] Ich wünsche sehnlich, daß die Lewald weniger Bücher, aber die wenigen voller und üppiger schreiben würde. [...]
Brief an Hettner vom 29. 5. 1850 zu F. L.s »Prinz Louis Ferdinand«

[...] Das Lewaldsche Ehepaar hat, glaube ich, keinen einzigen aufrichtigen Freund mehr. Überall, soviel ich höre, erregen sie Anstoß, nicht nur durch die Ostentation, mit welcher sie ihr Verhältnis produzieren, sondern auch durch die Anmaßung, mit welcher sie in literarischen Gesprächen zusammen gegen ganze Gesellschaften Front machen. [...] Ein bescheidener und stiller Professor wagte etwas über den neuesten Roman der Sand zu sagen, als die Fanny sich großartig vom Sofa erhob und verkündete: »Ich dächte, mein Herr, *ich* hätte hier auch ein Wort mitzusprechen ...«

[...] Ich habe endlich Stahr mit seiner Lewald in verschiedenen Gesellschaften getroffen. [...] Das herrliche Ehepaar verzehrt sich in der Leidenschaft der Selbstsucht und des Brotneides, und das Seltsamste dabei ist, daß sie aus dieser Leidenschaft heraus sich immer auf einen Dritten werfen und ihn, um enthusiastisch und uneigennützig zu scheinen, gewaltsam herausstreichen, natürlich auch um für sich zu werben. Neuerdings wurde Freytag zu diesem Zwecke erkiest und dabei die für Stahr so unvermutete Wendung gemacht, den alten Goethe abgetan zu erklären als Romanmuster wegen des kalten »griechischen Profils und des Idealismus« im »Meister« z. B., als ob der »Wilhelm Meister« nicht das realitätssüchtigste Buch von der Welt wäre. [...] Vor nicht langer Zeit behauptete der Esel von allem das Gegenteil. Und ein solches Waschweib, das wie eine Puppe von einem alten Dragonerweib gelenkt wird, ist der gute Adolf Stahr geworden!
Briefe an Hettner vom 3. 8. 1853 und 25. 6. 1855

[...] Vor einiger Zeit stand in irgendeiner Zeitung, Fanny Lewald sei gestorben, ohne daß weiter etwas verlautete; ist es eigentlich wahr, oder lebt die wackere Heroine noch? [...]
Brief an Julius Rodenberg vom 31. 6. 1879

Arnold Schloenbach

Unter den deutschen Schriftstellerinnen der Gegenwart ist Fanny Lewald jedenfalls die bedeutendste. Ihre künstlerische Gesinnung ist ebenso achtenswert wie ihre politische, und wenn sie die letztere auch manchmal etwas auf Kosten der ersteren zu kultivieren und fruchtbar für das Leben zu machen suchte, so ist das in unserer charakterlosen Zeit nur zu respektieren. Wir achten ihren Geist, ihre weite, freie Bildung, ihre Kenntnisse und ihre Intentionen überhaupt; wir anerkennen die Klarheit oder eigentlich noch mehr Schärfe, womit sie tiefe psychologische Konflikte des innern und äußern Lebens, ganzer Verhältnisse und einzelner Individuen aufzufassen und darzustellen, wenn auch nicht immer mit gleichem Glücke zu lösen weiß; wir verfolgen mit lebhaftem Interesse manche Situationen bedeutsamer Art, manche Züge, die sie fein und sicher den Tiefen der Männer- und Frauenseele abgelauscht hat, manche große und weite Verhältnisse, die sie mit scharfer Dialektik aus dem modernen Leben entwickelte. Aber eine wahrhaft bedeutende Dichterin ist F. L. nicht. Ihr Geist ist mehr chemisch als schöpferisch; in ihren Menschen klopft kein Puls unmittelbaren Lebens; es fehlen ihr auch Pathos, Schwung, Begeisterung, künstlerische Hoheit und Tiefe; es fehlt eben der echte Gottesfunke des Dichters von Gottesgnaden. Und immer mehr und mehr ist diese bedeutende und merkwürdige Frau in kapriziöses Experimentieren geraten; immer mehr ist sie »von des Gedankens Blässe angekränkelt«. [...] Die vorerwähnten Vorzüge der Verfasserin sind indessen so bedeutsam, so selten in Eins zu treffen, daß man ihr dennoch unbedingt den ihr zuerkannten ersten Rang vindizieren muß.

1864

Johann Jacoby

[...] Dein »Emporkömmling« [Titel eines Romans von F. L.] [...] ist ein durch und durch tüchtiger Kerl; gestern ward der erste Band beendigt, und Du wirst wohl gemerkt haben, daß ich Dich nicht *ohne Nutzen* lese! In den Lebenswegen einer kleinen Zahl von Menschen, in den Gegenständen weniger Personen [...] ist es Dir gelungen, die großen *kulturhistorischen »Wandlungen«*, die während der letzten Generationen im Fühlen und Denken der europäischen Menschheit stattgefunden, in lebendiger, spannender Weise zu schildern. [...] Junker und Fürsten! Es ist die Geschichte

von dem Lahmen und Blinden. Die Fürsten tragen den lahmgewordenen Adel, und der Adel zeigt dem blinden Fürsten den Weg. Wenn aber das Auge des Lahmen täglich kurzsichtiger wird und die Beine des Blinden täglich schwächer – wie sollten sie da nicht beide über kurz oder lang in die Grube fallen?! Fannys Roman trifft recht eigentlich den *Kern- und Herzpunkt* unserer ganzen politischen Bewegung: Es ist der *Klassenkampf*, der vor sechzig Jahren in unserem Vaterlande begonnen und dessen letzte entscheidende Schlacht jetzt geschlagen wird - der Kampf des bewußten freien Bürgertums gegen den Kastenhochmut des Adels! [...] »Mögen sie zugrunde gehen!« Trefflich! [...] Kaum ist irgendwo ein so scharfes Verdammungsurteil über den Adel gesprochen worden wie hier; um so schärfer, einschneidender, vernichtender ist der Wahrspruch, weil er ganz sine ira et studio, ohne Haß oder Abneigung, mit einer wahrhaft *naturwissenschaftlichen* Ruhe und Kaltblütigkeit ausgesprochen wird. Fannys Buch ist ein ägyptisches Totengericht über die Adelskaste. Herr von Korff hatte die rechte Witterung, als er zu Fanny sagte: »Sie ruinieren den Adel mit einer impertinenten Vorliebe; es ist ein furchtbares Buch in seiner *sanften Gerechtigkeit*!«
[...]

Jacoby in Briefen an und über Fanny Lewald vom Oktober und Dezember 1865

Theodor Fontane

Fanny Lewalds Roman [wohl »Die Familie Darner«] habe ich noch nicht gelesen. Ich stimme Ihnen zu, ihre Geistesfrische ist erstaunlich, und als Schriftstellerin kann sie sich sehen lassen, ich habe aber menschlich nie mit ihr auf einen erträglichen Fuß kommen können, weil ich sie so über alle Beschreibung langweilig finde. Wenn sie langweilig wäre aus glücklicher Naturanlage, so hätte ich nichts dagegen, jeder nach seinen Kräften, sie ist aber langweilig aus Prinzip, und wie alles an ihr doktrinär ist, so hat sie sich auch eine Gesellschafts- und Konversationsdoktrin zurechtgeschneidert, nach der sie nun spricht. Immer wenn man denkt, »nun kommt es«, dann schnappt es ab; sie ist mir mindestens 3 Dutzend zweite Satzhälften schuldig, und ihre Konversation erinnert mich an die Jahre, wo meine Schwester mir ein Bonbon hinhielt und, wenn ich zufassen wollte, ihn selber in den Mund steckte und »ätsch« sagte. Fanny Lewald beginnt ihren Satz mit einem Welträtsel, das sie zu lösen beflissen ist, und schließt damit: »wenn's regnet, ist es naß«. Aber auch das spricht sie nicht deutlich aus und läßt es zweifelhaft.

Brief an Heinrich Kruse vom 9. März 1887

Karl Frenzel

[...] Der stärkste, dauerndste Eindruck, den jeder von ihr im Leben empfing, war der eines außerordentlichen klaren, ruhigen, nüchternen Verstandes, einer abwägenden Überlegung, einer durch Erfahrung und Temperament vor jedem Überschwang bewahrten wohlwollenden Gesinnung. Schon ihr Äußeres und ihr Auftreten, in dem halb eine unbewußte, halb gewollte Stattlichkeit und Würde sich ausdrückten, das schöne Gesicht mit stark ausgeprägten Herrscherzügen – wir nannten sie scherzhaft immer den Großen Kurfürsten, an dessen statuarische Lockenfülle auch ihre Haarfrisur erinnerte – die kräftige Bewegung der tadellos geformten Hand drückten mehr Tatkraft und Richtung auf die Wirklichkeit als sinnende Melancholie und dichterisches Verlorensein in Träumen und Gedanken aus. Eine Frau stand vor uns, die voll Klugheit und Entschlossenheit in die Dinge eingreifen und sie nach ihrer Meinung ordnen wollte, die viele Menschen in ihren Dienst zu zwingen wußte, mit einer sanften, aber doch unwiderstehlichen Gewalt, der die literarische Arbeit wesentlich ein Bedürfnis sich zu betätigen, praktisch zu wirken und Einfluß zu gewinnen war. Zweifellos fühlte sie sich als schaffende Künstlerin, aber ich müßte mich sehr in der Erkenntnis ihres Charakters geirrt haben, wenn ihr der Erfolg, den manche ihrer philanthropischen Vorschläge in unserem öffentlichen Leben errangen: die Öffnung der Museen an den Sonn- und Feiertagen, die Tasse Tee oder Kaffee, die während des Winters in den kleinen Sodawasserbuden an den Straßenecken geschenkt wird, die Entwicklung der Vereine für die Erweiterung der Erwerbstätigkeit der Frauen, nicht ebenso schmeichelten wie das Lob ihrer Werke. Nicht nur denen, die Fanny Lewald persönlich gekannt haben, sondern allen Lesern ihrer Erzählungen wird dieser Zug nach dem Wirklichen, dies Übergewicht verständiger Klarheit über Phantasie- und Traumleben als das eigentlich entscheidende Element ihrer Persönlichkeit sich offenbart haben. [. . .]

Mit dem jüngeren Geschlecht, in der Literatur wie in den Künsten, hatte sie längst keine Fühlung mehr. Ihre Uhr war gleichsam in den Jahren zwischen 1848 und 1850 stehengeblieben. Das Neue kannte sie wenig und liebte es nicht. Selbst die Teilnahme für die arbeitenden Klassen, für die Entwicklung der Unabhängigkeit und Erwerbsfähigkeit der Frauen hatte nichts von dem sozialdemokratischen Zug der Gegenwart, sondern wurzelte in den sozialistischen Träumen und Hoffnungen der dreißiger Jahre. Nur daß alles, was bei der Sand und bei Bettine in das Phantastische abirrte, sich bei ihr, der Schärfe und Kühle des Verstandes gemäß, auf das Mögliche und Erreichbare beschränkte. [. . .]

Aber eine realistische Schriftstellerin in dem Sinne, wie jetzt das Wort ausgedeutet wird, war sie darum doch nicht. [. . .] Fanny Lewald hatte keine brennenden Farben auf ihrer Palette, sie war glücklicher in den Übergängen, als in der Wiedergabe des hellsten Lichts oder der dunkelsten Schatten. Wie im Leben erschien ihr auch in der Dichtung der Mittelweg der beste. Sie zog einen Ausgleich zwischen den

Wünschen des Herzens und den Forderungen der Welt dem tragischen Untergange vor. [...] Die Stoffe, die sie behandelte, luden von selbst zu dieser Darstellungsweise ein [...] und wenn auch bald die Künstlerwelt, bald die Arbeiterkreise gestreift werden, die Aristokratie nicht fehlt, so bleibt doch das gebildete deutsche Bürgertum der eigentliche Mittelpunkt ihrer Welt. [...]

1889

Henriette Goldschmidt

Fanny Lewald kann nicht als schöpferischer Geist betrachtet werden, der »mit urkräftigem Behagen die Herzen der Hörer zwingt«, sie ist keine deutsche George Sand, die mit dichterischem Seherblick in die Tiefen der menschlichen, der weiblichen Seele schaut – wir verdanken ihr keine Offenbarungen. Aber sie ist ein Kind jenes Stammes, der »die Lehre« gebracht. Ohne Prophetin zu sein und zu verkünden, lehrt sie und hat die Kraft zu sagen, was sie als wahr und recht erkannt. Sie lehrt mit Klarheit und Wärme, mit Überzeugungstreue! Sie hat einen hohen Begriff von der Aufgabe des Schriftstellers, und sie hat dieser Auffassung getreu sich bewährt. Nicht Genie, aber Talent auszusprechen, was sie innerlich und äußerlich erlebte, können wir ihr zuerkennen, und ihrem Mahnen gebührt das Wort: »Mensch sein heißt ein Kämpfer sein.«

Allgemeine deutsche Bibliographie 1893

Ludwig Geiger

Aber das war ja eben das Charakteristische an ihr, daß sie jenes Anschmiegende, Zarte, Hilfsbedürftige, das man das Weibliche zu nennen pflegt, nicht besaß, sondern daß sie des Besitzes männlicher Eigenschaften sich rühmte, infolge deren fest auf sich stand, in der Gesellschaft der Männer sich wohler fühlte als in der der Frauen. Sie hatte aber echt weibliches Gefühl für Häuslichkeit und Geselligkeit, sie liebte einen breiten Verkehr, sie empfing gern bei sich, in jener schönen alten Weise am Teetisch, der gut und reichlich besetzt war, aber nicht in prunkenden Gastereien, bei denen die unpassend gewählten, sich drängenden Genossen und das Übermaß leckerer Genüsse geordnetes Gespräch und sinnige Unterhaltung unmöglich machen. Sie verstand in ganz merkwürdiger Weise die Unterhaltung zu führen: oft wußte sie, wie ein geistreicher Franzose es einmal ausgedrückt hat, den Besucher als ein Instrument zu behandeln, auf dem sie wunderbar spielte; oft aber – und dies geschah häufiger – zog sie ihr volles Register auf und redete in anmutiger Weise von ihren Erlebnissen, von ihrem Tun. Dieses Erzählen und Reden war nicht eigentlich ruhmredig und eitel; sie drängte sich nicht vor und verkleinerte und verlästerte nicht die anderen, weder die Anwesenden noch Abwesenden; sie hatte eben das Glück gehabt, mit vielen Bedeutenden bekannt und befreundet zu sein, mit merkwürdigen Menschen Bedeutsames erlebt zu haben. [. . .] Mir kommt es vor, als wenn die Schriftstellerin gerade in ihren letzten Jahren dem Leben entrückt gewesen wäre – und auch darin mag sich eine absichtliche oder unabsichtliche Nachahmung Goetheschen Wesens zeigen –, nicht in dem Sinne, daß sie aufgehört hätte, aufmerksam sich den Ereignissen, den Entdeckungen und geistigen Bewegungen der Gegenwart zuzuwenden, sondern in dem, daß sie in ihrem schriftstellerischen Wirken sich eine Welt nach eigener Idee zimmerte, oder die Zustände der Vergangenheit, in denen sie aufgewachsen war, noch als fortdauernd sich dachte. [. . .]

Sie war als Jüdin geboren, aber ziemlich früh zum Christentum übergetreten. Dieser Übergang war nicht eigentlich durch religiöse Gründe motiviert, sondern ähnlich wie bei vielen reichen, schönen und geistvollen Berliner Jüdinnen des 18. Jahrhunderts, die, außer in ihrer Goethebegeisterung, auch in gar manchen Eigentümlichkeiten vielfache Ähnlichkeiten mit Fanny Lewald darbieten, aus dem Verlangen entstanden, auch äußerlich der christlichen Gesellschaft sich anzuschließen, zu der man durch Bildung, soziale Stellung, Lebensansprüche, ideale Gesinnung und philosophische Auffassung gehörte. Dieser Schritt jedoch machte die Konvertitin weder zur Gläubigen noch zur Renegatin. [...] Gerade nachdem sie Christin geworden war, empörte sie sich gegen das früher schon von ihr erkannte Unrecht, das seitens des Staates und seitens der Gesellschaft den Juden widerfuhr, und wurde nicht müde, Rechte und Stellung, welche man ihnen verweigerte, für die Genossen zu verlangen. Diesem redlichen Kampfe für die Frauen und für die Juden schloß sich als dritter der Kampf für die Freiheit an. Es ist, als wenn den Königsbergern alten Schlages – das junge Geschlecht weiß von solchen Dingen nichts und lächelt höchstens darüber wie über längst verklungene Sagen – die Demokratie eingewachsen wäre; Fanny Lewald, welche Johann Jacoby verehrte und Heinrich Simon liebte, hatte doppelt Anteil an dieser Gesinnung. Dieses Freiheitsstreben zeigte sich in ihren Gesprächen, in gelegentlichen Aufsätzen, vor allem aber in ihren Romanen. Manche unter diesen sind erfüllt von dem Kampfe gegen die Bevorrechteten im Staate, sie verteidigen und verherrlichen das Bürgertum, sie streiten wider den Adel als eine durch Privilegien ausgezeichnete Klasse und Kaste. Noch ein zweites Königsberger Erbe besaß sie: des großen Königsbergers kategorischer Imperativ galt auch für sie; das Evangelium der Pflicht und der Arbeit war ihr ins Herz geschrieben. [...]

1896

Nachwort

Fanny Lewald – Ein Leben – Realität und Roman

Vor-Urteile

Der Mensch hat es nötig,
sich für gut zu halten ...
Fanny Lewald

Wie entwirft man auf knappem Raum ein Bild vom Leben und Schaffen einer Frau, von der uns mehr als ein Jahrhundert trennt? Auf welche Weise kommt man ihr näher, was zieht uns an, stößt uns ab? Man liest in ihren Büchern, Briefen, Tagebüchern, vernimmt die verschiedenen Meinungen von Zeitgenossen, kennt das Urteil der Nachwelt, hört die sich widersprechenden Stimmen.

Die eine sagt: Fanny Lewald war eine erstaunliche Person. Aus einer traditionsreichen jüdischen Kaufmannsfamilie Königsbergs stammend, geprägt von streng patriarchalischen Ansichten und Sitten: strebsam, fleißig, pflichtbewußt – schon verinnerlichte Tugenden, die man »typisch preußisch« nennt, womit über die zurückgehaltenen Gefühle und verdrängten Leidenschaften nichts gesagt ist –, ringt sie sich aus Bedingungen und Konventionen, die sie mit tausend Fäden halten, zu einer selbständigen Laufbahn durch, indem sie sich mit ihrem Beruf als Schreibende unabhängig macht, für eine Frau damals eine außergewöhnliche Leistung. Inspiriert von den Ideen der bürgerlichen Revolution, streitet sie in Romanen, Aufsätzen und Briefen vor allem für die Rechte der Juden und der Frauen auf Emanzipation, und »diesem redlichen Kampfe«, heißt es, »schloß sich der Kampf für die Freiheit an«. Beherzt und beharrlich in ihrer Freundschaft zu radikalen Demokraten wie Heinrich Simon und Johann Jacoby, sind ihre Schriften gezeichnet von diesem »Freiheitsstreben gegen die Bevorrechteten im Staate, sie verteidigen und verherrlichen das Bürgertum, sie streiten wider den Adel als eine durch Privilegien ausgezeichnete Klasse und Kaste«. In Gesellschaft ihres Mannes, des vielseitig gebildeten Adolf Stahr, hat sie »auf den Hauptplätzen der Weltkultur, in London, Paris und Rom die Gestaltungen des Lebens studiert und in mehreren Büchern geschildert«, die »übertreffen vieles, was unsere männlichen Federn darin geleistet haben«. Man nannte sie, oft in einem Atemzuge mit George Sand, die bedeutendste Schriftstellerin ihrer Zeit, der zweiten Hälfte des 19. Jahrhunderts.

Ganz zu Unrecht ist sie heute nahezu unbekannt.

Für andere ist Fanny Lewald eine ärgerliche Erscheinung. Durch Protektion einer einflußreichen Familie konnte sie im Berlin des Vormärz mit aktuellen Tendenzromanen debütieren und verstand es, vor allem begünstigt durch ihren versierten Gatten, in gesellschaftlichen und literarischen Kreisen eine dominierende Rolle zu spielen, die ihrem bescheidenen Talent kaum angemessen war; Schriftsteller wie Gottfried Keller wissen über ihr anmaßendes Betragen ein Lied zu singen. Als gewandte Vielschreiberin im Zeitgeschmack der Restaurationsperiode nach 1848 ist sie mit über dreißig Romanen, dazu zahlreichen Novellen und Erzählungen, Reiseberichten und Memoiren, zahllosen Feuilletons in den namhaften Blättern bei einem Publikum beliebt, das auf »Die Gartenlaube« und »Westermanns Illustrierte deutsche Monatshefte« abonniert war und sich dort in seinen Neigungen und Erwartungen rührender Geschichten schöngeistig erbaut und bestätigt sah; nichts mehr vom aufrührerischen Geist ihrer Jugend. Mit traktat- und klischeehaften Darstellungen hat sie dazu beigetragen, eine ganze literarische Gattung in Verruf zu bringen, die seit damals unter der Bezeichnung Zeitroman oder Frauenroman firmiert. »Ihre Teilnahme für die arbeitende Klasse, für die Unabhängigkeit und Erwerbstätigkeit der Frauen ... wurzelt in den sozialistischen Träumen und Hoffnungen der dreißiger Jahre. Nur daß alles, was bei der Sand und bei Bettine in das Phantastische« ging, »sich bei ihr ... auf das Mögliche und Erreichbare beschränkte ... Ihre Uhr war gleichsam in den Jahren zwischen 1848 und 1850 stehengeblieben.«

Sie war mit ihrem Tode bereits vergessen. »So entglitt der größte Teil ihres Werkes der Aufmerksamkeit der Nachwelt, und das um so mehr, als das künstlerische Niveau ihrer literarischen Arbeiten nicht ausreichte, um wenigstens einigen von ihnen bleibende Bedeutung zu sichern.«

Wie treffend selbst einander widersprechende Pauschalurteile sein können, so wenig geben sie einem, der sich wirklich damit beschäftigt, Aufschlüsse über Substanz und Wert eines Werkes – noch weniger über seine menschlichen Motive, am wenigsten natürlich über Ursachen von Gelingen und Scheitern, geschweige denn darüber, was sie uns bedeuten könnten, ziehen wir sie nur für uns in Betracht.

Das Bleibende – wie vieles von dem, was uns als zupakkende Zeit-, also Gegenwartsliteratur geboten wird, ist nicht schon bald der Vergänglichkeit anheimgefallen, oft noch zu Lebzeiten des betreffenden Autors. Eben noch gelobt und viel gelesen – manche von Fanny Lewalds Romanen waren nach unserem Verständnis Bestseller –, ist es bereits morgen nicht mehr von Belang. Was bleibt von ehrenwerten Absichten und persönlichem Einsatz, von gutgemeintem Handwerk und Fleiß? Wen kümmert die Biographie eines mittelmäßigen Schreibers?

Fanny Lewalds Existenz fordert solche Fragen heraus. Ihre Lebensgeschichte, ihre exakten Erinnerungen an Zeit und Zeitgenossen gehören zu den authentischen Zeugnissen jener Epoche, selbst wenn sie uns über Strecken langatmig daherkommen. Ihre detaillierten Reisetagebücher konfrontieren uns mit kulturhistorischen Stätten und Landschaften, die sonst verloren, zerstört oder nicht mehr kenntlich, eben nur durch ihre Augen sinnfällig erfaßt und erhalten sind, wenn auch in ihrer beschaulichen Art.

Sie ist viel gereist und herumgekommen, selbst bei den damals schwierigen Transportverhältnissen; die Eisenbahnen ersetzten erst fortschreitend die Postkutschen. Sie war Beobachter der Straßenszenen von 1848 in Paris und Berlin; ihre Sympathie galt den Verfolgten, die danach in Gefängnisse kamen oder ins Exil gehen mußten; und sie hatte Kontakt zu Beamten und regierenden Fürsten der aufkommenden Bismarck-Ära. Selbstbewußt und stolz wie ehedem kaum eine Frau, traf sie in den europäischen Hauptstädten mit Gott und der Welt zusammen, mit namhaften Wissenschaftlern, Politikern, Künstlern, mit mittellosen Reisenden wie reichen Müßiggängern in den mondänen Kur- und Badeorten zwischen dem italienischen Sorrent und dem holländischen Scheveningen, zwischen Teplitz in Böhmen und Bad Ragaz in der Schweiz; pflegte vielerorts Konversation, hatte nach allen Richtungen hin Korrespondenzen und benutzte Schauplätze und Situationen als Hintergrund für ihre Sujets, am Ende nicht nur von ihrer aufklärerischen, sondern auch von ihrer dichterischen Mission souverän überzeugt.

Es ist ihr Unglück, will man von Unvermögen oder persönlich tragischer Verwicklung vorerst nicht reden, daß sie von der Lebens- und Erlebnisfülle kaum einen Hauch auf ihre fiktiven Gestalten und Arrangements übertragen konnte, daß ihr unter der Hand fast alles zum zweckbestimmten Konstrukt, zur gefälligen Illustration geriet, die schon immer anspruchsvolle Leser verstimmten: »Diese geistreichen, meist unverstandenen Räsonnements ... dieser Mangel an aller Charakteristik und Komposition« (Hermann Hettner), ein Unvermögen, das die Personen nur als Meinungsträger agieren läßt und ihnen kein Eigenleben einräumen kann.

Mühsam habe ich den Berg ihrer Bände durchstöbert, immer in der Hoffnung, doch noch auf eine Goldader zu stoßen, eine bewegende Geschichte, eine überzeugende Handlung, von der Kritik bisher vielleicht übersehen. Aber ich geriet, selbst bei bestem Willen, zusehends ins Blättern über vielem Belanglosem und gab, oft seufzend, auf, um enttäuscht und beunruhigt nach Gründen für dieses Verfehlen, dieses Sich-Versagen des Stoffes, zu suchen, der sich ihr doch aus einer Fülle vitalen Da- und Dabeiseins angeboten hatte. Da wurde es plötzlich aufregender und interessant. Ich entdeckte, daß ich es nicht nur mit einer, sondern mit verschiedenen Personen zu tun hatte, je nachdem, in welcher Haltung, mit welcher Äußerung sie auftrat oder einem entgegenkam: als prätentiöse Dichterin oder als Berichterstatterin einer Reise, als ambitionierte Memoiren- oder als ungezwungene Brief- und Tagebuchschreiberin. Ich stieß auf Begebenheiten, die sich mir als Schlüssel anboten, die nebeneinanderherlaufenden, sich kreuzenden, scheinbar unvereinbaren Seiten ihres Wesens zu zeigen. Szenen oft in Kontrast zur erklärten Lebenshistorie – die auf Brüche hinweisen, auf nichtausgetragene, sondern harmonisierte Konflikte im schwierigen Prozeß einer erstrebten, oft forcierten, auch falsch verstandenen Emanzipation, die uns, selbst bei gewandelten Umständen, so fremd nicht sind. Daß Ansprüche auch Verfehlungen zur Folge haben, daß öffentliche Anerkennung und Erfolg beim Publikum oft ein Verkennen des eigenen Vermögens heraufbeschwören – Momente und zwanghafte Abläufe, Widersprüche zwischen der Wirklichkeit eines Lebens und seiner romanhaften Verklärung. Ihnen möchte ich nachgehen und beginne, ganz unchronologisch und unsystematisch, mit einer für Fanny Lewald entscheidenden Episode.

Römische Romanze

Wo sind die schönen Tage hin,
in denen wir so unglücklich waren.
Pauline Wiesel an Prinz Louis
Ferdinand von Preußen

»Ein Winter in Rom« lautet der Titel ihres Buches, in dem sie zusammen mit Adolf Stahr ihre Eindrücke vom Jahreswechsel 1866 und 1867 in der Ewigen Stadt festhält.

Preußen hatte gerade seinen Krieg gegen Österreich gewonnen. Bismarck – *kein Gonfalioniere der Freiheit* – schickte sich an, einen gesamtdeutschen Staat unter preußischer Vorherrschaft zu erzwingen; als das Buch 1871 erscheint, vermerkt eine Fußnote: *daß diese Aufgabe – dank der Politik desselben Mannes – vollständig gelöst ist*; Stahr zitiert das vielgesungene »Blut und Eisen machen frei«; ein Freund, Johann Jacoby, hatte dem heftig widersprochen.

Für das erfolgreiche Ehepaar sind es gerade *21 Jahre her, daß wir beide zuerst mit überwältigten Sinnen an diesen Stätten gestanden . . . Acht Monate später trennen wir uns . . . ohne Aussicht, sie jemals wieder zu erblicken, und eben darum in bitterem Schmerze . . .*

Nun aber, wieder in der Stadt, immer ihr Leitbild Goethe im Sinn und jederzeit zitierbereit –

Ach! und in demselben Flusse
Schwimmst du nicht zum zweitenmal!

schreiben sie gemeinsam: Stahr aus seiner Kenntnis als Altphilologe und Kulturhistoriker weitschweifige Betrachtungen über Kunstschätze und Ruinen, Fanny, wie es ihr entspricht, in literarischen Briefen über das wechselreiche, bunte Dasein um sie herum. Nehmen wir uns die Muße, ihr zuzuhören, wir brauchen ihr Zeugnis:

Rom, im Februar 1867

. . . Wir sehen einen Verfall um uns, wie er uns sonst kaum irgendwo entgegentritt. Das Volk ist verarmt, Bettler in Lumpen lassen uns keinen Schritt vor die Türe tun, ohne unsere Hülfe zu

begehren – wir blicken auf prächtige Paläste edelsten Styls und daneben in Straßen und Häuser hinein, von deren Schmutz und von deren höhlenartiger Finsternis man sich kaum eine Vorstellung machen kann. Alles, was irgend durch Menschenhand verfertigt wird, ist hier teurer und schlechter als im ganzen übrigen Europa, das Volk seufzt unter der Last von Steuern, die auch auf den Fremden ihre rückwirkende Folge haben; es herrschen ein Aberglaube, eine Priestergewalt um uns her, die selbst dem nur halb aufgeklärten Römer das Herz aufregen; die Finanzwirtschaft, das Geldwesen sind so schlimm wie zur Zeit der Kipper und Wipper im deutschen Reiche; Scharen von müßiggängerischen Mönchen . . . lungern auf allen Wegen und Straßen umher – man sieht, man weiß das alles, man sagt sich, das dürfe, das könne nicht dauern; man hofft, es werde nicht lange mehr so dauern, und kommt trotz alledem nicht aus dem Entzücken heraus, das der Augenblick gewährt, und fragt sich kaum: Wie ist es möglich, daß du hier so glücklich bist?

Man lebt im Grunde in einem beständigen völligen Widerspruche mit sich selbst und wird das gewahr und erträgt es dennoch ohne Schmerz, ja fast ohne Bedenken, denn man weiß, sowie man den Schritt hinausgetan hat aus den Zaubergärten, so ist das ganze, alte, klare Bewußtsein wieder da, und deshalb überläßt man sich willig dem Zauber, der auf unsere Sinne wirkt, der uns glücklich macht, indem er uns für kurze Zeit uns selbst entfremdet . . .

Am Morgen, wenn ich die Läden unserer Fenster öffne, sendet die Sonne bereits ihre Strahlen schon warm in unsere Straße, in die schöne auf dem Monte Pincio gelegene Via Sistina . . . Links schauen wir durch die Via Felice über die Piazza Barberini hinweg, bis zu den Höhen des Quirinals, auf denen die vorüberziehenden Wagen, wenn sie sich gegen den hellen Himmel abzeichnen, wie in einer Fata Morgana erscheinen. In dem Garten, der unserem Hause gegenüberliegt, schimmern, von der Sonne beleuchtet, die dunklen Pomeranzen, die farbig glühenden Apfelsinen, die bleichen Zitronen aus dem kräftigen Grün ihrer Blätter hervor . . . Die Knospen der Feigenbäume bräunen sich und fan-

gen an zu glänzen und zu schwellen; über die Mauer hangen der weißblühende katalonische Jasmin und die blauen Blumen des Immergrün zwischen der Fülle des Epheu herab . . .

Unten in der Straße führen Weltgeistliche in ihren langen schwarzen Gewändern die verschiedenen Klassen der Bezirksschule zur Messe . . . Einzelne Kapuziner aus dem nahe gelegenen Kloster, in welchem der General der Kapuziner seinen Sitz hat, fangen an, sich blicken zu lassen und bleiben an allen Ecken plaudernd stehen, die Tabaksdose diesen und jenen bietend. In langen Reihen treibt man die beladenen Maultiere vorüber, welche Kalk und Gips nach den verschiedenen Werkstätten tragen. Hier ruft ein Fischhändler seine Fische, dort ein Landmann die Ricotta, den wohlschmeckenden weißen Ziegenquark, aus, der für den Mittelstand und die Armen hier die Stelle der Butter vertritt. In großen, offenen Körben werden die herrlichsten Gemüse, die köstlichsten Blumen, unzählige Kamelien, Schneeglöckchen, Veilchen, Hyazinthen und Levkojen, noch ungebunden, vorübergetragen. Mützenverkäufer, Schuh-, Stiefel-, Bürsten- und Besenhändler, Federviehverkäufer und Töpfer, Lumpensammler und Tabuletkrämer bieten in langgezogenem Tone ihre Ware aus. Dazwischen ziehen die päpstlichen Zuaven und Jäger zu ihren Übungen hinaus, die Carabinieri reiten nach ihren Posten. Die Modelle in ihren malerischen Trachten, Männer, Frauen, Jünglinge, Mädchen und Kinder, lassen sich in den Straßen sehen, um Beschäftigung zu finden oder in die Ateliers zu gehen, in denen man sie erwartet. Die römischen Hausfrauen machen die Fenster auf und treten vor die Haustüren, die nachbarschaftliche Unterhaltung beginnt . . . Ein Carrettiero di Vino klingelt heran . . . Der schlanke Carrettiero steigt vom Gefährt herunter, die dunkle Tuchhose, die geschnallte Gamascha von starkem Leder sind noch dieselben wie vor zwanzig Jahren . . . Nun tritt der Hausherr aus dem Portal hervor. Der Wein wird geschmeckt, das Handeln beginnt. Sie ziehen sich in das Haus zurück. Der Hund und der Bursche des Carrettiero bewachen den Wagen. Des Burschen Jacke hängt ihm lose über die Schulter, das struppige Haar ist von einer roten Mütze bedeckt, zwei langhaarige Ziegenfelle bewikkeln seine Beine . . . Man meint, die Originale der antiken Satyrn vor Augen zu haben, und an der Zwanglosigkeit der Bewegungen gibt es der Bursche keinem Satyrn nach . . . Der Vaccaro (der Milch- und Butterhändler), der zwei Häuser von uns, mitten in der belebten Straße seinen Stall hat, führt die schönen, silbergrauen Kühe mit den hohen, geschweiften Hörnern ein wenig vor den Stall hinaus, sein Esel steht und frißt von dem Grünfutter, das auf dem hochradigen Karren eben herangefahren ist; ein paar Schafe und Ziegen, ausgesucht schöne Tiere, die gelegentlich auch als Modelle dienen, leisten ihm dabei Gesellschaft, und ihr Blöken und Meckern klingt wunderlich frühlingshaft in den Straßen einer Stadt. Von rechts und links laufen die Diener der Kaffeehäuser mit den Teebrettern, die Diener der Speisewirtschaften mit den großen Blechkasten, in denen sie das solidere Frühstück tragen, die Straßen entlang. Sie machen einen kurzen Halt und sprechen mit den Mädchen, die das Wasser in dem großen Kupferkruge, in der Konka, auf dem Kopfe balancieren; aber alles eilt sich jetzt, alles hastet sich, denn es ist bereits neun Uhr geworden . . .

Wie man in Rom lebt, ißt, in welcher Gesellschaft man debattiert, musiziert, wie man die Atmosphäre der Stadt genießt, den römischen Karneval – Fanny Lewald weiß es zu schildern. Hätte sie darin doch ihr wahres Talent erkannt – von ihren Briefen an politische Freunde werden wir hören –, sie hätte in der Tradition Heines, den sie verehrt, das Zeug zu einer Chronistin gehabt und nicht vergeblich nach dem Ruhme des gestaltenden Epikers gestrebt. Ihr intimes »Römisches Tagebuch« von 1845/46, das erst aus dem Nachlaß bekannt wurde, hält getreulich fest, was sie ihren Reiseberichten vorenthält: wie sie, damals erst fünfunddreißig Jahre alt, aufgeweckt und unternehmungslustig, im römischen Frühling Adolf Stahr begegnet und ihn lieben lernt.

Ihre ersten Rendezvous finden allerdings, ganz unromantisch, am Krankenbett des Mannes statt, der wegen seiner angegriffenen Gesundheit den Süden sucht und, gern leidend und bemitleidet, als oldenburgischer Gymnasiallehrer, keine fünfzig Jahre alt, schon früh pensioniert wird, um seinen Studien und literarischen Ambitionen nachgehen zu können. Sie kann sich ganz um ihn kümmern, bewundert seine profunde klassische Bildung, immer den Mangel spürend und was ihr als Frau zu lernen verwehrt war. Er ist von der noch immer anmutigen, selbständigen Reisenden bezaubert, weil sie so gar nicht dem Bild des braven Weibes entspricht, wie er es als Gattin kennt, die natürlich treu mit den Kindern in Deutschland seiner wartet. Die römischen Nächte tun das ihre; der Mann wird über dem unerwarteten Liebesfrühling gar zum Dichter:

Nicht Vatikan und nicht Capitol, nicht
Villa Albani
Ziehen den Glücklichen mehr ab von
dem Wege zu Dir.
Auch mein Winkelmann ruht, es ruh'n
die gelehrtesten Plane,
Auf dem bestaubeten Pult trocknet
Die Dinte mir ein.
Freilich der Schnupfen verließ mich schon
längst, und keine Erkältung
Dräut an der Liebsten Kamin jetzt
meinem Leben Gefahr.
Aber, ich Armer, dafür durchlodert
mit heißeren Gluten
Amors Fieber mir jetzt täglich
das Herz in der Brust.

Das Modell für die bemühten Distichen ist leicht zu erkennen wie das von ihnen entlehnte Temperament. Stahrs Gedichte, in dem Band »Ein Stück Leben« zusammengefaßt, zeigen in keinem Stück, wovon zu reden sie vorgeben, auch nur eine Spur. Hier triumphiert der epigonale, klassizistische Kitsch, wenn der Entzückte die Geliebte anruft:

Von Allem, was hienieden
Mein Herz hat je gesucht –

Vom Baum der Hesperiden
Warst Du die gold'ne Frucht!

Selten wird einem die Verwandlung von Wirklichkeit in falsche Poesie so drastisch vorgeführt wie in diesen Versen; mißverstandene Kunst, wie sie nur einem gelehrten Kritiker unterlaufen kann, leider von seiner gelehrsamen Schülerin beherzigt.

Erfunden ist die Szene am Kamin keineswegs; auch Fanny hat sie aus ihrer Sicht in Prosa festgehalten; nur wer eine stürmische Liebesvereinigung erwartet hat, wird enttäuscht, dafür entspricht sie vermutlich einem wahren Hergang.

... Wir saßen auf dem Sofa beieinander, die Lampe brannte auf meinem Schreibtisch, das Feuer wie noch immer am Morgen und am Abend im Kamin. »Lehne dich an mich!« sagte Stahr, »ich will dir erzählen, welche guten Gespräche ich ... über die sozialistischen Romane der Sand in diesen Tagen gehabt habe ...« Ich versprach meine volle Achtsamkeit, kaum aber lehnte ich meinen Kopf an seine Schulter, so fühlte ich die sanfte Abspannung aller meiner Sinne, die dem Schlaf vorangeht, und ich hatte dabei ein unbeschreiblich glückliches Gefühl.

Sah ich vor mir hin, so blickte ich in die sprühende Flamme des Kamins, die der Geliebte brennend erhalten hatte ... Ich glaubte zu Hause zu sein, ich dachte an meinen Vater, der mich bisweilen auch so in seinem Arm gehalten ... aber ich war viel glücklicher als in meines Vaters Arm ... Ich besann mich erst wieder auf mich selbst, als der Schall der Türklingel mich emporschrecken machte ... Stahr war fortgegangen ... Auf dem Tisch lag ein Blatt Papier ... »Schlaf Dich recht gut aus, mein Herz! Auf morgen früh!« Mein Vertrauen in ihn war schrankenlos, und darin beruhte unser Glück und all unser Hoffen.

Fanny Lewald, in ihrer Jugend ganz dem Vater ergeben, um erste Liebeserfüllung betrogen, später zurückgewiesen – sie hat es in ihrer Lebensgeschichte beschrieben –, wird sich diesen Mann nicht mehr entreißen lassen, weder durch fremde Hindernisse noch durch eigene Schuld. Um Stahrs Scheidung von seiner Frau zu erreichen, setzt sie jahrelang – *unglücklich,* aber *durch unsere römischen Tage auch glückliche Erinnerung* – alle Energien und Beziehungen ein, ihm standesgemäß verbunden zu sein. In ihm hat sie den Geliebten und Vater, den Mann von Bildung und Ansehen in einem gefunden – das Bild, dem zu gleichen und nachzustreben ihr wichtigstes Ziel ist.

Ich war weit davon entfernt für meinen Teil nach jener Emanzipation der Frauen zu trachten, welche sie mit zügellosen Männern gleichstellen und ihnen den Spielraum für eine herumschweifende phantastische Sinnlichkeit verschaffen sollte, der doch auch nur Männer ohne sittliche Würde sich überlassen; aber ich verlangte, meine menschliche Gleichberechtigung mit würdigen Männern zu behaupten, und ich forderte die Anerkennung dieser Gleichberechtigung . . . Er (Stahr) *konnte nichts denken, was ich nachzudenken nicht fähig gewesen wäre. An Tüchtigkeit des Charakters stand ich ihm nicht nach, an Selbstbeherrschung war ich ihm bei allen kleinen alltäglichen Vorkommnissen des Lebens überlegen . . . Erfahrungen besaß er nicht mehr als ich, nur daß wir sie in verschiedenen Verhältnissen gemacht hatten, und an Begeisterung für das Schöne, für das Große, an dem Willen, sich der erkannten Wahrheit unterzuordnen, hatte er nichts vor mir voraus . . .* (Römisches Tagebuch).

Mit der römischen Romanze ist ihr Schicksal endgültig besiegelt. Was als Emanzipationsstreben begann – hier wird ihre Selbsteinschätzung zum gültigen Menetekel –, endet in gleichberechtigter Anpassung an die bestehende Gesellschaft, würdig, anerkannt. Und die Kunst – besser: was beide, Mann und Frau, dafür halten und was sie verbindet – bildet den Zweck ihres Daseins. Das Leben wird zum bürgerlichen Roman, weil sie beide es so sehen wollen, die Wirklichkeit zum Wunschbild dieser Kunstwelt.

Kaum ein Zufall, daß uns ein Brief Adolf Stahrs an Fanny Lewald erhalten ist, der uns diese Praxis verdeutlicht. Er schlägt ihr einmal die Konzeption zu einem ihrer Zeitromane vor; Thema und gleich auch die »Fabel« findet er in den Berliner Ereignissen von 1848; die Vorbilder der Figuren sind dem Ehepaar wohlbekannt, dazu namhafte Leute. Stahr schreibt:

»Das ›Militair‹ muß untergehen, wenn der wahre wehrhafte Bürger zum Dasein kommen soll. Dies ist – soweit ich sehe – das *Terrain für Deine nächste Schöpfung* sozialer Romane ... in dem sich alle Interessen der Gegenwart wie Radien im Mittelpunkte vereinen ... ›Der Offizier‹ so müßte der Roman heißen – Dein *Lepel* könnte Dir die Studie sein, adlig, Poet, unglücklich liebend (ein Mädchen aus dem Volke); ein Freund aus dem Volke (Fontane), auf den er Feuer kommandieren muß in der Barrikadennacht, dann sein Gebrochensein, seine Übergabe des Zeughauses in jener Nacht – seine Verurteilung selbst durch die Besten als notwendig erkannt – sein Selbstmord. Da hast Du einen Roman fix und fertig. Jetzt komm und gib mir ein Küßchen für den schönen Plan, den ich geschrieben. Und dazu *Deine* Beobachtungsgabe, die Frische der Tatsachen, die Fülle des unterstützenden Realismus! Du benützt das alles ...«

Wer wüßte nicht, daß noch immer Romane des »unterstützenden Realismus« nach diesem Muster gestrickt werden. Bernhard von Lepel, preußischer Major, Lyriker, war als Konservativer bekannt; Fanny Lewalds pragmatische »Weltanschauung der Realität« – so sind wir aus Briefen unterrichtet – war ihm völlig unverständlich. Fontanes Teilnahme für die Sache der Aufständischen deuten seinen politischen Wandel an; von einer Literatur, die einen Zweck »von vornherein, mit Bewußtsein, erstrebt« (Brief an Lepel vom 13. 3. 49), hielt er allerdings nichts. Wie trefflich nähmen sich beide auf Barrikaden aus; unglückliche Liebe-zu-einem-Mädchen-aus-dem-Volke wertet den negativen Helden menschlich auf, bevor er gerechterweise zugrunde geht; die fortschrittliche Tat triumphiert über die faktisch-historische Niederlage. Nur der Untergang des Militärs bleibt aus.

Fanny Lewald hat diesen Roman nicht geschrieben, aber

ihre anderen nach ähnlichen Erwägungen entworfen. Als sie 1870 mit Friedrich Spielhagen über *Wesen und Grenzen* des Genres diskutiert, will sie sich nicht damit zufriedengeben, *was die Personen von sich selbst aussagen oder durch ihr Tun kundgeben.* Nach ihrer Theorie wählt *der Dichter . . . sich die Gestalten, die er braucht und haben will . . . und ist dann auch verantwortlich dafür, daß die Entwicklung dieser Individuen und Gruppen eine schöne, vernünftige, befriedigende selbst in den Fällen sei, in denen das Individuum unterzugehen bestimmt, von ihm zum Untergehen an den Verhältnissen bestimmt ist.*

Was wirklich ist, ist auch vernünftig. Was vernünftig ist, muß sein. Dann ist es auch schön. Die klassische Ästhetik wirft ihre banalen Schatten.

Königsberger Demokraten – Gedenkblatt für Johann Jacoby

> Aber frappant anders muß
> man sein . . .
> Fanny Lewald an Johann Jacoby

Wie Vorfälle und Ereignisse nebeneinander herlaufen, sich überschneiden, manchmal treffen, wieder auseinandertreiben. Briefe halten es unmittelbar fest.

Im Oktober 1865 schreibt Fanny Lewald an einen Freund: *. . . das machte mir das Leben in Berlin nicht behaglich . . . Mir ist's seit Jahren gleich, was sie in den Kammern treiben, mein Anteil an den Vorgängen knüpft sich an Dich u. ein paar andre Menschen, u. ich habe mein Auge auf die ganze soziale Entwicklung, auf die Emanzipation der Frau gerichtet . . . Ich werde zu arbeiten suchen u. Bismarcks Regiment mich so wenig als möglich kümmern lassen . . . Bleibe gesund . . .*

Der Freund antwortet aus Königsberg: »Mir – dem königl. Preuß. Staatsverbrecher – geht es nach den Umständen gut; nichts fehlt mir als – *Freiheit* . . . Das stille Stübchen, das man mir angewiesen . . . es ist ein frischgeweißtes . . . wohnliches Zimmer, 10 Schritt breit, 6 Schritt tief . . . die beiden nach Norden gelegenen Fenster, durch dicke schwarze Eisenstäbe vor Einbruch und Ausbruch gleich geschützt, bieten Aussicht auf einen Grasplatz ... Zu beiden Seiten der kleinen Wiese hohe schwarze Zäune; die vierte, meiner Klause gerade gegenüberliegende Seite durch die Mauer des alten Gefängnisses geschlossen, in dessen Zelle ich 1848 als Hochverräter gastfreundlich Aufnahme fand ... noch aber habe ich auch nicht einen Augenblick Unbehagen oder Langeweile empfunden! Erinnert Ihr Euch noch der Inschrift des Bodmerschen Studierzimmers: Nunquam minus solus quam si solus? (Niemals bin ich weniger allein, als wenn ich allein bin.) Dies ciceronische Wort könnte ich auch über meine Zellentür schreiben ...«

Johann Jacoby, von dem diese Antwort kommt, sieht sich schon deshalb nicht verlassen, weil ihm Fanny Lewald Woche um Woche Briefe schreibt, dreißig an der Zahl, ihm die sechsmonatige Haft, die er wegen Beleidigung Seiner Preußischen Majestät und der Mitglieder ihres Staatsministeriums verbüßt, zu verkürzen. Ihr Briefwechsel liest sich wie ein persönlicher Kommentar zu den politischen Auseinandersetzungen jener Tage. Ihre Bekanntschaft reicht schon in Fannys Jugend zurück. Denn Johann Jacoby, der sich durch seinen tatkräftigen Einsatz während der Cholera-Epidemie in Polen 1831 als Arzt einen Namen machte, als Jude für gleiche Rechte seiner Glaubensgenossen stritt und als erklärter Gegner der Monarchie für eine preußische Republik kämpfte (berühmt durch seine »Vier Fragen eines Ostpreußen«, 1841), war schon mit ihrem Vater bekannt, einem der ersten jüdischen Stadträte Königsbergs. Überhaupt erwies sich die Provinzstadt mit ihrem von Kant aufgeklärten, standesbewußten jüdischen Bürgertum als ein Ausgangszentrum für Demokratie in Preußen. Eduard Simson – in den Parteienkämpfen später ein liberaler Rivale Jacobys, Präsident der Frankfurter Nationalversammlung – wurde schon dem Mädchen in der Schule als Vorbild gepriesen. Ihr Selbstverwirklichungsdrang und ihr Freiheitsstreben sind aus diesem

Umfeld erwachsen, jene Männer inspirierten ihre ersten schriftstellerischen Versuche: Das Mädchen »Jenny« des gleichnamigen Romans (1842) stirbt an den Standes- und Glaubensvorurteilen, die sie als Jüdin stigmatisierten; ihr Bruder Eduard scheitert beim Versuch, »eine Christin heiraten zu dürfen, ohne selbst ein Christ zu sein«; er muß verzichten, sein Ausruf am Schluß des Romans aber nimmt die errungene Gleichberechtigung künftiger Tage vorweg: *Wir leben, um eine Zeit zu erblicken, in der keine solchen Opfer auf dem Altare der Vorurteile bluten! Wir wollen leben, um eine freie Zukunft, um die Emanzipation unseres Volkes zu sehen!*

Fanny Lewalds moralischer Appell in vorgedachten Dialogen mit gezielten Auftritten hatte sein reales Pendant in dem langwierigen Gerichtsprozeß, den ein anderer Königsberger, der jüdische Arzt Dr. Falkson, mit den preußischen Behörden auszustehen hatte, die seine Ehe mit einer Christin für nichtig erklärten, weil er selbst nicht zum Christentum konvertieren wollte, und »Mischehen«, der Terminus kam damals auf, waren in Preußen verboten; das Verfahren wurde erst 1849 eingestellt.

Was aber blieb denn einer Frau, die sich ohne Reputation und öffentliches Mandat in die Politik einmischen wollte, anderes übrig, als zur Feder zu greifen? Und welche Form hätte sie wählen sollen, da die Zensur direkte Pamphlete verbot und deren Verfasser – wie Jacoby – polizeilich verfolgte? Gab ihr ein Zensor nicht ein Manuskript unzensiert zurück, nur weil es von einer Frau kam, die man nicht ernst nehmen wollte?

Die Geburt des sozialen Romans als camouflierter Protest hatte seine Stunde – aber er war und blieb ein Kind dieser Umstände, die mit ihnen selbst aufgehoben und erledigt waren, sobald sie sich selbst erledigt hatten. Fanny Lewalds Briefe an Jacoby lesen sich spannender als ihre Romane, in ihnen kann sie sich unverstellt darstellen, spontan und heftig, spekulierend und unpoliert – und ihr Gesprächspartner von diesem Format bekommt durch seine eigene Handschrift natürlich Profil wie keiner ihrer fingierten Protagonisten.

»Ich kann nämlich wirklich hassen«, schreibt sie Jacoby ins Gefängnis, *»u. ich habe das Gefühl, den Menschen, die ich hasse, Böses und Unheil zu wünschen, da ich nicht die Macht habe, es ihnen, wie ich möchte, zuzufügen.«* Adolf Stahrs Zusatz: »ist nicht so schlimm« versucht ihren Ausbruch zu relativieren. Jacoby erst, im Streit wahrlich ein harter, unbeugsamer Kopf, sieht, beide durchschauend, in der Kontroverse den philosophischen Aspekt: »Fannys vermeinte *Kraft* des ›Hassenkönnens‹ und Adolfs ›Pfui!‹ – sollte am Ende nicht beides auf einer teilweisen Selbsttäuschung beruhen? Stelle Fanny und den *von ihr gehaßten* Gegenstand – Angesicht zu Angesicht – gegenüber, gib ihr den Dolch und obendrein Straflosigkeit! Wenn ihr auch nur *ein* Augenblick zum Besinnen übrigbleibt, sie wird *nicht* zustoßen. Und ebenso dürfte Adolfs mißbilligender Ausruf keineswegs die Möglichkeit ausschließen, daß nicht *er selber* (wie wir andern auch) vorkommendenfalls dem irasci oder irridere sich hingebe und darüber das intellegere und amare versäume.

Aber wenn einst jene ›höhere menschliche Natur‹ *Gemeingut aller* geworden, wird dann das Leben nicht eine unerträgliche *Langeweile* sein?

Nein! denn es wird dann keinen mehr geben, dem Eintracht und Friede langweiliger erscheinen als Zwiespalt und Krieg – – Da hast Du, meine liebe Fanny! Ein Pröbchen von der ›standesgemäßen Beschäftigung‹ eines politischen Sträflings – ein Stück aus dem Buche der Weisheit Jacoby . . .«

Ach, dieser Disput, der sich über Seiten hinstreckt, könnte ebenso heute stattfinden, denn an der Frage, wie sie Jacoby schließlich expliziert, ob der Mensch dem Menschen ein Wolf oder ob der Mensch für den Menschen ein Gott sei, scheiden sich noch immer die Geister. Der Wahlspruch: »Der Sabbat ist um des Menschen willen gemacht und nicht der Mensch um des Sabbats willen!« gehört zu Jacobys Lebensstrategie. Mit Fanny Lewald trifft er im November 1848 zusammen, als die Sache für die Demokratie schon nicht mehr gut steht. »Das Untertanengefühl«, sagt er, »ist noch felsenfest in vielen Deutschen. Niemand aber kann dagegen so wirksam ankämpfen als der Absolutismus selbst ... Die Fürsten nutzen das Vertrauen, den Glauben des Volkes ab, sie belehren das Volk. Das ist mehr, als man von ihnen verlangen kann, denn sie untergraben selbst den Boden, auf dem allein sie stehen können.«

Es ist ein Verlust, daß nicht wenigstens eine von Jacobys politischen Prosaschriften in deutschen Lesebüchern steht. Seine schlagfertige Replik allein ist als historischer Satz geblieben: Als bei einer Audienz im Palast den Delegierten der Nationalversammlung von Friedrich Wilhelm IV. brüsk das Wort abgeschnitten wird, sagt er: »Das eben ist das Unglück der Könige, daß sie die Wahrheit nicht hören wollen!« Mit seinem Satz bleibt seine Gestalt, die durch tätige Menschlichkeit überzeugt.

Fanny Lewalds soziale Tendenzromane kamen ihm recht. Er fand in ihnen schon verbal sein spinozistisches Zukunftsprogramm wieder und fragte nicht nach ihrer künstlerischen Kompetenz. In Fanny Lewald erkennt er die »gute Demokratin mit sehr aristokratischen Allüren«, und hinter Adolf Stahrs liberaler Intelligenz ahnt er die verborgenen irrationalen Affekte, die in Stahrs antisemitischen Ausfällen – ausgerechnet gegen Heine –, in Zeitungsartikeln als nationalistischer Haß auf die Franzosen ungezügelt hervorbrechen. Das Ehepaar ist endgültig auf die Seite der Macht und der Mächtigen übergewechselt. Fanny hat in einem langen Brief aus ihrem Sinneswandel gegenüber Jacoby kein Hehl gemacht. Im November 1870 – Jacoby war gerade wieder aus der Haft entlassen, die er dem Eisernen Kanzler persönlich zu verdanken hatte, weil er dessen »verderbliche Annexionspolitik« geißelte – liest sie ihm die Leviten:

... Wie Du auch ... überzeugt sein mochtest, daß die im Jahre 1848 durch die Revolution geplante republikanische Einheit Deutschlands besser gewesen wäre als die gewaltsame Einigung der

Monarchie, so war diese letztere doch eben da . . . Deine Weigerung, dies anzuerkennen . . . habe ich unrecht gefunden . . . Darf man, um seinen Grundsätzen und Idealen treu zu bleiben, es außer Augen lassen, daß zwischen der Welt, wie sie ist, und dem ersehnten und für möglich gehaltenen Ideal eine noch völlig unausfüllbare Kluft aufgähnt – und hat eine Minorität ein Recht, ihre Meinung in einem Augenblick geltend zu machen, in welchem sie völlig ohne Aussicht ist, irgendeinen Einfluß auf die Maßnahmen der Handelnden im Vaterlande zu erlangen, während sie tatsächlich die Feinde des Vaterlandes in ihrem Widerstreben gegen dasselbe ermutigt? . . . Es ist . . . der durch die Welt gehende Kampf um die Existenz . . . Es ist also möglich, daß die Franzosen untergehen müssen, wenn sie dem friedlichen Bestehen ihrer Mitmenschen zu einem Hindernisse werden, und man hat . . . ihrer Selbstsucht gegenüber nicht einmal das Recht, seine Selbstsucht zu verleugnen . . .

Daß Jacoby auf diesen Brief mit Gegenargumenten nicht mehr antworten wollte, versteht man. Es kann kaum unsere Aufgabe sein, über politische Parteinahme zu rechten, die Jacoby, seinen sozialistischen Idealen gemäß, am Lebensende bei der Sozialdemokratie findet, Fanny Lewald im nationalistischen Lager des Bürgertums, das sich seit der 48er Ära unter Bismarck längst zur mächtigen Bourgeoisie gemausert hatte.

Pragmatischer Realismus mag sich als persönliche Lebensmaxime auszahlen; für den Künstler ist er tödlich. Literatur, die nur ideologische Positionen verficht, sich auf den Status quo einer herrschenden Ordnung stellt – der Welt, wie sie ist –, degradiert sich selbst. Man muß Fanny Lewald, versteht sie sich als Dichterin, in jedem Satz ihres Briefes widersprechen, sei es in dem, was sie von Idealen hält oder vom Recht der Minoritäten auf Wahrheit, über Selbstsucht und Existenzkampf gar nicht zu reden. Sie gibt da – in aller Unschuld – zu verstehen, was ihre Schöpfungen, nur dem Tage gehorchend, trivial macht und was ihnen von Beginn an fehlt: die utopische Dimension der Kunst.

Berliner Salon Mathäikirchstraße 21

Arbeiten und nicht müde werden ...
Lebensmotto Fanny Lewalds

Wenn wir uns an überlieferte Porträts halten: Wann ist aus der verträumt dreinschauenden, noch immer jugendlich wirkenden Frau, wie sie ein Stich von 1856 zeigt, nur ein paar Jahre später die würdige Matrone geworden, die vom bekannten Aquarell des Malers Stohl stolz und überlegen blickt, so wie Adolf Stahr – seine Verse gelten diesem Konterfei – sie sehen wollte:

Die Locke Silber, die Seele Gold,
Das Herz ein Demant fest und klar,
Ihr Aug' ein Spiegel rein und hold –
Das ist sie! – Fanny Lewald Stahr.

Von Freunden scherzhaft der Große Kurfürst genannt, weil sie ihr Haar wie eine Allonge-Perücke drapiert trug – das Bild, das nun, durch spätere Phototypien bestätigt, von ihr geblieben ist –, hielt Fanny Lewald, wohlsekundiert von ihrem Gatten, seit 1860 in der Mathäikirchstraße unweit des Potsdamer Platzes in Berlin Salon.

Während Frühjahr und Sommer sind sie auf Reisen, meist in Gesellschaft prominenter Leute; treffen in Rom mit dem kunstverständigen Legationsrat Kurd von Schlözer zusammen, mit dem Schriftsteller Gregorovius, sind zu Gast bei Franz Liszt und rühmen seine Virtuosität am Klavier *(den Widerhall und das Ergreifende seiner eigenen überwältigenden Natur)*; sie begegnen in der Schweiz dem Russen Alexander Herzen, dem Franzosen Edgar Quinet, Verfasser von »La révolution«, Stahr wird sogar von Giuseppe Garibaldi, dem italienischen Nationalhelden, empfangen (»Ich habe den größten und edelsten Mann des Jahrhunderts gesehen«), der 1867 in Genf zu einem Friedenskongreß erwartet wird, auf dem Fanny Lewalds »Zehn Artikel gegen den Krieg« verlesen werden. Ihr Jugendtraum, in »der Gesellschaft« ebenbürtig geachtet zu werden, eine Stimme, auf die man hört – *es gibt . . . kaum ein aufgewecktes Mädchen,* welches *nicht diesen Zug nach Oben, nach der »großen Welt« empfände* –, hat sich erfüllt. Selbst wenn sie sich nicht darüber täuschte, daß diese Stellung ihren wahren Wert ausmacht, ist ihr diese Umgebung inzwischen am meisten vertraut, fühlt sie sich auf diesem Parkett sicher und sucht selbst dort zu residieren; freilich verwechselt sie das Parkett mit dem Parnaß.

Beide fast Tag für Tag am Schreibtisch, zu Hause oder unterwegs das eben Geschriebene eilfertig nach allen Seiten hin aussendend, im literarischen Geschäft unermüdlich, Sympathisanten werden gelobt, Konkurrenten kräftig attakkiert – »Das 4-beinige zweigeschlechtliche Tintentier«, sagt Gottfried Keller –, läßt ihnen der Winter Zeit für heimische Geselligkeit und glänzende Soireen. Die »Stahrschen Montage« sind stadtbekannt; hier trifft sich, was künstlerisch Rang und Namen hat, mit der bürgerlichen Hautevolee; Politiker der Fortschrittspartei diskutieren beim Tee mit Sozialisten wie dem brillanten Ferdinand Lassalle, Begründer des »Allgemeinen Deutschen Arbeitervereins«, *unter unseren hiesigen Bekannten der Bedeutendste . . . Er will die vorhandene Welt reformieren und umgestalten, ohne sich mitten hineinzustellen und ihre Bedingungen anzuerkennen.*

Was sind Fanny Lewald die Bedingungen dieser Welt? Nicht nur ihr äußeres Porträt verändert sichtbar seine Züge. An Eingeständnissen und Beweisen, sich willig und willkommen mit dem Bestehenden in Übereinstimmung zu bringen, mangelt es nun nicht. Nahm sie noch eben die Partei der radikalen Demokraten – sie trauert um ihren Cousin Heinrich Simon, ihre große unerwiderte Liebe – *er war ein Meister in der Kunst des würdigen und schönen Lebens* –, der im Schweizer Exil tödlich verunglückte, so neigt sie von jeher dazu, ihre Erwartungen an Autoritäten zu knüpfen, deren Einfluß, Rang und Exekutivgewalt nur durch liberale Bonhommie gemildert wird, die sie schätzt.

Über all die Jahre hinweg korrespondiert sie eifrig mit Carl Alexander, Großherzog von Sachsen-Weimar, schickt ihm ihre Schriften, die er höflich entgegennimmt, genießt seine Gastfreundschaft und empfängt ihn mit offenherziger Widerrede wie respektvoller Devotion in ihren eigenen vier Wänden, wenn er in Berlin Station macht. Warb sie bei ihm standhaft um Verständnis für die verfolgten Freunde (sie nennt ihm gegenüber Jacoby *mein kleiner weimarischer Prinz*), so erwies sie ihm, gleichzeitig seiner Toleranz schmeichelnd, ihre Reverenz *(Sie und ich, königliche Hoheit! werden die Welt reformieren und dann werden alle sehr glücklich sein!)*, um in diesem Regenten, erst resigniert, dann ergeben, zuletzt mit Verbeugung, den »guten Fürsten« zu akzeptieren, der berufen und berechtigt ist, diesem unglücklichen Volke die notwendigen Reformen zu bringen, deren es bedarf, und dessen nationale Einheit *nur von oben her mit Gewalt in die Hand genommen werden kann*.

Natürlich gefällt sie sich vor allem darin, mit dem Enkel jenes Karl August von Weimar, der einst einen Goethe an seinen Hof rief, in vertrautem Umgang zu stehen, denn ihre Goetheverehrung, und auch darin unterscheidet sie sich nicht vom Bildungsbürgertum dieser Jahre, kennt keine Grenzen. Von dem Klassiker sieht sie sich vollständig bestimmt und geleitet, strebt seiner Kunstauffassung, ja seinem Stil nach – *Meine Lebensgeschichte ist ebensogut »Dichtung und Wahrheit« wie die von Goethe* – von seinem Licht nicht nur entzündet, sondern auch geblendet: *Goethe ist in seiner Biographie immer der erleuchtete Fixstern, die Sonne, um die sich die ganze Welt bewegt.*

Es ist verblüffend, wie unter dem Eindruck des goetheschen Klassizismus Fanny Lewalds Verständnis für die vorhergehende Generation schöpferischer Frauen getrübt ist, die sie selbst noch gekannt hat, denn ihr Urteil über das Romantische als dem Kranken gegenüber dem Klassisch-Gesunden steht ganz im Banne dieses verhängnisvollen Verdikts. In Bettina von Arnim, die ihr wegen ihres sozialen

Engagements doch nahestehen sollte *(so sehr ich viele Seiten ihrer Natur verehre und liebe)*, vermag sie wie deren männliche Kritiker nur *das Kind der deutschen, nervenkranken, bodenlosen Romantik* wahrzunehmen, *ewig auf der Zwischenstation zwischen Transzendenz und Realität* – eben in dem Bereich des Poetischen, der ihr verschlossen bleibt. Der Preis, den ihre nüchterne Vernunft dafür zahlt, ist hoch. Für ihr Buch »Prinz Louis Ferdinand« hätte sie gerade bei der Bettine nachsehen können, wie man Briefe und Zeitdokumente, die ihr ja zur Verfügung standen, zu einem Werk wählt und verknüpft, das durch die Persönlichkeit seiner Autorin Hingabe und Originalität erhält, ohne des Authentischen verlustig zu gehen. Fanny Lewald gelingt weder ein frei aus dem Stoff heraus sich entwickelnder Roman noch ein wirkliches Zeitbild, das sie dann deklariert. Die der Historie nachempfundenen Figuren reden Tiraden, die gestellten Szenen sind von falschem Sentiment:

Prinz! um Gottes Willen! rief Rahel, seine Hände ergreifend, woher dieser düstere Gedanke? Sie, so jung, so reich begabt, so anbetend geliebt – sie erschrak über den Laut, der ihren Lippen unwillkürlich entflohen war, und fügte leise, um sich nicht zu verraten, die Worte hinzu: vom Volke.

Sieh Rahel! zwei Dinge sind es, die der Mühe des Lebens wert sind, Wirksamkeit oder Glück. Ein preußischer Prinz hat die erstere nicht; denn Soldaten exerzieren und Parademärsche leiten, nicht wahr? das lohnt die Arbeit nicht, sich täglich an- und auszukleiden. Und Glück? Glück hab ich nie gekannt . . .

Er drückte ihr die Hand, Rahel lehnte, einer Ohnmacht nahe, ihr Haupt an seine Brust . . . Was sie seit Jahren sich ausgemalt in den Stunden einsamen Brütens, was in wonnevollen Träumen ihr wie der Gipfel des Glückes erschienen war, auszuruhen nur einmal, nur einen Augenblick an der Brust des geliebten Mannes, das war jetzt zur Wirklichkeit geworden und zu tiefem Schmerz . . .

Zu Rahel Varnhagens Ideen- und Gefühlswelt hat Fanny Lewald keinen Zugang, und es wundert nicht, daß sie *das Springende in ihren Einfällen und in ihrer Ausdrucksweise, etwas*

Unheimliches, Unschönes und Unruhiges, weder verstehen noch nachempfinden kann.

Sicher hat der gefällige Illustrationsstil, der nicht nur durch sie in Mode kommt, etwas damit zu tun, daß ihr für die sich wiederholenden typischen Situationen kaum Varianten einfallen, weil sie einen Titel hinter dem anderen herjagt, alle eben nach einem Muster geschneidert. Fanny Lewald gehört zu den Lieferanten der wie Pilze aus dem Boden schießenden Tageszeitungen, Zeitschriften und Familienjournale, deren Feuilletons versorgt sein wollen; sie trägt dazu bei, daß diese Lieferungen ständig erfolgen, und wird selbst ein Opfer dieses Erwartungszwangs. Die gedruckten Medien haben ihre erste Expansion im deutschen Literaturbetrieb, der mit der Erfindung der Roman-Zeitung und der Roman-Beilage als Vorabdruck zum Buch aufwartet. Es beginnt der unaufhaltsame Siegeszug der Gebrauchs- und Unterhaltungsliteratur, der den Bedürfnissen eines frustrierten, bürgerlichen Publikums nachkommt, das sich mit den revolutionären und revoltierenden Autoren der ersten Jahrhunderthälfte nicht mehr lesend auseinandersetzt. Daß in dieser bequemen Bedürfnisbefriedigung für Kopf und Herz sich vor allem Frauen einen Namen machen, wäre schon eine gründliche Untersuchung wert; mit der Marlitt tritt die nächste Generation an und übertrifft alles Vorangegangene an Klischee- und Massenproduktion wie an Verbreitung und Erfolg; »Die Gartenlaube« wird zum Weltblatt; Marlitt-Romane kann auch der Chinese in seiner Sprache lesen.

Mit Bernhard Wolff, Begründer des Wolffschen Telegraphenbüros, Herausgeber der »National-Zeitung«, die seit 1848 ständig an fortschrittlicher Tendenz einbüßt, stellt sich auch der erste Medienkönig vor, der eine Schar von Mitarbeitern, darunter Literaten, in sein Pankower Gartenhaus einlädt oder an der Tafelrunde des berühmten »Hotel Zehnpfund« in Thale am Harz um sich versammelt, wo die Stahrs nicht fehlen dürfen. Für die »National-Zeitung« schreibt

Fanny Lewald viele ihrer Artikel, die sich mit sozialen und gesellschaftlichen Belangen befassen; populär wird ihr »Vorschlag zur Güte«, die Sodawasserbuden an den Berliner Straßenecken möchten im Winter doch »Eine Tasse Tee!« ausschenken, um den Passanten etwas Wärmendes zu bieten. Ihre Hinweise sind nützlich und praktisch, ihr Tenor entspricht den Zeitverhältnissen, die emanzipatorische Rhetorik läuft leer. Ihr patriotischer Aufruf an die deutschen Frauen von 1870, die *freche französische Mode* nicht nachzuahmen und die *unzüchtigen Romane der Franzosen* nicht zu lesen, entsprechen diesem Niveau: *Zeigen Sie . . . daß sie . . . sittige Frauen und nicht Nachtreterinnen seiner Hetären sind*; die Zeitschrift, die das druckt, heißt »Die Zukunft«.

Hatte sich schon Heinrich Heine über die naive, selbstzufriedene, schnell wechselnde Gesinnung Fanny Lewalds amüsiert (»Sie haben nie daran gedacht: wie wird man diese Gesinnung jetzt und nachher beurteilen?«), so ist die alte Grande Dame des deutschen Frauenromans den kritischen Zeitgenossen längst Anlaß zu nachsichtigem Lächeln oder Schweigen.

In ihrer Wohnung in der Mathäikirchstraße gaben sich einst so glanzvolle Namen wie Berthold Auerbach, Gustav Freytag, Fürst Hermann von Pückler-Muskau und Friedrich Spielhagen ein literarisches Stelldichein. Daß Fanny Lewald, nur wenige Jahre vor ihrem Tode, das Haus verlassen muß, weil es auf Abriß steht, nehmen erst wir Nachgeborenen als Symbol. Aber sie hat auch davon gewußt, denn sie beschließt ihr hinterbliebenes Manuskript mit der Eintragung vom 15. Dezember 1888:

Mit voller Geisteskraft unter Leiden und Schmerzen auf seinen letzten Herzschlag warten und sich dabei sagen: dann ist alles vorbei, all das Lieben, all das Glück – das ist ein trauriges Stück Arbeit – und ich betreibe diese Arbeit schon so lange. Jeder erlebt den Weltuntergang in sich!

Manche halten ihr historisches Genrebild »Die Familie Darner« für ihr prosaisches Meisterstück. In ihm kehrt sie in die mittelalterliche Stadt zurück, aus der sie aufgebrochen war: nach Königsberg. Dort sind ihr Gassen, Straßen, Plätze und Menschen aus ihrer Jugend vertraut; sie hat sie beschreiben können. Ein episches Werk, das sich über ihre Zeit hinaus erhebt, ist ihr nicht gelungen. War es ihr nicht gegeben? Was kam ihr entgegen, was hat sie daran gehindert?

Die wirkliche Geschichte ihres Lebens ist noch nicht geschrieben. Sie überträfe alle ihre Romane.

Gerhard Wolf

Anhang

Bibliographie zum Nachwort

Internationale Bibliographie Zur Geschichte der deutschen Literatur von den Anfängen bis zur Gegenwart, Teil II/1, S. 644, 645

Allgemeine Deutsche Biographie in 40 Bdn., Hrsg. Histor. Commission b. d. Königl. Akademie der Wissenschaften, Leipzig 1893 ff.

BERNT ENGELMANN: *Preußen – Land der unbegrenzten Möglichkeiten,* München 1979

KARL FRENZEL: *Erinnerungen und Strömungen,* Gesammelte Werke, Bd. 1, Leipzig 1890

THEODOR FONTANE: *Briefe an die Freunde.* Letzte Auslese, Hrsg. FRIEDRICH FONTANE und HERMANN FRICKE, Bd. 2, Berlin 1943

LUDWIG GEIGER: *Berlin 1688–1840 Geschichte des geistigen Lebens der preuß. Hauptstadt,* Bd. 2, Berlin 1895

ders.: *Fanny Lewald,* in: *Dichter und Frauen.* Vorträge und Abhandlungen, Berlin 1896

ders.: *Aus Adolf Stahrs Nachlaß* (Briefe von Stahr u. a.), Oldenburg 1903

RUDOLF VON GOTTSCHALL: *Die deutsche Nationalliteratur des 19. Jahrhunderts,* spez. Bd. 4, *Der Frauenroman,* Breslau 1902

A. HARDER: *Fanny Lewald,* in: Ostdeutsche Monatshefte 2/1921

H. H. HOUBEN: *Gespräche mit Heine,* Potsdam 1947

JOHANN JACOBY: *Gesammelte Schriften und Reden,* 1. Theil, Hamburg 1872

GOTTFRIED KELLER: *Briefe in einem Band,* Hrsg. PETER GOLDAMMER, Berlin, Weimar 1967

ders.: *Der Briefwechsel zwischen Gottfried Keller und Hermann Hettner,* Hrsg. JÜRGEN JAHN, Berlin, Weimar 1964

JOACHIM KRUEGER: *Fanny Lewalds Bekenntnis »zur Weltan-*

schauung der Realität« – Zu einem Brief Fanny Lewalds an Bernhardt von Lepel, in: Fontane-Blätter, Potsdam 4/1980
ders.: *Zu den Beziehungen zwischen Theodor Fontane und Fanny Lewald.* Mit unbekannten Dokumenten, ebd.
August Lewald: *Aquarelle aus meinem Leben,* Stuttgart 1840
Franz Mehring: *Die Lessing-Legende* (spez. Das Lessing-Buch von Stahr), Berlin 1953
Edmund Silberner: *Johann Jacoby, Politiker und Mensch,* Bonn 1976
Arnold Schloenbach: *Die Roman- und Novellendichter der Neuzeit,* in: Bibliothek der Deutschen Klassiker, Bd. 24, 2. Theil, Hildburghausen 1864
G. Schlüpmann: *Fanny Lewalds Stellung zur sozialen Frage,* Münster 1920
Adolf Stahr: *Ein Stück Leben,* Gedichte, Berlin 1869
ders.: *Ein Jahr in Italien,* Oldenburg 1847–1850
ders.: *Lessing, sein Leben und seine Werke,* Berlin 1859
ders.: *Nach fünf Jahren.* Pariser Studien, Oldenburg 1857
ders.: *Kleine Schriften zur Literatur,* Bd. 4, Berlin 1872/75
ders.: *Aus der Jugendzeit – Lebenserinnerungen,* Schwerin 1870
M. Steinhauer: *Fanny Lewald, die deutsche George Sand,* Berlin 1937
Hans Erich Teitge: *Unbekannte Briefe von Fanny Lewald und Adolf Stahr an Johann Jacoby.* Aus dem Nachlaß Lewald/Stahr, in: Studien zum Buch- und Bibliothekswesen, Bd. 4, Leipzig 1986
Karl August Varnhagen von Ense: *Briefe an eine Freundin.* Aus den Jahren 1844–1853, Hrsg. Amely Boelte, Hamburg 1860 (siehe auch Varnhagen von Ense: *Kommentare zum Zeitgeschehen,* Hrsg. Werner Greiling, Leipzig 1984)
Renate Wiggershaus: *George Sand,* Reinbek bei Hamburg 1982

Bibliographie der wichtigsten Werke von Fanny Lewald

Buchausgaben

Clementine, Roman (anonym), F. A. Brockhaus, Leipzig 1841

Jenny, Roman von der Verfasserin der »Clementine«, F. A. Brockhaus, Leipzig 1842 (durchgesehene Ausgabe, Hrsg. THERESE ERLER, Berlin 1967)

Eine Lebensfrage, Roman, Leipzig 1845 (Neuausgabe bei Janke, Berlin 1872)

Diogena, Roman von IDUNA GRÄFIN H. H. (Pseudonym für F. L.), bei F. A. Brockhaus, Leipzig 1847

Italienisches Bilderbuch, Duncker, Berlin 1847 (Neuausgabe, Hrsg. THERESE ERLER, Berlin 1967)

Prinz Louis Ferdinand, Roman bei Max & Co., Breslau 1849; Neuauflage mit dem Untertitel *Ein Zeitbild*, bei Hofmann, Berlin 1859 (Neuausgabe, Hrsg. B. BADT-STRAUSS, Berlin 1929)

Erinnerungen aus dem Jahre 1848, bei Vieweg, Braunschweig 1850 (Neuausgabe, gekürzte Fassung, Hrsg. DIETRICH SCHAEFER, Reclam, Stuttgart 1969)

Auf roter Erde, Eine Novelle, bei J. G. Weber, Leipzig 1850

Liebesbriefe – Aus dem Leben eines Gefangenen, Roman in Briefen, Braunschweig 1850 (Vorabdruck: Zeitung für Norddeutschland)

Dünen- und Berggeschichten, Erzählungen, Berlin 1851

England und Schottland, Reisetagebuch, Berlin 1851/52 (Neuauflage, Janke, Berlin 1864)

Wandlungen, Roman, bei Vieweg, Braunschweig 1853

Adele, Roman, Berlin 1855

Die Kammerjungfer, Roman, Berlin 1856

Die Reisegefährten, Berlin, 1856

Deutsche Lebensbilder – Erzählungen (4 Bde.), Braunschweig 1856

Meine Lebensgeschichte (in 6 Bdn.), Janke, Berlin 1861/62

Osterbriefe für die Frauen, Janke, Berlin 1863

Von Geschlecht zu Geschlecht, Roman (3 Bde.), Janke, Berlin 1864. (*Der Emporkömmling:* Vorabdruck Kölnische Zeitung)

Neue Romane (1. Der Seehof – 2. Schloß Tannenburg – 3. Graf Joachim – 4. Emilie – 5. Der letzte seines Stammes – 6. Mamsell Philippinens Philipp), Janke, Berlin 1859–1864

Erzählungen (Vornehme Welt – Das Mädchen von Oyas – Die Dilettanten – Jasch), bei Grote, Berlin 1866–1868

Villa Riunione – Erzählungen eines alten Tanzmeisters (2 Bde.), Berlin 1869

Ein Winter in Rom (zusammen mit Adolf Stahr), Guttentag, Berlin 1869 und erweitert 1871

Sommer und Winter am Genfer See, Reisebericht, Berlin 1869

Für und wider die Frauen – Vierzehn Briefe, Janke, Berlin 1870

Nella – Eine Weihnachtsgeschichte, Janke, Berlin 1870

Die Unzertrennlichen – Pflegeeltern – Zwei Erzählungen, Janke, Berlin 1871

Die Erlöserin, Roman (3 Bde.), Janke, Berlin 1873

Benedict, Roman (2 Bde.), Janke, Berlin 1874

Gesammelte Werke in 12 Bänden, Berlin 1871–1874

Benvenuto – Ein Roman aus der Künstlerwelt, Janke, Berlin 1876 (zuerst in Jankes Deutscher Romanzeitung)

Neue Novellen von Fanny Lewald (Die Stimme des Blutes – zuerst in Westermanns Illustrierte Deutsche Monatshefte – *Ein Freund in der Not – Martina*), bei W. Hertz, Berlin 1877

Helmar, Roman, Berlin 1880

Zu Weihnachten, 3 Erzählungen *(In Ragaz – Der Magnetberg – Doktor Melchior)*, Janke, Berlin 1880

Reisebriefe aus Deutschland, Italien und Frankreich, Janke, Berlin 1880 (Vorabdruck Kölnische Zeitung)

Vater und Sohn, Novelle, Berlin 1881 (zuerst in: Über Land und Meer; ebenso *Treue Liebe*, s. u.)

Stella, Roman (3 Bde.), Janke, Berlin 1883 (Zuerst in Jankes Deutscher Romanzeitung)

Treue Liebe, Erzählungen, Dresden-Blasewitz 1883

Vom Sund zum Posilipp! Briefe aus den Jahren 1879–1881, Berlin 1883

Im Abendrot – Kaleidoskopische Erzählungen in 16 Briefen, Leipzig 1885

Die Familie Darner, Roman, Janke, Berlin 1887 (Neuausgabe, bearbeitet von HEINRICH SPIERO, Königsberg 1925)

Josias – Eine Geschichte aus alter Zeit, Leipzig 1888 (Vorabdruck in: Die Gartenlaube)

Zwölf Bilder nach dem Leben – Erinnerungen, Janke, Berlin 1888

Gefühltes und Gedachtes (1838–1888), Hrsg. LUDWIG GEIGER, bei Heinrich Minde, Dresden und Leipzig 1900

Römisches Tagebuch 1845/46, Hrsg. HEINRICH SPIERO, Leipzig 1927

Großherzog Carl Alexander von Sachsen-Weimar und Fanny Lewald in ihren Briefen, Hrsg. R. GÖHLER, 1932

In Zeitschriften, Periodika und Sammelbänden (Auswahl)

Briefe aus Königsberg, in: Europa-Chronik der gebildeten Welt, Hrsg. AUGUST LEWALD (4 Bde.), 1840

Modernes Märchen und Der Stellvertreter, Erzählungen, ebd., Jahrgang 1841

Einige Gedanken über Mädchenerziehung, in: Archiv für vaterländische Interessen oder Preußische Provinzblätter 1843

Der dritte Stand, Erzählung, in: Berliner Kalender für 1846

Zehn Artikel wider den Krieg (verlesen auf dem Genfer Friedenskongreß 1867) (frz.), in: Journal des Débats vom 15. 9. 1867

Für die Gewerbetätigkeit der Frauen – Sechs Briefe, in: Westermanns Illustrierte Deutsche Monatshefte, Juli/August 1969

Zur Erinnerung an Waldeck, ebd., Bd. 28, April/September 1870

Briefe aus Sorrent (10 Folgen), in: Nationalzeitung, Berlin, Juni 1881

Neues Leben, Neue Liebe. Das Buch Adolf (Fortsetzung der Lebensgeschichte), in: Westermanns Illustrierte Deutsche Monatshefte, Bd. 82, 1897

Der Briefwechsel von Paul Heyse mit Fanny Lewald, Hrsg. R. Göhler, in: Deutsche Rundschau, Mai/Juni 1920

Hermann Hettner an Fanny Lewald und Adolf Stahr, Hrsg. E. Glaser-Gerhard, in: Euphorion, Bd. 31, 1930

Briefe F. L.s, in: *Frauen im Aufbruch. Frauenbriefe aus dem Vormärz und der Revolution von 1848,* Hrsg. F. Böttger, Berlin 1977

Briefwechsel F. L. mit Johann Jacoby, in: *Johann Jacoby, Briefwechsel,* Bd. 1, 1816–1849, Bd. 2, 1850–1877, Hrsg. Edmund Silberner, Hannover, Bonn 1974/78

Zu dieser Ausgabe und zur Textgestaltung

Aus dem umfangreichen Werk der Fanny Lewald belletristische Beispiele auszuwählen erschien uns schwierig, nur weniges ist von einem literarischen Niveau, zudem schieden Romane in diesem Rahmen ohnehin aus. Ihre authentischen Texte aus den Erinnerungen und Reisetagebüchern und streitbaren literarischen Briefen, allen voran die »Lebensgeschichte«, können hingegen als bedeutende Dokumente ihres Lebens bestehen. So haben wir uns ausnahmslos für Beispiele aus diesem Teil ihres Schaffens entschieden, die sie als Chronistin ihrer Zeit noch immer gültig ausweisen können.

Die Texte erscheinen durchweg gekürzt in Auszügen und Ausschnitten, Orthographie und Zeichensetzung wurden behutsam modernisiert. Benutzt wurden folgende Ausgaben:

Briefe aus Königsberg, nach: Europa-Chronik der gebildeten Welt, Hrsg. August Lewald, Bd. 4, 1840, S. 193 ff.

Meine Lebensgeschichte (6 Bde.), erschienen bei Janke, Berlin 1861/62

Erinnerungen aus dem Jahre 1848, erschienen bei Vieweg, Braunschweig 1850

Erinnerungen an Heinrich Heine 1886, nach: Zwölf Bilder nach dem Leben, Janke, Berlin 1888, S. 196 ff.

Für und wider die Frauen – Vierzehn Briefe, hieraus die Briefe 2, 9 (gekürzt), 13, 14 (gekürzt), erschienen bei Janke, Berlin 1870

Gefühltes und Gedachtes 1838–1888, nach der Ausgabe aus dem Nachlaß durch LUDWIG GEIGER, bei Heinrich Minde, Dresden und Leipzig 1900

Der Berliner Stadtbibliothek und der Deutschen Staatsbibliothek Berlin danken wir für die großzügige Unterstützung dieser Ausgabe. Die Bildvorlagen stellten uns freundlicherweise die Handschriftenabteilung der Deutschen Staatsbibliothek zur Verfügung, deren Leiter Dr. Teitge durch seine Veröffentlichung aus dem Nachlaß Lewald/Stahr (s. o.) wesentliche Hinweise gab.

1811 Am 24. März in Königsberg geboren als Tochter des Kaufmanns David Lewald aus einer traditionsreichen, weitverzweigten Familie jüdischen Bürgertums in Preußen. Fanny konvertierte in jungen Jahren zum Christentum, ohne tiefere religiöse Bindung

1830 Nachhaltiger Eindruck durch die Ereignisse der Julirevolution in Paris und deren Wirkung auf die Erhebungen im benachbarten Polen

1832 Reise mit dem Vater über Berlin und Frankfurt am Main nach Baden-Baden; unmittelbare Bekanntschaft mit literarischen Persönlichkeiten, u. a. Ludwig Börne; Teilnahme des Vaters am Hambacher Fest »für Erstrebung gesetzlicher Freiheit und deutscher Nationalwürde«

1833 Auf der Rückreise Aufenthalt im Hause des vielseitig interessierten Onkels Friedrich Jacob Lewald in Breslau. Unerwiderte Liebe zu ihrem Vetter Heinrich Simon, dem späteren radikal-demokratischen Abgeordneten der Frankfurter Nationalversammlung, dem sie bis zu seinem Tode im Schweizer Exil befreundet bleibt. Fanny lehnt nach ihrer Rückkehr die vom Vater geplante Heirat mit einem ostpreußischen Landrat ab

1839 Zweite Berlinreise bekräftigt ihren Wunsch einer selbständigen Berufsausübung

1840 August Lewald, ein in der literarischen Öffentlichkeit bekannter Regisseur und Publizist, Herausgeber der Zeitschrift »Europa«, ermuntert Fanny Lewald zu einem Bericht über die Huldigungsfeiern zum Regierungsantritt Friedrich Wilhelms IV. in Königsberg. Mit diesem Feuilleton beginnt ihre schriftstellerische Laufbahn; erste belletristische Versuche erscheinen anonym

1841 Veröffentlichung ihres ersten Romans »Clementine«. Die Auseinandersetzung mit Fragen der Emanzipation der Juden und der Frauen wird zum zentralen Thema ihrer ersten Bücher. Engagement für die Bestrebungen bürgerlicher Demokratie im Banne des Vormärz; auch unter dem Einfluß politischer Schriften wie denen des Königsberger Arztes Johann Jacoby, »Vier Fragen, beantwortet von einem Ostpreußen« (1841), sie bleibt Jacoby lebenslang freundschaftlich verbunden

1842 Erscheinen des Romans »Jenny«, der sie weithin bekannt macht. Sie wählt Berlin als Wohnsitz, verkehrt dort in literarischen Salons (im Hause der Henriette Herz und Varnhagens von Ense); Bekanntschaft mit ihrer späteren Freundin, der Schriftstellerin Therese von Bacherach, der Geliebten Karl Gutzkows

1845 Erste Italienreise bringt Begegnungen mit Ottilie von Goethe, Adele Schopenhauer, dem Literaturwissenschaftler Hermann Hettner, in Kontakt mit der deutschen Künstlerkolonie in Rom; vor allem mit dem Schriftsteller Adolf Stahr, den sie seitdem liebt und ihm – nach langwierigen Querelen um dessen Ehescheidung – bis zu seinem Tode in Lebensgemeinschaft verbunden bleibt

1847 Erscheinen ihres Buches »Italienisches Bilderbuch«, das ihren Ruf als Reiseschriftstellerin begründet

1848 Im Revolutionsjahr Reise nach Paris, verkehrt in Gesellschaft renommierter französischer Künstler, Gespräche mit Heinrich Heine

1849 Kuraufenthalt in Bad Pyrmont und auf Helgoland, immer in Gesellschaft repräsentierender Künstlerkreise wie zum Beispiel Franz Liszt; man trifft sich im nachrevolutionären Berlin, auf Italienreisen oder in den mondänen europäischen Kur- und Badeorten

1850 Von Mai bis Oktober Reise nach England und Schottland (Reisetagebuch 1851/52); Aufenthalt in

Paris. Erscheinen ihres Augenzeugenberichts »Erinnerungen aus dem Jahre 1848«. Freundschaftliche Beziehungen zum Kreise der radikaldemokratischen Politiker wie Jacoby, Simon, Waldeck und Johanna Kinkel, die nach der Niederschlagung der Revolution verfolgt werden, verbinden sie mit dem sozialen und gesellschaftlichen Geschehen, widergespiegelt vor allem in ihrem Briefwechsel mit Johann Jacoby einerseits und dem Prinzen Carl Alexander, seit 1853 Großherzog von Sachsen-Weimar, andrerseits

1855 Reise nach Paris, letzte Gespräche mit Heine, Monate vor dessen Tod. Eheschließung mit Adolf Stahr. Die Berliner Wohnung des Ehepaars Stahr-Lewald wird zu einem gesellschaftlichen Treffpunkt, da beide auch als Kritiker und Publizisten (z. B. in der »National-Zeitung«) im Blickpunkt der Öffentlichkeit stehen; in ihrem literarischen Salon verkehren neben zahlreichen Persönlichkeiten des Bildungsbürgertums Autoren wie Gottfried Keller, Berthold Auerbach, Hermann Hettner, Fürst Pückler, daneben Schriftsteller wie Karl Frenzel, Friedrich Spielhagen, der Schauspieler Theodor Döring, der sozialdemokratische Politiker Ferdinand Lassalle

1857/58 Reise nach Oberitalien

1860 Endgültiger Berliner Wohnsitz in der Mathäikirchstraße (Nr. 18, später Nr. 21), Schauplatz der »Stahrschen Montage«. Fanny Lewald schreibt und veröffentlicht alljährlich einen ihrer Romane oder Erzählungsbände (siehe Bibliographie), die oft in Zeitungen (»Cottas Morgenblatt«, »Deutsche Zeitung«, Wien u. a.) oder den aufkommenden Familienzeitschriften (»Die Gartenlaube«, »Westermanns Illustrierte Deutsche Monatshefte«, »Über Land und Meer« u. a.) vorabgedruckt werden, sie populär machen und ihr die Basis für eine wohlhabende freiberufliche Existenz bieten

1861/62 Erscheinen von »Meine Lebensgeschichte« in 6 Bänden
1866–68 Aufenthalt in Rom und in der französischen Schweiz bis zum Frühsommer 1868 in Montreux, auch wegen des allzeit labilen Gesundheitszustandes von Adolf Stahr
1869 Kuraufenthalt in Karlsbad und Bad Ragaz (Schweiz)
1870 Erscheinen von »Für und wider die Frauen – Vierzehn Briefe«. Fanny Lewalds revolutinär-demokratische Ideen sind im Zuge der Restauration zu bürgerlich-liberalen Hinweisen und Ratschlägen geworden; im Gegensatz zu ihrem Freund Jacoby steht sie im Bann der Politik Bismarcks und dessen Reichsgründung unter preußischer Vormacht
1871 Sommer-Kur in Teplitz, Herbst in Friedrichroda (Thür.)
1872 Aufenthalt in der Schweiz und Süddeutschland
1873 Aufenthalt in Baden-Baden
1874/75 Kuraufenthalt in Bad Liebenstein, wiederholtes Zusammentreffen mit Großherzog Carl Alexander
1876 Am 3. Oktober Tod Adolf Stahrs in Wiesbaden
1877/78 Längerer Aufenthalt in Rom. Sie behält das Reiseleben und die unermüdliche Schreibarbeit in wechselnden Quartieren und Hotels bei und kann auf ein festes Lesepublikum rechnen
1879 Sommeraufenthalt in Bad Doberan, Kopenhagen, Lübeck und Kiel
1881 Letzter Aufenthalt in Italien (Neapel, Sorrent, Rom)
1883 Sommeraufenthalt in Bad Scheveningen (Holland)
1885 Fanny Lewald muß das Haus in der Mathäikirchstraße wegen Abriß verlassen, neue Wohnung Bendlerstraße 21
1887 Fanny Lewalds letzter Roman »Die Familie Darner« erscheint
1888 Publikation der »Zwölf Bilder nach dem Leben«,

mit Erinnerungen an Johanna Kinkel, Hortense Cornu, Heinrich Heine, Fürst Pückler, Franz Liszt

1889 Nach Erkrankung Reise nach Dresden, wo sie am 5. August stirbt. Sie wird an der Seite Adolf Stahrs in Wiesbaden begraben

Weitere Titel aus der Reihe
›Die Frau in der Literatur‹

NIGEL NICOLSON
Portrait einer Ehe
Harold Nicolson und
Vita Sackville-West
Mit einem Nachwort von
Ingrid von Rosenberg
Ullstein Buch 30240

HERTHA PAULI
Der Riß der Zeit geht durch mein Herz
Erlebtes – Erzähltes
Mit einem Nachwort von
Annemarie Stoltenberg
Ullstein Buch 30243

Das Leben und die erstaunlichen Abenteuer der Mary Ann Talbot
Herausgegeben und
mit einem Nachwort versehen
von Peter Krahé
Ullstein Buch 30244

GERTRUD SYBILLE MENDE
Sandgasse 7
Autobiographischer Roman
Mit einem Nachwort von
Ilse Bezzenberger
Ullstein Buch 30245

GRAZIA DELEDDA
Cosima
Roman
Übersetzt und
mit einem Nachwort versehen
von Birgit Klarner
Ullstein Buch 30246

»Bist Du Luftbild oder Leben?«
Brautbriefe aus zwei
Jahrhunderten
Herausgegeben und
mit einem Nachwort versehen
von Susanne Ledanff
Ullstein Buch 30247

MARGARETE
BUBER-NEUMANN
Milena, Kafkas Freundin
Ein Lebensbild
Mit einem Nachwort von
Gudrun Bouchard
Ullstein Buch 30248

GEORGE SAND
Die kleine Fadette
Roman
Mit einem Nachwort von
Irmela Körner
Ullstein Buch 30249

EVA ZELLER
Nein und Amen
Roman
Mit einem Nachwort von
Geno Hartlaub
Ullstein Buch 30251